解密中国

－ 纵横中西看中国和西方 －
及
－ 闪电式复兴的背景 －

丘宏义 著

EHG 公司出版
Amazon.com 经销

2012 年 EHG 第一版

ISBN – 13: 978 – 1475266313
ISBN – 10: 1475266316

献给同爱，力虎，天生及天宜

目录

图解

前言

从失望到希望

1991 年，我前往中国讲学和参加会议，顺便到各处旅游。到了以兵马俑闻名世界的西安，进城的公路坑洼不平，车上感到颠簸。我以讽刺的口吻问向导：「难道中国连一条高速公路都没有？」这位向导瞪了我一眼；她认为我背叛了我的中国文化传统，说出侮蔑中国的话。旁边一位才思敏捷的先生立刻代她回答：「当然有，在台湾。」

十多年后，2005 年 2 月我再次回到西安。市容完全改观。到处都是高楼大厦。一条现代化的高速公路把机场和城市连接起来。这条高速公路直通到北京。至于我之前所问的问题 – 中国已经有了 5 万 公里的高速公路网（合 3.25 万英里）。（顺便一提，台湾的高速公路的总长约为 200 英里。）目前的造路计划，预计在 2015 年前再造出 3 万公里的高速公路，其总长将为 5 万 3,125 英里（8 万公里）。这个成就的意义是，中国的高速公路的总长将超过美国的艾森豪威尔威尔州际公路网（Eisenhower Interstate Highway）。（按：根据 2002 年 10 月 31 日的统计，艾公路网的总长为 4 万 6,726 英里。而自 2002 年起，基本上艾公路网没有新发展。）从 1991 到 2005 年之间，中国历经巨变。发展基本措施，建造高速公路仅是其中之一，新建设和发展更不知道有多少。我在思考这些问题的时候，感到非常好奇，在这么短暂的时间内 – 只有一世代，中国如何能在这么短的时间内，完成这些伟大的成就？并且从一贫如洗的穷国，一跃为影响世界经济的重要国家？这是许多人要问的问题，也是我尝试找出答案的问题。

一个问题引出另一个问题

可是一开始寻找答案，就发现其中涉及的原因很广。每找到一个答案，就出现另一个要去寻求答案的问题。例如，为什么在过去一百五十年内，中国从清朝初年的世界强权，沦落到几乎亡国灭族的惨境。之后，在另一段时间内 – 950 到 1980 年之间，再度沦为世界上最穷困的国家。而约自 1980 年起，仅仅一世代的时间，就从地平在线如同东升的旭日，成为美国最近的一任总统口中的「战略上的未来敌人」。要把这么大、人口这么多的国家，在如此短的时间里，推动发展到现在的程度，即使在想象中都非常困难，但就表面上来看，中国却不费吹灰之力就办到了。

　　在寻找真正的原因时，又发现有许多历史上的因素。自从传说中的黄帝于将近五千年前（约公元前 3000 年）统一中国以来，基本上，中国的文化是以本土的发展为主，输入的文化为辅。而中国文化又有一个特征，就是自秦汉前后开始，中国虽然几乎屡受异族（大都来自北方）入侵，可是文化始终都是独立发展的。几乎任何现在的中国的一切，从与西方在文化及传统上的冲突，到中国可以在短时间内复原，都可以追溯到几百年前，甚至几千年前建立的文化传统和习俗。这两种文化有许多完全不同的特征，下面列出最明显的几个。

● 自第 3 世纪起，中国不断受到异族入侵。可是，最后这些入侵的异族自愿被中国同化，他们的土地因此被并入中国的版图。这些历史是怎样发展出来的？前因后果是什么？

● 欧州和中国在历史上有许多类似及平行的地方。例如，欧洲的历史可以追溯到前 1300 年的希腊海伦时代（Hellenic Period）[1]，比中国夏朝晚数百年。可是希腊文化（欧洲文化的始祖）在约前数百年已积极发展，相当于中国战国时代的文化积极发展时期，而这两个文化的发展，有许多类似之处。但自此之后，这两个文化发展的政治途径却完全不同。自前 8 世纪周朝衰落之后，中国开始分裂为许多独立的国家（称为春秋战国时代）。秦始皇于公元前 221 年统一中国，建立中央集权的国家。虽然这个朝代维持不到二十年就被推翻，可是它所建立的中央集权政治体系，却一直延续至今。在欧洲，自 476 年罗马帝国亡后，欧洲也分裂为许多独立的国家。虽然在 800 年前后，查里曼大帝（Charlemagne, 742－814）曾短暂的统一欧洲，可是当他死后，欧洲又再度分裂为许多互相攻战不已的国家。这种类似中国战国时代互相攻战的局面，一直延续到 20 世纪中叶 － 二战后的核武时代才结束。一直到 20 世纪末才出现一些统一的迹象（如在货币及边防上）。为什么欧洲和中国的历史如此不同？

● 中国从来没有过政教合一的局面。在漫长的历史里，还接受了许多外来的宗教，甚至创出自己的宗教－道教。可是未曾有某一个宗教能支配全局。中国的某些朝代曾经有过建立国教的企图，可是都昙花一现，很快就失败了。更特别的是，虽然出现了利用宗教发动的农民革命，但从未发生过为教义或宗教的战争。此外，还有一个明显的特征，中国从来没

---

[1] 这段时期的历史，仅有荷马（Homer）写的《伊里亚特》（*Iliad*。古代特洛伊〔Troy〕城之战），可是荷马只写了最后五十九天的事迹，且大部分都牵涉到神话中的人物。现在特洛伊战争的历史仍未被解密。

有建立出能持久的，基于宗教歧视的传统（就此而言，还包括了种族歧视）。欧洲则相反。非但有了一千余年的神权政治，而且有了不知其数为了宗教意识所发动的战争，并建立其它的歧视行为。直到 20 世纪末，才立法禁止对种族、宗教及其了他的歧视行为，可是在民族性上，仍旧保持了强烈的基于种族及宗教的歧视。为什么？

● 在基于分封土地的封建制度的寿命上，中国和西方的发展也不同。虽然中国在公元前 1000 年（甚至更早）就有了相当完整的世袭分封土地制度，可是到了公元前 500 年，这种制度已经开始瓦解，之后每况愈下，未曾恢复过。可是，欧洲的世袭的分封土地制度，到了查里曼大帝死后才开始建立。这种制度一直持续到 19 世纪，其残余的影响到持续至今。欧洲和中国为什么有如此不同？

● 中国在公元前 5 世纪 到前 2 世纪间的春秋战国时期，出现了百花齐放的学术黄金时代，媲美公元前 5 世纪到 3 世纪西方的希腊时代。然而希腊的文化孕育出科学，中国的文化却没有，为什么？

中国自公元前 5 世纪，知识开始普及于民间。欧洲则直到 16 世纪左右，知识才普及于民间。为什么？知识的普及，造成什么样的结果？

● 两千年以来，中国的书写文字形式几乎没有改变。（最大的改变是白话文的兴起。最近中国改用简体字，但并非真正的改变，只是用了便于书写的简体字而已。几乎所有的简体字，都有上千年的历史。简体及传统的繁体字之间的转换很容易，还可以用计算机或电子方法，简单几个步骤就可以转换。）相比之下，欧洲罗马帝国使用拉丁文，帝国垮台以后，还是用拉丁文。可是自 12 世纪起，拉丁文就失宠了。欧洲每个国家，都发展出自己的文字（虽然这些文字多源自拉丁文）。为什么欧洲的文字分化成不同的文字，而中国的文字却没有呢？

● 1966 到 1978 年间，中国发生「文化大革命」浩劫，高等学府被迫关门，但之后却又迅速复兴，为什么？

● 欧美的民主观念，没有普选就没有民主，因此有许多人攻击中国的政治制度，大声疾呼：「中国人渴望民主」、「没有普选就没有民主」等。可是据最近一次华盛顿皮尤民意调查中心 (Pew Center) 的调查，中国和印度人民对未来的展望之高，居全球第一、二位，而且有 70% 的中国人对现状感到满意。而听信民主宣传，在短期内改变国家政治制度的俄罗斯及东欧国家，因经济落后，使得人民对未来的展望很低。这到底是怎么一回事？

● 中国现在的政治体系到底是什么？和以前的有什么不同？和西方的又有什么不同？

诸如以上的问题都是基本的，不少人已研究过。可是在西方，或许是因为语言、文化的隔阂，以致对许多有关中国问题的认识，往往是片面的，或带有西方文化的偏差和成见。其中有许多意见，是来自前人的见解，而非亲自花时间深入研究后所得的结论。这种做法，很容易变成所谓的「血亲式放大」(Incestuous Amplification)（美国军事用语），即中国所谓的「人云亦云」。即使在中国，前人的见解也不见得可靠。自从二次大战结束，尤其 1980 年以后，许多学者做了不少学术上的考据工作，他们采用西方科学方法来研究中国。他们的结论可能需要修正，但这种研究方法是对的。我在寻求答案时，就参考了不少他们的意见，然后从原始数据去探索。这种做法，和我以前做天文物理研究所用的方法很类似（其实其它科学的研究也一样）。非要了解问题及其渊源，不能下「键」（现在用键盘，不用笔了）。

撰写本书时，我尽量保持科学上客观的态度，保持中立，不站在任何主场。可是保持中立也是一种立场。本书的一个大命题是西方和中国的宗教观。我持的宗教观是不可知论 (agnostic) 的立场，即不否认神的存在，可是要承认神的存在，必须有实际可以求证的证据（宗教的经书不算实证的证据）。一个原因是，世界上宗教很多，而每种宗教都认为自己代表「真理」。唯一公平的方式就是把所有的宗教一视同仁，不偏袒任何宗教。在这种观点下，持不可知论的态度最公允。

中西文化的鸿沟隔阂和分歧

撰写这本书还有一个动机。

我在美国住了大半生的时间，发现中国文化和西方文化有许多不同的地方，甚至有许多是反其道而行。许多中国朋友都有同感。西方人对中国许多传统及事物都相当无知；即使是所谓的中国通，大都也只知皮毛或局限于有限的面相而已。本书的另一个目的就是尽力阐述中国文化的真谛。在中西历史上，发生许多平行的，能使以后历史改观的事件，可是在中国和西方却产生出迥异的结果。

在国家思想及意识形态体系的选择，就是一个明显的例子。欧洲历史中最重要的事件之一是，公元 325 年，君士坦丁大帝一世在今日的土耳其的尼西亚召开第一次大公会 (First Ecumenical Council)，统一基督教教

义。这个大公会建立了我们今所知的基督教教义，可是也使欧洲受到了千余年神权统治，造成一切文化发展都停滞不动，甚至后退的黑暗时期（Dark Ages）。类似的中国历史事件，是公元前 134 年汉武帝召开的全国学者会议。在这会议中，决定罢黜百家，独尊孔学。这两件事相同的地方之处是，建立了以后这两个文化的意识形态。而不同之处是，一个演变出持续了 1,500 年的，以不可捉摸的神为中心的神权政治（theocracy）。而另一个却建立了以人的福利为主的人本主义（humanism）的儒家传统。且尊孔之后，并没有整肃其它学说，如老子或墨子等。还有不少类似的历史事件，可是后果却迥然不同。在本书中，我把我想得到的这些中西文化不同，甚至不可妥协之处写出。

本书的结构

本书讨论的主要命题是中国在 19 世纪中叶到 20 世纪间的衰退，及近年来的复兴，涉及到中国和西方在文化上的差异，有些甚至无法妥协。中国文化有深厚的传统，部分传统和西方的文化相反。中国的传统来自孔子的儒学，而孔子深受《易经》影响。虽然从表面上来看，《易经》是卜卦书，然而其内容却是哲学。主要的哲理之一是原始的循环论[2]（〈泰卦〉「小往大来」，〈干卦〉用九「见群龙无首」，指的是没有带头的，也没有尾随的，即事物都呈循环），没有绝对的事物，因此就不会有不变的教条。西方的思想，直到现在，则仍旧带有严重的教条主义。孔学则以人文主义（humanism）为本。

如要了解中国文化，就必须了解中国的传统是怎样建立的，及这些传统为什么和西方的完全不同。此外，现代中国之所以让人难以了解，还有一个原因，即过去一百五十年里，虽然中国在文化及政治体系上的改变不少，可是许多改变的寿命都不长。许多表面上看来很好，甚至一时被人民热烈拥护的改变，却都昙花一现。这样迅速的变化，往往使得不熟悉中国历史的人难以理解。虽然目前的中国和以往的中国大不相同，可是在关键结构上仍然有许多连续性，而这些连续性以不同的形式出现于目前的文化和政治经济体系中，让人更难以揣摩。因此，研究中国复兴问题的人，必须能够认出这些连续性及其来龙去脉。亦即要研究这些问题的人，必须对中国文化的整体及其历史有相当程度的了解。

基于以上的原因，我把这本书分成七大部。

---

[2]现代数学混沌（Chaos）中也有准周期性（quasi periodic）的循环论。

前三部的目的乃是替本书的主题（第四、七部）铺路，在最后的四部才讨论到本书的主题。虽然大部分的讨论都以中国历史为主，我把我认为最重要的事件及发展为中心。可是我要强调的是这些重要事件和西方截然不同的地方。本书不是一部编年史，因此书中的讨论并不特别按事件的时间顺序；讨论的设计乃是以一些关键性的事件及发展为主，突显出中国文化的特性，并特别强调中西文化殊异之处，例如中西在宗教自由及政治自由上的观念及习俗的不同。不可避免的，因为中国的历史很长又很广，只能讨论我自己认为和本书主题最有关的问题。有的地方必须写出细节，但大都以鸟瞰的方式来叙述。有些材料重复出现，但所讨论的主题不同。在不同主题的地方重复叙述，让读者不必前后相互参照，节省时间和精力。许多讨论，都以一个改变历史方向的真实故事为楔子，所有的历史故事都是真实的，不过我将故事戏剧化了，为的是不让读者感到枯燥。

谢启

我首先要感激挚友朱祖凯博士。祖凯非但鼓励我开启这一件困难的工作，而且不厌其烦，四次读本书手稿，并提出许多宝贵的意见和建议。祖凯是我半世纪前在台湾大学同年的同学，一生的密友。我要感谢中国科学院的李学勤教授，他给我可贵的中国断代工程资料。我要感谢沈育美女士。她主修历史，并在这方面工作多年，她当时视力有问题（经过手术后现在已复元），可是仍不辞疲劳，完整读过本书，更改许多错误，并在文字上作了不少修改。当她自己也不清楚时，就去请教专家，找出正确的答案。我要谢谢吴育雅女士把沈女士介绍给我，并给我一些关于第三章中新仙女木事件的资料。我要谢谢美国出版中国论坛（China Forum）的彭之光及诸位在论坛上和我讨论的人士，无法一一列出。我要向 Karl Hill 博士致上极高谢忱；他和我只在电邮上见过「面」，可是他却不辞劳苦为英文版的文字修辞。中文版的校对工作完全由郭美钧女士不辞辛苦地完成。没有她的修改，这书不会有现在的面目。最后，我不知如表达对妻子江同爱最真挚的致谢，因为自一开始，她就完全支持这一项工作。

第一部　中国传统文化的开始

图 1. 函谷关今貌

图 2. 老子骑牛宋朝画像(故宫博物院)

第一章 好奇好问的关令尹喜

老子走出文明地区

公元前 6、7 世纪间，一只身上铺着青布，瘦瘦的水牛，踱着缓慢的牛步，身上骑坐着一位老者。当水牛走近位于今河南省境内，为防守险要之处所设的函谷关时，老者用疲乏的眼神看了一下四周。这关是在两座绝壁之间造出的土墙，土墙当中有一道关门。这道墙把狭窄的山谷封死了。如果不经过这关门，就无法去到绝壁的另一面。

当他正思考如何才能通过关口时，关门打开了，看守关门的关令（司令）尹喜及好几个卫士出来，大声向老者喊着，要他停下。老者在水牛背上愣住了。当这队人马走近这老者时，尹喜欣喜大喊：「您是伟大的学者老子。是在都城中主管皇家文件库的老聃！真是令人又惊又喜！」就在此刻，卫士们上前，仔细检查鞍及携带的口袋，未发现私货，就退回站到尹喜的两边听命。

「你的地位比我更高。我的记忆不行了。我能不能……」老子滚鞍下牛，不知所措。他诚恳的看着尹喜，想再道个歉。

「我是尹喜，负责把守这个关口。我曾拜访过皇家文件库，为的是找一些税收的数据。当时您对我很和善，帮了我很大的忙，也给了我宝贵的意见，让我了解政府应当如何管理人民。」他朝水牛看了一眼，再看了一下老子以及所携带的少量行李。「尊贵的老子，能否请问，是那一阵幸运之风，把您这位伟大的学者吹到我们这里？」

「喔！我记起你了。你来到皇家文件库，寻找货物的关税数据。记得吗，你来拜访的时候，我告诉你，我对国事感到极度失望。周王已失去权威，这个国家等于没有君王。多年来，诸侯互相争战不已，人民饱受痛苦。许多学者拜访过我，问我治国之道。但他们共同感到兴趣的是，藉此获得升迁的机会，这让我非常失望。因此，我要离开这个国家，去寻觅一个人民可以和平生活的地方，没有现代的一切享受，也没有战争。我刚辞去原来的职务，来到这里。现在我要走出你所管辖的关口，到外面的土地寻找一片安静之处。」

「可是，关外都是荒野，只有蛮族才住在关外……」尹喜小心翼翼的回答，生怕得罪老子。

「他们或许是蛮族，然而他们尚未学到现代人的奸诈和心机。他们是朴实的人民，过着没有战争的生活。」他停了一下，然后双手一伸，继续说：「在东方和西方之间，我会找到一处和平的干净之地居住。」

尹喜看出老子的决心，因此问道：「尊贵的老子，您能不能在这里住几天，让我们可以聆听您出关前的教诲？您的教诲可以增长我们的智慧。」

老子点点头，跟着尹喜进关。上了茶及寒喧后，尹喜把老子带到客房－关中最好的房间，招待贵宾用。「请随意。您要到我们的餐厅用餐，或者把饭菜送到您的房间。」同时，卫士们则拿着牛的缰绳，把牛牵入厩中。

房间相当大，可是设备简单，除了一张大床外，就是一张大桌子，上面摆了文具 － 一迭竹简和一套刻刀。纸张的发明，距离此时约八百年。因此，当时一般书写的方式是，把字刻在耐久的竹简上。「我本来想请您演讲的，可是关中的人都没有什么学问，大部分是文盲。如果请您演讲，我怕浪费您的时间。因此，我想请您将您的教诲写下来，好让后人受益。」

老子长叹一声。他未曾想到，这世界上还会有人对他的知识感到有兴趣的。这尹喜可能是个小官员，但他真正的尊崇知识。平常，他是不会把自己的学识写下来的；一般的习俗，都是学生来做这件工作。他想起，孔丘－孔子－曾来到皇家文件库拜访过他一次。当时，孔丘带着一批学生同来。在那一次谈话中，孔丘也提过，说自己是「述而不作」，只阐明真理，不把自己的言论写下来。

但是老子这么想：「我的学生都不像孔丘的学生那么能干、有修养及知识广博。我很怀疑我的学生是否听懂我的教诲。和我同辈的人，甚至后人，也许会认为我太不自谦，自认是饱学之士，所以写下了自己的学识来。可是，如果我不写下来，世界及后人永远不知道我心中想的是什么。更何况我即将到世界的荒野隐居，为何还要在乎其它人对我的想法或批评？」老子迟疑了一阵，说：「是，我想你的主意很好。可是我需要静下来，思考一段时间之后，才能写下来。」

「没有问题。您愿意在这里住下，是我们的光荣。您想住多久都可以。」尹喜急忙说，毫不隐藏心中的喜悦。

聊着聊着，到了傍晚时分。晚餐已经预备好，他们两人踱步到餐厅。而尹喜的家人早已坐下等候。低阶办事人员在他们自己的餐厅中用餐，因

此在这餐厅中只有高级官员。由于老子的学术声誉，使得这顿晚餐虽然简单，却非常隆重。即使是小孩子们也非常守规矩。在这里，一般人都很早就寝。因此，用完晚餐，敬过茶后，就各自回房休息。卫士们开始在关墙上巡逻。

次日早晨，老子开始工作了。他坐在桌前，一面啜饮着热茶，一面整理思绪。他的房间高高坐落在关上，关外和关内景色，尽收眼底。关内属政府管辖，关外是蛮族居住之处，不属政府管辖。关内和关外的景色有着显著的不同。关内葱绿，充满了各种的居民活动，从种田到商业交易及贩卖食物的摊位。相反的，关外不仅居民稀疏，连绿地也是，这里一片，那里一片的。基本上来说，关外是黄土高原，这里一个高坪，那里一个。这景色一直延伸到地平线远处。老子一面凝视无际的黄土高原，一面整理思绪。

一位暴君被迫流亡，《易经》的写作，中国哲学的诞生

姬发于公元前 1046 年推翻了商朝的暴君纣王，建立了强盛的周朝。商朝的政权建立在非常严厉的奴隶制度上，新的朝代则废除了奴隶制度。为了能有效的统治，周朝设定了七十二个封地，每一封地由王室的亲戚（贵族）或推翻商朝的功臣管辖。所有的人民，包括脱离奴隶籍的人民，都成为形式上的农奴。表面上看来人民自由了，可是他们受贵族的管辖，不能任意离开所属的封土。他们必须帮贵族耕田、做生意、制作用具。创建国家的君主姬发了解，政权的稳定要建立在人民的福祉上，因此他制定法规，给这些农人某种的自由及权利，例如置产的权利。这些农人虽然必须辛勤工作，可是有一阵子，管辖他们的地主－诸侯，也对他们有相当的尊敬。每一年，诸侯要举行亲耕典礼。亲自到田里，和农人一起耕种，以示尊重农业和提倡农作。每到年底，邀请所有的农人到王宫的大厅中，一起宴乐。

随着时的过去，政权稳定后，最初创国君主所设立的善意行为逐渐被淡忘。之后暴君厉王（约公元前 878 － 前 828 年）发动不必要的战争，攻打南北地区的（蛮族）国家。这些战争耗费了庞大的金钱、物资，因此他开始剥削人民的自由及财产。为防止人民的批评，他雇用一些巫者到民间做特务。那些说厉王坏话的人都被逮捕，有些还被处决。当时人人自危，连彼此熟识的朋友、亲戚在街上碰面时，都不敢说话，只敢目视。

某节日到了，人们在街上庆祝。有些人因距离王宫近了一点，就被卫士杀死，前去搭救的人也被卫士攻击。愤怒的群众开始赤手空拳和卫士搏

11

斗。消息很快的传开了，人民纷纷向王宫方向奔去，支持这些勇敢的反抗者。他们抢下不少武器，卫士只好退入皇宫。这些愤怒的人民开始攻打宫门，很显然，王宫快守不住了。而厉王在暴民冲入王宫前，仓猝的逃走了。

有一批保皇党跟随厉王逃亡。这些保皇人员中，包括不少学者。他们和人民隔绝已久，不了解民情，也不知道人民有多痛恨厉王的暴政。在多年自我洗脑之下，他们的同情心和忠诚都归向厉王。他们的逃亡并不顺利，武人不断的侵扰厉王及他的随从，有时还威胁到他们生命的安全。好几次，他们几乎无法逃出困境。这群人受了不少苦。例如，有一次厉王和他的随从，曾数日断粮。

在逃亡过程中，这些保皇党对厉王的协助显得力不从心；他们能做到的，仅是让厉王知道他们的忠诚。从逃亡中，他们学到一些东西。他们看到天下万物的流动性和善变性。这些学者了解，没有能永远持续不断的人间事；大自然中的万物也没有永远不动的。几天前，厉王还可以叱咤风云，每个人都要顺从。可是现在却在逃命，如同以前被他欺压的人民的命运。虽然如此，还有一个能让厉王复位的可能。他们明白，天下万物都遵守一种不断在循环中的变化，好命和坏命互相交替，而美德会得到最终的胜利。

在逃亡过程中，他们亲眼目睹厉王统治下的人民受苦受难的景象；以前他们从来没有目睹过。他们明白了人民不满的原因：税太重，繁规太多，政府对人民的干涉太多。

这群保皇党最后到了一座名为彘的遥远城市（今山西霍县），在那里定居下来。等待时局变好。在等待的时候，这些保皇的学者希望写出他们心中的愿望－有一天，厉王可以复位。但他们也了解人民对厉王的愤怒和憎恨。如果明白的写出愿望，这本书一定没有人愿意看。最后，一位聪明的年长学者想出一条妙计。他们要把心中的愿望写成一本用来卜卦的书。

在命运无常的时候，人们可以用这本书算命。人们对这一类的书一定会读了又读。学者们可以把心中期待厉王复位的想法藏在书里，隐藏在他们对大自然及人事的体悟的字里行间。有知的读者，可以看出他们对厉王的忠心。至少，这是他们的想法。

当时，商朝经常用来卜卦的方法－把钻孔的龟壳及兽骨烧裂，从裂纹的方式来卜卦，再把占卜的结果刻在龟甲或兽骨上－已经不流行了。新的方法引用了阴和阳。阴代表温柔的特质，代表地，代表女性及雌性。以一

条分成两段的线代表。阳代表天，代表男性的刚性，以一条完整的线代表。

古代的中国人相信所有天地之间的万物被阴和阳的特质所控制。在这种信念之下，阴和阳代表大自然中的两种力量，互补相辅和互相牵制。在这两种力量的作用下，大自然能造出万物之间的和谐。随着时间的演变，很自然的开始用阴和阳来卜卦，方法如下：使用三块小板，正面代表阳，反面代表阴。把这三片小板向天丢去，掉下后会有一个阴和阳的花样模式。共有八种不同的模式，称为八卦。通常把这三块小板向天丢两次。这样就有一套六个阴和阳的花式。一共有六十四种不同的模式，称为六十四卦。每卦中有六个阴或阳的线纹。每个线纹称为爻，一共有三八四爻。这些学者把每个卦里的每一个爻安上一个卦文，写成一本卜卦书－《易经》。《易经》包括了当时这些学者对宇宙万物及人事的领悟，大约是中国最早的哲学书籍。它强调自然界天地之间万物及人事中「易」的性质，即会变化的性质，以及循环的性质。这个天下万物都在变化及循环的观念，很早就已深深的铭刻于中国的民族性里了。[3]

虽然《易经》隐藏了追随厉王的学者对厉王复位的期待，然而事实上，十四年后，厉王在还没来得及复位就去世了。可是，《易经》非但传承下来，而且成为中国哲学之源。深深影向了所有的后人，包括老子及孔子的哲学思想。

这三八四爻中所蕴藏的讯息，包含许多当时可以想象到的人事及自然的变化。它写得非常玄奥，目的是要隐藏这些学者对暴君的忠诚，对他复位的期望。包含万物的循环性及希望厉王复位的讯息有：「见群龙无首。」（〈干用九〉卦。按：这句成语现在的用法是：群众中没有领导者。可是原意是：群龙绕着圈子转，指的是循环。龙意为君王。看不见首，也看不见尾。既然群龙在转，其中一条龙就会有回到原来地位的一天，即复位。）提到厉王所犯的错误的讯息是：「亢龙有悔。」（〈干上九〉卦。意思是：太骄傲高飞的龙会做出后悔的事。）对厉王干涉人民太多的讯息是：「小人用壮，君子用罔。」（〈大壮〉卦，第 34 爻。说的是：小人用暴力，君子用罔，即无为。）

---

[3] 反之，在西方，亚里斯多德认为天是十全十美的，因此绝不会变化。伽利略第一次看到月球上的千疮百孔的陨石口时，才了解到天体也并非十全十美。

周朝在前七世纪开始衰退

老子想到《易经》中「君子用罔」这爻的时候，他不禁点头。「是呀，所有的诸侯国都尝试把许多不必要的法规加之于民，这么一来，使得人民疲于奔命。」他自言自语说：「政府做的愈少，愈好。」他顺手抓来一片竹简，刻上：「治国如烹小鲜。」（小鲜是小鱼。烹小鱼最难，因为不小心，小鱼就变成一团烂糟糟的鱼肉。最好的烹调方法是不要去管它。）他继续刻下去：「人之饥也，以其上食税之多也。是以饥。百姓之不治也，以其上之有以为也，是以不治。民之轻死也，以其求生之厚也。是以轻死。」（77 章，译文：老百姓之所以会挨饿，是因为统治者征收太多的赋税，以致人民挨饿。为什么人民不受管辖？因为统治者干扰太多，使得人民不受管辖。为什么人民不怕死？因为统治者强作妄为，以致人民不怕死。既然无法活下去，那么对生命也就不重视了。）老子望着外面的黄土高原，继续想着：为什么这个世界衰败到如此的地步，迫使他想到一无所知的土地里寻找一处可以隐居之所。

「我们这个朝代，中央政府的威信怎么会沦落成这样呢？所有应该由中央政府管辖的封地都反客为主，比中央政府还放肆！」老子自问自答：「愚蠢及为了感官的享受啊！」他开始回忆那些使周朝突然走向衰败的事件。这些事件始于一位年方十五岁的宫女神秘怀孕。这怀孕似乎不涉及到男人，因为周朝创建之初，就已经建立了内侍（太监）制度[4]。（《史记》将此次怀孕事件归因于神话性的故事。）这位宫女把出生的小女婴丢弃在荒野，之后被一对逃亡的夫妇所救。小女孩名叫褒姒，长大后，美貌异常。也许因为从小就未曾享受真正的母爱，使得她患了忧郁症，她很少笑。然而，一旦笑了，就变成更绝色的美人。

她十五岁那年，有人犯了罪，为了赎罪，便向她的养父母要了她，然后送给宣王（厉王的太子，接任王位）。宣王很快就去世，由幽王继承王位。有一天，幽王前往后宫，发现了褒姒，他立刻坠入情网。幽王完全不听大臣的忠告，废了皇后，立褒姒为皇后。他被褒姒的美色所迷惑，一直想要逗她笑，可是她就是不笑。最后他想出一个恶毒和愚笨的计策。

当时，因为经常有蛮族入侵，周朝在山顶上建立了许多烽火台。一有敌人入侵，就在烽火台上举火，便能迅速的一个接着一个烽火台传递下去，直到传给所有的封地主－诸侯。每一诸侯在领到周朝的封地时，都宣誓会立即发兵救援京城。

---

[4] 当然，很可能是宫中的王子让她怀孕的。

　　为了逗褒姒笑，幽王发出烽火讯号。数日内，所有诸侯都率领封地内的精兵赶到京城，却发现未有蛮族入侵。当褒姒看到他们慌忙赶到的模样，不禁笑了起来，这一笑，让幽王非常高兴。于是，他故技重施，最后，所有的诸侯都不发兵。幽王叫了太多次的「狼来了」。

　　被废的皇后的父亲一直都想要报复。一看机会来了，就勾结其中的一个蛮族犬戎，合力派兵攻打周朝。幽王发出烽火求救讯号，诸侯们以为又是幽王的恶计，一个也不愿派兵前来。幽王只好率领军队，在骊山和入侵的敌人大战，结果幽王大败战死。入侵者大肆掳掠京城，并带走褒姒。从此再没有听到她的消息了。

　　敌人退兵后，周朝只好迁都到洛邑，位于今河南洛阳，称为东周。自此之后，周朝威信大减，在政治上起不了任何作用。而周朝的王室就沦落为名义上的天子，王室的主要功能乃是维持国家文献库，保存所有历史文件。这就是老子到函谷关之前担任总管的皇家文献库。

　　「迷于五官的享受是罪恶之源。」老子长叹一声。他再抓一片竹简，继续刻写下去：「五色令人目盲……驰骋畋猎，令人心发狂，难得之货使人行妨……是以圣人之治也，为腹而不为目……」(《道德经》12 章。意思是：过分追求五色，使得人变得盲目。过分纵情骑乘驰骋的快马及狩猎，容易使人发狂。过分追求贵重的财货，容易使人走上岐途。圣人治国，使人民吃饱为主，而不在满足五官的享受。)

道，宇宙的创造者

　　思想了这么长一段时间，也刻写了不少文字，老子站起来，准备到楼下走走。他踱到大厅，此时，关里的人正在举行供奉神祇的仪式。供桌中央放有一个牌位，上面有着天神、地祇、其它各种神祇及祖先的名字。供桌上放了水果、熟肉及其它食物供品，供桌两边放了供奉时用的装饰品，装饰品中有两只草扎的狗－刍狗。关内的人轮流上前祭拜，祭拜时，向牌位上的天神、地祇、各种神祇及祖先祈求福祉。尹喜邀请老子上前祭拜，老子拒绝了。供奉及拜神完毕，装饰品全被拿走。因为刍狗毫无价值，就被烧掉。之后，老子回到客房，尹喜好奇，跟着老子走进客房。

　　「尊贵的老子，您不参加供奉的仪式，不拜天也不拜地。你不信天地，是吗？」尹喜问。

　　「当然有天，可是我认为天和我们人类毫无牵连，毫无关系。」老子答道。

「您为什么这么说？」

「天对我们人类毫不关心。如果祂真的关心我们，人民就不会受苦受难了。」老子继续答道：「让我把我的思索刻写下来。请不要走开。让我们继续讨论下去。」老子坐下，开始刻写。「天地不仁，以万物为刍狗。圣人不仁，以百姓为刍狗……」(《道德经》第5章。意思是：天地没有人性，把万物看成像刍狗一样不值一文的东西。圣人也没有人性，把百姓看成像刍狗一样。)

「如果天和世界万物没有牵连，那么天下万物来自何处？」尹喜问道。

「万物及人来自『无』－虚空，什么都没有的虚空，什么都不存在的虚空。」

「『无』是什么？如果『无』是什么都没有的虚空，什么都不存在的虚空，那么它就是『没有』。什么都没有的虚空。这种的虚空如何凭空造出万物和人？」

「其实什么都没有的虚空也是一种实体，一种真正的实体。以一个车轮为例。一个车轮有三十道车辐。可是使这轮子有用的是放进轮轴的空洞－虚无的空洞。我们用泥塑出陶器皿，使得这器皿有用的不是泥，而是它的内部空无一物的虚无空间。我们用窗户和门造出一个房间，可是房间有用的地方，乃在于内部一无所有的空间，这虚无的空间使得这房间可以住人。因此，虽然可以摸到及看得到的东西有用途，可是不可捉摸的东西－虚无－才能使这些实体有用。造出的天下万物是实体，可是创物的实体的根源是无，虚无，虚虚无无的『无』。」(《道德经》第11章。)

尹喜抓了抓头皮，说：「我想你说得对，什么都没有的虚空可以使物体有用。可是什么都没有的虚空，怎么能造出这包含万物的宇宙？」

「我找不到适当的词语来描述这些创造万物的东西，因此我把它称为『道』。道能使万物出现及存在。让我把我的思考刻写下来。」然后老子继续说：「它是不能下定义的东西，可是本身却是完整的。它先天地而生，无形，无声，独立地存在而不变，可是能永恒存在。可以认为它是天地之母。我不知道它的名字，姑且叫它作『道』，只能勉强描述它的形状。可是道广大无边(《道德经》25章)。道生一，一生二，二生三，三生万物。

所有的万物都携带阳而拥抱阴。阴阳合起来成为『气』[5]，混合适当就会产生出和谐（《道德经》42 章）。」老子一面说，一面加紧的刻写在竹简上。

「这些真是高深的哲学，我不太懂。可是我很高兴您能把这些都刻写下来。我相信总会有人懂您刚才所说的话。」尹喜真心佩服老子的学问。这时，有人送了饭菜进来，因此他们就坐下来，在桌子的一个角落用餐。餐毕，有人前来收拾，并送来热茶。他们一面用茶，一面继续讨论。

「让我们换个话题。您认为把世界搅得乱糟糟的原因是什么？」尹喜问。

「这是因为我们有太多现代化的东西，人民有太多的智慧。在古代，深通道及知道如何去应用道的人不想去启发民智，而是用道去教导人民的生活要纯厚质朴。人民之所以难以统治，就是因为他们已经有太多智慧了。政府用聪明的计策去管理人民，只会带来灾祸。」（《道德经》65 章）老子一面回答，一面继续刻写。「抛弃智识，聪敏和技巧，人民反会得利百倍。抛弃仁义，人民会恢复他们敬老和爱幼的天性。抛弃了技艺和稀有的珍贵宝物，盗贼自然会绝迹。」（《道德经》19 章）老子一面刻写，一面说。

「我想我了解您的观点了。」尹喜说。可是他无法确定自己是否能同意老子这么负面的看法。他又换一个话题。「不久您就要离开我们，去找您的理想地方。您能不能告诉我，您的理想社会是什么？

「让我刻写下来。也许，有一天人民会觉悟，去过没有现代文明及巧器的生活。我的理想生活是 –」老子突然生气勃勃。他继续说下去，并且加速刻写。此时他似乎在一个梦境中，「一个人民稀少的小国。有机械文明，什伯之器（《史记·五帝纪·索隐》指各种生活器具），可是人民不去使用它们。使人民爱护生命，他们就不会想要远徙。他们有船，可是不用。他们有军器，但不是用来布阵演习。他们使用上古结绳记事来代替语言。他们满足于简单的衣食。对简单的生活感到很快乐。与邻国之间，彼此看得见，听得到彼此鸡鸣狗吠的声音，而人民从生到死，不相往来。」（《道德经》80 章）老子停下来，朝关外的黄土高原凝视。然后慢慢的说：「当国家间不来往，贪婪之心就没有了，也就没有人会犯罪了。」

---

[5] 西方有一个类似「气」的观念，称为「第五要素」（quintessence）， 其来源如下。希腊人认为宇宙由四元素组成，土、水、空气及火，互变而产生出万物（类似中国的五行）。後来加入一个以太 (aether)，为组成天上最完美的天体的要素，称为第五要素。

尹喜不发一语，这也是他憧想的简单生活。可是他不敢跟着老子的脚步，走入这个简单而和平的乌托邦。毕竟他有一个家，他希望子女们都能接受好的教育，有朝一日，能在这些封土变成的国家的政府中，谋得一个好职位。沉默了一阵后，他向老子道谢他的启发和教诲，然后回去做关令当做的事。

数日后，老子完成著作了，他把这些竹简重新安排一下，标上章次。他然后下楼向尹喜说：「我把著作完成了。我把它称为《道德经》，约有五千余字。此刻，我要向你告别了。」

尹喜向老子致谢，谢谢他费心完成的著作。他要把这著作交到王室文献库存档，以备后人研究。关里的工作人员把老子的座骑水牛带到关门，水牛显然已经喂饱，洗刷干净，牛身上的青布也洗净了。尹喜在牛角上挂了一瓶水及一袋高粱馒头。老子骑上水牛，关门打开了，这匹载了老子的水牛，不慌不忙的缓步踱出关外，向北走。半日后，他们消失在地平在线。

失落的数字：零，一个创世的理论及乌托邦

「道」是老子最伟大的发明。两千年之后，我们还在深思，「道」到底是什么？如老子所言，「道」是天地之母，是天下万物之源。最接近「道」的，大约是物理学家自 16 世纪以来就追求的，最终结性及最基础的宇宙法则。依据物理学家的看法，宇宙就是按照这些法则创造出来的。物理学家一直在追逐这些法则，已经有很大的成果，可是还没有找到最终结性的法则。

而老子的另一个观念－「无」，指什么都没有的虚空，什么都不存在的虚空，其实就是数学家的「零」或「零集」(null set) 的观念，或者物理学家的「真空」的观念。可惜的是，中国自古以来的哲学家似乎都在钻牛角尖去寻觅「无」的哲学意义，没有把它和数学的零或物理的真空联结起来。在老子的时代，没有一位中国的数学家把它应用在数学上。在西方，如毕达哥拉斯（Pythagoras，约公元前 580 － 前 500，希腊人，很可能和老子同时代）这样伟大的早期数学家，也没有思索出来零的观念。他和他的学生发现了许多和数字有关的奇妙数学（例如无理数，即 2 的平方根等这类无尽小数），可是始终也没有悟出「无」或零的观念。直到第 9 世纪，所有的数字系统中都没有零。有人声称，零是在 9 世纪时，由印度数学家发明的，但也有人认为，中国数学家大约也是在那时期独立的发明出零来。

我们到现在还生活在没有「零」这数字的阴影之下。一位中古世纪的数学家爱昔古斯（Dionysius Exiguus，约西元 500－600）计算出他的时代之后的下个九十五年内的复活节[6]日子的历书中，引入现在公历的计年法 － Anno Domini AD（即以耶稣基督出生的那一年为纪年的开始）时，他没有这数字「零」可用，因此他把基督出生的那一年称为 AD 1 年。前一年则称为 BC 1 年（即 Before Christ，基督前一年）[7]。人们还在争执，第三个千年禧，应当从那一年开始？2000 年？还是 2001 年？（应当是 2001 年。）可惜老子只把「无」的观念应用在哲学上，而不是在数字系统上。我经常在想，如果命运能安排这两位神秘主义者（毕达哥拉斯也是一位神秘主义者，认为世界被数字所控制，可是认为只被有理数所控制）会面，「零」这数字就可以早一千五百年出现在数字系统中。

现代的宇宙论对世界起源的理论大约如下：我们宇宙在空间的真空里会出现的量子性的上下起伏（fluctuation）中创世。这些上下起伏的时间标度很短，可是产生出一个宇宙的机遇很小，要许多年－兆年级、或兆亿年级－才有产生出一个宇宙的机遇。物理的真空就是什么都没有的空间。虽然什么都没有，可是潜伏于这真空中有无穷的能量（不幸到现在都不能利用到这个能量），有无数的粒子，平常不能出现，唯一能测到的就是这些量子性的上下起伏。实验已经证明有这些上下起伏。因此，现代物理学家说，宇宙就在这种的真空中诞生出。所有的万物都由原子造成，原子由基本粒子所造成，现在物理学家在追逐的就是在创世时，这些粒子怎样出现的。因此，老子所说的假定－万物及天地始于无－和这个现代物理的推理并不矛盾。（可是不能说老子发明了现代的宇宙论）。为什么老子做这么一个假定呢？

从《道德经》八十一章看来，老子是无神论者－他不相信中国人早就神化的「天」，也不信「天」造出万物。他说，即使有「天」，也是不仁慈的，和人搭不上关系。既然他认为「无」是和「有」一样的实体，甚至于更重要，对他来说，万物来自「无」是很自然。他的宇宙论的中心逻辑，把天下万物的起源都追溯到「道」，一个不归根到神的本体。如前所

---

[6] 所有基督教的节日都按阳历或儒略历（及在 1582 年改过的格雷戈里日历）计算，只有复活节 (Easter) 例外，因为复活节在犹太的踰越节之后。按太阴历计算，即春分后第一个月圆后的第一个星期日。因此每年不同，在 3 月 21 日到 4 月 25 日间，需要特别的计算。

[7] 不幸的是，他把基督出生的年分也弄错了，至少晚了 4 年，不过这和我们目前的讨论无关。

说，这个本体和现在物理学家所追求的相似宇宙最基本法则相似。孔子大致同意老子对创世的看法。而西方的传统思想把所有万物，包括宇宙，都归根到一个创造的神。

还有，老子的中心思想之一就是人文或人本主义 (humanism)，即以人类的福祉为中心的主义。他是人类文化中最早的人本主义者。按照老子的看法，如果「天」不能把人民的生活弄好，「天」就没有用。实际上，这种人本主义的思想根深蒂固的嵌入中国人的宗教观中。按照这种观点，任何宗教的目的不是为了尊崇任何神祇（包括宗教中的创世主）的至高光荣，而是为了增进人类的福祉及福利。

长久以来，老子心目中的乌托邦一直不绝的萦绕于中国学者的思想中。每次在中国历史上动乱（各朝各代中，中国历经多次的动乱）的日子，学者渴望能逃到老子心目中的，简单生活的乌托邦。在 304 到 439 年间，五胡乱华之际，大规模的屠杀及掳掠是家常事。一位学者陶渊明（365－427）把他对老子心目中的乌托邦的渴望写成一篇短的散文《桃花源记》。这篇散文描述一位渔夫在桃花溪的源头发现了一个老子描述的乌托邦。在这乌托邦中，人民过着老子心目中那种简单快乐的生活。这篇文章几乎出现在中国过去和现在的小学或中学的国文教材中。许多中国诗人、文人都用过这个主题来咏诗著作，甚至作为绘画题材。

*

老子生活在一个社会及阶级组织正开始大变动的时代，公元前 771 年周幽王战死于骊山之后，周朝的中央统治开始瓦解，封土的领主－诸候－的行政独立，这些领土变成形式上独立的国家，因此并吞的战争无可避免。在这段并吞的时代开始时，共有 130 个独立的封土国，可是到了老子的时代，只有不到三分之一还幸存。在公元前 1046 年周朝建国时建立的完整诸候制度 － 公、侯、伯、子、男五等级爵位－几乎都已不存在了。事实是，这种兼并的局面一直进行。到了公元前 475 年时，只剩下七个最强的国家 － 战国七雄。再经过两百多年的战乱动荡，公元前 221 年秦国终于统一了中国。在公元前 771 到前 221 年之间尽管战争极多，社会局势极不安定，中国却在这段期间进入了一个启蒙及理性的时代。其特征是所有以前官方独占的智识都流落到民间去，及百家学说的兴起。而老子是这些诸子百家学说中最早的几位之一，他的影向力非常大。因此，有许多学者认为老子是中国第一位伟大的哲学家。

图 3. 渔夫发现桃花源，再寻不得

第二章 独尊孔学的汉武帝
－中国的康士坦丁大帝－

无能皇帝，一位孔学学者的逃亡

穿了平民服装的叔孙通，坐在那里感觉不平。他是一位在学术上极有成就的孔学学者，精通《五经》，特别是《论语》。他被当时的学者尊为大学者。可是他现在住在普通的房子，穿着胸无文墨的平民所穿的服装，而不是孔子门徒所应当的长袍礼冠。同样地的，跟随在他周围一百位左右的门徒，心中也同样感到挫折。

好几年前，约公元前 208 年，如果不是因为他急中生智，可能早已离开人间了。当时，他正在胡亥帝（秦始皇的继承者）的朝中任职。几乎当秦始皇一死，叛乱就如雨后春笋般的在各地爆发出来。可是环绕胡亥的都是一些阿谀谄媚之辈。他们隐瞒叛乱的真实情况，天天只发出赞美胡亥的巧言。他们声称这些报告叛乱的急报，都是用来诬蔑刚登基的皇帝的伟大能力的鬼话。叔孙通觉得他应当尽臣子的职责，报告真实情况。

当他走近胡亥帝时，他首先说了几句恭维胡亥治国伟功的话。然后，他很小心的遣词用字：「皇上，您知不知道京都外面有些叛乱？其中有些已经离京都不远了。」

胡亥帝的脸色立刻变了。「根本没有叛乱这回事！我已经把好几位报谎信的官员下到监牢里了。」

「皇上说的绝对正确。我来这里的目的不是报告有叛乱这回事。我来这里是要报告好消息。的确有些小叛乱，可是托皇上的福，上天帮助我们，这些小叛乱已经完全平定了。」叔孙通立刻改口报喜，同时把带来的一迭报急的竹简藏到背后去。「没有什么需要担心的事。」他补上一句。

「你藏在背后的是什么？」胡亥帝问。

「哦，都是些谎报，不值得一看。我带来的目的是要给皇上过目，让皇上知道这些都是谎言。」叔孙通假装要把这些竹简递过去，可是手只伸出一半。他心中希望皇上把这事撇开不论。

「只要你知道是不值一看的谎报就行了，我很满意。把它们烧毁。我不想在谎报上浪费时间。」胡亥帝说。「还有，今夜宫中有盛大的宴会，你是一位忠心耿耿的大臣，因此我要请你来赴宴。」

没有人敢拒绝皇帝的邀请,因此叔孙通留在宫中赴宴。在宴会中,他和其它的佞臣阿谀者不断的恭维胡亥帝的治国才能。宴会一直持续到半夜才结束。在他离开之前,他再度恭维胡亥帝,同时向皇帝要求,指派他去视察京都以外的地区,避免未来还有人来谎报叛乱,皇帝大喜,立刻允许他的要求。

次日一早,他召集了家人及学生,要他们把细软珍宝都装上马车,准备出城。由于他持有皇帝允许出城的诏书,故顺利的出了城。一直到马车队远离城门后,他才停下来告诉学生,匆促离开京城的原因。「这个朝代已经快灭亡了。我们要找一群有能力的起义军,加入他们,向他们效忠。你们有什么建议没有?」

「刘邦带头的起义军似乎是最好及最能干的。刘邦也能赏识、欢迎人才。许多有能力的武将和精明的军师都已经加入他的阵营。」一位学生说。

「我也听说过他。好吧,我们去加入他的阵营。」他们大队人马立即开动,直奔到刘邦的军营总部去。刘邦对他们表示非常欢迎,因为他的阵营中有武将,有军师,有战将,可是还缺少一流的学者。在第一次会面时,叔孙通按照孔子传下的礼仪,穿上他最好的儒服。可是刘邦似乎不悦,皱了眉头欢迎他。叔孙通很快就发现了原因,刘邦根本看不起学者。他把学者也纳入自己阵营中的目的,无非是想招来更多能人的信服,加入他的阵营。下一次叔孙通去见刘邦时,特地换上平民的短装(就像现在武打片中武师的穿著一般)。这样的装扮,使刘邦非常高兴。此后,叔孙通的主要职务是告诉刘邦如何按礼仪接待有地位的贵宾,以及在某些民政方面提供些建议。

从冷漠到显贵,设立宫廷礼仪

刘邦把中原所有的敌人一一击败后,登基为帝,庙号(死后的尊称,因为皇帝在位时往往使用多个年号)高祖,开始了一个新的朝代 – 汉朝。他对那些建立军功的人大加赏赐,而叔孙通所得到的仅是一间不太富丽的房屋,薪金也很少,因此,他很不高兴。他的学生也不平。「尊敬的老师,我们跟随您多年,就是盼望有一日您成为显贵。现在新的朝代已经建立了,我们却仍然过着贫苦的日子。您能不能想些办法?」好几位学生问了类似的问题。

「你们要有耐心,连孔夫子在逆境时也得忍耐。国家才建立不久,这些军人只知道如何打天下,但只有我们才知道如何治国。请你们耐心的等待,时机来到时,我不会忘记你们的。」叔孙通非常有自信的回答。

这些军将和高官－都是在过去多年辛苦征战时和刘邦同进同出,同生共死的伙伴 － 经常到宫中宴乐,甚至有时不请自来。他们几乎一点都不知礼仪。饮酒时,大声说话,放肆的笑。喝醉后,有些人还吵架,甚至动拳动腿打起架来。有些还拔出剑来,向大柱砍去,有如遭遇假想敌一样。

高祖非常不悦,可是他不知道该如何阻止这些曾和他出生入死的伙伴们的行为,如何避免这些粗暴及喧闹的行为。何况他还得依赖他们的支持,怎能得罪这些功臣呢?所以只能皱眉表示不悦,可是这样的暗示,一点用也没有。对于此种情况,叔孙通一直在仔细观察。不久,他有了单独和高祖一起讨论国事的机会,谈毕正事后,「机会来了。」他心中想。他很有技巧的把话题转到好几天前在宫中举行的一个宴会上。他首先向高祖致谢赐宴,美食及美酒。高祖一听到宴会,眉头就皱了起来。叔孙通见机不可失,他向刘邦说:「我知道陛下对某些客人的喧嚷粗暴的行为感到不乐。我知道应当如何恢复秩序,让他们能将陛下当作皇帝来尊敬。可是我需要有些权威,也需要有些费用,才能进行这件事。」

图 4. 汉高祖画像

「你真能做到?」高祖半信半疑的问。

「当然,我可以用性命来担保。」叔孙通很有自信的回答。

「我希望你不是开玩笑。我会给你所需要的权威及费用。」

于是,叔孙通立刻开始工作。他利用这次机会,扩充自己的班底。他先到乡里寻找学有成就的学者,一共找到了三十多位,他便和这一百三十多位的学者开始工作。

首先,他们按照孔学的基础经典之一,五经中的《礼记》,设计出一套礼仪,定出举行宴会的规范,宫廷朝会的礼节,及其它相关的礼仪。接着,他用稻草绳在地上圈出宫廷的模型,并将稻草堆放在适当的地方,藉此仿真不同的对象,包括皇位。他用了高祖所赋予他的权威,设立训练班,把所有的文武官员都召来受训。每一天,这群学者训练这些文武官员按照他们所定出的礼仪及规范进行演练,包括:如何进退,如何参加宴

会，以及在朝会中如何有秩有序的讨论。经过一个月的训练及预习彩排之后，叔孙通告诉高祖，一切都已就绪，他可以展现成果了。这时，正好有一座新宫殿完工。高祖便利用这个机会，设宴款待大臣，庆祝宫殿落成。按计划，这个大型宴会将持续整天。

清早，一队司仪就在皇宫大门前的广场上等候客人。他们将文武官员按其职等排成长队，在宫外等待。从宫门到宫中设宴的大厅，沿路摆设着军事武器作为饰品。在各出入口及定点上，都站了经过严格训练的负责礼仪的人员。到了预定开始的时间，总司仪就大声宣布宴会开始，文武官员开始鱼贯进入宫门。每当一位官员进入时，司仪便大声宣布此人的职等。就位的官员，按其职等站在大厅的边上，文官和武官分别站在两边。皇帝坐在大厅北面的中央。全部站好后，由总司仪率领大家，一连高声欢呼皇帝万岁九次。欢呼之后，司仪就令每位官员列队到皇帝面前，弯腰致敬，然后把这些官员带到指定的位子，席地坐下。每人一张桌子，当时还没有椅子，就盘腿坐在草席上。这是中国人当时的坐法，此一风俗后来传到日本，直到 20 世纪中叶，许多日本人还这么盘腿坐着，不用椅子。每位官员由两位内侍（太监）或宫女侍候。当所有宾客就位后，他们一起举起瓦杯，恭祝皇帝圣体安康。每上一道菜，就倒一次酒，也再度恭祝皇帝圣体安康。在这个整天的宴会中，未曾发生任何失礼失态的行为。（训练时已经预先警告，如有失态或失礼者，不论官职大小，都将逐出宴会。）九道菜及九巡酒之后，总司仪请所有官员起立。这是礼貌的暗示，宴会结束了。文武官员依次离席，站到大厅的两边，司仪带领他们离开大厅。经过皇帝面前时，再次向皇帝致谢及致敬。他们秩序井然的离开皇宫。这场宴会极为成功，所有文武官员的表现完美到无法形容。

这次宴会中，文武官员的表现，让高祖对叔孙通等人钦佩异常。宾客离开后，高祖皇帝坐上八人大轿回去寝宫，他充满了无法遏抑的喜悦，说：「今天我总算尝到了做皇帝的乐趣！」他当场赏给叔孙通 250 斤的金子（也可能是铜。当时金和铜都属贵金属），同时立刻把叔孙通的官职升等。叔孙通把握这个机会，替他的学生们说话：「陛下，我有许多跟随我多年的学者和学生，他们协助我制定今日宴会上的礼节和礼仪，以及训练这些文武官员。希望陛下能赏赐他们一些适当的职位。」于是这些学生及学者都受封「郎」的职位（学者官）。

叔孙通回去后，做了一件非常大方的事。他把这 250 斤的金子全部分给他的学生和学者，自己一点都不留。这样大方的举动，当然更让他的学生和学者对他效忠。不过叔孙通已经得到他的报酬了。他向高祖示范了孔

学的重要性及用处－虽然学者们不能作战，不能打胜仗，但在治国方面绝对不能没有他们。叔孙通有自己的野心，他要鼓吹孔子及其宗派（以下简称为孔派）的学说，使其成为官方的治国方针。有了一百三十位精于孔派的学者在朝中，要达到罢黜其它学说，专尊孔子学说的目的，仅是时间的问题而已。

正式尊孔，「罢黜」百家

看到了孔学的用途之后，高祖对叔孙通的能力非常信任。他把这位孔学学者任命为太子刘盈的老师。高祖于公元前 195 年去世，在位十三年。刘盈继高祖之后登基，是为惠帝。惠帝把叔孙通升为高官。叔孙通说服惠帝，恢复几乎被秦始皇及项羽毁灭的中国文化。

图 5. 汉武帝

秦始皇在位之际，为了加强政权方面的控制，便想垄断所有的知识，下令除了实用的书籍，如医学、卜卦、种树等，民间所有非实用的书籍都得交出焚毁，而在京城咸阳的皇家图书馆中保存了这些非实用书籍，不过只供在朝中任职的学者应用。秦始皇死后，叛乱如雨后春笋似的兴起，起初最强大的一位是几乎目不识丁的项羽。他一进入咸阳，就烧了秦始皇所建造的阿房宫，其中包含了皇家图书馆。由于民间已经没有这些书籍了，中国文化因此濒临全部被毁的危机。可是，当时，知识早已传播到民间。禁书期间，有不少人冒了生命危险，偷偷的隐藏个人所拥有的书籍。

惠帝在位时，距秦始皇下令焚书将近三十年了。惠帝听从了叔孙通的建议，下令如果任何人把私藏的书交出，就可以得到一笔奖金。数年之内，几乎所有幸存的书都送交官府，但还是有些完全佚失了。例如，留存的《尚书》仅有二十八篇（原来的《尚书》有一百多篇。佚失的部分，可能包括了中国开国帝王黄帝的事迹记录）。幸存的章次中，提到的最早帝王是尧帝、舜帝及大禹，也提到了约公元前 2300 年在中国发生的大洪水。然而，整个夏朝历史都不见了，只有片断保存于其它记录中。孔子最喜爱的《六经》中关于音乐的《乐经》也完全佚失。我们现在连其内容是什么，都无法臆测。虽然叔孙通说服了高祖，让他了解孔派学说在治国方

面的用途，而且由于叔孙通的影向，朝廷中到处都是孔派学说的学者，可是在之后很长的一段岁月中，孔派学说的影向并不大。高祖的第一位宰相－萧何，严格以法家精神执法，但他所订制定的法律，比秦朝的宽大仁慈得多。再者，他在治国方面，基本上遵循老子的「无为」（即政府能不管的地方就不管）。他对人民所课的税低，尽量不从事大规模的建筑计划，实际上就是让老百姓过着不太受政府干扰的日子。

惠帝之后的两位皇帝，都按照萧何所制定的方针来治国。由于「无为」政策的成功，即使朝廷中有不少孔派学者，然而治国所用的哲学，基本上还是老子哲学。直到高祖的曾孙刘彻（公元前156 － 前87年，统治期间为前141 － 前87年）在位时（庙号为武帝），才正式确立孔派学说为治国的哲学。纵然如此，武帝也要等到祖母窦太后去世后才能执行这项政策。武帝登基时才 16 岁，起初由皇太后摄政；而皇太后是虔诚的老子哲学信徒，她深信老子哲学的原因，大约是由于老子「无为」政策的成功。（哲学上称为黄老学派，黄指黄帝，老指老子。黄老学派表面上尊崇「清净无为」的主张，实际上强调政治上的尊卑秩序。）当武帝亲政之后，有两个重要的理由，让他必须统一治国的哲学（方针）。第一，经济繁荣后，社会变得愈来愈复杂，老子的简单哲学无法应付愈来愈复杂错综的社会及国家性的问题。第二，基于现实。有朝臣对武帝说，朝中有能力的官员的思路往往不同－虽然孔派学说的学者占大多数，可是还有不少推崇其它哲学的，如法家、墨家及老子的哲学等等。虽然到了战国末期，各家学说已有合流的趋势，以致有了杂家的兴起（汉初黄老学派就杂有法家、道家、阴阳家的思想），可是这些宗派的哲学有时会起冲突，造成人事及政策方面的磨擦，因而对执行国家政策，形成很大的阻碍。基于此，武帝觉得非要有一个统一的主义及信念不可。

公元前 134 年，武帝召开会议，邀请所有知名的学者前来参加。会议的目的，是为了决定一套治国的哲学，作为政事的导引。武帝有一位亲信的学者－董仲舒（公元前 179 － 前 104 年）。他是一位早熟的天才，12岁能文。他是尊崇孔学的学者，也是一位以任何标准来衡量，都很伟大的学者。再者，他是一位人本主义者（humanist），他同情贫穷的平民（批评社会贫富两极化，土地分配不均的话：穷人「无立锥之地」。这句话就是他所说的）。他提出意见，认为《公羊春秋》（公元前 722－前 477 年战国的历史，相传孔子曾修改过）是「唯一能把天下万物都统一及变成和谐」的书。他因此提出一个统一的主义，记载在他所著的《春秋繁露》中。

这个统一的治国理论以原来的（朴实）孔学为中心，但也包括了其它百家哲学的一部分，如墨家、老子、法家，甚至是阴阳家的理论。正如西方著名的例子一样，经过热烈的讨论辩论之后，武帝有最后决定权。他喜欢这个新的治国理论（主义）。这新的理论称为儒学，实际上就是孔派学说。可是儒学和原始的朴实孔子学说有些不同。按现在的命名，应当称为新孔学主义（Neo – Confucianism）（西方所说的孔学〔Confucianism〕其实是儒学）。武帝下令确立为儒学汉朝的官方哲学或主义，而罢黜其它的百家学。因为这个新孔学－儒学－也包括了其它百家哲学的一部分，其它哲学的拥护者的抗力就不会很强了。在未有很大的阻力之下，儒学被采用为汉朝的官方哲学。

自从汉朝采用儒学之后，儒学为因应时代需要，而不断被调整，不过基本上保留了董仲舒所定下的形式和基本组件。后来的朝代，包括被异族统治的元、清两朝，都一直继续尊孔的传统，直到 1912 年中华民国成立。元朝是蒙古族成吉思汗的孙儿忽必烈（1215 – 1294）所建立。（元朝的朝代名改过三次，最后采用的「元」，源自《易经》「大哉干元」。）建立清朝的是满族爱新觉罗·努尔哈赤（1559 – 1626）。（顺便一提，现在的外蒙古或蒙古国与成吉思汗的蒙古族无关。外蒙古指漠北，清朝时原是中国疆土的一部分。1920 年代，因前苏联〔按沙皇时代〕的扩充政策，而将其从中国夺去，并以假选举的方式成立蒙古国，成为前苏联的傀儡国。1943 年，国民政府被迫承认。前苏联垮台后，成为自主国。当时成立元朝的蒙古族都住在今称为内蒙古之处，现在是中国的一部分。目前在内蒙的蒙古族和在东北的满族几乎已经完全被中国同化，虽然他们仍旧保留许多原来的传统。）

在这次会议上，武帝还接纳了与会学者的另一个建议，即建立太学来训练管理国家的人才。从实质来说，这是世界上第一所大学。是按孔子的「有教无类」的精神招收学生，只要资格符合，不论平民或贵族，都可以入学，成为太学的学生。（这不就是现代提倡的，人类不分种族，都可以进学校求学的平等观念吗？）有一时期，学生的总人数超过 3 万人。以欧洲来作比较，欧洲最早的大学是意大利的波隆纳大学 （Bologna University），创于 11 世纪。然而到了现今，中国汉朝的太学早已不存在，而波隆纳大学仍旧是世界上有名的大学之一。

武帝在平等主义上的另一重要成就，几乎彻底消灭了中国的封建制度。自战国时代起，封建制度名存实亡。汉初，高祖把宗室分封为王，又兴起了另一种的封建制度。虽然这些王侯的势力已经比周朝时代的要小很

多，可是仍然很大。在武帝之前，这些宗室中，有不少人发动叛乱，汉朝国君费了很大的力气才平定。这让武帝决心要削减这些王侯的势力。

武帝采纳了学者主父偃的建议，以推恩到这些王侯的嫡长子之外的孩子为籍口，大幅削减了这些宗室的势力。武帝下了「推恩令」，修改遗产继承法。按旧的传统，所有的财产（当时主要的财产是土地）及爵位都由嫡长子继承。按新法，则嫡长子最多只能继承一半的财产。新法的目的，乃是为了分割诸侯王的势力，以巩固中央集权制度。当时诸侯王的封地可以大到好几个郡县；然而，透过「推恩令」，几代之后，封土就小到不足道了。（举例来说，五代之后，每位诸侯王的领地只有原先的三十二分之一。）这样一来，武帝的「推恩令」，就完全摧毁了残留到汉朝的封建制度。此后，虽然地主仍旧可以拥有极大的土地，可是当地主死后，这些土地一定要分割，长子最多只能继承一半。从社会的观点来看，一般说来，从此以后，（虽然在西晋、明代又建立了比较小型的封建制度。）中国就开始进入了所谓的「富不过三代」的新纪元。到了宋朝，当科举制度更为普及公平后，社会上鲜有类似欧洲中古时期累世富贵的世族门阀现象。相比之下，欧洲的封建制度很像周朝的制度，由嫡长子继承。这样的制度，创于 814 年查里曼大帝去世之后，一直延续到 17 世纪。19 世纪时，欧洲还残留不少封建制度遗留下来的封地、爵位。

西方神权政治的建立：古希腊及罗马文化被摧毁

在西方，可以和武帝统一思想，罢黜百家，独尊儒术的功绩相比的著名例证是，君士坦丁大帝一世于 325 年，在现在土耳其的尼西亚(Necaea)所召开的第一届大公会(First Ecumenical Concil)。当时，基督教已在欧洲兴起。君士坦丁大帝的母亲是一位非常虔诚的基督徒，也许是受了母亲的影响，君士坦丁帝在 312 年把基督教立为国教。（可能是为了讨好当时势力还很大的拜太阳为神的罗马教徒，君士坦丁大帝本人则是骑墙派，一直到弥留之际，才受洗成为基督徒。）[8]可是当时基督教已经分成好几派，每一派都有自己的神学主张。最重要的争论点在于，天父上帝 (God the Father) 是否在神子基督 (Christ the Son) 之前或之后。其中有一个由阿里乌（Arius，约 250－336）所领导的，势力很大的教派，否认基督有神的

---

[8] 按基督教《圣经》的叙述，「安息日」应当是星期六。可是为了要讨好太阳教的信徒，君士坦丁大帝把安息日定在星期日，因为星期日是「太阳日」。按：一星期有七天，每天相应一个当时知道的行星，月亮及太阳。星期天是太阳日，星期一是月亮日……等等。现在讹传星期天是『主日』的原因是因为基督於星期日复活。这是後人加的解释而非真正的历史。

地位（反对三位一体论 [Trinity]），认为天父上帝在神子基督之前，因此神子基督不能和天父上帝同体 (consubstantial)。这就是当时几个教派最大的争论点。君士坦丁大帝想透过会议把这些争论作一了结，因此在尼西亚召开会议，后来称为第一次大公会议。

君士坦丁对召开这个会议非常热心，甚至还出资让有些主教前去参加。有个历史故事是这么说的：这些与会的主教们花了数周的时间，热烈讨论教义之后，准备了厚厚一迭的文件，仔细的写下对所有教义的讨论。他们把这迭厚厚的文件交给君士坦丁大帝过目。和武帝不同的是，武帝是亲自参加讨论，聆听所有的讨论之后，再做出罢黜百家，独尊儒术的决定。而君士坦丁大帝对这厚厚一迭的文件看都不看，在所有参与会议的主教等众目所视之下，把这厚厚一迭文件放在会议厅里的大火盆中烧了。这些又惊又奇的主教们目瞪口呆，惊骇得不知如何是好。君士坦丁大帝只

说，应当利用这次大公会议建立一个统一的教会，未来所有的人都要遵守这教会定出的教义，此后这个敕令就建立了天主教会（The Catholic Church，Catholic 的意思是统一）。这么一来，就把阿里乌派屏除于外了，虽然后来他们还活跃了好个几世纪。似乎在以后的年代里，天主教篡改了基督教《圣经》，把有些篇章取出禁掉。1946 年在埃及发现了一套草纸本的福音，称为诺斯底福音（Gnostic Gospel）。其中有约翰及多马 Thomas 写的福音，在某些地方，特别是和基

图 6. 君士坦丁大帝

本教义有关的部分，与现在的版本不同。（多马福音在现在的新约版本中没有。）另外 19 世纪发现的《马利亚福音》（马利亚是耶稣的生母），其中提到，基督的复活是门基督徒的幻觉，而不是真正的复活。现在研究《圣经》的学者认为目前的版本不是原来的，可是事隔多世纪，许多原始文件佚失或深藏在梵蒂冈内，不易做深一步的研究。

＊

董仲舒把《论语》（孔子学生把孔子所说的话的记录下来所成的书）中朴实的孔学扩充成为儒学（新孔学）的功绩可以媲美一位西方神学家。这位西方的神学家是第 4－5 世纪间希帕的奥古斯丁（Augustine of Hippo, 354 － 430）。在他的书《上帝的城市 City of God》中把朴实的基督教教义扩展为我们现在所知的基督教教义。过程中，他引入早期希腊人的观念－

宇宙中有一个万能的主宰[9]，以及柏拉图的观念 － 在我们的世界之外还有一个十全十美的世界，即天堂。他加强了原罪的观念。（所有的人一出生就带有原罪：亚当和夏娃不遵守上帝的禁令 － 不能吃智慧之果，而被逐出伊甸园。）所有的人要信耶稣才能得救，才能被上帝赦免这原罪。到现在，「得救」还是基督教用来说服信徒的最重要教义之一。奥古斯丁所定出的教义，直到 13 世纪才有些改动（在十字军东征后的汤马斯·阿奎那 Thomas Aquina ［1225 － 1274］加以修改）。

除了这两项互相平行之处之外，西方和中国所走的路线完全不同。在西方，和天主教会意见不同的人，就遭到迫害或杀害。最大的宗教迫害发生于 1480 － 1834 年的西班牙异端裁判所（Spanish Inquisition），那里特别设计了许多酷刑的刑具，现在在博物馆中还可以看到。死者及受难者不计其数。在基督教兴起的过程中，任何异教的物品或书籍，甚至是希腊人爱好的戏剧及罗马人爱好的户外运动会（包括奥林匹克运动会），全部被禁止。即使最高的学术机构－柏拉图学院（Plato Academy，现在学院的英文名字 Academy 就来自此学院）也不免被迫害。东罗马帝国皇帝查士丁尼一世在位时（527 － 565），以「妖言惑众」的口实关闭此一学院。所有的学者四散，许多人避难于阿拉伯。主教们甚至还怂恿鼓励信教的狂徒，把任何认为是异教的书籍对象焚毁或摧毁。例如，多世纪以来，持西方学术牛耳的亚里山卓图书馆－这图书馆是许多科学发明及文化的起源地，如第一次量度了地球的周长，医学解剖学的发明，等等，甚至于基督教的旧约《圣经》也在这图书馆中第一次被翻译成希腊文－也不免受劫，多世纪以来收集的五十万册草纸本书籍全部被宗教狂的基督暴徒焚毁。而最具悲剧性的是亚里山卓图书的最后一位科学家。这是一位女性。从任何标准来衡量都是第一流的人才。她的名字是希巴夏（Hypatia，约 370 － 415），精通物理、数学、天文，任这所图书馆新柏拉图哲学学院的领导。由于当地的一位总主教色雷尔（Archbishop Cyril）对她恨之入骨，经常在传教时怂恿鼓励教徒把她杀害。有一天在她去图书馆工作的路上，一群属于色雷尔主教的教堂的宗教狂暴徒拦住她，把她拖下马车，打死后，还把身上的肌肉用鲍鱼壳挖下，把她的尸首焚毁。而鼓励及怂恿这些暴徒做这些恶事的色雷尔于死后还被封为天主教的圣。自这一段大规模的灭异端运动之后，欧洲就进入了神权时代，史称为黑暗时代（Dark Ages）。文化几乎只限于神学（唯一把科学保留住的火苗大约就是对于基于太阴历的复活节日子的计

---

[9] 在《旧约》的《创世纪》中只说上帝创造世界，『全能』是後来奥古斯丁加上去的。

算）。从第六世纪到第十世纪的黑暗时期中，西方的文化几乎完全被毁灭。例如，沙孚克理斯（Sophocles, 约公元前 495－406，是希腊三大悲剧作家之一）所著的一百多篇剧本只有七篇流落在海外得以幸存，其它的完全佚失，只有部分保留在其它的文献中。所有科学的发现，包括如何量度地球的直径及周边长，也都佚失，我们所知的都来自其它文献中关于这些发现的描述。后来欧洲的文艺之所以能够复兴。

同样发生焚书事件，为什么西方文化在焚书之后几乎完全被摧毁，而中国文化却如西方传说中的火凤凰，很快的从灰烬中复活呢？在中国，周朝以前，所有的学术都由官府所控制（如成语「学在官府」或把学问称为「王官之学」）。周朝自公元前第八世纪衰微之后，诸侯国被合并的很多，精通学术的贵族在失去爵位及财产之后，只好到民间求生。他们把学术知识传播到民间。不到数十年，所有的学术都已经流传到民间，甚至到后来，官府还要到民间寻找有知识、有能力的人。可以说，知识已经属于人民，是人民的财产；人民当然会尽量保存自己的财产。还有，秦始皇没有要焚书的信徒，而且在位期间不长。从他的焚书令到汉惠帝恢复中国文化，期间只有三十来年。因此，虽然有损失，但大部分的中国文化都得以幸存。

在西方，从古希腊开始，就盛行奴隶制度，一直到 476 年罗马帝国衰亡后才消失。使得如亚里士多德、柏拉图，甚至伟大的数学音乐家也是神秘主义者毕达哥拉斯等人，非但拥护奴隶制度，而且反对把知识传授给平民，声称「不能让没有地位的人知道」[10]。有一位毕氏的门徒，对外泄露了无理数（如 2 的平方根等）的发现，不仅被逐出师门，后来还被其它门徒丢进海中淹死。另外，亚里山卓图书馆更是国王的禁脔，他们的研究成果都不让人民知道。人民只知道他们交的税，其中有一部分是用来支持这些学者的研究，却完全不知道研究的内容，当然也不会知道这些研究成果的可贵。一旦出现了宗教狂徒，就没有人挽救这些宝贵的文化了。

中国各种非孔哲学（「异端」）和孔学的和平共存

另外值得一提的是，武帝下令罢黜百家的诏书中，没有说要惩罚去学这些学说的学者。事实上，武帝并未禁止人们去研究这些学说，只是在选用政府官员时，这些学说不在列选的标准之内。当时完全未因为研究其它学说而发生流血事件；没有焚书，更没有类似「异端裁判所」的迫害。任

---

[10] 无论欧美的立法，，这种把社会分等级，造成种族、宗教、文化等歧视的西方传统延续至今。

何人都可以去追求、研究这些被罢黜的百家学说，只是他们从这些「异端」所学到的知识，在政府选用官员时没有用处。官员的职位在当时是一种极大的诱惑－因为这几乎是唯一可以找到的好职业。因此，对被罢黜的百家的研究从来没有中断过，只是规模小多了。许多儒学的学者，包括从高官职位退职的人（他们大多是极有成就的儒家学者），在年老或退职后，以研究这些被罢黜的百家为业余消遣，其中最流行的是黄老之术及老子庄子的哲学。在西方，基督教深深的和其教义和文化联系在一起，不能分开。与儒学不同的是，儒学的目的在治国。而神学在治国方面并不一定有实用的价值。要保持及传播某一宗教的信仰，必须要具有独占性及排他性。

*

图 7. 孔子

孔子姓孔名丘。是一位没落贵族的后代。他在世的时候，名气不是非常大。他是第一位把教育普及到民间的人，他有一句名言，「有教无类」，即任何阶级的人都可以受教育。（在西方，尤其是美国，到十九世纪许多大学不收黑人，到了 20 世纪中叶才让黑人自由进入公立学校，与白人一起受教育，不再受种族限制。）孔子似乎不在乎收到多少学费，他曾说过「自行束修以上，吾未尝无诲焉」，即只要带「束修」来见我的，我从来没有不传授教诲的。束修是一串十条的干肉，是古代普通的见面礼，类似现代到别人家里拜访时，所带的一束花、一瓶酒，仅是薄礼。人们声称孔子一生中教过三千位弟子，有七十二位学完六经。中国的第一部历史－《史记》－列出三十六位门徒。孔子的学生都依照其「有教无类」的精神教导学生，因此形成了一个很大的孔学网络，宣扬他的教导。有一度，类似希腊的坚忍主义者斯多葛学派（Stoics）的墨家（墨翟创立的一派），比他更流行，有更多的信仰者。墨家主张过简单的生活，提倡和平。他们有自己严密组织的公社，有的成员高达九百人。公社的集团组织也许是乱世中一个可以合作幸存的组织。可是在汉朝成立以后，渐渐恢复了社会秩序，因为墨家的苦行主义－过度俭朴刻苦的生活较难为人所接受，追求公利的理想也和统治者的利益的冲突愈来愈大，再加上缺乏好的领导者，这些公社就慢慢的消失了。从另一方面来看，孔子的教学精神及其在教学方面的实践却继续不停，因而孔子的门徒愈来愈多。

从公元前 771 年周朝开始衰微，到在公元前 221 年秦始皇统一中国期间，百家兴起。孔子的哲学有一优胜之处，它不像法家那么极端，把君主定的法律尊为至高，完全不考虑到人性的因素。也不像老子的「无为」哪么消极。孔子提出的是一个衡量了各种因素的观点的哲学。他的教诲以中庸，忠诚，有信有义，奉献心及宽恕为中心。可是他不主张无条件的宽恕。有一次学生问他：「以德报怨，何如？」他的回答是：「何以报德？以直报怨，以德报德。」（如果用了恩德去报酬不公平的待遇，那么用什么去回报恩德呢？要用公平正直来回报怨恨，以恩德去回报恩德。）这和西方基督教《新约《圣经》》中「把另外的面颊转过去挨打」的说法不同。事实上，在最近对于数学上的游戏理论（博弈论（game theory））中「犯人两难的选择」这命题的研究中，证明了孔子的说法（西方有时称为「银律」）是最有效的方法。他的另一句名言（在《论语》）是：「己所不欲，勿施于人。」（不要把自己不喜欢的事物加诸于人。）基督教《新约《圣经》》中有一句类似的话（〈马太福音〉七章 12 节，〈路加福音〉七章 31 节）：「你们愿意人怎样对待你，你们也要怎样对待人。」（实际上，英文的说法把这两个句子倒过来，「对待他人就像你们要他人怎样对待你一样。」，即「己所欲，施于人」。）从文法上来说，孔子用的是两句否定语气，而基督教《新约《圣经》》用的是两个肯定语气。文法上这两种说法的意义完全相同，可是从实用观点，这个微妙的肯定及否定语气的差别可以造成许多分歧。这在后记中会讨论到。

再者，和老子一样，孔子不相信任何宗教，虽然他的态度要比老子的更缓和。用现代的说法，他属于不可知派（agnostic，即对神的存在采取不可知的怀疑态度，需有实际上的证明才会相信。〔所有宗教经典提出的「证明」都不算证明〕）。在《论语》中，他的学生说他：「子不语怪、力、乱、神。」即孔子不讨论牵涉到「神怪、武力、叛乱（悖乱，暴乱）及超自然的鬼神」的事物。换句话说，他不相信宗教所依赖的神迹或神话。在《论语》的〈先进〉一篇中写到「季路问事鬼神。子曰：『未能事人，焉能事鬼？』」（连人都没有侍奉好，怎么能去侍奉鬼〔神〕呢？古代鬼和神往往不分。）学生继续问下去：死是什么一回事？孔子的回答是：「未知生，焉知死。」（生的道理都没有搞懂，怎么能懂得死？）在另外一个谈话中，有人问他，应当去拜高地位的奥神还是低地位的灶神。（这问题可能是和政治有关的隐喻。）他的回答是，如果你有了很大的过错，拜什么神都没有用。可是，他也没有否定鬼神。有一次他生病了，他的学生去看他，问他向天祈祷过了没有。他回答说，早已祈祷过了。还有一次，人家问他怎样去祭祀神，他的回答是：「祭如在，祭神如神在。」

（在祭祝祖先时，好像祖先就在祭台上，祭神的时候，就好像神就在祭台上。）他并没有真的说有神，而他的意思是，如果要祭神，就要诚心地去祭。在《左传》里，写「吉凶由人」，即吉凶由人自己决定。在另一篇中〈襄公二十三年〉中写：「祸福无门，唯人所召。」吉凶祸福在于人事的好坏，不在于鬼神的威灵。实际上就把鬼神的作用否定了。实际上，孔子继承了许多西周及东周的思想，都认为天依人而行。所谓的天命就是民生和民意。周公以来强调「天命靡常，唯德是依」（天命无常，唯一可以依赖的是品德），把周人的宗教重心由「神」转成「人」，孔子心仪周公礼教，因此继承了周初以来的这种以人为本的人文精神（即人本主义）。

孔子对宗教及鬼神的态度成为后代儒家的典范，以后各朝代对宗教政策的中心导引。虽然每一位儒家学者都可能有自己的宗教信仰，他们总是追随孔子以人民福利为本的人本主义，认为宗教的目的都是用来辅助人民，使人民有裨益，而不能把宗教的教义放在高于一切之上，尤其在人民的福祉之上。（西方基督教的「十诫」中的第一诫就把上帝放在所有一切之上。）因此中国从来没有受到教权的统治之灾。这也许是中西文化思想及历史上最大的不同，而这种特色至今依然存在。

第二部　中国宗教思想的发展

图 8. 尧帝

图 9. 舜帝

图 10. 大禹治水图

图 11. 在浙江绍兴的大禹墓

第三章 早期人类历史上的两个大洪水
- 中国大洪水及基督教《圣经》中的诺亚洪水 -

洪水来了

太阳才刚出来，他已经在检视待会儿下田所需的工具，一付石锄、一把石镰刀、一束粗麻绳。他正准备离家 - 山坡上低处的茅屋，他得下山去，到自己的田里工作。此时，他的妻子正在喂家里养的牲畜，一群鸡、猪、狗和一条牛。今天，他准备要开垦另一片的田地来种粟，这是当时的主食。

他不经意的朝地平在线看了一眼。看到的都是熟悉的景色，直到看不见的地平在线，都是起伏的小坡地。不过他注意到，地平在线的远处有一丝的银线；这银线似乎环绕着整个地平线。同时，他也听到了好像是远处沉闷的打雷声。他不知道这声音及银线是什么，因此他决定等一等，看看到底是什么。他注意到，这银线好像在变宽、变长，沉默而低的声音也越来越响，终于他可以看出是什么了；是使他感到非常恐惧的洪水！况且这次的洪水似乎比前几年所经历过的更可怕 - 来得太早、太大。他急忙向妻呼喊：「赶紧把重要东西搬到山上！」他的几位 8 到 15 岁的儿女也赶紧过来帮忙搬东西，他们辛苦的把平日所贮藏的五谷，搬到山坡高处，直到他们可及的最高处。眼看这打雷似的洪水声音愈来愈响，他们的搬运速度也加快起来。到了下午，洪水开始升高到山坡上。他亲眼目睹洪水淹没了自己辛辛苦苦开垦及种植了庄稼的田地，最后连建在山坡上的茅屋也淹了一半，然而他仍旧感到幸运。因为他和家人已经把许多重要的物品搬上山，所有的家畜也都移往安全的高地。之后他看到水上漂浮着的物品 - 树干、树枝、木板，及临时搭起的木筏，他认出木筏上的人，是他的旧识。他们仅带着随身的物品，他们被洪水冲到这山。最后，这些人都登上陆地，总算保住了性命；可是他们的财产都损失了，这时洪水已经高到把茅屋完全淹没。

他很快的生了火，用抢救出来的大鬲（中国石器时代用以煮粥的三足中空陶器），烧煮粟米粥，喂养这些又冷又饿的难民。这些难民互相诉苦，他们的巫师没有预测出此次洪水的发生。洪水起初慢慢的来，可是分秒不停，他们赶紧寻找能在水上漂浮的物品，然后扎成木筏，他们上了木筏，任由洪水把木筏冲到哪里就算哪里，最后冲到这山，幸好有人居住，让他们可以暂时居留，而且有人给他们东西吃。在绝望中，他们和族长商

议，但都想不出任何好的计策，只好请族长乘了木筏去见君王尧帝，请他想办法治好这洪水。

治洪及中国第一个朝代

尧帝的宫中挤满了人，都是他治下各族的族长，他们所住的土地都发生了洪灾。他们到尧帝的宫中求救：「尧帝呀，过去我们曾经遭遇洪水，不久洪水就退了，因此我们还可以种庄稼。可是最近几年来，洪水愈来愈凶猛，来得又早，时间又长，有时过了种庄稼的时节才退，人民种不出庄稼，都在挨饿；且房子也被冲坏，财产损失不少，请您想想办法，救救我们。」

尧帝是一位穿了鹿皮及简陋麻布衣的老者，他说：「你们来的正好，我正要找你们开万族族长会议。很高兴你们前来，有两件事要和你们商讨。第一，我年老力衰，想要找一位能继承我职位的人；第二，你们今天来到这里，是要讨论洪水问题，但先讨论继承人的问题。」

一位族长说：「您的儿子丹朱不错，相当聪明，可以请他接任。」

「你们不知道他的为人，他会骗人，奸诈，喜欢与人争执，他不行。你们之中有没有愿意接任的？」

族长们彼此对看，没有人愿意接任。最后，一位族长说：「我们都来自各地的小族，不知道如何治理有许多族的大国，您能不能在您的周遭找出合适的人？」

另一位族长打断了这位族长的话，说：「我听说都城中有一位叫舜的人，德行又好，能力也强。」

没有族长提出异议，尧帝想了一下，说：「好，我可以任命他为管理山林池泊的官员，先观察他。现在我们来讨论洪水的问题，请你们汇报洪水的情形。」

一位族长报告说：「我巡视过遭洪水的区域。洪水爆发后，把山围住，把低的山谷全部淹没，洪水来势汹汹，造成灾害。大浪滔天，只见水，不见地，百姓受苦，到处都是哭泣和哀叹声，您一定要找到能治理洪水的人，让百姓能正常生活。」

「我会指派一位专门治洪水的人，并给他足够的资源。你们能不能推荐一位这方面的专家？」

「把这工作交给鲧去做吧，他经常说他如何会治水。」一位族长说。

「我听说鲧非常刚愎自用，不听人言，不服从命令，他经常让族人陷于险境。」

「我们想不出其它的人，让我们试一下他的才能吧！」

「好吧，我就任命他治洪水。」

大禹治水患

尧任命鲧治水，并任命舜管理山谷的树林及湖泊中的鱼业。尧帝把他的两位女儿嫁给舜。尧帝的女儿非常赞扬舜的工作能力及品格，尧帝决定把帝位传给舜。经过所有族长的同意，在某个吉日，尧帝举行了隆重的典礼，把权柄转让给舜，自此他便退休，成为国中的长者元老。虽然他仍不时贡献些治国的意见，可是不再管理国事。

继位后，舜帝召开万族族长会议。他先谢谢这些族长的支持，然后开始讨论国事，「鲧已经治水十年了，然而洪水的问题不仅未解决，反而变得更糟。许多以前没有淹水的地方，现在却成了水患地区，我们必须换人治水。我打听过了，人们都推荐他的儿子禹，你们的意见如何？」

许多以前来见尧帝的族长都已经去世，新的族长们的精力都很充沛，知道的事物也多。一位族长同意，说：「我也认为禹是很好的人选，十年来，他和他的父亲鲧一起工作，可是他的父亲不听禹的建议。禹主张造渠道把洪水引导到大河，如果无法引导，就造渠把洪水引导到专让洪水泛滥的低洼地区，这样就淹没农地了。可是鲧相当固执，筑土坝来堵住洪水。可是土坝都被水冲走，造成更大的水患。我想禹能做好治洪水的工作。」其它的族长都同意这位族长的说法，于是就无异议的通过了。

舜帝立刻指派禹治水，同时，舜帝把鲧放逐到遥远的边疆地区，不久就在那里把他处决，以息民怒。

禹首先巡视洪水淹没的地区。他登高山勘察地形，然后拟定出一个计划。他带着工作人员，按计划疏通河道，让洪水可以流向大河，不能流去的就引导到低洼地区（类似现代治水患的方法）。因着父亲鲧失败的教训，禹不停指挥工人努力工作，他奋斗了十四年之久。传说在这十四年之间，他经过他的家门三次，可是为了工作，他连进去探望家人的时间都没有，最后，他终于治好洪水了。

因为禹的伟大功业，舜帝就推荐他为自己的继承人，所有的族长都热烈拥护这个决定。在某个吉日，舜帝把帝位禅让给禹，自治水成功后，人们尊称禹为「大禹」。

大禹年老时，他遵从古例，找了一位继承者，可是这位继承者比大禹更早去世。在大禹能指派另一位继承人之前，他就不幸去世了。大禹的儿子启开始了权力斗争，主敌是一位异母兄弟有扈氏，一场大战后，有扈氏战败，启罚有扈氏终生为牧羊奴。启就这样开始了帝位世袭制度，建立了中国第一个朝代，称为夏朝。

*

这就是尧帝、舜帝及大禹的事迹，都被记载在中国最古老的历史书《尚书》幸存下来的好几章中。可是，中国学者一直都在怀疑，这些事迹几近传说，是否真确？甚至有些学者还怀疑是否有大禹这个人？我们怎样知道大禹是否真有其人？或者，就这些传说而论，历史早已佚失的夏朝，是一个真正的朝代呢？

传说还是事实？古代的天文观测及现代科学介入解密

中国很早就有专司观测天文的官。当时的传统是，所有的重要职位都是世袭的，因为可以把担任这职位所需的知识一代一代传下去。当时的天文官是尧帝时代建立了历法的天文学家羲的后代，按传统，天文官的职称也是羲，这位羲官每天晚上观察天象，把重要的现象报告给史官记下。

时当公元前 1953 年阳历 2 月，羲官很不解那一段时期的天象。每天晚上，他把头皮抓了又抓，就是不懂。在过去数十日内，四枚行星开始从夜晚的天空中消失，只有在日出之前的短暂时间中才在东方地平线上面出现一下，太阳一出来以后就看不见了。这事愈来愈神秘，因为这些行星愈来愈靠近。「这些行星在搞什么鬼？难道在开行星会议吗？」羲官每天晚上集中精力，从傍晚一直观测到天亮，每天晚上都看到同样的现象，这些行星就如同被一根线牵住似的，愈来愈靠近。「什么原因？是否天发怒了？天快乐？天在开玩笑？」羲官无法解释所看到的天象，他和皇廷中的巫师们讨论多次，没有一位知道是怎么一回事。

不降王（约公元前 1980 到 1920 年之间的夏王），号称夏朝的第十二位君王，也感到好奇。有一天晚上，他决定和羲一起观察天象，观察这四枚行星聚在一起开会的奇景。当晚，不同色彩的万星出现，在银河两边，点缀了黑暗的天空。银河把两枚亮星，牛郎和织女星分开，好像不许他们

见面似的。可是在万星之中就是看不到一枚行星。天气很冷，可以感到刺人的朔风，蓝黑色的天空中不见云，只见星，非常美丽，可是气温很低，不降王穿了厚厚的皮毛披风，还觉得冷，他有些后悔了，为了要看没有行星的天空，他放弃了温暖的卧室和陪伴他的美女，而来到荒郊受冻。

「朝这里看，第一枚出现了！」羲大声呼喊，果然，第一枚行星在曙光中开始从地平线上升，瞬间，第二枚出现，然后第三枚、第四枚。「真是奇景！」不降王赞叹着，话还没有说完，最不可思议的事发生了。第五枚行星水星也出现了，在这四枚亮晶晶的行星之下，不降王伸手出去，发现这五枚行星都在两个手指之内（按我们的算法，约在四度以内），「真是难以想象，这五枚行星和珠串一样。记史者，把这件奇景记下来！」王说。这位记史者－皇家史官－很负责的记录下王所吩咐的。「一定是吉兆，当我们的王朝天看的时候，这五枚行星才聚在一起。」天文学家羲答道，王宫中的巫师们对这件不寻常的事谈了又谈。而这五星齐聚的事，就成了普遍流传的传说事迹。

*

不幸的是，夏朝的历史在后来动乱的时期佚失了，不过公元前 470 前编的具权威性史书《春秋》（由于中国古代只有两个季节，春及秋，因此春秋也用来代表纪年）中提到过这事。《春秋》记载的是一部分的周朝自公元前 1046 年建国到前 470 年的周朝及其诸侯国的史事，这部史书中有一个关于夏史中五星齐聚的记载：「禹时五星累累如贯珠，炳炳若连璧。」

按照现代天文的计算，五个行星齐聚（即在地球上看，这五枚行星都很接近）称为「相合」(conjunction)，是一件相当普通的事，约每二十年一次。绝大多数的五星齐聚都发生在白天，肉眼看不到，这是因为水星离太阳极近，只有在日出或日落前后短暂的时间，才看得到。事实上，许多人一生中都没有看过水星，甚至不知道它的存在。因此，肉眼看得到的五星齐聚一定要在日出或日落前后的这短暂的时间中出现，这就很稀奇了。

按现代天文学家的计算，在 5000 年前后的两千年内，肉眼可以看到的五星齐聚只发生过一次，就是按阳历计算，公元前 1953 年 2 月 26 日的那一次。这个随手写下的五星齐聚的记录，毫无疑问的确立了夏朝一定存在的事实，而这五星齐聚的时间正好在不降王在位时期。

*

　　9 月的某一天，天气非常好，万里无云，气候宜人，夏日的炎热已经过去，天高气爽，人民都在做自己的行业。京都的市集正是交易的尖峰时间，市场中挤满了买卖的人，众人大声讨价还价。突然，天空暗了下来，众人惊惶，一个黑色的圆物体把太阳慢慢吃掉，发生日蚀了；可是国家天文师没有提出将发生日蚀的预兆。「灾祸来了！没有预兆的日蚀！天发怒了。」众人于惊慌中大叫，找出各种能发音的东西，奋力敲击，想借着这些噪音，赶走吞掉太阳的妖怪。卖食物小贩敲锅子，卖艺的音乐师打鼓，市场大乱。过一阵子，这黑黑，圆圆的妖怪终于离开了，太阳重新露脸，可是众人的敲击声持续很久，直到觉得妖怪不会再回来才停下。

　　同一时候，王宫中也大乱。当太阳再度出现后，仲康帝（约公元前2043 － 前 1961 之间的夏朝第四位君王）召开紧急会议。会议中大怒：「我给两位天文师丰富的薪金，很大的封地，他们的职责是要订出历法的时节，告诉农民什么时候播种。最重要的是，他们要准确的按照先祖定下的法则，预报日蚀和月蚀。这次他们完全没有尽职，有没有人知道他们为什么没有预报日蚀？」

　　一位年长的官员走上前说：「我听到一些消息，他们日夜大宴，在晚上醉醺醺，因此无法观测天象。他们定出的时令完全错误，许多农民报告说，由于他们定出的时令错误，以致错过了种庄稼的时间。」

　　「绝对要重罚这些恶贼，下令逮捕他们，捉到后立刻处死！」

＊

　　这就是人类史中第一次对日蚀的记录，记在尚书中的〈胤征〉中，记的是征讨这两位失责天文学家的命令。由此来看，这两位天文学家被处死的事情应该可靠。事实上，西方许多关于早期天文的科普书中都提到过这件处决的事。

　　不幸的是，现在有可靠的证据，证明〈胤征〉这一章是 300 年左右伪造出来的，因此使得这件事情变得不可靠了。中国最早的正史《史记》，也提到过这次的征讨，但所叙述的原因，未提到未能预测出日蚀，而是在时令历法上的失责，使祭天地的时节错误。

　　即然〈胤征〉是伪造的，而《史记》提到两位天文学家被处死时，也未提到过日蚀，是否有过这场日蚀？这次的日蚀的确发生过。因为《左传》中提到，夏史中记载过仲康治内的日蚀，发生的时候是当太阳在「房宿」（相当现在的天蝎宫），9、10 月左右。（原记录是：「辰不集于

房，瞽奏鼓，啬夫驰，庶人走」。瞽是盲人，盲人听觉灵敏，故以前音乐师大多是由盲人担任。啬夫是农夫。）[11]

*

为什么夏朝的历史这么重要？首先，这是中国有历史以来最早的朝代。其重要性可以和基督教《《圣经》》中讲到犹太民族早期历史的各章相比，如〈列王纪〉(Kings)、〈历代志〉(Chronicles) 等。第二，这朝代的重要事件的年份和周朝于公元前 1046 年建国以前各朝代的年份都紧紧相连。周朝建国以后的历史大都齐全，可是如果想了解中国在周以前的历史，必须断定这段时间内的大事的年份。第三，这朝代因为治理了中国历史上重要的洪水而开始，对中国文化的重要性，不亚于基督教《《圣经》》中，诺亚时期的洪水对西方文化的影响。

中国很早就建立了诚实记录史事的传统，可是，不幸的是，中国历史学家没有纪年的习惯。（就此而言，西方纪年的习惯是从埃及开始的，开始纪年的年份是公元前 4241 年，当时中国还在仰韶文化时期，恐怕连文字都还没有。）更糟的是，每一个朝代的帝王都以自己登基的那一年算成第一年，而且几乎所有汉代及以后的帝王在位期间都改过年号，每改一次，又从第一年开始。但幸运的是，中国历史学家有仔细记录天上的现象的习惯，特别是那些不寻常的现象，如日月蚀及行星逆行（即行星在天上众星运行时，有时会停驻，或以反方向逆行一阵子，再向前行，逆行的现象以火星最为显著）等。以这些天文现象作为标志，现代历史学家几乎能把所有中国历史上的日子，都按西方顺序纪年的年份登录出来，不过所有在公元前 1000 年以前的中国历史年份，都无法很确定；主要是缺乏历史资料，包括天文现象。这就是以上所述的两个天文现象具这么大的重要性的原因。

夏朝历史的神秘性终于获得解决，即使不能说完全解决，至少可以说有一大部分被解决了。1995 年，中国政府开始了一个前无古人的工程，称为夏商周断代工程（即断定年代的工程），目的是正确的断定出中国最早三个朝代的历史纪年。这项计划牵涉到两百余位专家，从天文学家到核物理学家及史学家、人类学家、考古学家等等。

2000 年，这些专家们发表了研究报告，从放射性的断代（大都基于碳 14 同位素的放射性）及其它数据，将夏朝建国的年代定在公元前 2071

---

[11] 这日蚀的重要性是，它是有史以来人类第一次日蚀的记录。

年。这计划也证实了：约于公元前 1600 年（上下数年）夏朝被商朝推翻，而商朝也于公元前 1046 年被周朝所推翻。这个涵盖甚广的研究工程计划也证实了大禹是真有其人。遗憾的是，到目前为止，还不能确定《左传》中提到夏史中仲康治内发生的日蚀，到底在哪一天？专家们提出，一共有四个可能的日子：公元前 2043 年 10 月 3 日，公元前 2019 年 12 月 6 日，公元前 1970 年 11 月 5 日，和公元前 1961 年 10 月 26 日，因为仲康是夏朝的第四位君主，可能的年份大约是后面两个。

*

毫无疑问的，夏朝的确存在，大禹的确是创立夏朝的君王。可是，中国史上记载的大洪水呢？大禹是否真的把传说中的中国大洪水治好？

依目前考古发现，仰韶新石器文化如「满天星斗」般分布于东北、华北、华中、华南等各地，分区发展。可是到了尧、舜及夏等三代时，中国文化的发展重点以黄河流域为中心。这条河的流域，包括支流，在中国整个历史中都是饱受水患的地区。《尚书》中除了〈尧典〉之外，另外有一章说到商朝的迁都，官方的理由是经常泛滥的洪水。因此，毫无疑问的，在那个时候，洪水是中国发生的最严重的大自然灾祸之一，很可能是最严重的天灾。

《尚书》中有两篇 － 都是经考证，不是后人伪造的篇次 － 讲到大禹的事迹。有一篇〈禹贡〉（大约是早期战国时代写的）讲到他治水的功绩，这一篇把他的功绩写得很详细。按照这篇的描述，他所治的水非但包括黄河流域一带，还包括许多其它河流，其中有的在中国南方。大禹治水的方法是前文所说的疏导。可是，即使在机械文明时代，使用极度灵巧大型的推土机等，至少也要数十年，才能完成这一篇中所描述的这么伟大的工程。因此，可以怀疑的是，在大禹的一生中，是否能完成这个伟业？他可能把黄河流域附近的一些洪水灾区治好。可是，就和许多古代的神话一样，每传说一次，就变本加厉。更可能的是，治水由大禹开始，而整个工程很可能是整个夏朝功绩的总括，每一代君王都做了一些贡献。

我的意见是，大禹代表的是中国的精神。大禹是否治了一个极大的水患，还是大禹是治这些水患的不同君主的总称，并不重要。中国大洪水的最重要的一项意义是，大禹以前的两位君主（可能还有更多以前的君主），尧帝和舜帝，都不把洪水看成「天」－从一个狭窄的意识来看，「天」相当于西方宗教的上帝－降下来惩罚人民「罪恶」的灾祸。这些洪水来了又去－河流的洪水通常在春夏之交时出现，秋天以后就退去了。毋

宁说，君王和人民都认为洪水是一种自然界的现象，和任何超凡的宇宙主宰－「天」（或上帝）－无关。在这种意识形态下，洪水是可以透过人类的集体努力去治好的大自然灾祸。大禹的成功，即使是局部的成功，给了中国人一个信心：人们可以驯服自然，可以征服自然。

事实上，在整个中国的历史记录中，超凡的神力－神的能力－都居于次要地位。再者，按照《尚书》各篇的记录，尧帝、舜帝及他们以前的君主，都把人民的福祉看成国家中最重要的事务，这样的思想转变成中国治国的箴言和教诲，成为后来战国时代兴起的百家哲学的政治理想的主要架构，包括后来成为主流的孔学儒家。这两种特征－无论有没有「天」的助力，人可以征服自然，及人民的福祉是最重要的国务－就设定了以后中国文化发展的步伐及方向。

冰河时代，黑海的泛滥及基督教《圣经》的诺亚洪水

和古中国大洪水相应的西方天灾当然就是诺亚 Noah 时期的大洪水，描述于基督教《旧约《圣经》》中（〈创世记〉5 章 28 节到 9 章 17 节），从某种意义说来，诺亚大洪水定下了超凡万能的上帝的神学，祂可以释放出无可比较的威力，惩罚人类所犯的罪恶。这洪水变成萦绕于各时代的基督徒的心中的意念。在中古时期，教会及教徒都志认诺亚洪水为一个主要的世代之一[12]。的确在 19 世纪早期，大部分的（西方）地质学家都在专注于去找出诺亚洪水的地质证据，可是，这些努力所发现的不是洪水，而是冰河时代，这个发现改变了绝大多数的地质学家的习惯性思路。现在，几乎所有的地质学家都把诺亚的洪水认为是神话。可是，最近的海洋学研究，又用另一种眼光来看这次的洪水。海洋学家发现了约在七千余年前有一个地中海泛滥黑海地区的地质事件。这泛滥很可能就是诺亚洪水神话的起源。

*

黑海，这个在希腊神话中，特洛伊大战（木马屠城记发生处）后，杰孙 (Jason) 和他的亚哥水手 (Argonauts) 寻找金羊毛时所航行的大海，一直是一个谜。不少欧洲及亚洲的河流，包括流经欧洲数国，令人迷醉的多恼河 (The Danube)，都流到这个介于欧洲和亚洲之间的内陆海，再经由把欧

---

[12] 那时期有一些基督徒认为世界一共有六个世代：创世、大洪水、亚伯拉罕、大卫、犹太人在巴比伦被困、基督的出生。每世代的时间为 1000 年。当时的信念是，世界将於基督出生後 1000 年毁灭，这就是为甚麼有许多邪教专在第三个千年禧时闹事的主要原因。

亚大陆在黑海南岸分界的博斯普鲁斯海峡（Bosporus）流入地中海，这海峡也把土耳其的伊斯坦堡分割为在欧洲及亚洲的两部分。

黑海是半咸水海，深度约 6000 英尺，相当于 2000 公尺。可是表面一层 － 到约 600 英尺或 200 公尺的深度，其水的盐分为地中海的海水的一半（地中海的盐分和其它海的盐分几乎完全一样），而黑海的下层－600 英尺以下，其盐分则和其它海水的盐分一样，底层的温度和表面上的温度一样，不过在这两层之间的温度更低，这种的温度分布称为逆温层（inversion layer)。逆温层会引起对流，而对流是唯一海底深处和表面能交换的物理过程。在海洋中，对流能把表面的氧气输送到海底，因此海底也可以有生物。造成对流的原因是由于温度的差别而引起的微小密度的不同，冷的海水会向下沉，底层的水向上流。可是，因为黑海海底的盐分比表面上的高一倍，高到即使海底的温度比当中一层的温度要高，这些温度的差别还不能克服由于盐分不同的密度差别，因此不能造成对流的现象。黑海海底的水中因此没有氧气，成为一个死区，更糟的是，所有向下落的生物废料都会腐烂分解，分解出的化学物质中包括对几乎所有海洋生物都具剧毒性的硫化氢，因此黑海的底层是没有生物的死区。

同样使人感到不解的是博斯普鲁斯海峡，流入黑海的河水流经这海峡，透过爱琴海（Aegean Sea）及马马拉·德尼兹海（Marmara Denizi），最后流入地中海。这海峡的宽度不一，最窄处仅半英里（约 0.8 公里），因此水流的流速也不等，最快的流速为每小时 5 海哩（约 10 公里）。可是，在这海峡底下，有一条逆流的河流，把地中海的咸水灌入黑海的底层。很早以前，水手们就发现有这么一条隐藏在海峡底的逆流河。他们发现，把一篮的石块沉到这逆流的河流，这逆流的河水的拖力大到可以把船只逆着表面的海峡流水的方向驶入黑海，因此，这条海峡似乎是一个传说中的永动机[13]，能顺流把船只从黑海驶入地中海，也可以逆流把船只从地中海驶入黑海。

1961 年 10 月 18 日，正当冷战高峰时期，一艘载满研究器材的海洋研究船查因（Chain〔链〕）号，从美国麻省的繁鱼角（Cape Cod）的伍兹荷尔海洋学院（Woods Hole Oceanographic Institute）出发，前往黑海勘查，这是第一艘冒险进入黑海的美国研究船。事实上，这艘船开启了一系列的，范畴极广大的，把整个黑海作科学勘查的研究。在下个 30 年代

---

[13] 永动机是不需要外加的能量而能永远运动的机械，在 19 世纪被证明违反了能量不灭定律而被否定。这里作为比喻。

中，从世界各国来的海洋学家都合作努力收集数据，不断的沿着黑海的海岸挖掘出代表地层演化的岩芯样品（core sample）。这些岩芯代表不同时期的沉淀物。

探测初期，任职于哥伦比亚大学拉蒙地球观测所（Lamont- Doherty Earth Observatory）的两位美国科学家莱因（William Ryan）和皮得门（Walter Pitman）的脑中，逐渐出现了一个雏型的理念－黑海现在的形态大约是最近一次冰河融化时发生的自然大灾祸所形成的，这次融化大约在10,000 年前开始，和许多伟大的理念一样，在他们想出这理念之前，一位保加利亚的科学家狄米特罗夫（Petko Dimitrov）独立想出了一个类似的理念。在一封日期标为 1993 年的信里，狄米特罗夫声称他有「能令人信服的证据，说在 9750 年前，黑海的海面要比现在的要低上 100 米。」

透过了令人又羡又妒的国际科学家之间的美好合作，包括许多前苏联的科学家，最后得到了关键性的证据。在这些从黑海沿岸挖掘出的岩芯样品中，发现了土生于地中海的化石贝壳，经过碳 14 的测定，约为 7,600 年前，这些化石都在同一深度的地层发现。这个证据说服了所有的海洋学家，7,600 年前，这些贝壳在很短期间内从地中海被带到黑海，然后沉淀在土中。同时，这些泛滥流入的海水都沉到黑海的海底去，这些海水的盐分比表面层大，因此不能产生对流，不久黑海底层就变成死区。这些准确的碳 14 断代也证实了狄米特罗夫的构思。

最近一次的冰河时代（冰河的周期约为十万年）在 2 万年前到达高峰。哪时，地球表面的冰层厚到把地球表面的海面降低很多，使得当时的海平面要比现在的低 400 到 500 英尺（130－160 公尺）。在这高峰后，冰河开始融化，在 1 万 3,000 年前，冰河融化，海平面上升，水流入黑海。可是冰河化尽后的五百年，一个称为新仙女木事件（Younger Dryas）的地质事件[14]又把冰河带回一部分，欧洲的气候回复到冰河时代的气候，雨量稀少，河流枯干，没有淡水流入黑海，黑海变成一个和外界隔绝的大湖，黑海的一个支流－现在的博斯普鲁斯海峡－完全被堵塞，这些堵起来的沙石形成了一座天然的土坝。7,500 年以前，这个新仙女木事件 Younger Dryas 事件突然消失，又恢复充沛的雨量。

---

[14] 新仙女木事件是指一个气温陡降的时期。称为「新」是对照更早之前的冰河期，仙女木(Dryas)是在寒带繁盛的物种，地层中可找到仙女木花粉，代表当地气温极低。在最末一次冰期结束之后，全球本已开始暖化，但地层中又再度发现更上一层(越上层表是越晚形成的)短暂的包含仙女木花粉的岩层，因此以「新 younger」形容这次比较晚近的事件。

此时，冰河大融化后，海面升高，升到比目前约低 50 英尺（约 15 公尺）的高度。升高后的海面比黑海高 500 英尺（160 公尺），一丝的细流流过被堵塞的不完整天然土坝。起初流速慢，但随着堵塞的沙石被冲走，流量加快，加速的流水把更多的沙石冲走，使得流量更多，然后又冲走更多的沙石，最后，整个的天然土坝都被冲走了，这河流变成一条流向黑海的湍流。从一条细流变成急促的湍流所需的时间，估计为 30 到 90 日，天然土坝一旦被冲走，地中海的海水就向黑海长灌而入，能限制流速的，仅是由于湍流而带来的阻力。经过工程上的估计后，断定在最快地区，流速为每小时 50 英里（80 公里），流到波士普罗斯海峡入黑海的尽头后，这些水就从 500 英尺（160 公尺）的高空灌入黑海，总流量估计为每日 10 立方英里（40 立方公里），相当于两百个美国尼加拉瓜瀑布的流量，它能在一日内把美国最大的水库胡佛水库装满。这个巨大的瀑布一定会在黑海沿岸的海岸区造成地震，其沉重的雷鸣般的声音，声闻百里。可是，因为黑海很大，海平面每日只升高 6 英寸（15 公分）左右，海岸线向内陆以每日 1/4 英里（400 公尺）的速度移动，大部分灌入黑海的海水密度比淡水的还高，因此都沉到海底去，把淡水浮在表面。这样急促的湍流持续了一年之久，然后黑海的和地中海的海面相当。

在黑海泛滥之前，黑海沿岸比海平面低 500 英尺（160 公尺），因此气候一定比高地的温暖得多（如中国新疆吐鲁蕃盆地）。加上具有几乎无限的淡水水源，使得这些沿岸低地变成理想的农地。一般古人类学家认为，农业首先出现在世界两个地方－黑海的沿岸是其中之一（另一个是中国的黄河流域），然后逐渐扩散到世界各处。基于其它证据，在黑海泛滥之前 1000 年，黑海沿岸已经有了很繁盛的农业。因此，在黑海泛滥的时候，一定有目睹这场大灾祸的人。

我们仅能臆测，面对泛滥的沿着黑海沿岸的居民的慌张心态及对这大灾祸的恐惧和震惊。他们生活所依的黑海，海面逐渐上升，虽然速度是慢慢的，但却不停上升，低洼地区首先被淹没，然后是高地变成岛屿，没有办法阻止海面的上升，就好像有一位愤怒的神祇，狠狠的发泄怒气。可以确定，那些住在博斯普鲁斯海峡附近的居民毫无幸存的机会，可是住在离海峡较远的居民，唯一的希望是逃生，那些住在高地的居民，一定要迅速聚集所有能找到的材料，制造出船或木筏以逃命。他们几乎被迫放弃所有的财产，唯一真正能带走的是农业知识、语言，及建造东西物品的能力；一旦他们到了泛滥的黑海淹不到的高地后，他们必须重建生活，重整农地。他们可能得从事掳掠－掳掠那些住在高地的原居民的土地及资产。不

过这么一来，他们就必须冒着和原居民争战而丧失生命的危险。有些可能继续迁徙，直到没有人居住的荒野或沙漠地区。

从对于印欧族的基因世系图及语言世系图的研究，发现从巴勒斯坦到安纳托利亚（Anatolia，小亚细亚的旧名）的农人，有大批向欧洲各地迁徙的现象。当他们从一个地区移居到另一个地区的时候，不可避免的是和新地区的居民通婚。无论他们到那里去，他们一定带着祖先目睹的可怕洪水故事，这个无法阻挡的洪水，把他们房子淹没。把平地淹没的大洪水故事，一代一代传下去。吟游诗人把这些故事消遣性的吟唱出来，不可避免的是，在讲这些故事时，一定加油添醋的渲染，带入了神话的成分，包涵了神祇的愤怒和宽恕。这样的迁徙，把这些人民散布到世界各处去，远达中国的新疆，很可能就是在五胡乱华时，产生过小小作用的大夏（Tocharians）[15]。

我们所知道的，西方历史纪录中的第一位吟游诗人是希腊的荷马（Homer），他的两本书，《伊里亚特》（*Iliad*）和《奥得西》（*Odyssey*，或译《奥德赛》）奠立了希腊文化的传统－也是欧洲文化的传统[16]。这两本书叙述了希腊的特洛尹之战。可是写的时候已事隔许多世纪，所根据的是吟游诗人传了又传的故事，当把这段故事说了再说的时候，往往不可能避免的将事实和神话混合联系在一起。这种的混合联系往往是有意加入的，为的是让听众感到兴趣及着迷。

毫无疑问的，在荷马以前，一定还有非常多的吟游诗人。有些他们的口述有些变成美索不达米亚（Mesopotamia）地区的著作。如索马的《列王记》（*Sumarian King List*），其中提到一场大洪水的故事，这还不是唯一的洪水故事。一本印度的古老经书 *Sataphtha Brahmana* 记录另一个洪水的故事：一条大鱼警告门纽（Manu）－印度神话中的第一个人，将有一场洪水来消灭整个人类，门纽造了一条船，挂在这鱼的角上，这鱼协助门纽把船行驶到山顶上一个地方，因而可以在洪水之后幸存。同样的，在伊朗（波斯）的宗教－（拜火教，Zoroastrianism）的经典中，也有洪水的故事。在

---

[15] 最近在新疆发现一具保存良好的 3000 馀年前的女尸（现称为小河公主）为高加索白人。很可能是大夏民族的祖先。大夏民族属高加索族（欧洲的白人），西元 265－519 年中国五胡乱华时曾经立国为大夏。他们於 11 世纪时完全被中国人同化，语言已佚失，可是在其墓地的壁画中看到洪水及船只。

[16] 最这两本书叙述了希腊和特洛尹城（Troy）之战最后五十九日，及之後到黑海取金羊毛的史迹。但因其中涉及许多神话故事，很难相信这两个史诗所述的历史。这战争的历史至今尚未被解密。

这故事中，洪水来到之前，第一个人雅玛（Yama）造了一艘大船，把所有他能找到的动物都带到船上。所有这些神话故事都和诺亚洪水的神话很相似。

这些有关大洪水的故事中，和基督教《旧约》的诺亚洪水神话最近似的是，一个保存在六枝柱子上的石板的，很详细记下的故事，石板的名字是尼普尔 Nippur（现在正在世界巡回展览），年份约在公元前 1700 年。（一般《圣经》专家肯定写作旧约的时间不可能早于公元前 900 年。最早的是〈乔舒亚记〉(Joshua)，描述诺亚洪水的〈创世记〉(Genesis) 的写作时间相当迟，约在公元前 150 到 300 年。）这块石板上的洪水故事和诺亚神话故事的相似之处令人惊奇。在寻找长生不死的秘诀时，乌鲁克（Uruk）国王吉尔盖美希（Gilgamesh）从一位智者乌那必许丁（Utnapishtim）处得知，将有洪水发生，索马的上帝恩基（Sumerian God Enki）向乌那必许丁泄露出，所有大神之神长恩利尔（Enlil，类似希腊的神长宙斯 [Zeus]）准备要毁灭所有的人类，因为他们太吵闹。接着，恩基要乌那必许丁造一艘

图 12. 尼普尔 Nippur 土板，唯一的诺亚洪水记录

大船，把全家，所有的财产、家畜，及所有的野生动物、工匠等都带到这艘船上。上了船后，暴风雨来了，将所有地面的东西都扫到海中。六日六夜后，海上风平浪静。乌那必许丁放出一只燕子和一只鸽子，没多久，牠们都回来了，因为找不到地方可以栖身。数日后，他再放出一只乌渡鸟（raven，乌鸦的一种），没有回来，这就说明洪水退了。不久陆地出现，于是，乌那必许丁就祭祀奉献恩基神，恩基神又劝神长恩利尔和人类讲和。一般研究基督教《圣经》的学者专家认为，《旧约》中的诺亚洪水故事直接或间接来自吉尔盖美希版本的洪水神话。

神权政治在中国没有生根

自从人类记事以来，无论在中国或西方，宗教在人类的文化中就占了重要的地位。虽然在中国占的是次要的地位，可是在印欧文化中，宗教发展出神权政治（theocracy）。当然，黑海及其它文化从一开始很可能早就有很强的、基于神话的传统；即使他们原来没有这种传统，但当遭遇到来自自然界威力的洪水，远超过人类所能克服的自然大灾祸之后，人们觉得受到一种挑战，必须承认大自然的背后可能有一个超自然的力量。当时，对

黑海附近的居民而言，黑海可能就是他们的整个宇宙。当他们面对不断上升的海平面之际，一定认为世界即将毁灭。这个无法阻止的洪水变成一种呼唤，要人们去冥思，自然界中是否有一个比人们更有威力的超自然力量，即神。

有史以来，人类就不断迁移。从黑海沿岸迁出的居民，后来透过通婚，直接或间接变成整个印欧文化民族的祖先。他们关于大自然灾祸及后来得救的神话传统，演变成宗教里的中坚教义，而宗教也变成他们社会中的最主要的力量及传统。即使到了今天，虽然神权政治在工业化的西方社会中已经几乎不存在了，宗教的力量仍旧非常强大，宗教的教条及箴言仍旧主宰了社会的思想及习俗。

自从中古世纪科学出现以来，有很长的一段时间，宗教的神话在科学界中的影向非常大。例如像牛顿这么伟大的科学家，在他的晚年，他一直想要以科学来证明基督教《旧约圣经》里的记事。18世纪初，当地质学萌芽的初期，诺亚洪水的神话主宰了这门科学的思考，地质学家的主要任务似乎是尝试着用地质的证据来证明地球曾发生过一场全球性的洪水－即按基督教《旧约圣经·创世记》中所说叙述的，诺亚洪水把整个地球都淹没了。

当地质学家提出地球以前曾经有过冰河时代的观念之际，这门科学就走到了一个转折点。一位 19 世纪初居于领导地位的地质学家阿卡西兹（Louis Agassiz）首先提出地球历经冰河时代的学说（后来这学说变成地质学的基本定理，现在已为所有正统的地质学家所接受）时，他遇到的阻力之大，难以想象，可是，他有许多让人无法否定的证据。有一天，他带了一位非常有地位的地质学家，在牛津大学任教授职的拔克蓝牧师（Reverend William Buckland）去看他的证据，这位牧师是极端拥护基督教《圣经》上的洪水灾祸派的人，他们登上一座山，阿卡西兹指给拔克蓝牧师看，在岩石上冰河磨损的痕迹时，就在那里拔克蓝立刻改变他的看法，接受了冰河的假设。从此之后，在地质学中，对于过去曾经发生几乎毁灭人类的洪水假设就毫无立足之地了[17]。目前地质学家正在研究黑海泛滥的原因，已经不是为了证明发生过把地球完全淹没过的洪水，而是想要了解

---

[17] 实际上，地球上根本没有足够的水可以把大部分的地球上的陆地淹没，绝大多数的水已经在海洋中。理论上来说，其他的水可能来自地球的南极（北极没有陆地，因此如果所有的冰都化了，就和杯中的冰块一样，变成水以后密度增加，因此水位不会上升）。可是最多也只能把海平面升高数十来尺。接着的问题是，这些南极的冰不可能立刻融化掉，而且融化掉以后，也不可能在数十日内又结冻起来。

地球。可是，在搜寻科学真理的时候，他们发现黑海泛滥正好可以解释诺亚神话的起源。

中国记史，人类及自然现象的事件的传统

相比之下，中国历史中，宗教的角色似乎是被动的。和西方的早期文化一样，最早的中国文化中也有不少创世的神话，这些神话都是当时中国许多不同氏族的文化中很重要的一部分。号称为中华民族的始祖的是黄帝。他是第一位把所有在他附近的氏族都征服及总合为一个具有国家雏形的大族的领导者。《史记》的〈黄帝本纪〉〉申称黄帝建立了「史」的传统。我们不知道为什么他要建立「史」的传统而不建立宗教，我们只能作些臆测。毫无疑问的，被征服的各氏族的文化中都有自己的神话。按现在片断的历史记载，这些氏族神话之间都有不少矛盾之处，如果特别重视一个氏族的神话，可能会把好不容易建立好的，还很脆弱的统一局面破坏。一个避免分裂的方法就是强调对于真实事件的记载－史，而不强调无法证实的神话。

黄帝用了一个很有技巧的方法，把这些神话挤到政治及行政的后面。《史记》记载，黄帝最早克服的是九黎族（即族长为蚩尤的那一族），这是一个非常注重神话及巫术的民族。这些神话和巫术后来很可能都可以演变成某种的宗教，可是黄帝没有这么做，也没有禁止巫术和神话；反之，他把这些被征服的各族的巫术和节日，变成他新氏族传统的一部分，在这些民族的节日中大肆庆祝。可是庆祝之后，在政事上没有作用。有些节日沿用至今，例如，太阴历的 5 月初 5 的端午节，原来是江浙地区的吴越族庆祝夏天来临的节日。（后来因为公元前 5 世纪，这一天，爱国诗人屈原自溺于汨罗江，因而有了龙舟竞赛及棕子的习俗，变成一个大节日。）

中国还有另一次建立宗教的机会，这就是第一个我们有些可信任的历史的商朝（约公元前 1600 － 前 1046 年）。这个朝代，巫术主宰了社会思想，每一件商王或贵族要去做的事，必须经过巫师的占卜。他们在龟壳或动物的肩骨上钻了洞，在火上烧裂，看烧裂的花纹来定凶吉，然后把要占卜的事刻在这些龟壳或肩骨（简称为甲骨）上。20 世纪初，在商朝的首都－现今河南安阳，发现了大批甲骨。商史大都已佚失，我们对商朝的历史的了解大都来自这些甲骨上刻出的文字（甲骨文）。令人感到奇怪的是，商朝的文化没有更进一步创立出宗教来，他们的宗教意识似乎一直停滞在迷信的范畴。到了下一个朝代周朝，重点又转回到历史上，将历史变成周朝的传统。周朝晚期－公元前 600 到前 200 年，中国的启蒙时代来临

了。这段时间，哲学思想百花齐放，但没有一个哲学是基于宗教信仰的。（墨子是最富有宗教思想的一位，他信鬼神，可是他并没有创立宗教。）

再者，在黄帝治下，当然也有洪水。可是当时的社会，虽然已经有了农业，可是渔猎及采集仍占重要地位[18]，因此，洪水对生活的影响较小。只有在农业发展成为主要的生产方式后，洪水的问题才变得重要。到了尧帝、舜帝、大禹的时代，中国已经转变成以农业为主的社会，洪水对人民的影响自然就变得密切了。可是在中国的历史中，从来没有经历过像黑海泛滥时那么巨大的天然灾祸，中国的大洪水仅是河水的泛滥，一条河流的泛滥或一系列河水的泛滥，而如大禹所示范的，这些洪水都能被人们治好。从另一方面来看，黑海泛滥的规模之大，是无法阻止的，甚至在我们的时代也可能无法阻止。

因此，似乎从一开始，无论什么原因，环境的条件或机遇，中国的文化就走上了和印欧世界的文化迥然不同的道路：印欧世界走向宗教，中国走向史。在下个四千年中，这两个文化分道发展至今。

---

18 黄帝、蚩尤、炎帝都是传说时代的氏族领袖，黄帝与炎帝曾有阪泉之战，相传炎帝号为神农氏，他们最早从事农业。

第四章 天—不可知论者的上帝

一个省级的庆典

河南省南部，泌阳和桐柏两县交界处，陈庄乡境内，有一座山名为盘古山，又名九龙山，距泌阳县城北约 15 公里。盘古山海拔 459 公尺，但在当地的高度只有 300 公尺，无人觉得它宏伟。然而此座山草木葱笼，乳白色的云雾飘荡在山峦间。它的历史很古老，曾历经最近一次（于一万多年前结束）的冰河时期，覆盖着数公里厚的冰层，因此山上奇石嵯峨。山上有一座大庙，历史可以追溯到唐代，距今约一千三百年，平常朝拜的人不多。每年的农历 3 月 3 日前数日，盘古山突然热闹起来，充满了朝圣者，总数可达数十万人。3 月 3 日的前三天为头会，期间山上山下人潮如织，各色香火会会旗迎风招展，锣鼓喧天，香烟缭绕，车辆络绎不绝，如长龙般排列十余公里。庙会期间，每日赶会的人不下十万，3 月 3 日当天更盛，数十万人纷至沓来，到处都是虔诚的信众。更有远道而来的善男信女为了第二天能提前祭拜，前一天晚上长途跋涉后，还得露宿在盘古庙内，心诚可鉴。

图 13. 河南九龙山盘古庙

附近数里内及山上都搭了彩棚，形成庙会。会期三天或五天不等。山上山下，人潮熙来攘往，特别是自发组织起来的各路盘古社响器班子，三月初三这天一早，便在会首的带领下，沿途燃放鞭炮，吹吹打打，和香客游人一起登上山顶朝拜。昔日单纯的烧香拜佛，朝山祈雨会，而今变成了物资交流会，文艺演唱会。山上山下，五台大戏对唱，十几个民间歌舞团、说唱团、杂技团各显神通，从盘古山顶到陈庄河畔，欢声笑语，热闹非凡。各地客商蜂拥而至，竞相经营，农机、农具、农药、种子、化肥、针织、百货、饮食乃至家畜家禽等，都摆摊上会。山中的林果、中药材、花生、山芋、大米、食用菌等土产品纷纷拍板成交。

这些朝圣者大都来自附近城镇，但有些来自邻近省分。他们来到此地庆祝一个特别的节日。庆祝的中心点是一座古老的庙，在名誉扫地的文化大革命时代，庙的一部分被破坏，如今已经完全修复，而且规模更大。朝圣客排队祭祀庙中的男女神祇，主神是一座高大、赤脚、3 公尺多高的神

像，坐在殿内中央的粗制大凳上。头上有一对角，肩披槲叶，腰束葛条，手持日月明镜，目光炯炯，气度和善。两侧分立穿传统中国皇帝衣着的天皇、地皇、人皇和黄帝、尧、舜、禹、汤塑像，个个气度不凡。这里是赶会民众最集中的地方。大殿的东西两侧建筑古朴典雅，分别供奉着财神、观音菩萨、关公等。在后院可以不时看到替人「求子」或「还愿」的小戏班。庙里其它神祇，从孔子到佛教、道教的神，和这位赤脚大神相比，都屈居后座。

这位赤脚，头上长了角的神祇是谁？为什么他比其它各教的神祇高一级？

他的名字是盘古。按照中国的传说，他是宇宙的创世者。

中国创世神话

宇宙洪荒之际，无形无态，只有混沌一团。宇宙像一枚鸡蛋，天地都在内；二者合一，不分开。整个宇宙就是一团的混沌，盘古在其中出生。经过了一万八千年的孕育，盘古苏醒了。他把这团的混沌搅动，把轻的天（喻以蛋白）和混浊而重的地（喻以蛋黄）分开；轻的天浮在上面，重的地沉在下面，神祇住在天上，圣贤住在地面。在这时候，盘古不断成长，盘古每天变化九次，在变化中，每一日把天推高一丈，把地也向下沉一丈。一万八千年后，天极高，地极深，盘古变得又大又长。当盘古不断成长之际，他把天和地继续分开，最后天和地之间的距离达到九万里。盘古再活一万八千年后死去，他死之前，把泥捏成人及其它动物。

盘谷死后，身上的毛发变成植物，头和四肢变成（中国的）五岳，血液和眼泪变成河流，双眼变成太阳和月亮，呼吸气变成风和雨，声音变成雷，视线变成闪电，骨骼变成岩石及矿物。他捏出的人和动物不断繁殖，布满了世界。

*

这就是中国的创世神话，这个神话的历史很悠久。中国中原四周的边疆部落也有类似的神话，其中不少可以推溯到前数世纪的中国文献的记载。最完整的描述，要到公元 250 年左右，才由一位名为徐整的作家，在他的《三五历记》中写出，也就是前面所叙述的。不过中国人似乎不把创世的这段事迹看得很重要，这和西方的传统不一样。尽管西方基督教《旧约·创世记》只有这么简短的一句话「起初上帝创造天地」，但到任何一个角落，几乎都可以看到敬拜上帝的教堂。而中国人并没有把创世和任何

宗教信仰联系在一起，在这一点和西方完全不同。在西方，敬拜创世的上帝的传统并非起源于基督教。古希腊，可能自希腊文化开始起源之际，就造了宏大的庙宇敬奉宙斯（Zeus）；祂是主宰管理宇宙的神。基督教的敬拜创世主的传统，大致来自希腊文化。

前面提到的，每年一度有相当大规模的庆祝盘古创世的庙会，这庆祝仍是河南省附近地方性的庆祝。（然而庆祝的规模可以和其它许多国家，包括许多欧洲小国的国家性庆祝相比。）事实上，在任何佛教或道教的祈祷中，很少提到开天辟地的盘古。除了这座庙宇及其庙会外，其它地方很少有盘古庙，供人们烧香，更少有为了庆祝盘古而举办的庙会。中国太阴历的新年是最大规模的节日，持续将近一个月之久，从太阴历 12 月中旬到次年 1 月中 。这段庆祝期间，各处充满了祭祀天地和各种神祇的仪式。在这些祭祀和祈神的仪式中，微不足道的灶（灶）神却是一位很重要的神祇。每年的 12 月 23 日，祂都会返回天上述职，报告一年内每人家中发生的一切事；每家都希望祂只报告发生的好事，隐瞒坏事，因此，会特别祭拜祂。在所有祭祀典礼中，善男信女要烧许多香，焚烧大批的纸钱－这是另一个世界的通行货币。而在这些供奉祭祀中，显而易见的是，没有盘古大神的份。没有人祭祀祂，没有人烧香，也没有人烧纸钱，什么供奉都没有。

那么，中国人供奉的到底是什么神祇？

天－不可知论的上帝

几乎所有的宗教思想都起源于对自然及祖先的崇拜，特别是那些对本族或本国有特别功绩的祖先，古代的中国人也不例外。事实上，在中国早期文化中，对祖先的祭拜占了很重要的地位。考古学上发现，在中国很早期的仰韶文化时代的文物中（约公元前 5000 年，或离现在七千年），就有向祖先祭祀的证据。将近四千年前的文献《尚书·甘誓》（大禹的儿子启在和他的异母兄弟有扈氏作战争王位时所下的战令）中，就提到打胜仗后在祖庙中祭祀祖先牌位的典礼，时约当公元前 2050 年。这些祭祀礼中供奉的中心是祖宗的牌位。确实来说，这个风俗几乎一直延续到今日。直到 20 世纪末，几乎每个姓氏都有祠堂，祠堂中供奉的就是显耀的祖宗牌位。文化大革命时代，这些祠堂（连同其它庙宇）虽多数被摧毁，但幸存的仍旧不少。在今日，对祖先的祭祀，虽不如过去那么重要，但有了新的意义－变成中国传统习俗的一部分。

　　就如其它早期文化一样，中国人也敬拜自然，向自然的敬拜通常延伸到这些文化的意识中创造自然或主宰自然的本体。希腊文化－西方文化的前身，创造出一套围绕着创造自然或主宰自然（即宇宙）的本体的神话，其它文化，如巴比伦、索马及犹太民族都有关于创世的神话，这些神话在这些文化以后的发展中，扮演了很重要的角色。可是，和其它文化不一样的是，中国人对自然的敬拜并没未在以后的文化发展上发挥重大影响。其中一个因素，可能是中国文化起源于对事件的记录　－　历史，而历史所求的是对记录的忠实，因此，不能证实的神话的角色就不重要了。西方的汉学家往往直接跳到这个结论说，由于中国人对创世神话的不看重，故对宇宙的起源没有兴趣。这是一个对中国文化了解上的极大误解，因为老子和孔子都发展出和神话无关的，不可知论或无神论的宇宙起源理论[19]。他们的理论　－　宇宙从「无」中创世　－　和现代的宇宙学并不矛盾。既然中国人觉得创世并不牵涉到神话，因此就觉得没有必要在神话上大作文章。现在，除了一些基督教基本教义派－认为必须完全按照《圣经》的字面义解释一切，包括创世及洪水在内的教派－以外，一般（包括基督教中很重要的一支，天主教）都不相信宇宙真的能按《旧约》所说的，在七天内创出。

　　在中国，代替西方万能的上帝是宇宙的创世者及主宰的思想是，自然本身　－　天及地　－　就是宇宙的主宰。中国人把这两者抽象化了，供奉为神。天和地不像是西方上帝或古希腊的宙斯这一类人性化了的神。天和地都非常伟大：我们都臣服于高不可及的天，而地是养育我们的本体；抽象的天和养育我们的地却是我们无法了解的本体。在天和地之间，天要比地高一级，因为天高不可及，而我们日日接触到地。在早期的宗教仪式中，祭祀的主要对象是天，可是地和自然界中的大物体（如山，河）也都是陪祭的对象。《尚书·舜典》这一章特别提到如何祭祀天、地和自然，当尧帝禅让皇位给舜时，有下面的描述：

> 「在正月的一个吉日，舜在尧的太庙中接受了禅让的册命。他观察了北斗七星，（按每一星）列出了七项政事，于是以「类」礼向天帝（上帝）报告了继承帝位的事，又以「禋」礼祭祀了天地四时（四季），以「望」礼祭祀了山川，然后诸神。」

---

[19] 不可知论（agnosticism）是无神论（atheism）的一种。无神论根本上就否定了神的存在，而不可知论认为是否有神属於不可知的知识。西方大多数不可知论者认为，要证明先有神这种本体的存在，才能去谈信仰，因此对所有宗教的经典都采取是属於不可信的神话的态度。

这些祭礼都以天为主题。这一章的祭礼发生的时间约在公元前 2400
年。随着时代演变，天的重要性愈来愈大。虽然认定了天（大自然）的至
高地位，同时天也愈来愈变成不可知，和人们没有接触或直接的关系。即
使认为宇宙创世于「无」的无神论者老子，也承认天的威权，可是他否定
了天和人事之间的关系。孔子生病时，还向天祈祷过，虽然他坦承对天无
知，也不了解生及死。

虽然天不可知，可是在早期的中国政治中，天占了重要的地位。当夺
取政权时，经常宣称已经获得天命。约公元前 2050 年，当禹的儿子启和
异母兄弟有扈氏作战争王位时，启宣称「天」给他训令去击败有扈氏，打
胜战后，成立了夏朝。公元前 1600 年，当成汤开始革命，推翻夏朝的最
后一位君主 － 暴君桀时，在数了桀的罪恶之后，他声称自己不敢违反
上天给他的，要他去推翻桀的训令。把桀推翻后，他成立了商朝。之后，
商朝的一位君主盘庚想以避开洪水的籍口，把首都迁移到殷（即现在的安
阳附近）的机会，改革贵族们奢侈腐败的行为，因为
这些贵族都不愿意迁移，盘庚也引用了天的训令来强
迫执行迁都。公元前 1046 年，当周武王要推翻商朝
的最后一位君主－暴虐的纣王时，非但声称自己有了
天的训令去推翻商朝的纣王，还立下了允许用革命推
翻政权的原则。在《尚书·康诰》的最后一段中，他
说：「惟命不于常。」（天命不只帮助一家）在〈多
方〉一章中再度提到，当君主行暴政之时，就失去了
天委托他管理国家的统治权了。（类似的词句在《尚
书》中提到不少次。）换句话说，这些早期的革命
者，也许为了说服人民跟随他去推翻暴虐政权，再三
阐明他们有上天所托付的权柄去革命的原则，而最重
要的理由是，天并没有授权给一个朝代可以永久管
理；哪一个政权对人民不好，天就授命给人民把这政

图 14. 武王和他
的革命军

权推翻。这个原则就把「君权神授」的宗旨完全否定了。最接近自称受天
之命「君权神授」的君主可能是商朝最后的一位君主－纣王，《尚书·西
伯戡黎》中提到，一位朝中的官员向纣王报告说，国家的行政不行，必须
赶紧快改革，否则国家就快灭亡，纣王的回答是：「我不是受命于天
吗？」这位官员说：「你的罪恶已经多到无法数算了，你怎么敢说你还受
命于天？」西方不了解为什么中国有这么多朝代的原因。在欧洲，这种
「君权神授」的观念一直受到教权的支持，一直到法国大革命才把这观念

完全推翻。中国人则认为，当一个朝代太腐败了，人民就有权推翻，再去建立一个新的朝代。

因为周武王声称自己有天的训令来治国，因此他自称为「天子」，自此以后，「天子」就变成皇帝专用的名词，直到 1912 年清朝的宣统帝被迫逊位为止。

*

因为中国对大自然的崇敬并没有发展出宗教，因此西方的汉学家往往下断语说，中国的哲学家只对人和自然的关系有兴趣，对宇宙的起源不重视。这句话只说对了一半，因为早期的哲学家，如老子及孔子都有创世的理论。老子把创世的过程归属于「道」，而孔子提出类似的「元」。可是他们的主要关怀是如何增进人民的生活品质（人本主义），对宇宙的起源的兴趣则占次要地位。西方对宇宙的起源始于古希腊，当时有许多哲学家思考和臆测宇宙的起源。到了基督教兴起后，理性的追求受到压抑，代之以教义的理论。一直到文艺复兴之后多年，才有所改变。西方对非宗教性的宇宙创世的兴趣是相当最近的事。

毫无疑问的，中国人在宗教思想方面，天扮演了一个很重要的角色。祭祀敬拜天地的传统，可能要比尧帝禅让帝位给舜帝的时候还要早许多。清朝，最重要的庙宇可能是北京天坛。在每个太阴历的新年日，皇帝要亲自到天坛举行非常隆重的祭祀天地及其它神祇的典礼。从古代周朝起到 20 世纪初，中国的婚姻典礼中，最重要的一项是拜天地，只有当新郎和新娘一起拜过天地之后，才能算是正式成婚。甚至拜天地就成为婚姻的代名词。在新年的庆祝活动中，拜天地也是最重要的典礼（拜灶神不在新年日）。中国的神祇很多，许多是做了令人钦佩伟大事迹的人，被封为神祇。可是封神祇时，最隆重的是请皇帝下敕令（有如天主教封圣一样），敕令中一定写上，「奉天之命，把某人封为神」。福建和台湾人最崇仰的神是妈祖，真名为林默娘，虔诚信奉佛教。非常精于游泳，终身未婚。每次大风浪有船翻了，她就去救人，她救人无数。有一次，她的父亲打渔时失踪，她跳到海里找父亲，数日后，她自己和抱着父亲的遗体一起被冲到岸边，海边的人民认为是奇迹，认为她是守护神，造了庙祭祀她。清朝康熙帝时，人民申请封她为天后，敕令中也提到奉天之命。

虽然没有人正式宣布过天是宇宙的主宰，可是从所有的一切古代文献来看，天是高于一切神祇的主宰。从这一点来说，中国人的宗教观应当属于一神教，虽然这个神 – 天 – 是不可知的，非人性化的。中国有许多人

性化的神祇，但都在天之下，类似天主教封的圣[20]。在这种信念之下，西方的上帝也在天管辖之下[21]。西方汉学家大都坚持中国的宗教是多神教，其实是错误的，中国的宗教意识是一神教（Monotheism）。和其它宗教断然不同之处是，因为天是不可知的，因此从某种意识来看，天是不可知论的上帝（God）。再者，和西方宗教（基督教、犹太教、伊斯兰教等）不同的是，没有一个「天《圣经》」，即归属于天的《圣经》。没有人敢声称有「天《圣经》」这本书。[22]

在中国漫长的历史里，进入中国的宗教很多，某些时代还相当兴旺。中国从来没有为了宗教教义战争。（借宗教名义造反的，却有不少的例子。然而这些都不是为了教义而战，基本上是借宗教来煽动农民起义。）对西方而言，这是不可思议的事；对中国来说，却是天经地义的。可能的原因之一是，中国人的潜意识中，无论神祇地位的高低，所有宗教的神祇都在天之下，都受天的约束，这种意识也延伸到传入的宗教。当时，传入的宗教没有经济及政治能力，只好臣服于这种的意识，没有必要争神祇的高低地位；更没有能力和必要，为了宗教教义之争打战。相反的，西方自罗马灭亡后，不知道发生了多少为了教义的战争。其中为了复活节是哪一天也打过战－所争的仅是一日之差。搞垮教权的十字军东征是名符其实的宗教战争，延续了数个世纪，因此而死亡的人无数。当教权衰微，产生新教后（即现在天主教之外的基督教），还继续发动不少为了教义的战争。其中规模最大的可能是 1618 － 1648 的三十年战争，这场战争代表的是新旧教的教义之争。这场战争几乎牵连了所有欧洲国家。当资源短缺时，还曾将农具当作武器。欧洲人几乎死伤了半数。现在中东的连年战争亦可视为宗教战争的延续，虽然真正的原因是为了争夺资源。

*

虽然天主宰了中国人的宗教意识和各种活动，可是没有一本声称是奉天之命写出来的圣书（如基督教的《圣经》和伊斯兰的《古兰经》）。没有任何人胆敢声称任何书是天下了敕令写出的，这也和西方的宗教不同。

---

[20] 事实上，中国人把所有的神祇，包括西方唯我独尊的上帝，都放在天之下。在 17 和 18 世纪中，这种不同的习俗造成许多冲突，造成百年禁（基督）教，到 1842 年鸦片战争后，中国才被迫开禁。见下一章。

[21] 康熙帝要所有基督教教堂都把他写的匾「敬天」挂上，就代表这种信念。教皇最后下令要把这匾拿下，造成百年禁教。见下一章。

[22] 在前汉末期，有不少以迷信入官门的投机分子，声称他们拥有号称「天书」的所谓「纬书」，可是这些「纬书」没有大作用，有些投机分子甚至被处死。见下一章。

（中文的「天书」有另一种意义，指的是无法看懂的书，而不是指天所写的圣书。）可能的原因之一是，天是管理人类活动的至高权威，在人间最高权威是皇帝，连皇帝都不敢写出奉天之令的宗教书，还有谁敢斗胆声称任何一本书是天所写的？也许原因是，朝廷中，在理性方面最具权威性官员大约是史官，史官虽然没有实权，可是由于数千年来，他们宁可送命也要忠于史迹的传统，没有人敢叫他们写出不确实的伪史。史官重事实的真相，绝不会认同带有神话性的，声称是天写的圣书。

天在中国人的宗教意识上的重要性远超过任何神祇或教义。祂是一个抽象的，不可知的（agnostic）主宰，正因为祂不可知，其影向力反而更大。虽然孔子不谈「怪、力、乱、神」，当他生病时还向天祈祷过。实际上他对天非常尊敬，他写出许多如何祭祀天的规则。而老子还说过一句对天有信心的话：「天网恢恢，疏而不漏。」可是中国人一方面崇拜祭祀天为宇宙的主宰，一方面往往对天不信任，觉得天意不可测，甚至许多时候对天感到失望，觉得天不可靠，因而对天发怨。因为君主声称得天之命而有统治权，每当君主不贤，使人民痛苦时，人民就把怨气转到天上。《诗经》是最早人民歌声的记录，其中有好几首怨天的歌。有一篇〈雨无正〉充分表达了对天的怨气。（其中用天来暗指第一章里提到的暴君周厉王。）第一段翻译如下：

> 浩浩老天听我讲，你的恩惠不经常。
> 降下饥荒和死亡，天下人都被残伤。
> 老天暴虐太不良，不加思考不思量。
> 有罪之人你放过，包庇恶行瞒罪状。
> 无罪之人真冤枉，相继受害遭祸殃。

这类对天又尊敬又不信任的心态，在语言中，尤其是成语中充分表达出来。一般说来，虽然对天还有某种信心，但不是无条件的顺从。对天表示信心的有：

天网恢恢，疏而不漏。（无神论者老子所说。）
老天有眼。
天无绝人之路。
天命不可违。
天有好生之德。
等等。

对天表示怀疑的有：

天意难测。

老天没眼（如上面引用的《诗经》中的一篇）。
谋事在人，成事在天。（带有宿命论者的色彩。）
人定胜天。（人可以改变天的安排。）
天道无常。

等等。

在另一成语中，更可以看到中国和西方，包括伊斯兰教，对天「上帝」的看法的最大不同。西方的一句对上帝绝对臣服的名言是：「我把一切交给上帝去安排。」好的，坏的，都让上帝安排。这句话在有些伊斯兰国家变成一句口头禅。在这些信仰中，最重要的是祈祷。如果灵验了，就说，上帝（阿拉）听到我的祈祷了；如果不灵验，就怪自己或其它事物。总而言之，上帝绝对不会错的。例如，考试前祈祷，如果考试考好了，就归功给上帝，祂听到我的祈祷了；如果失败了，原因是我没有好好准备。绝对不会怪罪上帝。（在中国，如果到某个庙祈祷某事不灵验，就可以再换另一个庙烧香祈祷，直到找到灵验的庙为止。）约十数年前，一架埃及民航机失事，乘客、飞行员、服务人员全部罹难。在记录飞行状况的黑盒子内发现声音记录，只听到副驾驶员以埃及话自言自语：「我把一切都交给阿拉（Allah，伊斯兰教的上帝）去安排。」经过很长的调查后，美国民航局断定飞机的机械没毛病，而是这位副驾驶员故意撞毁这架飞机。一般的看法是，这位副驾驶员的心神突然进入了一种宗教式的恍惚心态，而将飞机按他心目中所幻觉到的阿拉的意旨撞毁。（中国的说法应当是，他信教过分入迷，迷到走火入魔。）中国有一句和「我把一切都交给上帝安排」类似的话：「听天由命」，但这句成语表达的意思和西方完全不同，「听天由命」的意思是无路可走，完全绝望的人的说法。在中国，让老天去安排一个人的命运，是最没有出息的意识。有出路的人往往抱持「人定胜天」的意识看法。（宿命论者最多持了「谋事在人，成事在天」的看法。）当没有其它的方法可以选择时，只好听从老天的安排了。西方的宗教意识，是一切事物都听从上帝的安排，表达出的意识是，对上帝绝对的信仰和顺服。在中国的意识是，虽然有老天爷在主宰宇宙，一切还要靠自己的努力才行。这在中国大洪水的实例中也可以明显看出。也许这又是中西文化殊异的另一面。

另外一个中国特有，而西方没有的哲学观念是：「天人合一」，意思是，天道（宇宙自然的法则）和人事合而为一。很早的时候，中国人就主张人本主义，认为所有的一切都应当从人民的福祉着想。中国人的哲学思想以天为中心，认为自然界的法则是天所赋的至高法则，而天应当把人的

福祉看成最重要。因此很自然的，「天人合一」就变成中国的中心哲学思想，把宇宙自然的法则和人事的法则联系在一起。这也许是中国最重要的哲学思想。秦朝之前的诸子都已经有这种的想法。汉朝初年，一位汉朝的宗室刘安所撰的《淮南子》中提到不少关于「天人合一」的哲学。董仲舒倡天人感应的说法，把它整理为有系统的思想。宋朝的朱子和二程（程颢和程颐二兄弟）再把这学说扩大，成为人生修养的目标。这种的原则，深深铭刻于中国人的思想中，从艺术到执法、到庭园，都可以看到这种「天人合一」思想的影向。以执法为例，以前处决犯人，大都在秋天之后，因为秋天来到后，草木枯萎死去，到处死气沉沉。从「天道」说来，天已经把植物植物「处死」，因此天也会允许政府把犯人处决。

「天人合一」的思想在艺术，尤其是绘画中，特别明显。西方早期的绘画（及雕塑）以神和人为主（希腊的神其实就是人的缩影），风景画要等到文艺复兴后才流行。即使在文艺复兴时期，绘画也是以人和希腊神祇为主。中国的绘画则以山水为主，古代有名的画家往往只画山水，对人像则偶一为之，大部分专画人像的画家的地位都不高，经常被人们当作画匠。清朝著名人像画家郎世宁（Giuseppe Castiglione, 1698 – 1768）来自意大利，他引进西方绘画人像的传统，正好填补了中国缺少人像画家的缺陷。

中国画中的山水代表天的自然，山水画的题材是自然界中令人心爽胸宽的高山、流水、飞瀑、树木。山水画中常常以与自然和谐的人物为辅，即和大自然接触的人物；山水画中从来没有看到与自然毫无关系的人物，如商贾，甚至连卖东西的滩子都没有。（如果在山水画中看到麦当劳的肉饼店，岂不大煞风景？）中国山水画中的人物，如渔夫、樵子、农人、及在林中下棋的儒生（所谓的渔樵耕读），都是以自然为生或日常和自然接触的人，连寺庙都不常看到（即不看重宗教）。这就是天－以自然代表之－人合一的一种象征。山水画中的人物都很小，似乎只用来作为点缀，人的脸往往都小到看不清楚。这样的画意，一方面表明天人合一，一方面又表明和天相比之下，人的渺小。当然，从绘画观点来看，光画山水也可能太单调一点，加上小小的人物，画面就好像活了起来。可是，从另一方面来说，在山水画中点缀一些小小人物，就会觉得画面有了人性，并且表达出天人合一的哲学思想。

总而言之，天有许多面貌，从我们头上的苍天，到宇宙的主宰，到真挚的怜悯心，对人和人事的漠不关心，甚至毫无关联，到能掌握人类命运的主宰，到人类自我的意识，人类的悲惨命运等等；是一种可以去信仰的

神，但又要人类求自救的本体。西方人批评中国人对宗教意识有矛盾，可是宗教本身也是一种矛盾。

图 15. 洛阳白马寺

第五章 白马寺—宗教进入中国
—中国历代至今的宗教—

一个导出把佛教输入中国的梦

公元 67 年的一个宜人的日子，不太热，有温和的风，太阳从散布天空各处的云朵之间射来。后汉明帝（57－75 年在位）独自在南宫的花园中散步。此时繁花盛开，动物园中的异兽正自得其乐的伸懒腰。当他朝天空注视时，一个巨大的人突然在空中出现，从他的容貌来看，绝对是外国人而不是中国人，也不是来自北方的胡人，整个身体都呈金色；他在空中不发一声的优雅飞行着，好像一点也不费力似的，他的长袍在微风中飘荡，头顶上发出跟着他飞行的白色光芒。明帝又惊又奇，朝左右看，一个随从都没有，他大声呼喊，可是皇宫异常静寂，太静寂了，这位飞行的人物经过明帝数次，可是并没有伤害明帝或有和明帝接触之意，他的微笑似乎向明帝保证，他没有恶意，他在花园中飞行了一阵之后，就转向西方飞去，不久就在天空中消失了。

明帝不知如何是好，他大声呼叫：「来人呀！来人呀！你们在哪里？」他一连叫了几声。

这一次有回应了，「皇上，什么事？」一位亲信内侍（即后来所称的太监）急忙问道。

明帝从床上坐起，身上全是冷汗，在烛光之下，他认出亲信的脸，同时他也可以看到另外几个惊慌的脸，其中有他的爱妃，内侍送来一条热毛巾，把他额上的冷汗擦了。他突然意识到，刚刚做了一个奇特的梦，所看到的都是梦境，静下一阵后，再继续睡。

次日早晨，在朝会中把正事讨论好以后，明帝告诉大臣们前一晚所做的梦，「看起来这位金人是一位神，祂是谁？」

朝中一位博学多才的官员说：「到西域的商人经常说起，远处有一位神，那里的人们造了寺庙供奉礼拜这位神，祂身上披了金叶，名字是佛陀，可能就是皇上在梦中看到的这位神。」

「西域离这里有多远？」明帝问。

「大约有好几个月的路程。一百多年前，本朝的张骞已经打通到西域的通道，并且和沿途国家建立了良好的外交关系，我们可以派遣使者到西

域寻找，看看这位佛陀是谁。」

「那就赶紧派遣使者去。」明帝下令。

于是就把一队十八人的使者送去寻找这位佛陀，由蔡愔和蔡景率领。他们启程往西行，日行夜宿，越过沙漠不毛之地，登上帕米尔高原，最后在高达 15,000 英尺（4,572 公尺）的明特克山口（Mingteke Pass）穿越过葱岭，一直到大月氏国。（India-Scyths，古国。因常遭别国入侵，自中国不断向西迁移，最后到了现代的阿富汗国之北，葱岭之西，中亚细亚阿姆河 [Amu-Dar'ya] 之东，现在的乌兹别克 [Uzbekistan] 国内。）这队人马在街上行走时，看见两位剃了光头，穿了橘黄色衣袍的人在向一群人说话，他们感到好奇，停下来听。他们带来的翻译，将这两位穿了橘黄衣袍的人所说的话告诉这队人马。在他们的演讲中，不断听到了佛陀的名字，他们二人在向听众宣扬佛陀的伟大。

「这两位一定知道佛陀是谁。」当宣道完毕后，带头的大使询问这两位的底细，他们来自一个称为天竺（现在的印度）的国家，他们是佛教僧人，正在宣扬伟大的佛陀的教义，他们的名字是迦叶摩腾（Kasyapamatanga）和竺法兰（Dharmaranya）。知道了这队人马的来意后，两位僧人把这大队人马带到附近的一座佛教寺院，寺中供奉的是释迦牟尼（Sakyamuni，全名 Siddhartha Gautama, 565 – 486BC）的神像，这尊高大的神像上饰有金叶，事实上，这尊神像和明帝的描述很接近，带队的蔡使者立刻邀请这两位跟他们回到汉朝的首都洛阳去，这两位僧人立刻应允。

回程路上，这两位沙门（印度语 śramaṇa，对佛教僧侣的称呼）极勤快的学习中国话及中国文字。他们带了一尊佛像和一些佛教经典，也许是为了尊敬这些佛教文物，驮这些佛器的是白马。回到京城后，明帝热烈欢迎这两位僧人，他们住在当时相当于外交部部长的私宅中，被尊为贵宾。同时，明帝下令建造一座按佛教传统规格的寺院。

次年初，即公元 68 年，寺院建好了，这两位沙门住进寺院中，把佛经和佛像都放进去。为了纪念白马将佛经和佛像，从大月氏一直驮到洛阳的功劳，便将寺院命名为白马寺。这两位僧人将余生用于把带来的佛经翻译为中文，不时宣道。

这就是佛教如何进入中国的官方故事。其实，在这两位胡僧来到中国之前，早已有来中国宣道的佛教传教者沿着丝路，跟着商人来到中国，很可能在白马寺之前好几个世纪。即使如此，白马寺的故事是最为人所熟知

的。在以后漫长的年代中，虽历经战火，这座寺院所受的毁损不大，许多古迹都幸存。宋代的死敌金国，在 1175 年还在寺院东南处建了密檐式的舍利砖塔，屹立至今。现在，白马寺是中国的重点文物。

佛教－中国文化的一个新成分

中国文化建于史，着重于人事的记载，因此很少有神话所描述的奇迹。引入佛教之前，中国宗教意识为基于不可知论的天的抽象意识，而文化中也少提到天能创造出扭转命运的奇迹。可是，自从人有了自我及对世界万物的意识以来，不论男女，在他们的命运中往往感觉受到变化无常，不可捉摸的事件的威胁；不论自然界发生的，如狂风暴雨、旱灾和水灾等等，或本身、亲人朋友的生命健康情况等，都捉摸不定。即使生活在有制度的现代科学文化社会的我们，仍旧面对许多不能控制或预测的问题。在原始社会中，几乎所有的事件都带有无法捉摸的成分。除了突发的洪水、旱灾、火灾、疾病，人的生死更为无常。对于这些无法捉摸的命运，人们在灵性上最好的寄托是，有一位能扭转命运的本体，即神，而宗教就提供了这种需要。连持（对鬼神）不可知论者的孔子都承认这种寄托的功能，在他所写的《周易·观卦·彖辞》中有这么一段：「圣人以神道设教而天下服矣。」（圣人利用天的神道教导百姓，天下人都会服从统治了。）佛教所提供的就是大批的神话和对神迹的许诺。不管现代的文化如何高，人民仍旧需要这种灵性的寄托，只是程度较少。最近天主教教宗去世，许多信徒要求把教宗封为圣，可是封圣的标准之一就是要有两个归功于他的奇迹，声称有过由于教宗而产生过的奇迹的教徒不计其数。

佛教引入前，中国也有过创立宗教的尝试，可是都没有创立出一个有教义的宗教。中国早期的宗教大都限于向天和祖宗的祭祀。因为天不可信，因此就转向迷信的方向。夏朝没有什么宗教；因为刚立国不久，所重视的是对国王的的忠诚。到了商朝，祭祀祖先和巫术占了生活中很重要的地位，至少在贵族和国王的朝廷中如此。每一个贵族都有自己的宗庙，几乎每做一件事－从行猎到迁居到旅行到宴客,或结婚，都非要由巫占卜不可。通常占卜的方法是利用龟壳或牛肩胛骨，把要占卜的事禀告神灵，然后在龟甲或骨上钻一个洞，用火去烧，从烧出的裂痕来占卜凶吉，再将此事刻在龟壳或兽骨上。（20 世纪在殷朝旧址殷墟中发现了许多占卦用的龟壳及兽骨，我们对商朝的许多认识来自这些占卜用的龟壳及兽骨。）

商朝之后的朝代，周朝（公元前 1046 － 前 249 年），巫的地位降低，占卜之风也衰微。到了战国时代（公元前 403 － 前 222 年），因为

连年战争，对天、祖宗，或任何神明的祈祷和祭祀，几乎都没有什么用。汉朝建立之后，社会安定繁荣。最吊诡和令人不解的是，汉武帝罢黜百家，独尊不信「怪、力、乱、神」的孔子之后，朝廷和社会却更迷信了，董仲舒在其将儒学作总括的《春秋繁露》中，造出既带有迷信又带有向神要求奇迹的求雨和止雨的仪式。汉武帝好方术 – 即和西方炼金术类似的方术，把带有神秘主义的阴阳家所崇奉的迷信引入儒学之后，另一种原始宗教开始流行。这是从儒学发展出来的，称为「纬书」，原因是用「经」的反义字「纬」来表达这些往往和经书相反的陈述。事实上，纬书是模棱两可的预测或谶语，因此可以称为「谜书」。写「纬书」的谶语甚至变成了学者晋身之道，不过也有不少人因此送命的。当汉朝走向衰微之路时，连皇帝也不知道自己的命运，因此谶语大为流行。西汉末年，王莽就充分利用谶语，取得权位。谶纬之学大行其道是在东汉，将汉朝带向败亡的黄巾革命，一开始也是基于谶语的一句口号。

　　一般正统的儒学学者都反对纬书。南北朝开始查禁，但一直到隋朝（589－618年）才全面禁止。再者，从汉末到唐朝，佛教逐渐传播到中国各处，因而也使纬书走向下坡路。

和佛教竞争的中国土生土长的宗教 – 道教

　　佛教不是唯一流行于中国的宗教。面对外来宗教，有些中国学者创出了中国本土兴起的宗教－道教。道教的道字很容易令人联想到道教是老子创出的。老子是无神论者，反对任何组织（原始的无政府主义），因此更不会创出一个有组织的宗教。道教的中心思想始于《周易》的阴阳和古老的五行。（《尚书·洪范》就提到了五行。时间约在公元前 2050 年之前。）五行的理论认为宇宙由五种元素组成：金、木、水、火、土，这和希腊的四种宇宙的要素：地（即土）、水、风、火类似，阴阳的理论认为宇宙中有两种互补互辅的力，刚和柔的力，刚力是阳（代表是天和男性），柔力是阴（代表地和女性），这是周易的中心思想。到了商朝，巫师已经把阴阳五行编织出一套神话及方术。到了在前 221 年统一中国，以及将以前造的长城连结在一起的暴君秦始皇的时代，这些神话非常盛行。秦始皇非常相信能使他长生不老的方术及神话。有这么一个故事，他派方士徐福携带童男童女及精通百艺的工人共三千人，前往神话中描述的，东海的蓬莱、方丈、瀛洲三个仙山岛上去寻找长生不老药。以后这些童男童女和百工就下落不明。直到现在，中国还有一个传说，这些童男童女及百

工到了日本，他们的后代就是现在的日本人。可是日本人坚决否认这个传说。

汉初，最流行的治国哲学是老子的无为，因此就产生了环绕这位最后离开函谷关，前往蛮荒之地的老子的神话。即使在公元前 134 年武帝尊孔和儒学之后，老子仍旧是很流行的传说人物。当佛教开始广为流传之后，许多佛教的神祇也被引入中国，这些新引入的神祇开始凌驾于老子及中国开国英雄－黄帝之上[23]。拥护黄老的人决定要把这两位变成佛教中的神，因此学者中开始了一个把黄老封为佛教的神祇的运动[24]。公元 140 年，一位儒学学者襄楷开始传播一个谣言，说「老子入胡化为佛」（老子离函谷关去外国，成为佛陀）。在他上给皇帝的书中，他把这谣言告知汉桓帝刘志（统治期为 147－168 年），强调老子是一位伟大的神。就这样开始了对老子的敬奉礼拜，把他的《道德经》认为是这一宗派的「圣经」，这时还没有「道教」这个名称。这段时间，有人写出不少关于这一宗派的经书，这些经书中包括许多方术，如炼长生不死的药、如何以呼吸来炼「气」等及其它神秘秘的方术，另外，也包含许多神话，有的来自佛教经典，而佛教经典中的神话，有许多来自印度本土所创的印度教（Hinduism）的神话[25]。这尊崇黄老的宗派的经典中有一部名为《太平经》，这部经书提倡孔子的伦理观念与和平主义，可是也充满了许多丰富的神秘主义资料，如魔术及预测未来的谶语。这套经书认为可以透过苦修及炼药的方法变成长生不死。佛教宣扬的是基于印度哲学的轮回，人死后可以复生为人或其它动物，受一生中所为的好坏所决定，佛教也认为，透过佛教定下的规律的苦修，人可以脱离轮回，成为长生不死的罗汉（Arhat）或佛陀[26]。这时传入中国的佛教属于所谓的小乘派（Hinayâna）[27]。

---

[23] 传说中黄帝最後被仙人把他和他的一家带到天上成为长生不老的仙人，後来研究长生不老的方术之士将黄帝视为一个研究的对象，和老子共称为黄老。这和黄老哲学同名，可是内容和意义完全不同。

[24] 据大陆研究道教的学者朱钺利认为：黄老之学在政治上失势之後，一些人转而研究养生之术，使黄帝作为医药、养生之祖的形象日益突出。黄老之学与神仙方术结合，产生了早期道教组织「黄老道」。所以黄、老不是佛教神祇。

[25] 佛教脱胎自婆罗门教，但强调众生平等，西元前 6 世纪创立，到阿育王时广为流传，後来才被复兴後的婆罗门教－印度教取代。

[26] 佛陀（Buddha）是佛教神祇的通名；释迦牟尼是大佛陀。

[27] 小乘（Hinayâna，又称希那衍那）是原始佛教，修悟得成不再受生死果报之苦的阿罗汉。Buddha 是佛陀，简称佛，指自觉、觉他、觉行圆满的圣者，通常指释迦牟尼。原始佛教其实是无神论，佛涅盘後，为便於传教，才将佛、菩萨偶像化。

*

约公元 130 年，蜀地即现在的四川省，一位崇黄老派的人张陵自称得到老子本人的口授，造作道书。他创了一个宗教，尊老子《道德经》为「圣经」。这个宗教的组织属于自助会之类，所有加入的人要交五斗米，因此称为「五斗米教」。张陵以符水为人治病，以食物救济穷人，在道书中宣称「道」即是「一」，要按「道」意治国，道教之名在他的书中第一次出现，以后就成为这一宗派的正名[28]。他的信徒愈来愈多。这时汉朝已经衰弱，公元 190 年，他的孙儿张鲁自立为蜀的统治主，以教治蜀，这是中国少数的政教合一的政权之一。公元 215 年曹操大军来到蜀地，张鲁率领一家人到曹操大军前请降。因为他和平投降，曹操封他为王，让他继续传播道教，继承他的子孙都称为天师。以后所有的朝代都承认这宗教，并把天师封为官职。到了清朝，因为清朝崇佛，把官职降低，可是并没有免去，只是对道教的传教加了许多限制。到了中华民国于 1912 年成立后，才去除所有宗教的官职。

曹操把张鲁封侯的主要原因大约是安抚教徒，而且可以监视道教的活动，以避免曹操和其它当时的军阀花了不少时间和军力平定的黄巾叛乱，后来朝代沿循曹操的政策的原因也类似。现在，中国政府也采用类似的政策，以监视宗教团体的活动。中国政府甚至将中国的基督教和国外的隔离（特别以梵蒂冈为中心的天主教），设了爱国者教会等。

中国的道教宫观（道教的庙）分布各处，和佛教共为主要的两个宗教。道教的著作极多，明朝把所有的著作综合为《道藏》。

宗教导引的黄巾叛乱

在张陵建立道教之后，另有一支道教，称为太平道，以《太平经》为经典。可是这一派牵涉到政权的争夺，领导太平道的是张角、张宝、张梁等三兄弟，他们以神秘主义广收教徒，以符水治病，治不好的就说是不虔诚。他用收来的金钱救济穷人。因为当时汉朝的政治非常腐败，信徒愈来愈多，不久达到数十万人之众。张角决定要推翻汉朝，自立为王。以谶语的方式来鼓吹革命，谶语是：「苍天当死，黄天当立，岁在甲子，天下大吉。」古代，天也是统治王的代名词，因为他崇信黄老，黄天指的是他自

大乘（Mahâyâna，又称摩诃衍那）是第 1 世纪出现的佛教，修行的目的是成佛。唐僧带回中国的就是大乘佛经，小乘是大乘派给的贬称。
[28] 张陵所创为五斗米道，据朱越利的说法道教之名始自北魏寇谦之「清整道教」。

己,因此这句谶语的意思是,现在朝廷的气数(命运)已尽,要他去替代。根据张角的策,将于甲子日起义,之后,天下会大吉。

张角所拟定的计划是,他的三十六路大军要在公元 184 年 3 月 5 日(甲子日)在各城市同时起义。不幸的是,在京城的领导人物被擒,招出叛乱的计谋,因此在预计革命的一个多月前,朝廷就有了准备。张角只好仓促攻打城市。也许是响应黄天当立这句口号,这些教徒军兵都头带黄巾,因此也称他们为黄巾党(史书称黄巾贼)。

他们人数众多,因此攻占了不少的郡城。各地的地方官联合打击黄巾党。虽然张角很快就在战争中阵亡,可是余党要再过十五年才陆续被消灭。在这十五年中,各地方官的势力大增,最后汉朝政权由曹操独揽。当时的皇帝汉献帝变成终生傀儡。曹操和刘备和孙权在赤壁大战,曹操大败。之后,刘备和孙权的势力大增,中国进入著名的三国时代。这场不成功的革命之后,太平道就完全被消灭了。五斗米道变成唯一崇黄老之教,称为道教。

五胡乱华

曹操在有生之年无法消灭刘备和孙权,他死后,儿子曹丕才统一了中国。然而不久之后,政权被曹操的一位大臣司马懿的后裔所夺,创立了西晋(265 – 316 年)。由于连年争战,国力已经衰微,再加上西晋八位王子争夺皇位,影响到国防;同时北方各族胡人的势力大增,胡人开始入侵中国。

约在四世纪初(时当西晋末)某一早春的日子,在现在陕西省境内的长城上面的某一观测台上,站了一位军队的小队长。他正在做例行的瞭望工作。平常,他的队伍应当有三十余人,可是现在,因为八位威权极大的王子正互相作战,争夺王位,许多守望观测台的军队成员都已内调。他手下连自己只有四人。事实上,守望瞭望台的军力单薄得很,只有隔一个或两个观测台才有少到不能再少的守军。

刚刚过了春分,至少再一个多月以后,这片北方的黄土地才会开始变绿。等到那时,过着游牧生活的胡人才会来到,把他们的牛羊赶到草地上吃草。这些胡人通常都很友善。他们之中有许多会说汉语,事实是,这些胡人没有自己的书写文字,所有的书写都用中文。这些胡人是很好的贸易商。这位队长和他的手下,经常把长城内商人交给他们的货物从高高的城墙上,用绳子垂下去,和这些胡人以货易货。他们垂下去的货物有丝绢、

棉布、衣着、大米等等。胡人的货物有羊毛、兽皮、兽角，有时还有小羊、小牛等。胡人的牛羊的品种比长城内的好。这样的交易可替他和手下带来一笔可观的利润，也能替以货易货的商人带来很厚的利润。毕竟中央政府送来的补给时有时无，如果没有这种交易，他们就无法过活。当然这样的交易是不合法的，可是不能说他们不顾道德，因为他们从事这种走私的交易的目的，仅是为了求生。

忽然，他看到远处有飞扬起的烟尘，扬得太快，太高。平常的牧牛牧羊胡人绝对不会把牛羊赶得这么快，而且时间上也太早了一点。他一面凝视，一面想，到底让这些尘土飞扬的原因是什么？不久，他看到带头的骑士高高举起的旗帜－他们是入侵者！他立刻下令手下的兵士点燃烽火。烧着的狼粪立刻冒出大黑烟，直达云霄，很远处都可以看得到。很快的，下一个瞭望站的烽火狼烟也直达云霄。一站传一站，敌人入侵的消息，在几个时辰内就传到京城了。可是他很明白，目前内战正激烈交战，西晋政府会派遣军队来协防长城的机会很小。不抱任何期望的他，眼见敌人愈来愈近，不久就可以看到带头的胡将所携带的旗帜上胡人的标志，胡兵架起云梯，开始攀爬，一个接一个的爬上来。后面的胡兵如潮水一样的涌来。他手下只有四名兵士，如何抵抗这么多的入侵胡兵？而且，他已经尽责，点燃烽火报信；无可奈何，他只好举起双手投降。这些胡兵从他的瞭望台冲到下一个瞭望台。轻易的占据以后，再到下一个瞭望台。不久整个长城上都站满了胡兵胡将，他们一直冲到最近的关口；他们很容易的占据了这个关口，他们立刻打开关门。骑着马的胡将胡兵一拥而入，接着来的就是车队。胡人侵略者就这样，轻易入了关。一旦进了关，就开始攻打并占据关内的城市，一直占据到西晋的国都洛阳。在下一个一百三十六年间，至少有五个不同的胡族（其实不止五族。主要的是匈（奴）族、羯族、鲜卑族、氐族、羌族五族）进入了中国北方。他们一个接一个统治了中国长江以北的地区。在这期间，这些胡人一共成立了至少十六个国家及朝代，这就是历史上称为五胡乱华的时代（304 － 439 年）[29]。

*

---

[29] 游牧民族侵入中国建立的政权，可分为两种：1.渗透王朝－如五胡十六国、北魏等。2.征服王朝－如辽、金、元、清朝等。渗透王朝是指逐渐移入中原地区的游牧民族，趁中国政权衰乱时，夺权建国，例如：西晋八王之乱时，匈奴刘渊起来建国，然后派人攻入洛阳，掳走皇帝、宗室。事实上，早自西汉时代，匈奴就已陆续移入长城之内，为汉朝守边。

以上所说的仅是五胡乱华入侵的一幕而已，在西晋成立之际，因为才刚打过几十年的战争，中国的人口大规模减少，若想增加人口，就必须允许归化（即放弃游牧生活过像汉人以农为主的生活）的胡人到中国居住。可是由于生活习俗不同，有时会发生摩擦。有些胡人到晋朝做官。其中有一位胡人的后裔刘渊（？－310年）。他的远祖是匈奴人冒顿，和汉高祖讲和，汉高祖和冒顿结拜为兄弟，还把一位公主嫁给他，因此他就改姓刘，自认为汉朝的宗亲。刘渊是晋惠帝（统治期290－306年）朝中的一位大将军。他趁着八王之乱，于304年在现在的山西省离石县宣布独立，自立为王，将自己的朝代称为汉（后来改名为赵）。他的儿子刘聪率兵不断的攻打西晋的城市，战败两次，终于在310年获胜，攻入京都洛阳劫掠。此时晋朝只好退到长安，于316年被攻占，晋王被俘。大臣在仓促之间南下渡过长江，于317年拥立了另一位皇族司马睿为皇帝，史称东晋，以长江的天险来抵御占据了北方的胡族。

南北朝—佛教交替兴起与被压仰

这段期间，长江把中国分为两个南北对立的朝代的局势：北朝及东晋、南朝，北朝为胡族所统治，主要是五个大族（匈奴、羯、鲜卑、氐、羌），间或有比较小的族如大夏。这些胡族之间争战不已，每一个朝代成立不久就被推翻，因此，每个朝代的统治期很短，从两年到数十年不等，有时还有好几个朝代同时存在，因此都称为国（五胡十六国）。一直到386年北魏成立后，才开始统一起来。胡族大都没有自己的文字（鲜卑有原始的文字），故沿用汉人的文物制度。可是也有所创新，如府兵制、均田制、租税制度，这些制度为后来朝代所沿用。南朝起初被晋所统治，于420年被推翻。以后由四个朝代，宋、齐、梁及陈所统治，到隋文帝时再次统一中国，才结束了这段痛苦的历史。

在这段胡族彼此争战期间，奸杀掳掠是常事，因此中国的北方变成人间地狱，悲惨的情形可以和罗马帝国亡后，欧洲在蛮族的连年争战下的情形相比。在中国，每逢北方游牧民族的朝代更换之际，就会发生大规模的屠杀，不分种族，汉人和胡人都遭殃。最大的一次可能发生于一位汉人冉魏所建立了朝代。这个朝代虽仅维持了两年，但一旦兵胜，就下令大肆屠杀羯族人。羯族人高鼻、深目、多须，因此大屠杀的对象就是这样面貌的人。有许多汉人因多须，不幸也被杀了，短短三日之内，杀了二十余万人。这种人间地狱却成了传播宗教的沃土。就在这段时间，非但有胡僧来中国传教，从中国前往印度求经和学佛学在的和尚也不少，之后成为佛教

的传统，前往西方学佛学和求经。自后汉（约公元 25 年）初起到唐朝，历史上记载的，来到中国的胡僧就至少有七十二人，而从中国到西域求经和学佛者至少有两百余人。现在看来，这些数目似乎不算多，可是要了解，当时到西域，除了冒生命的危险外，每一个单程的旅程时间就将近一年，要越过高山的山口，最低的也在海拔 4,000 公尺，这就不是普通人会去做的事情了。许多取经人在路途上停留，造庙宇、造纪念建筑，公元 366 年乐撙禅师请工匠建造在第一个石窟，成为信众修行、弘法的场所，后经历代僧众增凿，成为千余窟，所以又称「千佛洞」。建造以后，这些取经人不断的在敦煌的一个石室中雕佛像、绘壁画等，共集有一千年的艺术。从绘画到雕像、书籍等都有。（已失传的唐朝的《秦妇吟》就在这个洞中发现。）19 世纪中，英国人发现这个洞窟，把许多宝物载回英国，遗留下来的还不少，现在敦煌石室成为中国的国家重点文物区。

180 年，中国的佛教庙宇总数少于两百间。到了 500 年，全国有 4 万间以上的佛教庙宇。270 年，佛教的僧人（和尚和尼姑）数目为 2 万 4,000 人，占的人口比例约为千分之三[30]。到了北魏（386－556），僧人的数目突然大增，最多时到 2 百万之众。到了隋唐（589－907），僧人的数目减到 50 万到 20 万不等，仍旧是相当大的数目。佛教最盛时期可以说是南朝的梁朝（502－557）。开国帝梁武帝萧衍笃信佛教，除了在政治和立法上有所作为之外，他还大力提倡佛教，使得庙宇如雨后春笋似的兴起，中国僧尼的数目增到十数万人。他甚至宣布要放弃王位，去当僧人，他一共当了三次僧人，每次都要劳动大臣以巨资把他「赎」回。他对经学极有研究，为了加强对佛教徒的管理，曾下令撰成《出要律仪》，制定佛教僧尼的行为规范，还亲自为佛教僧尼定下禁断酒肉的戒律。他定出的戒律一直被佛教僧尼所采用。在这一点上，他的功绩和一位天主教的住持，努西亚的圣本笃（Benedict of Nursia, 480－547）相似。圣本笃定出隐修制度，称为「本笃会会宪」（Benedictine Rule），列出每日修道者的职责，如祈祷、用餐以及每日的计时等。到现在不少修道院还遵守他所制定的制度。

---

[30] 自西元 220 年黄巾党叛乱起到西元 265 年之间，中国动乱不已。到西元 270 年时，官方统计全中国的人口还不到一千万。这数字很可能偏低，因为根据《三国志》魏蜀吴三国人口总数只有 760 几万，但据《晋书·地理志》西元 280 年人口数为 1616 万，不数年，人口增加一倍有馀，显然不可能，赵刚认为即使是 280 年的记载，也极可能严重偏低。

　　中国佛教僧人大增的原因，不完全因为修行的僧尼受了教义的吸引而献身学佛。有许多人去当僧人的原因是可以免兵役和徭役，而且庙产的田地也不必交赋税。从国家经济观点来看，这是税收、兵源和劳力源的一大漏洞。梁朝在富裕的南方，因此僧尼寺庙虽多，在经济上的负担仍旧可以过得去。可是在北方，寺庙僧人的免除兵役、徭役以及赋税，的确是国家人力和经济上的极大负担。北朝魏太武帝拓跋焘治内（423 － 452 在位），因为大臣崔浩等笃信道教，便在他面前竭力抨击佛教。佛教的盛行，占去了大量劳动力。而拓跋焘为了要进行统一战争，必须征召青壮年人入伍，因此下诏征召寺院沙门 50 岁以下的强壮者还俗服役。等灭了竞敌西凉以后，大批佛教徒迁往京都，而佛教徒往往利用鬼神方术来扩大其影响。太武帝为了提倡儒学，于公元 444 年发出灭佛诏令。但由于太子（他是一位虔诚的佛教徒）的保护，部分庙宇得以保存，不过佛教势力已大减。到了太子继位之后，佛教才得再次兴旺。事实上，中国各朝代对佛教的态度呈现出矛盾，一个皇帝反对佛教，另一个则大力提倡。公元 444 年灭佛之后， 460 年魏文成帝（452－465 在位）又大力提倡佛教。他下令在山西省大同县的一个石灰岩山－武周山（又称云冈）建造极大的石窟，在其内建造佛像。工程浩大，直到 494 年，同一朝代的孝文帝时（拓跋宏，在位期 471－499）才完工。总计洞窟 53 个，主洞 21 个，佛像 10 万个，加上飞鸟走兽等，后来的朝代陆续增加佛像及其它雕刻。这样规模的佛教神像的石窟在中国有三个（另两个是河南洛阳龙门石窟和河南巩县石窟，都在北魏孝文帝在位时期，公元 493 年开凿，且历代都扩充规模）。其它小的佛教石窟造像不计其数。

　　唐朝佛教极盛，武则天还大力尊崇佛教。因为佛教寺院消耗国家财富和人力资源，有远见的政治家如狄仁杰、姚崇（两位皆是盛唐名相）、韩愈等人及当时的宰相李德裕都反对佛教。到了唐武宗（841－847 在位）时，寺院的土地又大量扩大，大幅减少国家税收。于是在公元 845 年开始灭佛，史称「会昌灭佛」，这并非要销毁所有的佛教寺庙，主要是针对有大量土地的寺庙。共拆了四千多间寺庙，收回寺院所拥有的良田数千万顷，收回奴婢十五万人，被迫还俗的僧侣有二十六万余人。在唐武宗颁布的诏书中，说明灭佛的原因，除了经济的原因外，还带有现在认为是狭隘的民族主义的意味：「今天下僧尼的数目太多，都等待别的劳动者、农人来养他们，而他们的生活奢华，所造的寺庙具皇宫气派……我朝高祖，以武平定祸乱，以文来管理华夏，只这两点，就可以治国，区区的西方宗教如何能和我们抗衡？贞观和开元时都已经改革（佛教）过，可是积弊还在，因此为了要济人利众，不能不执行。」这次的灭佛虽然规模很大，可

是还留下一大批经调查后认为是真心礼佛的僧尼，此后天下还有寺庙数千间。

唐朝灭亡以后，中国再度分裂，史称五代十国。其中后周世宗于公元955年，也是为了经济的原因，再度灭佛，只有以往皇帝敕颁的寺庙得以保存，其它的必须关闭，僧尼还俗。这是最后一次灭佛。这次灭佛以后，北方佛教势力大减。以后的每一朝代都监视着寺庙内僧尼的行为，使得寺庙不再成为逃税者和避免兵役以及徭役者的天堂。从某种方面看来，佛教和政府之间建立了一种默契，自此以后，再没有大规模的灭佛政策。

以上就是佛教徒声称的四次灭佛的行动，称为三武一周。（另一个未提及的是北朝周武帝在567年的灭佛，其经过、动机大致与其它灭佛相同。）中国的灭佛和西方迫害基督教主流天主教之外的其它宗教（包括基督教其它支派）的动机不同。在西方，纯粹是为了巩固天主教的教权，而以教义的名义进行迫害。而在中国，虽然在灭佛的行动中包括信仰的成分，但大部分还是基于经济上的原因。当佛教过于兴盛时，消耗国家的经济，就以尊儒的籍口灭佛，但并未以另一个宗教机构来替代。即使建立了国教，也维持不久。如北魏太武帝毁佛，尊寇谦之道士为国师，以道教为国教；唐武宗崇信道教，不久因修道服丹药而亡。这些对宗教的迫害和对宗教的支持（如建立国教）都不持久。每一次灭佛之后，经过几个皇帝，佛教又再度兴起。每一次建立了国教，不久就被废除。

其它宗教：伊斯兰教，景教，祆教，以及犹太教

除了道教和佛教之外，最大的宗教就是伊斯兰教。伊斯兰教在教主穆罕默德（Mohammed，？570－632）建立回教国 Arabia（中国古时称为大食国）后不久，就传到中国。

公元751年，正当唐代，一位中国学者杜环随高仙芝军西征葱岭以西的地方，兵败被俘。（这次兵败，把造纸的技师也俘了去，一般历史家认为这是第一次将造纸技术从中国传到阿拉伯，以后再传到欧洲。）他在阿拉伯各地游历，762年回国之后，写下了见闻，惜原书已佚，然而在别的书上提到了他对伊斯兰教（又称回教[31]）的叙述。618－626年间，四位伊斯兰教的传教士（称为大贤）来到中国传教，穆罕默德是文盲，可是对知识非常尊敬。（6世纪后半叶，东罗马皇帝查斯丁尼一世以妖言惑众的口实关闭了具有九百年历史的柏拉图学院，其中许多学者逃到阿拉伯，受

---

[31] 回教的名称来自信仰伊斯兰教的回纥族。

穆罕默德的庇护。）据伊斯兰教的记载，穆罕默德曾说过：「学问虽远在中国，亦当求之。」651 年，阿拉伯帝国第三任哈里发（阿拉伯是政教合一的国家，Caliph 相当于教宗兼国王）奥斯曼（Uthmän ibn Affän, 577 – 656）派遣使节到中国。见到了唐高宗。使者介绍了哈里发建国的经过、当地习俗和伊斯兰教的概况。中国伊斯兰史的学者认为这是伊斯兰教首次进入中国。以后伊斯兰教和中国有不少的接触，从这一年到宋末（1278），阿拉伯帝国一共派遣了四十七位使节来到中国。中国政府还协助伊斯兰教徒在中国设立清真寺（mosque）。

成吉思汗向中东的侵略，迫使大批的中亚人、波斯人和阿拉伯人东迁到中国避难，更进一步把伊斯兰教带到中国。这些新迁入的居民大部分被编入「探马赤军」，镇守在帕米尔高原之东，在葱岭区的边疆，成为屯兵，平时从事生产，战时应召入伍，伊斯兰教徒一般都接受了宗教以外的中国文化，对中国的贡献很大。元朝（1264 – 1368）的高官中有不少伊斯兰教徒。事实上，明朝推翻元朝时，许多开国英雄如常遇春等都是伊斯兰教徒，而现在世界闻名的中国伟大航海家，最远曾航行到非洲东南的马达加斯岛（Madagascar）的三保太监郑和（1374 – 1433），来自云南的回族（即信奉伊斯兰教的民族），他下西洋七次，最后一次，不少船队队员登陆了阿拉伯半岛到麦加朝圣。回国后，绘制了「天房图」描述该地。

大多数的中国伊斯兰教徒都属于逊尼派（Sunis），据 1985 年的统计，中国的伊斯兰教徒总数约为 1400 万人，现在中国还有许多只信奉伊斯兰教的少数民族，和中国人民和平相处。事实上，即使在文化大革命最黑暗时期，其它的宗教多多少少都受迫害，可是伊斯兰教徒仍旧不放弃他们的信仰（其它亦然）。除了有些宗教上的习俗（主要是食物上的习俗）之外，他们原则上都和中国人同化了。男的不蓄须，女的不以头巾包发。中国人没有禁食某种食物的习俗，可是伊斯兰教义中有许多禁食的食品，最重要的也许是不能食用猪肉。一般中国人都尊重伊斯兰教徒的习俗。

*

还有不少其它宗教进入中国，可是大都衰微了，或被其它宗教所吸收。公元 7 世纪阿拉伯建国，将伊斯兰教定为国教之后，促使部分的其它宗教教徒迁移到中国，其中有波斯的祆教（Zoroastrianism）。因为教义中有对火的礼赞，礼拜火天神，因此中国又称其为拜火教。受到北朝中的北魏、北齐、北周及南梁各朝代中朝廷的支持，北魏和北齐皇帝、太后甚至率领百官奉祀火天神，兴盛一时。丝绸之路上，有不少祆教的庙（祆

祠）。会昌灭佛期间，也受到连累，以后逐渐衰微，到现在只有残存的祆教庙废墟。

其它进入中国的宗教还有犹太教，在中国称为一赐乐教，大约来自以色列（Israel）的译音。唐朝时期进入中国后，曾拜见皇帝。因为犹太人在欧洲饱受宗教迫害，他们向皇帝要求能自由信奉自己的宗教，皇帝应允，还把敕令刻在碑上（现藏于美国芝加哥费特转博物馆（Field Museum）），保障他们宗教信仰的自由。一赐乐教的主要根据地在开封，建有他们的会堂(synagogue)。以后因为和汉族、回族（伊斯兰教）通婚，会堂里又没有人传教，逐渐衰微，现在开封还有一小支。

佛教对中国文化的贡献

这些进入中国的宗教，尤其是佛教，在中国文化的发展上，有不可磨灭的贡献。注重史的真实性的中国文化缺少的是有幻想性的神话，而这种缺陷在美术上最容易看到。和同一时期的希腊相比，中国的建筑缺少像希腊那么宏伟的庙宇，栩栩若生的神像、人像雕塑，也缺少希腊特有的戏剧。佛教的引进带来了不少新的文化成分 – 中国从迷信进入有教义的宗教，而佛教本身就是一个很重要的文化新成分。此外，佛教还带有大量的神话，这些都是传统中国文化所缺乏的。随着佛教传教士进入中国的，还有西域各处的建筑，特别是印度的建筑，这些输入的文化中，甚至可以看到波斯和希腊文化的痕迹。上述提到的云冈石窟，仅是佛教在建筑及艺术上的贡献之一而已。佛教也传入中国的塔式建筑。塔起源于印度的浮屠，中国佛像的雕刻也深深受到印度雕像的启发和影响。

但最重要的还不是这些看得见的文化。佛教的引入，带入了大量的经典，这些经典，为中国的文字、文章、文学、思想等加入了新成分，各朝代翻译出的经典不计其数。翻译时，从这些经典中新创的字汇和成语就达数万之多，即使有一大部分后来因为不常用而不流行，但保留在中国语汇中，经常应用到的仍旧非常可观。一些来自佛教的字汇，如：刹那（ksana，瞬间）、涅盘（nirvana，超脱）、瑜伽（yoga）等等，而方言闽南语中经常用的「无法度」（没有办法）也来自佛经。翻译的佛经往往难懂，而难懂的原因不是文字难懂，而是意义难懂，要解释这些难懂的意义，就不能用古文，而要用当时会话的口语，即白话。（到了现在，当时的白话已经变成现在所称的文言文。）而佛经中用到不少的逻辑观念，分章分节分段，这是科学的组织方法，以组织的解剖文体来做陈述，这是中国古文中所缺少的。中国在文学方面，一直到了唐宋才开始有小说戏剧，

中国的长篇歌曲和小说的体裁似乎都受到佛经中故事的影响，例如：马鸣（Aśvaghoṣa，约公元 1 - 2 世纪人，后被尊为佛教菩萨（Bodhisattva））本人就是一位大文学及音乐家，他所著的《佛所行赞经》（*Buddhacaritakāvya Sūtra*, Life of Buddha），其实是一部长达三万字长的叙事史诗，中国名著《孔雀东南飞》的形式和此一著作的 5 世纪初的译本相似。宋明之后的杂剧、传奇、弹词等受到华严（Buddhavatamsaka - mahavaipulya Sutra, Garland Sutra）、涅盘（Mahāpari - nirvāṇa - sutra）等经的影响很大，例如：《水浒传》、《红楼梦》的结构运笔，受这两部经的影响之处很多。

在思想方面，中国将印度传入的佛教思想发展成禅宗思想。禅宗思想渗入宋朝理学，成为儒家思想和佛家思想的混合体。就此而论，中国儒学接受了佛学思想，但没有接受它的宗教仪式和神祇，这是中国受外国来宗教文化影向的一大特征。

图 16. 景教十字寺的废墟

早期传入的基督教

18 世纪以来，基督教在中国成为一个最具争议性的宗教。起初，中国是张开双手欢迎它，就和欢迎其它宗教一样。最早在中国流传的基督教是聂斯脱留派（Nestorianism），在中国又称为景教，创教的是君士坦丁堡的主教聂斯脱留（Nestorious, ? - ?451），景教（Nestorianism）在中国也流行一阵子。景教是基督教的一支，为康士坦丁堡（Constantinople）的内斯托流士（Nestorius）创于公元 428 年，其教义和第二章提及的阿里乌（Arius，约250 - 336）派的类似。这是最主要的基督教「异端」，它的教义和基督教不同的地方是，它强调基督的神性和人性的各自独立性，因此这二者之间的联系疏松。这种和天主教定出的教义不同的宗教当然不容于教廷。428年和罗马教廷分裂后，日渐向东传播。约于 5、6 世纪间传入中国新疆，7世纪传入中国内地，唐贞观 9 年 (635) 主教阿罗本 (Olopen) 来到长安，唐太宗给与礼遇，请他在皇宫的藏书楼翻译带来的《圣经》，并不时向他问道，贞观 12 年 (638) 准他传道，并由政府资助他造波斯寺（后改名为大秦寺，即景教礼拜堂，又称十字寺），曾经流行过一阵子，后来在会昌灭佛期间，也遭波及，一度在中原绝迹。到了元朝，景教又再度传到中国，当时相当盛行一阵子，教徒人数达 3 万余人。后来天主教传入，才日渐衰

微，现在已经成为历史陈迹。欧洲的景教屡遭天主教的排挤，在西班牙异端裁判所期间（Spanish Inquisition, 1480 – 1834），遭教廷处以酷刑和死刑的迫害后，在欧洲完全绝迹。然而在中东（伊拉克、叙利亚等地）还有不少教徒，伊斯兰教并没有加以排挤，允许他们继续他们的宗教信仰，可是不许传教。

天主教进入中国 – 异国英雄利玛窦

天主教传入中国，最早的是约 1300 年的乔瓦尼·达维诺 Giovanni da Montecovino （1247－1348）(圣芳济 Franciscan) 来到中国为第一任主教。最有名的发生于 1583 年，进入中国的两位意大利修士 – 利玛窦 (Matteo Ricci, 1552 – 1610) 和罗明坚 (Michael Ruggieri, 1543 – 1607)。利玛马窦于 21 岁时加入天主教耶稣会为修士，之后被送到葡萄牙学葡萄语。1577 年被送到葡萄牙在印度的殖民地果亚 (Goa) 传教。1580 年成为神父，奉命到澳门学中文。次年随同罗明坚到中国传教。他们首先乘船到西江岸的肇兴（广东省），在那里，他们设立了一间教堂，起初他削发，穿僧衣，声称是僧人，将教堂取名为仙花寺。他绘制了《山海舆地图》，刻印流传，仿制了地球仪、日晷，很得人器重。后来请了老师教他《四书》，把《四书》译成拉丁文，这是最早的译本。在广东住了十年后，觉得僧人地位不如儒生，就留须发，会客时穿丝绸。北上江西南昌，结交儒士官员，之后他的上司命令他到北京传教。他准备了一批贡品，以修改历法为名，北上进贡，可是未获准驻在北京。他在南京结识了徐光启。1600年，以进贡为名，获准前去北京，进贡了天主图像、天主母（圣马利亚）像、镶珍珠的十字架、自鸣钟等。明朝廷认为他的天文及地理方面的知识对中国有用，便授与他官职，在宫中修理时钟。他把《几何原本》和天文、地理、测量等书译成中文，对早期中国科学的发展有很大的功劳。他在中国时期，所介绍的是托勒密 (Ptolemy) 的以地球为中心的天文学。（因为 1590 年伽利略鼓吹哥白尼以太阳为中心的理论的书《论运动》出版时，利玛窦已在中国。将哥白尼学说介绍到中国的是另一位于 1620 年抵达的耶稣会士金尼阁 (Nicolaus Trigault, 1577 – 1628)。〉

利玛窦最明智的一个决定，就是在传教时，容忍中国人拜天地、祖宗和尊孔的习俗，认为和基督教十诫中的第一诫（解释为基督教的上帝为唯一的神）并不矛盾。他往往从儒学中引出意义模棱两可的句子来作为对天主教教义有益的解释，可是西方及当时在中国的其它传教士却不完全赞成对祭祖宗和尊孔习俗的容忍。他吸收了不少教徒，包括著名的中国历学及

天文学家徐光启，耶稣会的教士跟随利玛窦祭祀和尊孔的传统。利玛窦于1610 年去世，葬在北京大学附近。他的坟墓在文化大革命时遭到损害，现已修复，是受保护的中国重要文物之一。利玛窦在中国历史上的地位和声望很高。

热烈的欢迎变成争吵，最后变成侵略

16、17 世纪，葡萄牙和西班牙传教士在中国沿海传教，一秉他们在南美侵略蛮横的作风，要中国人采取西方姓名，和采用西方习俗。非但信者不多，还引起中国人对天主教教士的厌恶，种下对天主教不满的种子。利玛窦去世之后，天主教的修道会（Catholic Orders）开始对中国感到兴趣，利玛窦弃世 22 年后，1632 年，在菲律宾的首府马尼拉的多明会（Dominican）和方济会（Franciscan）前来中国传教。他们基于基本教义主义，不满意中国人祭祖和尊孔的传统。由于这些天主教传教会之间的政治摩擦，这两个传教会便向马尼拉大主教报告耶稣会对中国祭祖尊孔习俗的容忍立场。1635年，马尼拉大主教向教皇乌尔邦八世（ Pope Urban VIII ，教皇治期 1623 - 1644 ）提出签呈，请教宗当局注意在华耶稣会对中国「偶像崇拜及迷信行为」过于宽容，当时教皇没有回应。1643 年，多明会在华会士黎玉范（Juan Baptista Morales）亲自到罗马教廷，对耶稣会提出 17 项指控。教廷为了打击葡萄牙在中国传教的垄断（利玛窦和其它耶稣会教士都是葡萄牙的耶

图 17. 异国英雄利马窦

稣会派遣的），同年任命黎玉范和西班牙方济会的栗安当在中国监教。两年后，教皇英诺森十世（ Pope Innocent X，教皇治期 1644 - 1655 ）批准了多明会的指控，禁止中国教徒祀孔祭祖。在华的耶稣会特派卫匡国（Martin Martini, 1614 - 1661）于 1654 年前往罗马教廷申诉，解释祀孔和祭祖是社会习俗，不具宗教性质。1656 年，教皇亚历山大七世 （ Pope Alexander VII，教皇治期 1655 - 1667 ）重做裁决，同意耶稣会在华的传教方针，并且批准了卫匡国所做的四项建议。西班牙的多明会不服，要求教廷回答，1645 年英诺森十世的禁令是否有效。1669 年，教皇克雷芒九世（ Pope Clement IX，教皇治期 1667 - 1669 ）发出第三个指令，宣布 1645年禁祀孔、祭祖以及 1656 年允许祀孔、祭祖的两次决定都有效，具体情

况由传教士自行判断。1676 年，在华传教的西班牙多明会教士闵明 (Philippe Marie Grimaldi, 1689 － 1712) 在马德里 (Madrid) 出版《中国历史政治宗教论集》第一卷，公开抨击耶稣会的传教方针，着重攻击有关礼仪的问题。三年后又出版第二卷，把有关中国礼仪的问题再加抨击，使得中国礼仪问题的争论更为激烈。

在教廷的积极支持之下，法国的天主教也加入进入中国的行列。1687 年，法王路易十四 (Louis XIV) 派遣白晋 (Joachim Bouvet, 1656 - 1730) 以修订历法的名义来到中国，在北京成立法国耶稣会，此后法国教会内部反对葡萄牙耶稣会在华传教方针的意见逐渐取得领导地位。1693 年，法国耶稣会在华总代表在福建向信徒发表通知，不许信徒祀孔祭祖，不许使用「天」及「上帝」两个称谓（按:《尚书》中称天为「上帝」)。1692 年，一位法国在华耶稣会教士李明 (Louis Daniel Le Comte, 1655 - 1728) 回国后写了《中国现状新志》和《论中国礼仪之争》，介绍儒家思想并批评西方商人对东方文化的无知，引起法国教会中一场大规模的争论。法国大主教诺阿耶和索邦神学院发动舆论攻击耶稣会对华传教方针，并谴责李明的著作，禁止出版。1701 年，教皇克雷芒十一世（Pope Clement XI，教皇治期 1700 - 1721）帕特使铎罗（Charles Thomas Mailard de Tournon, 1668 - 1710）到中国处理有关中国礼仪问题的争执，进一步打破葡萄牙对于在华教权的垄断。1704 年，教皇下敕令，禁止教徒奉行中国礼仪，并命令各大小教堂取下康熙亲题的「敬天」匾额。

图 18. 康熙帝

这时，康熙已经了解西方传教士在华的争执，并应耶稣会之请，于 1700 年御批「敬天及事君亲，敬师长者，系天下通义，这就是无可改处。」为了维护主权，在铎罗在华期间，康熙帝屡次指出:「近来自西洋所来者甚杂……（要）定一规矩……命后来之人谨守法度。」并严斥在华教士「妄论中国之道」，干涉中国内部事务。在祀孔祭祖问题上，下令:「自今之后，若不遵守利玛窦规矩，断不准在中国住，必逐回去。」凡遵守中国法度的，可到政府内务省领取在中国传教的许可，在中国合法居住，但铎罗藐视康熙帝禁令，于 1706 年离京南下。次年公布写给教士的公函，不许使用「天」和「上帝」的称谓，违者开除教籍 (excommunicate)。公函发出后，在华的法国派传教士（大都是多明会和少数方济等派），拒绝领

传教许可而归国。耶稣会和部分方济教会教士、奥斯定会（Order of Saint Augustine）教士愿意遵守中国法度，得到中国当局所发的许可，留下传教。因为铎罗藐视中国禁令，被逐出境。

1710 年，克雷芒十一世重申铎罗禁令，于 1715 年颁布「自登极之日」敕令通谕，宣布教士不得再提起中国的礼仪问题，并且命令在华教士必须遵守这项禁令。在教廷严令之下，在华的教士纷纷离华，只剩下少数在宫廷中任职不传教的教士。1720 年，克雷芒十一世帕特使嘉乐（一作嘉禄。Jean Ambroise Mezzabarba）前往中国，企图说服康熙帝接受教皇禁令，让天主教教士继续在华按天主教禁令传教。

康熙帝在接见时，对教皇禁令「与中国道理大相悖谬」之处，严加驳斥。由于教廷坚持执行禁令，干涉中国内政，康熙乃全面禁止天主教在华传教，并且指出，教皇的禁令只能「禁止尔西洋人，中国人非教皇所可禁止。」嘉乐无可奈何，只好宣称谈判失败。1721 年离华后，和教廷提出八项准许的妥协措施，企图缓和这局势，可是天主教中争论如是。1742 年，教皇本笃十四世（Pope Benedict XIV）又重新明令禁止八项准许，清朝则以全面禁止传教对抗之。中国自此进入所谓闭关时代，大部分的基督徒都转向地下，1840 年，还有约三十万名基督徒。鸦片战争后，新教和天主教再度进入中国后，一直执行这个禁止祭祖及祭孔的禁令。

1939 年，罗马教廷又颁布关于中国礼仪的问题的训令，声称 1742 年本笃十四世的禁令「在现代已完全失去约束的作用」。之后，天主教方面认识中国人的祀孔和祭祖是一种的仪式，并不带有承认这二者是替代尊崇上帝的意味。可是这时，中国已和日本陷入全面抗战，所有一切传教工作几乎完全停止。战后，当传教工作可以再度开始之际，人民政府成立，所有西方传教工作全面遭到禁止，直到如今仍未解禁。

*

自统治期长达六十三年的乾隆帝于 1799 年去世后，中国开始走向一段又长又痛苦的下坡路。1842 年的鸦片战争中被英国击得一败涂地之后，清廷被迫割让香港和开放五个港口通商。此外，在大城市内设立了由外国人管辖的租界，也不得不允许开放传教。这次的传教带有深度的复仇性，这些跟着炮艇后面来的传教士，用极端殖民地性的侵略方式来传教，造成教案纷起，最后爆发仇杀教士的义和拳叛乱事件。实质上，这次叛乱的结果是颠覆了清朝政权，中国开始进入现代化。可是中国并没有如传教士所企望的，变成基督教国家。1946 年，基督徒的数目只有一百万人左

右。全面逐出外国传教士后，中国自行组织教会。目前的基督徒人数反而增加，和伊斯兰教徒的数目相仿。

在这场及后来的几场战争中，中国都大败，被迫订了不少不平等条约，其中和传教有关的如下：除了开放教禁以外，并答应发还教堂旧址。1858 年签订的天津条约中，又答应外国传教士进入内地传教。1860 年中法北京条约签定时，法国传教士在条约上私增条款，允许教士在中国各地购买田产，自由建造，其它国家仿效，于是传教士大量涌入，足迹遍及中国各处，这时许多纠纷开始出现。

这些传教士企图改变中国习俗，掠夺民间土地并恣意诋毁孔子和儒家学说，将佛教及道教贬为邪教。以中国被迫签订的不平等条约[32]为根据，干扰中国地方行政，破坏中国主权；妄指庙宇、会馆、公所和民宅为旧置教堂，迫令归还；任意出入地方官衙，并盛设礼规，擅作威作福；在传教中，挑拨教徒和非教徒的纠纷（一如在罗马亡后的宗教狂徒），凡教内人犯案，都包揽诉讼，曲意庇护教徒，不法教徒往往依仗这些传教士跟着炮艇后面来所得到的淫威，欺凌平民，诈取钱财，霸占田产，鱼肉人民。（中国人称这批依了基督教教会的淫威，欺凌中国一般人民的人为「吃教者」。）凡此种种恶事，动辄引起公愤，使群众积恨为仇，纷纷自发起来组织反洋教的武斗，因此各地教案频繁发生。自 1848 年到 1911 年辛亥革命推翻满清期间，发生过、有记录的教案达 600 多起[33]，其它小的教案不计其数。清朝屡次要求各国对教士和教会约束，都遭各国反对，而政权摇摇欲坠的清朝，无力秉公处理这些教案，为求安宁，只好袒护教士和教会。1898 年，还颁布了一系列保护教会的规定，承认外国教职人员和中国地方官员的地位相等，清朝政府这种屈服丧失主权的立场，更进一步造成人民对教会的憎恨和厌恶，使得彼此的争执更加白热化，最后造成义和团（清朝后来称为「拳匪」）之乱，引起八国联军入侵。事件发生后，由孙文（孙中山）所领导的，推翻腐败满清政权的革命日渐受到人民的支持，十三年后，革命成功，成立中华民国。

就在这一段时间，中国大众称洋人为「洋鬼子」。（义和团把与洋人有关者叫做「毛子」，从洋人到依附洋人的教民，分等为十毛子，依次为：大毛子、二毛子、……到十毛子，而洋鬼子的称呼应更早，最晚 19 世纪

---

[32] 所谓的不平等条约就是侵犯或破坏中国主权的条约。

[33] 附录中列出历史上两个重要教案经过。第一件是利玛窦去世後不久在南京发生的，第二件是有名的天津教案，牵涉到曾国藩。

中叶就有了。〉这个在愤怒中封给洋人的「头衔」造成了更多的误解和对立，传教士们把「洋鬼子」译成「foreign devil」，即「外国魔鬼」。当然，鬼子是一个贬洋人的称呼，（二次大战，中国人称入侵的日本军队称为「日本鬼子」。）可是传教士们的译文更把这种贬洋人的称呼再贬上一大截，变成西方的一个大忌讳。在西方，魔鬼又称撒旦（Satan，希伯来〔犹太〕语为「敌人的意思」），是和上帝对立的恶魔。「外国魔鬼」这一词把西方人称为基督教中的最大恶魔，那还了得！这一点更煽动了西方人对中国人的仇恨。可是，中国没有这样的观念。中国的鬼是死了的人的灵魂，传说中能做许多坏事，而鬼子是做恶毒坏事的人。如果把这些西方传说中的魔鬼、超自然的妖精、中国的鬼子和鬼定程度，西方的魔鬼是至恶的恶魔，底下就是妖魔（fiend），专搞小乱的小妖精（elf），及顽皮小鬼（goblin），没有介乎其间的超自然妖精。中国最恶的是妖精（如《西游记》中的各种妖魔），可是这些妖精都能被中国的神祇降服，最低的是鬼，相当于西方的 elf 或 goblin，只能搞小乱。一旦来了土地神－职位最低的神－就被降服了。而中国的鬼子则介乎妖魔（fiend）和鬼之间，因此，把中西各种妖精恶魔集合在一起，从至恶到最小恶的排序应当是：魔鬼撒旦、中国（各章回小说中）的妖魔（fiend）、鬼子、鬼以及小妖（goblin 或 elf）。洋鬼子的意思是妖精之下的恶棍，介乎妖魔及鬼子之间的恶魔，比外国的「魔鬼」要低上一大截。不幸的是，这个鬼子和魔鬼的误解使得当时宗教意识很强的西方，抱了要征服一切邪教的，唯基督教至上的「十字军精神」来中国加本加厉的侵略、作恶。

义和拳（武术）之乱，原始正义

中国武术在民间广为流传，有不少宗派，其中有一派称为义和拳，流传于山东。由于历代的宗教集团（例如白莲教）不断有叛乱行为，明清对宗教管制很严，虽然义和拳注重拳术，可是被清朝误认为宗教而加以压抑查禁，故转成地下秘密组织。1895 年（按当时的算法是甲午年），日本向中国挑衅，一场海战，中国海军几乎全军覆没，中国又被迫签订更多不平等条约，德国乘机把山东全省强行划为自己的势力范围，各国的教会也趁机在山东扩充势力，纵容、包庇不法「教民」（中国教徒，即吃教者）鱼肉人民，群众对教会积恨成仇，各地反教会的起义暴动接踵而起，义和拳于是成为反对外国势力的重要组织。

1898 年 10 月义和拳在山东冠县起事反洋，以阎书勤为首，联合直隶省（现为河北省）威县的义和拳领袖赵三多，聚众烧毁经桃园教堂，占领

犁园屯，成为义和拳反帝国主义起事的先声。次年 10 月，朱红灯及本明和尚等为首的义和拳在平原县等处也起义，于是，山东和直隶两省的反教会的起事连成一片。

起义之后，传教士们要求清廷加以镇压，山东巡抚张汝梅建议招安义和拳为团练，并将义和拳改名为义和团，默许一般拳民练拳，但追捕惩办武装闹事的拳民。这么一来，并未消灭义和拳，而其它秘密结社，如大刀会、红拳会等都趁机加入义和团，变成合法化。主要参加者都是社会底层的劳工大众，贫困、愚昧、没有好好受过教育，因此他们反抗的方式一如过去汉朝黄巾以来就采取的方式，如神坛等，而派别则以《易经》的八卦（干、坎、艮、震、巽、离、坤、兑）代表之。神坛是敬神、练拳、聚会和议事的场所，类似西方的教堂（church）。他们的神祇极多，几乎任何佛、道，及小说中提及的神话人物都可以变成他们的神祇。他们提出的口号是「扶清灭洋」。这对受尽了西洋教会及其中国籍的「吃教者」欺凌的人民，是一个很吸引人的口号。当时，因为外力入侵，民生凋蔽，官府横征暴敛，洋货充斥，造成人心抑郁积愤。民众将所有怨恨集中在和西方人最常接触到的洋教，因此反教反洋成燎原之势。

西方国家在教会的压力之下，要求清朝消灭义和团。清廷分成两派：一派主张「剿」，另一派主张「抚」。（如宋朝对待《水浒传》中，描述得有声有色的宋江造反时的招安政策。）前者认为义和团起源于明朝和清乾隆统治末期发动过叛乱事件的白莲教，因此必须加以镇压和消灭。后者认为清朝在三十多年前才平定了 1850－1864 之间太平天国的叛乱，再加上一连串的外患，如果剿灭义和团，将带给清朝很大的危险，因此主张「招安」，然后操纵利用[34]。两派的势力均等。这时正当戊戌政变（光绪帝要改革政治，事机不密，被慈禧太后得知，处死六位主张改革的官员－六君子，软禁光绪帝）之后，各皇族争夺皇位，想要废掉光绪帝。因为处于内争，清朝举棋不定。后来颁下一道实际上是主张招安的谕旨，各国公使认为清朝纵容义和团。法、美、德、英等国公使发出照会，要求清朝全面镇压义和团，然后又胁迫总理事务衙门，说如不答应，就要本国派军舰来华，实行武装干涉。（1900 年 2 月各国军舰于直隶湾示威，限两个月内除灭拳匪，否则将代为执行。）这时中国正面临被瓜分的危机，而剿灭义和

---

[34] 郭廷以教授认为：清代白莲教乱後，乡团维持地方治安，白莲教徒散归乡里，此辈大多练拳棍，义和拳是白莲教杂揉道教的信徒，其信仰与教士、教民本不相容，在山东与教民互斗已久，後因教案扩大，清廷下令查办，巡抚张汝梅将义和拳归入乡团，名曰义和团，无异承认其合法地位。

团的大军又失利，义和团破坏了所有的铁路。各西方国家的军队已开入中国，包围北京。义和团持了扶清灭洋的旗帜，得到北京居民的支持。西方各使馆气势汹汹，更增加清廷的疑虑，清朝派大臣刚毅和赵舒翘等「视察」义和团后，于 6 月 13 日承认义和团合法，准许他们进入北京城，这时各国包围的大军被义和团击败。1899 年 12 月，袁世凯代替毓贤为山东巡抚，由于毓贤入京极夸义和团忠勇可恃，得有神助，慈禧召见，明白的予以纵容，认为民气可用，造成义和团控制北京、天津一带，1900 年 5 月破坏铁路、电线。6 月义和团大举入京，焚烧教堂、教民住宅，焚掠北京精华区，百姓纷纷逃难，北京成了恐怖悲惨世界[35]。

这时西洋各海军将领商讨，俄国建议各国军队联合作战，并要求把所有防御设备交给各国共管，中国守军不肯，交战失利后，清朝已无路可走，于是宣战[36]。清军和义和团联合防御北京，全国各地饱受教会和教民鱼肉之苦的人民纷纷响应，大肆烧毁教堂和屠杀传教士、教民及使馆人士，无论善恶，都被杀死无赦，许多中国的传教士也遭到杀害。当中有一段小插曲，证明即使在清朝，也还是具有远见的政治家。英国在上海总领事向英国政府建议，如果和北京政府决裂，最好能和湖广和两江总督取得谅解，保护教民和在华的外侨，英国政府绝对支持。刘坤一和张之洞总督于接到清廷的支持义和团的命令后，以这些命令为「矫诏」为理由，拒绝受命，反而接受了英国的建议，因此这些南部地区没有受到兵灾。张、刘二位的「抗命」大幅降低了清朝对地方的统治权，也导致 1911 年孙文在武昌起义成功后各省拥护革命，纷纷「独立」，因而使得在 1912 年 2 月 12 日隆裕太后宣布退位，结束了中国四千多年的皇帝统治制度。

*

以下就是历史了。有了当时现代化的武器，八国（英、法、日、俄、德、奥、义、美）联军终于把手持大刀长矛的义和团击败。中国被迫订辛丑条约，除了赔款四亿五千万两银子，分三十九年付清，加上利息为九亿八千二百多万两。北京设使馆区，中国人不许入内居住。从北京到山海关驻外国军队，并答应许多其它苛刻的条件。义和团事变虽然失败，却大幅迫使中国人体认到，来自外国的侵略者是中国的最大敌人。中国年轻知识分子纷纷设法图强，许多加入孙文鼓吹革命的行列（也有走体制内改革的

---

[35] 中国名作家林语堂的《京华烟云》就从这里写起。

[36] 事实是，1900 年 6 月，端郡王载漪因对洋人怀恨，伪造公使照会，激怒慈禧。慈禧声言欺人太甚，下诏宣战。郭廷以说：慈禧一任感情冲动，枉顾时世，公然对所有的外国宣战，诚古今中外绝无仅有之举。

立宪运动）。也种下了后来五四运动启蒙改革运动的种子。

英美两国事后检讨，认为义和团事件的起因是中国人的愚昧和对外国的不了解，这两国把所得的赔款设立奖学金，称为庚子奖学金，送中国学生到这两国留学，以增进中国人对外国的了解，这些奖学金造就了一代多的中国学者，从法律到科学 工程到人文都有。

再从另一方面来看，发动义和团运动的是普通平民，大多是没有受过高等教育的劳动大众，他们受了欺凌，能做到的就是团结起来，报之以原始性的报应（raw justice）。当然，从国际法律来看是不对的，西方就以国际法律的观点来处理这事。可是，利用国际法律来欺凌无知的人民，本身就是一件不道德的事－合法而不道德。中国受了欺凌的人民用屠杀传教士、教徒和焚烧教堂来报复，是不合法的事，可是并不能说不道德。可是，义和团是华北民众用传统文化来捍卫自己的权益，也是既荒谬又悲壮的民族主义行动。最近发生的一件事，和义和团的作为很像，可是没有大宗流血。这就是伊朗掳美国大使馆人员为人质的事。英美为了石油的原因，干涉伊朗内政，在美国支持下，伊朗在 1920 年代建立了巴列维（Pahlavi）王朝。巴列维利用石油的收入和美国的援助，推行社会经济发展计划。由于计划过大，造成经济严重失调，通货膨胀，物价上涨，贫富悬殊。自 1977 年下半度起，各地反政府暴动纷纷兴起，而美国则仍旧竭力支持不受欢迎的巴列维王朝。1979 年，国王被迫出国，反对国王的伊朗什叶派（Shites）宗教领导霍梅尼（Ayatollah Ruhollah Khomeini，Ayatollah 是什叶派宗教领导的头衔）回国组织政府，实行政教合一的统治。他煽动群众对美国的仇恨，1979 年 11 月，暴徒攻入美国大使馆，将所有的馆员都掳为人质，直到 1981 年才达成释放人质的协议。里根总统就职时才释放人质，从国际法来说，这是极端不合法的事，然而起因还是美国对伊朗内政的干涉，激起伊朗百姓的公愤。无论有没有法律根据，伊朗采取了原始的报应手段进行报复。

基督教对中国文化有无贡献？

所有进入中国的宗教中，以基督教最具侵略性，把中国固有的文化习俗肆意抵毁之外，还引起许多战争，让中国丧权辱国，许多人并因此丧命。现在就这些流血、丧失中国主权，以及使中国受了将近一百年的辱国事件，心平气和的讨论，基督教，是否和佛教一样，对中国的文化有正面的影向？

自利玛窦 16 世纪末把基督教引进中国后，最大的影响是使中国人了解，在孔学儒学之外，还有科学这门学科。而西方的入侵，则使中国人体会西方「船坚炮利」的可怕。因此从朝廷到民间都开始了解科学和基于科学的工技的重要性。虽然科学和工技（科技）跟着基督教进入中国，科技并不是基督教的产品。事实是，科学和工技与基督教一直都处于既恨又爱（love－hate）的关系。利玛窦进入中国不久后，欧洲正进行一场科学史上的大迫害。16 世纪一位波兰天文学家哥白尼（Nicholas Copernicus）花了大半生的时间，研究天体，特别是行星的运转，认为当时天主教认可的，源于第二世纪天文学家托勒密（Ptolemy）的天文体系（把地球看成宇宙的中心）是不正确的。太阳才是宇宙的中心，地球和其它行星都绕日转。由于哥白尼的理论和天主教的信念相悖（基督教《旧约圣经》中暗含地球为宇宙中心的意识），直到他临死时（1543）前才将其理论印成书。按照一位在他弥留时在侧的朋友的说法，就在他去世的那一天，他才看到印出的书。尽管哥白尼怀着恐惧，他的书出版后，没有多少人注意，只有刚成立新教的马丁·路德（Martin Luther）和他的信徒竭力反对。（马丁·路德是极端的基本教义派。）当现代物理之父伽利略（Galileo Galilei, 1564－1642）以自己所发明和自制的天文望远镜指向天穹观测行星和银河后，认出了哥白尼学说的正确性。和许多天才一样，他也有恃才傲物的倾向。他大力鼓吹哥白尼的学说，这才引起了天主教的注意。教廷开始调查哥白尼的学说，认为这学说违反教义，因此「荒诞不经」，便这学说禁了，把伽里略交给宗教法庭审判。伽利略被迫承认哥白尼学说的错误，之后伽利略和哥白尼的书被查禁。可是在一些开通的新教徒国家如荷兰，这些书都能自由的印行。这事发生在 1613－1620 年间。后来，因为有压倒性的证据，1835 年教宗发出解禁这些书的敕令，然后把科学和信仰划界，不再干扰理科科学。非但如此，后来天主教的神职人员对天文学有很大的贡献，例如，创现代大爆炸宇宙论（Big Bang Theory）的勒美特（Abbé Georges Édouard Lemaître, 1835－1966）就是一位神父。

可是并非所有基督教支派都对宇宙的研究采取开通的态度。科学是一把不讲人情的双面刃，它的应用可以造出侵略中国的坚船和利炮，可是也能用它来否认宗教中的宇宙论和创世论。16 到 17 世纪间有一位爱尔兰的主教厄谢尔（James Ussher, 1581－1656）把基督教《旧约·创世记》中记载的人物的寿命加起来，声称《旧约》中的上帝创世时间是纪元前 4004 年。19 世纪地质学刚兴起时，主要的任务之一就是证明创世的年份和诺亚时代洪水的存在。可是地质学家很快就意识到，地球的历史很悠久，至少有数亿年（现在断代为 45.5 亿年），根本没有能把世界都泛滥的洪水（神

话的最可能的来源是黑海的泛滥，见第三章）。现在，天主教和许多新教支派都接受了这科学理论。（科学理论的意义和普通一般的意义不同，普通说某事太理论化，意义是，这事缺少实际上的根据；而科学中所称的理论，是一套能非但合乎逻辑，自合〔没有自相矛盾的成分〕，而且基于前人所发现的，对于有关的自然界现象的观测或实验，所建立出的逻辑解释，绝不是凭空捏造出的臆测。）可是，美国有很强的基本教义派，坚决反对科学的宇宙论、地质学，以及进化论。他们捏造出一批伪科学（所谓的创造学理论（creationism）和最近发明出的智能设计论（Intelligent Design），声称只要数千年，洪水就可以把美国最壮观的大峡谷冲积出来（地质学家认为至少要好几千万年）。这些伪科学声称所有证明进化论的化石证据都是上帝造出来唬骗科学家的。（一位名科普学家卡尔·沙根（Carl Sagan）批评这么可笑的伪科学说，他不相信上帝会这么恶毒。）这些基本教义派甚至想把这些伪科学以立法的手段放入中学教程中。（已被美国最高法院裁定违宪。）即使是现在，对科学方面持开明态度的天主教和许多新教，仍旧有和科学相悖的地方。其中一个例子是对干细胞（stem cell）的研究。干细胞是还没有分化（differentiated）的细胞，即胚胎的细胞，这种细胞在成长时能分化成不同的细胞，如眼、耳、皮肤等。如果能研究出干细胞的功能，很可能就可以医治现在无法医治的癌症，也很可能让失去了肢体的人重新长出肢体等。可是研究干细胞要用到胚胎的细胞。（大都来自死于腹中的未产胚胎，或新生胎儿的胎盘。按某些基督教支派教会或教徒对《圣经》字面解释，认为这些和携带人的生命的胚胎细胞同体，因此反对。纵使不把这些胚胎拿来研究，在研究过程可能要把这些胚胎毁灭，即「处死」。）从一方面说来，基督教对于能协助他们传教的现代的科学文明表示敬仰，可是在另一方面，又对科学在和他们教义相悖的地方加以阻扰，因此基督教和科学的关系既带爱又带恨（love-hate relationship)。

　　我说了这些的原因，不是反对基督教，而是阐明，科学并不是基督教的产物；20世纪前，现代科学大都是基督教国家的产品，可是并不能说是基督教的产品。那么，基督教在其它方面的贡献呢？

　　先说基督教的贡献，在这么多传教士和来自外国的教徒中，不少真正抱了爱人的教义来奉献、服务中国人的。他们在19世纪末在中国造了不少的学校和医院，这些仁慈和善意的作为是可歌可敬的。却因少数（按犯罪学家估计，百分之几就很多了。（即使美国本土也承认美国犯罪率极高，可是只有百分之一的人口在监牢中服刑。）这些不法教民或传教士的

作恶，就把其它传教士的善意全部一笔勾消，即使如此，在把学校和医院制度传到中国这件事上，他们的确有不可抹灭的功劳。当然，中国也派遣留学生出国学习，可是西方传教士在经营他们所设立的学校和医院时，同时也训练出为数众多的医院和学校管理人才，加速了中国的现代化。

在其它方面，基督教对中国文化的贡献远不如佛教，有几点原因：我想，最重要的是，当佛教进入中国的时候，中国文化正在「青少年」时代，举凡建筑、艺术，甚至文学、宗教，都没有成型。佛教的进入，正好补上这个缺口。当基督教进入中国时，中国文化早在元、明两朝已迈入世界的至高峰，跟着基督教进入的文化以和宗教无关的西学为主，如数学、地理学、医学、制器等。反之，基督教带进的宗教文化却企图把中国的祀孔祭祖的数千年习俗毁灭，以及把中国的孔学儒学和其它多元性的文化毁灭，代之以一个对中国人说来是陌生的，对中国文化具高度破坏性的宗教文化。

基督教的主要教旨是「拯救人的灵魂」，最重要的教义是「原罪」－所有的人一生出就有罪，非要信耶稣基督，灵魂就不能得救。原罪的来由根据《旧约‧创世记》，上帝最初造出的人是亚当和夏娃，亚当和夏娃因为违反了上帝的禁令，在伊甸天堂花园中偷吃了智慧的禁果而被逐出天堂。基督教把握这一点，大作文章。更进一步认为所有的人都是亚当和夏娃的后裔，因此一生出来就有罪，称为「原罪」[37]。信了基督教，原罪和所有在人间犯的罪过都由耶稣顶了过去，灵魂就可以得救。佛教没有这种观念，说一生出来，不分青红皂白，都继承了最早的祖先犯了的罪。佛教注重人们在人间犯的罪，引入了如果人犯罪就要下地狱的理论，也引入了许多解脱的方法，主要是悔过和做善事，所谓「放下屠刀，立地成佛」、「苦海无边，回头是岸」等等，而在灵魂的拯救方面，有了「轮回」[38]的说法：今生做了善事，来生就得好报，投胎在富有的人家。好好修行，就可以脱离轮回，成为不死的罗汉或佛陀。在这方面，佛教供应了种种的选择，而基督教不谈来世，只有对灵魂的拯救的说法，而且要等到世界末日到了才能升天。非但如此，非要信基督教才能得救，其它宗教都没有用。听起来似乎像在卖某种产品，不买就不能得救。

---

[37] 战国时代的荀卿（荀子）也有一个类似的理论，人之初，性本恶。可是按他所言，恶性可以用适当的教养来更正。

[38] 轮回 Saṅsâra （英文译为 The Wheel of Transmigration）是印度教的关念，认为生和死都呈连续性。一种的解释是，万物的生命都在一个大轮上，被光照到的是生命，没有光照到的就是死。这轮慢慢转动，因此生与死交替。如果在生之际做了好事，死后再生就会有福。如果在生做坏事，再生以后会受苦。

　　除了拯救灵魂和原罪的教义之外，基督教中所说的重要教义，在中国早就有了，基督教的教义中最重要之一是所谓的金律，一般认为是〈马太福音〉 7:12：「所以无论何事，你们愿意人怎样对待你们，你们也要怎样待人。」(在〈路加福音〉 6:31 重复过) 这句话孔子早就说过了，可是用的是文法上双否定的语气：「己所不欲，勿施于人」(用基督教《圣经》的说法，「你们不愿意别人怎样对待你们，就不要依样去待人。」)(在《论语》中说过三次。) 以孔子的说法，基督教所说的可以写成：「己所欲，施于人。」原意是好的，可是在实践方面，演变成的是「己所欲，*非强*施于*人不可*。」这样岂不是意味着：自己信的教，就要强迫其它的人也信同样的教；自己有了某种制度，也要强迫别人非要采用同样的制度不可？欧洲史上有不计其数的例子，以暴力去强迫别人信教，连美国对最近的对伊拉克的侵略，动机虽然是为了要抢石油，可是却以强迫伊拉克实行美式民主为籍口。《新约》中有好几段说到孝顺父母，爱你的邻居 (例如：〈马太福音〉 19:19：「当孝敬父母，又当爱人如己。」(英文是「爱你的邻居就如爱你自己一样」，中文的一个译本译成「爱人如己」。) 这就是中国墨子早就说过的兼爱，孝敬父母和爱人如己都是中国提倡的固有美德，孔子说过，而墨子更把「兼爱」视为理所当然。可是，在 21 世纪以前，欧洲基督教国家及美国在兼爱方面有一个最大的污点，就是对不同种族及不同宗教的歧视。似乎只有同种族同宗教的人才够资格享受兼爱。18、19 世纪甚至于到 20 世纪初欧洲人在非洲及亚洲有色人种的殖民地的许多所作所为令人发指。而对有色人种，特别是黑人的歧视和迫害一直到 20 世纪末才开始改进。姑且不谈对有色人种的歧视，即使对白种犹太人的歧视，也要等到希特勒在二次大战期间，把六百万无辜的犹太平民处死了，战后由于自咎才逐渐去除这种歧视。可是在中国，尽管有地方主义的对外乡人的歧视，各朝代的政府并没有对任何种族或宗教加以歧视；自古以来，中国社会中最大的「肥缺」是政府的高官，可是选拔大都按照考试成绩，不偏袒任何宗教、种族或个人。(除了某些时代，如两汉的捐纳和政治不明清的时代，如明清后期时的捐贬，可以用钱捐个官位。) 伊斯兰教徒当高官者婴见不鲜，非但如此，对读书少、民智不发达的边疆或少数民族，还有保障名额。(美国在 80 年代才开始，确认少数民族权益的措施 〔affirmative action 〕。) 在中国，北宋后期的科举制度开始对北方人采保障名额，明代始对少数民族都给了保障名额。《新约》中说到「有人打你的右脸，连左脸也转过去由他打。」(〈马太福音〉5:33。另见于〈路加福音〉6:29。) 这句很易让人觉得是退让主义的话，可是公平来说，〈马太福音〉的那一段中，还有一句上文：「你们听见有话说『以眼还眼，以牙还牙』。」(按：这

是基督教《旧约圣经》中写的：〈出埃及记〉21:24，〈利未记〉24:20，〈申命记〉19:21。）只是我告诉你们，有人……」语气中代表的不是完全的退让主义，而是不要事事斤斤计较，能宽恕时就宽恕的意思，可是这句话也带有无条件宽恕的意味，使人容易误解；孔子一直在说宽恕，可是不是无条件的，他说的话，语意较清楚，当学生问：「以德报怨，何如？」孔子的回答是：「何以报德？以直（公平正直的处理）报怨，以德报德。」现代在商业中广用的博弈论（game theory）研究出来，这是社会行为中（从商业到执法）最有效益的一种做法。

有一条基督教《圣经》中一字不提的，而在《论语》中提到多次的，就是「中庸」之道。孔子强调中庸：深恶极端。事实上，各朝代都重视中庸，中庸是中国文化重要的成分。著名的英国李约瑟（Joseph Needham，1900－1995）也许是当时代最对中国最瞭解的汉学家，他把中国和西方文化作以下比较：中国文化似乎有一种内存的稳定性，无论朝代的变迁，或外族的入侵，中国的基本社会结构没有大变化。相比之下，西方的社会制度中有一个隐形的不定时炸弹，会不定期爆炸。中国文化似乎有一种类似高等动物的，使体内情况稳定（homeostasis）[39]的机构，就如现代机械里保持稳定的反授机构，可是更为复杂。当中国走入一个似乎走不出的死巷子时，最后中国自己会找到出路，从这死巷子走出。有几个最近的例子。19世纪末，20世纪初，中国落后，走进了八股文的死巷子，饱受侵略，面临亡国之灾，可是中国改变了自己的意识形态及习俗，把西方好的文化中国化以后引用，然后自己从这死巷子里走出来。文化大革命时，西方认为中国不可能走出来；结果，非但自己走出来，而就像西方传说的火凤凰，从灰烬中再生，变成今日世界的第二强国。

有许多关于中国如何自己会走出来的理论，可是我认为，有两个很重要和互辅的因素。第一就是中庸之道。中国的思想反对任何极端的意识形态。另一个就是《易经》的原始循环论－世界上没有永恒的局面，因此中华文化里也没有永恒的意识形态。即绝对不能变的教条（武断不能更改的定论）。在这种的意识之下，需要改变，就能改变，见风转舵。中国历史中，从来就反对教条。接受教条，但也可以改变教条。接受了能符合中庸原则的教条，可是不接受不能变改的教条，同时又能容忍不同的信念。这在宗教的接受方面，可以看出。中国不反对宗教，可是不拘泥于教条。

---

[39]体内情况稳定（homeostasis）是一种高等生物用来稳定体内的情况的机构，用来抗衡外来或入存的不稳（如疾病），类似电子线路里的反授机构。举例来说，一个钢琴家失去一根手指或一只手，仍然可以用其他手指或另一只手弹出感人的音乐。

举个例子，一个人死了以后，家属请了和尚来超度，往往也请道士来消灾。

中国人不怕接受改变，如果这改变有用；而西方文化倾向于认为教条是不可变更的。许多事，不分青红皂白，先问和他们信任的教条有否冲突，就按这种逻辑来做决定。这种过分信任教条的态度，在美国的政治中非常明显。在西方历史上，例子更不胜枚举。西方科学对教条的挑战始于伽利略。他对传统的亚里士多德的思路提出质问。（天空不是完美的，因为用他发明的望远镜，可以看到月球不是一个完美的球体，有许多坑洞。）教会的势力很大，因此伽利略在这场争执中败了，可是他带头的对教条的挑战却大胜了。再举一个例子，美国和西方对种族的歧视，起初是奴役黑人，后来是在各方面的歧视，不得和白人通婚，不得进入白人的餐馆等等。这枚不定时炸弹在 1967 年爆炸了。马丁路德·金恩牧师领导的民权运动，把美国搅得天翻地覆，只好立法改变。由宗教引起的，几乎长违 20 个世纪的反犹太人运动，导致了屠杀六百万犹太人的大灾祸，也是一枚不定时炸弹的爆炸。

今日中国宗教运动的简单评论

虽然基督教宣扬的教义在中国的宗教及传统文化中都有，可是宗教不是逻辑，信的人也不讲逻辑，只讲信念 (faith)。中国也有不少真正为了基督教的教义而信教的人，但面对不法传教士和教徒的恶行之下，有些中国教徒就想脱离西方教会控制，因而发动了所谓的自立运动。其实在 1870年代，就有广东儒生陈梦南于信奉基督教后，提倡中国教徒应当自行传教，以免被讥为洋教。自此之后，华人自办的教堂增加。义和团运动失败后，一些民族意识强烈的基督教徒受到很大刺激，开始组织不受外国教会管辖的教会。五四运动后，反帝国和反封建的革命运动日益高涨，1925 年5 月 30 日，为争取中国工人的工资，学生在上海英租界游行，被英国巡捕（当时警察的称谓）开枪打死十人，打伤十几人，称五卅惨案。这事件更加速了自立运动，不过些自立运动都没有获得政府的支持。又因牵涉到中国共产党于 1927 年发动的革命运动，这些自立的教会后来被迫解散。抗日战争后，又开始了一次的自立运动，但在当时国共争战之际，自立运动无法发展。

1950 年中华人民共和国成立后，所有外国的传教士都被迫离华。在新成立的中国政府倡导下，中国基督教又开始一次自立运动。发表宣言，指出新教传入中国的一百四十余年间，基督教于有意无意间和帝国主义建立

了关系。在官方支持下，召开了第一届中国基督教全国会议。1954 年成立了中国基督教三自爱国运动委员会，这时的基督教徒总数目大约少于 100 万人，文化大革命期间，基督教活动几乎完全停止。1980 年邓小平开始改革后，中国基督教徒在中国的传教不再受到限制，举行了第三届中国基督教全国会议，成立了新的全国性的教务机构－中国基督教协会，在中国各处出现了基督教三自爱运动委员会和教务机构。历史悠久的金陵神学院 (Nanjing Union Theological Seminary) 复校之后，还新设立了一批地方性的神学院校，印行中国少数民族文字的《圣经》等。三自爱运动声称要把所有的基督教支派都统一起来，这是中国目前官方支持的基督教组织，官方声称这就把基督教各支派都统一了。组织这基督教协会的目的是控制宗教活动，避免教权凌驾于政权之上。以政治控制宗教中国自古已然，从唐代对僧侣的度牒制度就开始了。

这种官方的想法很天真，未曾了解为什么欧美基督教有这么多支派的原因。即使天主教所有教义都由梵蒂冈来解释，都还有不少支派，如上面说过的关于中国礼仪问题，有能容忍的有不能容忍的派别。在新教中，所有教徒都能自行解释《圣经》的涵义（天主教徒不得自行去解释《圣经》），而基督教的《圣经》的书写时间，从《旧约》到《新约》，历经将近一千年或更长，作者及编辑者不知其数，因此其中有许多自相矛盾的地方。（如《旧约》中要「以眼还眼」；而耶稣说要宽恕。持平来说，孔子的《论语》中也有不少自相矛盾的地方。）而且，《圣经》中有许多语意不明之处，容许多种解释，每一个认为新教的教会解释错误的传教士都能自由创立一个新的教派。举例来说：耶稣死前说过，他死后不久就要回来，而回来之后，世界就要毁灭。希伯来（犹太）弥赛亚派和基督教的预言派以及在《圣经》中都提到的在千禧年将发生的事件，因此有许多教徒认为世界末日和千禧年有联系。一位 18、19 世纪间的牧师米勒 (William Miller, 1782－1849) 研究了《旧约》的〈但以理书〉(Daniel) 和《新约》的〈启示录〉(Revelation) 后，断言世界末日将于 1843 年 3 月 21 日（春分）和 1844 年 3 月 21 日之间降临，他的信徒都受到鼓励并信从这个预测，到了所预定的日子，世界末日并未降临，于是米勒和他的跟随者再定出一个世界末日的日子－1844 年 10 月 22 日，结果那一天来了又去，没事。他的跟随者之后把这件事称为「大失望」(Great Disappointment)。然而在这几次预测失败后，他的信徒反而更多。（这就是上面说的，宗教不讲逻辑，只讲信念。）1863 年，信徒之间意见不合，此后陆续分裂为：安息日会 (Adventist)、传教安息日会 (Evangelical Adventists, 1845)、生命和安息联盟 (Life and Advent Union, 1862)、上帝教会 （Church of God，

1866。又称第七日教会（Seventh Day））、一般性上帝教会会议（Church of God General Conference，1888。又称阿伯拉罕信仰（Abrahamic Faith）），以及基督教安息会（Advent Christian Church, 1860)。每派的教义略有小异，可是信徒们却把这些「小异」看得很重要。一般说来，这些分支都认为安息日在星期六而不是一般基督教说的星期日。其实安息日派是对的，犹太教和伊斯兰教都遵从这传统，可是以星期日为基督教安息日，自君士坦丁大帝召开第一次大公会议起，为了讨好拜太阳的罗马教，把安息日改为星期日（太阳的日子），因此历史已经很久，社会的一切时间表都按照这定义安排，更改不易。一般说来，这些教徒们避免食肉和刺激品。

因此，基督教分支为不同的派别是不可避免的事，同一个米勒创出的支派，在十数年中就分支为五派。（以佛教来论，自传入后，就分枝出不少宗派，连中国自己创出的禅宗也分成南北二派。）自 19 世纪起，世界上基督教新教支派不断成立，现在至少有将近五十大支派。中国政府把所有的基督教派都统一起来，表面上看起来是组织成统一阵线，可是忽略了宗教是不讲逻辑的人类行为之一。只要有少数教徒认为其它教会对基督教《圣经》的解释不妥，就会成立自己的教会。因为中国政府不许设立教会，因此成立的大都是地下的组织，可是只要这些组织不大，纯了为了信仰成立的组织，没有公开的活动，中国政府的政策似乎是睁一只眼闭一只眼的让他们继续下去，如果太过招摇，或想组织地方性或全国性的教会，就会禁止。

中国的政策似乎还是沿袭明、清及以前历代的政策，如果一个宗教团体过大，就会有叛乱造反的可能－在中国漫长的历史中，这类的造反不计其数－因而要禁止。清朝对义和拳没有一贯的政策，故导致拳民之乱和八国联军的侵略，更是前车之鉴。最近在中国被禁的法轮功，原因也是在于其组织过于庞大，信徒崇信过度，又不受政府的牵制。在中国人民政府之前的中华民国政府，也有过同样的禁令：19 世纪末，出现了势力相当大的宗教，称为一贯教，清末时图谋叛乱而被禁。中日战争期间，其教主和日本侵略者合作，因此战后被中华民国禁止，到台湾解除戒严后才解禁。在这一点，中国的政策和西方完全相悖；西方在宗教上一向没有信仰的自由。马丁·路德创了新教之后，还打了不少的宗教战争，有过好几次的大屠杀。现在的西方人认为信仰自由是他们争取到的自由。可是在中国的历史里，各朝代政府一直都不会干涉信仰上的自由，只是不允许有过分庞大的宗教组织。在美国，基督教的宗教组织已经庞大到能以基督教教义左右

国家的政策，如之前提到的干细胞研究的例子，这是中国政府和中国大多数人民绝不允许的现象。

还有一个中国民族性和西方不同的地方，就是中国人自古以来似乎有对神秘主义迷信盲从的倾向，从汉朝的谶纬之学到明朝开国元勋之一的刘基（伯温）所写的〈烧饼歌〉，都是谶语式的神秘主义。即使将近七百年之后，还有人深信〈烧饼歌〉的预言。（美国也有类似的神秘主义，如许多人仍旧相信不明飞行体 UFO，虽然科学方面已经做不少研究，断定所有报告的实例都有疑点，可是迷信于这类神秘主义的人毕竟属于少数。）举个实例：现在中国还有不少深深相信气功万能的信徒，甚至深信气功可以治洪水这类荒谬不实的事。气功源自隋唐道家的著作中（如《太清调气经》、《延陵君修养大略》）所说的养生方法，这方法强调精、气（先天禀赋及后天培养出的能力）、神的保养和锻炼，而以「气」为其理论和实践的基础，因此得此名。其「功」之中有吐纳、行气、炼气、坐忘等等。道家认为许多疾病可以以呼吸（吐纳为其中的一种）的方法来治疗。（以呼吸来治病，美国也有例子，可是大都是利用有规则的呼吸，甚至于打坐，把紧张的心态松驰下来，因而能使身心健康，但这并不是说呼吸的本身能炼出功来；太极拳－气功的一种－也以有规则的慢动作使人把紧张的心态松驰下来，也具有同样的功效。）在美国，医学界曾经对气功有过一阵的兴趣，可是在做了许多实验后，发现多数的气功神秘效应和在美国流行过一阵子的心灵心理学（parapsychology）类似，不可捉摸（即不具科学上的可复制性〔reproducibility〕），因而不认为这是一种科学。因而气功仍旧停留在神秘主义的范畴。

神秘主义很容易造成一般人的盲从。这种盲从，在中国要比西方国家更容易变成时尚，几乎所有中国历史上宗教引起的革命，都来自对神秘主义的盲从。这正是目前中国政府绝不能容忍的事。目前，这种中国和西方在宗教自由的基本观念上的相悖，是中西文化不能妥协的几个重要点中之一。

自中国开放后，许多西方的传教士都想到中国传教，其中以天主教为主，许多较小的基督教支派也想到中国扩展；当然，他们不会像 19 世纪那么专横了。况且中国的祀孔和祭祖的习俗也改变了很多。可是中国目前的政策是要发展出自己的基督教，不受西方管辖，因此绝对禁止西方传教士到中国传教。再说，中国社会已经开始变富有，对基督教的了解也更深刻，19 世纪下半叶和 20 世纪上半叶时，西方传教士在贫困的中国曾占有的优势，如今已经不存在。天主教的总部梵蒂冈一直想和中国建立关系，

把中国的天主教徒放在教宗统治之下。可是，鉴于天主教和中国清朝康熙帝的一段交涉，及 19 世纪下半叶在中国发生的许多教案，中国的天主教也许就像东正教一样，永远和梵蒂冈脱离关系了。在宗教历史上，几乎没有分裂后再统一的宗教支派，我所知道的唯一分后再合的例子是，在 1378 年，罗马和法国东南的亚维农（Avignon）的红衣主教们各选出一位教皇，造成天主教历史中的唯一双包案（有一位教皇和刚去世的约翰二十三世同一头衔）。到了 1417 年才同意，选出马丁五世 Martin V（任教皇期为 1417－1431）为教皇，结束了这宗双包案。再说，中国政府也绝不会同意让一个外国的教宗管理中国的教徒－若是如此，怎样向中国丧失过主权的那一段历史和牺牲的生命财产交代呢？

还有，现代中国人对宗教的意识还是和古代一样：宗教是一种去得到福祉的工具，而宗教本身不是信仰的目的。中国人很少有要把全身全心都向上帝奉献的意识；在西方，建造教堂是一种对上帝的奉献－因此要造出宏伟、建筑有特色的教堂出来，即使花了一国的财力也会去做。（话又说回来，北魏也造了宏伟的云冈石窟，可是在其它朝代就没有这样大力的提倡宗教了。）什么事都要向上帝祈祷；如果成功，都归功于上帝的福祉，如果失败，就会找出原因，绝不会说上帝不灵验。而中国建造庙宇的目的，为的是有一个可以求福祉的地方，是一种实用的工具，和水电等日常实用的东西没有太大的不同；因此，几乎庙庙相同，看过一座庙，就等于看过所有的了。（有一批到中国旅游的西方人，看到第一座庙时，非常钦佩，可是到了旅游将结束时，导游说到了某地，一位女士赶紧说：「请别告诉我，又要去看另一座庙！」）在西方，教堂中的绘画是名家（如米开兰基罗〔Buonarroti Michelangelo, 1475－1564〕）画出的国宝，而中国庙中所的画大都是地方性的画匠所画的，画艺寻常，俗不可耐之外，题材几乎千篇一律。大多数人，没有事就不去庙中拜佛，即所谓的「无事不登三宝殿」。如果一个庙不灵验，就去另一个，登三宝殿的目的是求福祉，也是求心灵安静的地方，以实用价值为主。似乎欧洲的年轻人也开始有这样的倾向。去教堂的年轻人也愈来愈少，许多教堂都依赖游客或政府的支持（如德国的税收中有百分之 7 左右用来支持宗教）。

现在，中国的基督徒数目比 1946 年的增加了不少。在帝国主义的炮艇支持之下，基督教在中国传了将近一百年的教，但在 1946 年时，也只有 100 万名左右的教徒。也许这都是传教徒的恶行所引起的反基督教意识。使人感到吊诡的是，自中国开放之后，在严禁外国传教士来中国传教的政策下，教徒的数目反而增加很多，现在教徒的数目大约有 2000 万

人，比 1946 年多了二十倍，但仍旧仅占人口百分之二弱，而在另一个类似情形的国家–日本中，情形也好不了太多，日本的社会要比中国的更具封闭性，尽管基督教可以自由传教，现在的教徒数目仍旧在百分之三上下。

附录：两件在中国发生的教案分析

教案一：公元 1616 年的南京教案

南京教案发生在 1616 年，于利玛窦弃世后六年。事件的发起人是南京的一位沈官员。沈官员 1615 年到南京任职。当时，天主教在南京建立了教堂，教务有很大的发展。1616 年，这位官员向皇帝上了几封奏疏，极力批判天主教的教义和教徒，认为他们对皇帝和中国文化都很不尊重。他站在儒家的立场上，提出了种种理由，列举了一系列证据，完全否定了天主教，甚至说天主教的历法也破坏了中国人的道德秩序。

沈官员最初的两次尝试并没有成功，第三次他联合了皇帝的一位亲信和其它几位高官共同攻击天主教。一些传教士被逮捕，官方宣布天主教的一系列罪行，传教士们被迫回到南方。他们所建立的教堂被拆毁，一些墓地也遭到破坏。这次教案持续了三年的时间，1621 年沈官员被撤职，天主教又重新恢复了活动。

分析：明万历末年的南京教案，作为基督教入华后第一次大规模中西文化冲突表面化的标志，加载史册。我们所熟悉的，是天主教与儒、佛的冲突，也即中西文化冲突的结果，导致了南京教案的发生。对此，应是没有疑义，然而，除此以外，这事件的时空，也向我们昭示事件的发生并非偶然。从史的发展角度而言，有必要追寻万历末年政局演变的脉络，将南京教案这一晚明重要政治事件，置于当时广阔的政治社会背景之中，进行历史性考察。揭示政局与教案的关系，事件的发生，固然有中西两种不同质文化的相互冲撞，以及利玛窦死后，有些传教士改变了他生前谨慎的多在上层传教的做法，向民间扩大传播的缘故，但也与当时朝中政局变化有密切关系。换言之，万历年间政局的波谲云诡，对天主教与西学的传入，有着举足轻重的影响和作用。

万历自登基以后，依靠首辅张居正，锐意整饬吏治、改革经济，颇见成效。但张居正死后，万历亲政，这种自上而下的政治改革便戛然而止，朝事日益败坏。中叶以后，万历不理朝政，政治腐败日甚，经济搜刮

日历，统治危机叠现。到此时，不同于列朝的末世危机，由于社会经济的迅速发展，中国封建社会经济结构发生变化，处于古代社会向近代社会过渡的前夕，社会内部各层面都涌现了变革激流，而西方传教士入华适逢其时。当社会面临深刻变动之际，明朝政坛中代表变革的政治派别也就应运而生，这就是被反对派指为东林党的士大夫清流派。万历中叶以后，两种政治势力形成并展开激烈斗争，一是以东林党为核心的士大夫清流派，秉承时代气息，坚决主张改革腐朽政治；另一则是以浙党为首的，包括浙、楚、齐、宣、昆党在内所有东林的反对派，他们以因循守旧为特征，坚决维护腐朽政治，反对改革。明末党争剧烈，是非巨细难以全部加以定性分析和判断，因此我们难以跳出党争的框架，从时代特征上把握封建士大夫中的清流和浊流，区别改革和保守，判断进步和倒退。以东林为核心的清流派与以浙党为核心的反对派之间的斗争，在万历中叶以后持续不断，根本上是要改革或守旧的斗争。当时政局虽然多变，但万变未离其宗，士大夫改革派和保守派两大政治势力间你消我长，斗争始终贯穿其间，使危机叠现的朝局波澜起伏之余，却也有规律可寻。基督教传教士恣意诋毁中国儒家及传统祭祖文化，正好成为反基督教的导火线。（摘自王春瑜主编《明史论丛》）

从某种方面来看，这次的反基督教教案与康熙年间的基督教（天主教）和中国礼仪之争，两者之间有一个相同之处：南京教案之发生牵涉到中国政治上党派之争；而天主教和中国礼仪之争牵涉到天主教梵蒂冈之内各宗派之争，因为天主教传教士中不乏有识之士，认为中国的祭祖及尊孔和基督教的教义并无冲突。

教案二：天津教案

1870 年 6 月 21 日，天津教案发生。1960 年法军强占天津名胜望海楼为领事馆，强占民地，修建教堂、育婴堂，搜罗爪牙，拐骗人口，早为民众痛恨。1870 年 6 月，天主教育婴堂因流行病传染，死亡了三、四十名所收养的婴儿，尸体溃烂，惨不忍睹，激起公愤。同时直隶河间拿获拐犯王三纪，静海拿获拐犯刘金玉，供词牵涉教堂。6 月 18 日，天津捕获迷拐幼童罪犯武兰珍，自供系教民王三主使，并涉及教堂。此事哄传后，人心大愤。于是天津民众万人于 20 日聚集育婴堂前，要求入内检查。正当该堂负责修女同意民众代表入内时，法国驻天津领事丰大业（中文译名）闻报赶至，将民众代表轰出堂外。丰大业又于 21 日午后，持枪闯入三口通商大臣衙门，开枪恫吓，要崇厚派兵弹压。出衙后，路遇天津知县刘杰，丰大业公然向刘杰开枪，击伤刘杰随从高升，还声称：「我不怕中国百

姓！」秘书西蒙（中文译名）也鸣枪威胁。民众怒不可遏，当场击毙丰大业和西蒙。随后焚毁法国领事馆、教堂、育婴堂及英、美教堂数所，打死外国传教士、商人多人，其中法人 17 名，俄人 3 人，英、比、意各 1人。史称「天津教案」。事发后，英、美、法、德、意等 7 国军舰集结天津、烟台一带海面示威。23 日，清政府命直隶总督曾国藩查办，接着又派李鸿章会同办理。曾、李以「但冀和局之速成，不顾情罪之当否」为办案方针，讨好侵略者，竟然判处民众为首者 20 人死罪，25 人充军，天津知府刘光藻、知县刘杰发配黑龙江，赔款 497,000 多两重建教堂，10 月并派崇厚到法国道歉。曾国藩对这事件的处理，引起举国上下无比愤慨。其在京同乡将他在湖广会馆夸耀功名的匾额打碎烧毁，曾国藩自感「内咎神明，外惭清议」，称病不出，1872 年 3 月病死金陵。而天津人民不仅将民众斗争情况绘于扇面印卖，进行宣传，并且每年在天津教案发生的日子，群众都要沿当年打教堂路线举行游行。队伍中还有人扮装成被杀害的烈士以示悼念。这一习俗，直到抗日战争爆发才停止。

分析：这个教案是一件大事，有两个重要原因：

（1）欧美帝国的领事馆一意庇护传教士，而传教士为了传教，不惜讨好一些有困难的人民，有许多莠民流氓乘机变成教徒，以得教堂和传教士支持，使得受到欺压的民众感到不满。以查办天津教案的主角曾国藩为例，他在早期时已经上疏讨论这些领事、传教士和教堂的不法偏袒行为：「凡教中案犯，教士不问是非，曲庇教民；领事亦不问是非，曲庇教士。……虽和约所载，（这时已经建立了非常不平等的「领事裁判权」）中国人犯罪由中国官治以中国之法，而一为教民，遂若非中国之民。」及「教堂近年到处滋事，教民好欺不吃教的百姓，教士好庇护教民，领事好庇护教士。明年法国换约，须将传教一节加意整顿。」（实际上直到 1900年义和团运动爆发，这个问题始终没有得到解决。）

《天津条约》签定后，使得以侵略行为的传教进一步公开化和合法化，从根本上改变了基督教传教士的社会地位，使他们渐渐从中国的东南沿海渗入到北方腹心，甚至逼近了京都之地的京、津地区。而他们给这一地区的乡里民众所造成的印象，就是倚仗坚船利炮和不平等条约为后盾的入侵者。他们的到来，在一定程度上改变了中国社会原有的结构，在晚清社会系统的内部，形成了一种新的抗衡旧有势力，挑战旧有秩序的力量，打破了旧制度下社会的宁静。首当其冲的是教会势力向官僚集团权威的挑战。传教士们凭借不平等条约取得治外法权，为了扩大自己的声望和势力，吸引更多人入教，还把已经取得的治外法权延伸到教民阶层。在天津

教案发生前后，地方官给朝廷的奏折中，常有对于教士干涉诉讼不满的申诉：「无识愚民，或因诉讼无理，或因钱债被逼，辄即逃入教中，教士听其一面之词，为之出头庇护……百姓之积恨所以日见日深，教士之声名所以日见日坏也」；「乃比年以来，各省教民恃为护符，作奸犯科，无所不为。而传教士一味袒护徇庇，且有从旁扛帮插讼，与地方官为难」；「凡教中犯案，教士不问是非，曲庇教民，领事亦不问是非，曲庇教士」；在这点来说，教士对诉讼的干预使官员的威望受到严重威胁。

有大批的入教者则是受其经济、社会地位的限制，基于现实需要而入教。他们入教的目的或是为了度过一次饥荒，或是为了赢得一场诉讼，或是为了能免去演戏、供戏、庙中祭祀等这些社会公益活动的摊派，而教会的赈济，教会根据条约所享有的特权以及入教可免除赋税以外的摊派，如此种种都满足了这类在社会上无所依靠的人群的需要，使他们把自己的命运放到了教会的支配之下。成为「吃教者」。此外，更有少部分恃教者「以入教为护符。尝闻作奸犯科，讹诈乡愚，欺凌孤弱，占人妻，侵人产，负租项欠粮钱，包揽官事，击毙平民，种种妄为，擢发难数。」

基本上来说，基督教的传教和本身教义完全相悖，为了传教，不惜违反了十诫的训令。中国人民被欺压已久，不顾性命争取公允。在曾国藩审判这些「逆民」之时，被审者往往众口一词，说：「只要杀我便能了事，将我杀了便是，何必拷供。」又说：「官办此案我的是国家的事，我等虽死亦说不得，但不能令洋人来辱我。」

（2）另外一个因素是中国人的愚昧，虽然传教士对这种的愚昧也要负很大的责任。中国的庙宇大门常开，谁都可以进去。可是「外国之堂终年局闭，过于秘密，莫能窥其底里」，「但见其入不见其出，不明何故。」因此产生了不少不实的谣言。实际上早在咸丰年间就有基督教「剖心剜目，以遗体为牛羊（实际上传教士所做的乃是解剖尸体以定出死因，可是中国人无知，认为亵渎遗体，一如中古时代的西方）；饵药采精以儿童为蝼蚁；采妇人之经血，利己损人；饮蒙汗只迷汤，蛊心惑志」的说法，到了同治元年更有「家有丧……私取其双睛……其取睛之故，以中国铅百斤，可煎银八斤」的谣言[40]。这些早年遍行于南方的谣言，随着基督教的发展也散播到了北方一带，对天津地区有所影响。据曾国藩处理津案的报告：「惟此等谣传，不特天津有之，即昔年之湖南，江西，近年只扬州，

---

[40] 实际上，在中古时期，有些基督徒也发散谣言，说犹太人把小孩拐走，在宗教仪式中用，并用器官炼药等，把许多犹太人以巫罪判刑处死。

天门及本省之大名，广平，皆有檄文揭贴。或称教堂拐骗丁口，或称教堂挖眼剖心。」这些完全不实的流言的共同之处，就在于渲染洋教如何残害中国人的性命（及收括中国人的财产，对待中国人如刍狗）。可是，话说回来，即使是这类纯粹出于臆测的讹言，也渗透着一些「天朝子民」高人一等的优越感，它们力图表明华夏民族的鲜血是宝贵的，「惟其银必取中国人睛配药点之，而西洋人睛罔效。」这种「天朝上国」的偏见，强化了人们在反洋教斗争中滋生的民族自卫意识和非理性的排外心态。

（3）可以下一些结论，第一，以枪炮逼迫另一国接受本国的文化是绝对错误的，无论用心多好（就如现在美国「建立依拉克民主制度」的行为一样）。第二，要了解对方的社会和文化情况。第三，非但要平等相处，而且一定要有对方能接受的地方。例如：美国的牛仔裤和摇滚乐文化（无论有多少人不赞成）到处流行，不请自来，政府再禁也禁不了。可是要强迫中国采取美国的政教半合一政策，便遭遇到很大的阻力和反对。

第三部　中国是怎样开始的

第六章 北京原人

最后的一位北京原人

一个寒冷的早上，在俯瞰一片大平原的一个山洞前面，有位勉强有五英尺高（152 公分）的直立人形，软弱的倚在一块突出的巨石边上。他的前额很小，面孔低而扁平，眉峰粗壮，向前突出，左右互相连接，颅顶正中有明显的矢状嵴，吻部前伸，没有下颏，有扁而宽的鼻骨和颧骨。以我们的标准来看，他长得很奇怪，虽然他的轮廓、上肢，特别是下肢，都很像人，他似乎一生都直立行走。这一日，深蓝的晴天万里，只飘着些浮云，天上飞的都是现在在化石里才能找到的鸟，正在寻觅猎物，在下面的草原上和稀疏的树林中，他可以看到扁角大角鹿、披毛犀、德氏水牛等等，在现在只有在化石中才能找到的怪兽，在草原上警惕的啃草吃。他心里想着，多好的行猎机会呀，可惜他力气不够，只能望着草原兴叹。虽然按我们的算法，他才三十岁出头，可是他的肌肉已经软弱，举动不便，而在好几个月圆月缺之前，他的所有的同伴都已经一个一个死去，他的雌伴在好几个月圆之前就死于难产，最后一位保持火不灭的人在几个日落之前也死了，只剩下一堆冷冷的灰烬。他长叹一口气，他，又称为北京人，是他们这社区中最后的一位。他很饿，可是所有的食物都已经食尽，而他虚弱到连出山洞去收集可食植物的体力都没有了。他又长叹一口气，挣扎蹒跚的回到山洞里，坐在一块大石上。把脸用毛茸茸的手遮盖着，等待自己最后时刻的来临。

图 20. 人类学家心目中的北京人

图 19. 北京人采集

就和美国名小说中的最后的莫西根族人(The Last Mohegan) 一样，他，造石器工具工人，可能不是真正的最后一位北京原人。但可以很确定的说，在真正的最后一位北京原人在地球上走过之后，好几次的冰河时期已经降临在地球上过了。至少要二十到七十万年后，在 20 世纪初现代的人才在北京附近

的一个山头的山洞中发现他 – 这位石器工人、看火人、猎人、收集者，他的社区和他遗留下的石制工具。这时他的遗体、工具，他烧过的炭，被不知多少纪代积下的沉积物所覆盖。

*

统治了中国 268 年的清朝于 1912 年 2 月 12 日结束，那一天，代六岁的宣统皇帝 – 爱新觉罗·溥仪 – 摄政的隆裕太后，以宣统帝的名义发出退位诏书，将中国的统治权移交给刚由孙逸仙所成立的中华民国。在这个新世纪，一切都充满了希望。虽然在中华民国成立不久，中国的统治权就被北洋军阀所夺去，可是中国想要急忙赶上西方的运动已经开始，已经拟定了要应用中国广大资源的计划，而且很积极的进行。1918 年雇用了一位瑞典地质学家及考古学家安特生 (Johan Gunnar Andersson, 1874 – 1960) 协助中国探矿。

在隆裕太后以宣统帝名义退位前好几年，清廷已经废除了孔子创立的传统私塾教育以及有一千多年历史，用来选拔人才的科举考试，代之以西方的学校教育制度。在安特生来到中国之际，好几批的中国学生已经到过西方的大学学习西方文化。在几乎可以学习的每一科系中都有求学的学生。这些科系包括历史、文学、哲学、科学、工程、考古等等。他们携带了所学的专长回国，以非常的热心和极高的士气，准备替中国服务，积极的建国。

布达生 (DAVIDSON BLACK) 和裴文中的发现

在这些年轻的中国学者中有一位专长于人类学的裴文中 (1904 - 1982)。在他和其它中国学人的协助之下，安特生开始探测，从北京附近开始。虽然没有探测到什么值得开采的矿，可是他们的发现却震惊了世界，而且得到的成果要比任何矿产的发现有更深远的影响。1921 年，北京附近的居民把安特生等人带到一个称为周口店的地方，位于北京西南方向的一个山区。在一个山洞中，安特生等人在石灰岩区发现了一些石英碎片。安特生就大胆声称，在这里将会发现化石人。之后就很积极的挖掘，1921 年和 1923 年发现了两枚牙齿，经判断为人牙。六年后（1927 年），进行大规模和有系统的挖掘，又发现了一枚人牙。基于这些发现，一位来自加拿大，当时在协和医院任解剖部门负责人的医生，也是科学人类学家步达生 (Davidson Black, 1884 - 1934)，声称已经发现了一个以往没有发现过的新原人种。他将这新人种命名为拉丁学名 *Sinanthropus pekinensis*（北京系中国原人）。很快的，这个又长又别扭的名字被一位美国古生物

学家葛利普（Grabou, 1870 - 1946）简化成「北京人」，这名词以后就不胫而走。在后来继续发掘的工作中，找到属于四十几个北京人的遗骨，有十四个头盖骨，好几个下颚骨、脸骨、肢骨及牙齿等。1929 年裴文中独自组队开掘，发现了一个完整的头盖骨。在当时，北京人的发现非但轰动全世界，在中国当然更为轰动。名戏剧学作者曹禺还写了一篇以〈北京人〉为名的话剧，现在这部话剧已经是中国戏剧中的经典名作。

发现不久后，学界研究出来，北京人和另一个于 1890 年在爪哇（印度尼西亚国的主要岛屿）发现的，称为爪哇人（Java Man）的原人类似，可是北京人要比爪哇人晚。可惜现代的断代（断定年代）方法不能应用在这些宝贵的样品上。1937 年中日战争爆发后，一些好意的美国人想要安全的保护这些珍贵的样品，不让侵略的日本人夺去 - 其中有五个头盖骨、一些其它的骨骼（有些完整，有些半完整）、有些碎片、147 枚牙齿，他们把这些考古宝物偷运出去保存。自那时起，这些宝物就下落不明。有人猜测，载运这些化石的商船可能被击沉。直到今天，中国考古人类学家一提起这事，还对这些「通往地狱之道上面铺的是好意的砖」的「好意」咬牙切齿。1950 年中华人民共和国成立，1966 年又开始挖掘，透过裴文中不懈的努力，又挖到了一个几乎完整的头盖骨。现在已经有不下四十片的肢体残片，以及不下十万件的石器工具等。用现代的科学断代方法，断定北京人在这洞中居住的时间约在 20 到 50 万年以前。事实是，从北京人居住的山洞里沉积的垃圾厚度来看，北京人似乎在这山洞中居住了二十来万年。最后因为沉积物的堆积愈来愈多，几乎达到洞顶，因此不得不放弃而移居他处。

北京人的外貌和现在的人类的外貌，说像不像，说不像也像。他的平均头盖容量（即脑的大小）为 1043 c.c.（立方公分。幅度 850 - 1300）- 要小于现代人的（1350）小，可是在幅度方面却有部分重迭。他的头骨轮廓较平，额要小，头上有明显的矢状嵴，下接一个强有力的下巴。颈盖骨非常厚，比现代人的厚一倍。有粗壮的眉嵴骨，一个大的上颚，几乎没有脸颊的下巴，从大腿骨的大小，估计他的高度为 1.56 公尺（5 尺 1寸）。

最令人感到深刻印象的是他们社区式的生活。用火（不知道他们会自己打出火来，还是从自然中发生的火如闪电把树林烧着火里取得火种），能制造出原始的工具，以及用动物的骨及角来制出工具。他们精于行猎和采集。他们显然已经知道烹饪，可是生活似乎很艰苦。他们存在的时间和冰河时期重迭，因此生活条件恶劣，死亡率高。很可能北京人不是现代中

国人的远祖，而是大自然在演化出现代人类的一段数百万年的一段时期里的「实验人种」之一。

北京人的发现在当时有很高的科学上的重要性，因为对整个世界来言，这个发现解决了演化过程中「失去的一链」的神秘问题。这问题在 19 世纪中非常流行。在华莱士（Alfred Russell Wallace, 1832 – 1913）和达尔文（Charles Darwin, 1809 – 1882）分别提出进化论以后，有许多宗教分子（基于基督教《圣经》上帝造人的教条）提出质疑，因为当时还没有发现在一般灵长类（猿、猴）和现代人类间的化石（失去的一链）。这发现显然证明有这类的化石。

自从中华人民共和国成立之后，中国有过许多使社会不稳的政治运动，可是这些政治运动似乎并没有对中国的考古人类学家的勤劳工作发生重大影响。这段期间，中国（欧美也在世界其它各处，主要在非洲）发现了许多原人类–和人类同一系的似人动物。在中国发现最古老的原人有元谋人（Yuanmou Man）和泥河湾人（ Nihewan Man。这些发现都以发现地为名，都在云南）。这两种原人都已断定约在 70 到 170 万年前[41]，他们留下的遗物证明他们知道应用火及畜养家畜。

几乎所有现代人类学家和考古人类学家都同意，现代人 *homo sapiens* ，源自非洲。最早在非洲发现的原人的年分是七百万年前。一般的理论是，这些在中国发现的原人也都来自非洲。很容易可以了解，这些原人后来移居到欧洲和中东。可是自从不知多少纪代以前，中国的西部就被几乎不可攀越的高山和又宽又急的河流围住，的确，他们无法从非洲乘船航行到中国。至少可以问：在两百万年前还没有造船和航行的技术，他们怎样越过这些陡峭的高山和越过这些宽而急的河流来到中国？

原人越过葱岭来到中国

中国的正西方展开着世界上最高的平原–帕米尔高原，被世人誉为「世界屋脊」。在中国这一边的高山称为天山，紧接另一个在中国境内的高山群–昆仑山脉。山的高度都在 2 万英尺（6,000 公尺）以上；最高峰是波贝达峰（Pobeda），高度是海拔 24,000 英尺，或 7 公里以上。可是因为纬度低（北纬 40 度），气候相当温和，雪线在 12,000 英尺（3,700 公

---

[41] 用的是古地磁法，会有相当大的误差。

尺）。事实是，所谓中国和欧洲贸易的丝路[42]就在这些山中蜿蜒的穿折而过，从中国通到中东然后到欧洲。在航海技术发展以前，丝路几乎是中国和西方交流的唯一通道。

实际上丝路是一个通称，有不同的路线；一般说来，有北道、中道和南道，看时局而定。在每一道中，还有不少的分道。可是无论走哪一条路，总长度都在数千英里（上万公里）上下。对贸易商而言，要走完全程的距离太长了，因此大多数的贸易都透过中间商。从中国运去的商品可能要好几年才能到达欧洲，反之亦然。沿着这条通道，商人把贵重的中国商品如丝绸运往欧洲，把金银羊毛等运到中国。宗教如佛教、伊斯兰教（回教）就是沿着丝路传到中国。名传西方的马可孛罗也从丝路到达中国。成吉思汗的大军也透过这条丝路，越过帕米尔高原，掳掠征服欧洲和中东。

因为天山处于相对说来低纬度的地区，因此山里长满了植物，其中有许多可食用的，如野生葱和蔺。虽然这些山脉邻近塔克里玛干沙漠（在新疆中部塔里木盆地），但山仍旧非常碧绿。（顺便一提，塔克里玛干变成沙漠是相当最近的事，可能在最近的冰河时期以后。）

图 21. 天山山脉

事实上，这地区的旧中国名是葱岭[43]，这名字可能来自山上的可食野葱，或者因为中国人用葱来形容碧绿。无论从那一条丝路走，在整个帕米尔高原中只有几个容易越过的低洼山口（mountain pass）。几乎所有的丝路都要经过这些山口，最低的是塔勒革依山口 Torugart Pass（亦称 Turugart，吐尔尕特），最低点的高度也有 12800 英尺（3904 公尺）。另一个贸易商喜欢的低洼山口是在塔勒革依山口之南的明特克山口（Mingteke），最低处的高度为 15383 英尺（4691 公尺）。（相比之下，美国黄石公园北部的名胜特顿岭〔Teton〕最高峰也只有 13700 英尺〔4178 公尺〕）。相传唐僧玄奘在取经时就经过这山口，显然的，明特克山口只有在温暖的月分才能穿越，可是塔勒革依山口几乎全年可过。因为高度，

---

[42] 中国没有给从中国到中东、欧洲的山路命名。丝路这名称是德国人 Ferdinand von Richthofen 在 1868-1872 年间命名的，德文是 Seidenstraße，即丝路。现在广用的是英文名 Silk Road。

[43] 古代葱岭是军事要地。一般说来，葱岭指的是疏勒到叶县之西的蒲犁之间的天山山脉。

气候善变，即使在夏天，也能在几小时内从亚热带的气候变成化成似冬季的气候，有浓雾、寒风，甚至有冰雹。

图 22. 原人跋涉万里走过的山口，现在是通商的「口岸」

于 1985 年，中国开拓了从新疆通往吉尔吉斯斯坦（Kyrgyzstan）的公路，经过吐尔尕特山口，把这山口另命为「口岸」，和港口同义，为到各「斯坦」国通商及交通的要道。在这一带可以看到数量惊人的古迹，如残墟、堡垒、佛教寺庙、清真寺、数百年到千年以上的古墓等。在一般说来是碧绿的景色里，可以看到点缀这些美景的冷泉和小湖，在山谷中有许多盖满小石子的冲积平原，栽培了农作物的田地已经代替了曾经在不知纪代前生长过的草原。除了一些新建筑外，这山口看来和两百万年以前，远在人类史前的景致和自然的地理构成几乎完全一样。

是否有这个可能，从气候和其它方面来说，原人可以一批又一批的从非洲经过中东，越过明特克山口或塔勒革依山口，或其它山口来到中国？我们知不知道在元谋人或泥河湾人的时代，在这些遥远的地区的气候是否温暖宜人，能让他们越过这些山口？换句话说，我们能否知道当时的气温？

我们的确有方法可以定出古世界的温度，而且可以一直追溯到三百万年以前。在极北的寒带，落地的雪花在春夏天也不会融化，因此一直积成厚冰层。有些地方的冰层的厚度以英里计算，这些就是古代水的「化石」。

科学家发现，如果去量水中的氧的同位素，就可以计算出水从海洋蒸发时的温度[44]（这些蒸发出的水变成云，在北方寒带下降成雪）。冰岛的冰柱的厚度达数英里，用了挖掘出的冰柱样品，就可以量到地球以前的温度，一直可以量到四十二万年前的温度，可是若用海底地层的样品来量氧的同位素，就可以一直量到三百万年前的温度。从这些温度记录中，发现冰河时代以周期性出现，每一个周期约为十万年。事实上，我们在一万年以前才从最近的一次冰河时代出来。而在两百万年以前，有一个不知原因的全球变暖现象。在周期性的冰河时代的最暖时期，地球的平均温度要比

---

[44] 氧有三种稳定的同位素，原子量各为 16、17 及 18。如果温度高，蒸发出的水的高原子量氧的含量就会大。这些水气变成云，在寒冷的地方下雪，成为冰层。把冰层的水分析，可以知道海水蒸发时的温度。这方法很灵敏。

现在的高上摄氏 5 度（华氏 9 度）。我们知道，高平均温度指向一个更高的低纬度温度，因此，在两百余万年前，明特克山口和塔勒革依山口的温度可能要比现在高上十来度（摄氏）或十八度（华氏）。

在历史上，人类的活动和气候（特别是温度）有密切关系。例如，罗马帝国的高峰期（中国战国到汉末）时，正在气候温暖的时候 － 甚至比现在还温暖。历史学家声称，因为寒冷气候将使农作减产，造成社会不安，饥荒、战争甚至瘟疫发生。有一位西方历史学家芭芭拉·W·托克门指出，在第二千禧中期，欧洲经历了「中古温暖期」。在这一时期中，欧洲文化开始脱离黑暗时期，艺术和绘画兴起，温暖气候使得农作物盛产，因而社会财富大增，开始了一连串的建造大教堂的运动。

想象一下，二到三百万年以前的这个景象：当平均温度比现在高上摄氏 5 度之际，这些来自非洲的原人在欧洲和中东漫游的时候，会发现登上帕米尔高原不是件难事。在这些温暖期间－典型地，这些在周期性的冰河时代之间的温暖期的长度约为 2 万年 － 植物茂盛，造成草食和肉食动物生态的兴旺时代。在他们漫游的途中，他们在低纬度的地方找到采集和行猎的天堂。有些可能被敌人追赶而不得不往高山逃去 － 就如数十年前在欧洲发现的，六千年之前逃向高山的「冰人」(Ice Man) 一样。他们登上帕米尔高原。如果他们运气好，就会发现这些山口，越过后，就可以到下面的低地去。正如早期的贸易商一样，越过帕米尔高原，可能不会在一个原人的一生中做到，可能要好几世代的时间才能越过塔勒革依山口 － 或其

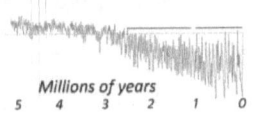

图 23. 太古温度记录

它的山口 － 来到中国。可是他们有的是时间，好几千年都可有。他们越过山口后，会在下面找到肥沃的土地；有茂盛的原始林和草原。当然也有在草原上啃草的动物和食肉的捕食动物。随着时间过去，这些原人会深入中国，有的最后会到达我们现在称为云南的地方。无论这地方的高度，它还是一个温暖的亚热带地方。他们在那里生活，留下他们的工具、灰烬、吃完的兽骨等。这些遗物就在地下等待，等待，等待了 2 百万年后，被另一批原人的后裔 － 我们 － 发现。

两百多万年前，全球暖化开始降温，即在每个冰河时期温暖期的最高温度逐降，但仍旧能和最近的最高温度相比。当然，这些最高温度有上有下，其上下在摄氏 2 度之内，在那些温暖的二、三万年间，以人类的好奇心而论，非但可能，而且可以说是必然地，新种和旧种的原人种会穿越过明特克山口或塔勒革依山口来到中国。对这些好漫游的原人来说，世界的

屋脊并不是一个大的阻碍。当这些原人变成更进步之后，连大洋也不是大阻碍－早期的原人在各海岛内都有，从南太平洋上的岛屿到印度尼西亚到澳洲都有。这些原人都是探险家；明特克山口或塔勒革依山口变成他们通往中国及更远地方的超级公路中的关口。

尽管在中国发现了许多原人－还有蓝田人等等，他们大概都不是现代中国人的远祖。如果这些原人，如元谋人、泥河湾人，演化成现代的中国人，他们就和其它地方－在帕米尔高原之西－演化成的人类脱节。有了两百万年的演化时间，这些帕米尔高原以东的人－包括日本人、美洲原居民－就会和帕米尔高原以西的人的人种完全不同。可是现代的人类，无论种族，实质上都有同样的基因－不同的地方就是决定了肤色和其它次要的特征的微小部分的基因。这些种族分岐的发展似乎在 7 万年前开始出现，那时人种之间的通婚开始减少，因此各自发展出的外表形态开始不同。可是科学家相信，就基因相同这件事，便可以证明所有的人类来自同一祖先。似乎我们现在找到的古原人，如法国的克罗 － 马农人（Cro － Magnon Man）、德国海都堡人（Heidelberg Man）、荷兰尼安德塔人（Neanderthal Man）、爪哇人、北京人……都是大自然在演化成人类过程中的不成功牺牲品（可是有许多人类学家争辩，也许人类的血管中也流有这些原人的血液）。

图 24. 山顶洞人

因此，毫无疑问的是，现代的中国人一定是相当迟的现代人种的后裔。这些中国人远祖的现代人跟着更早的原人的足迹，穿越过明特克山口或塔勒革依山口，或其它的山口来到中国。这些远祖不太可能在早于 10 万年（上一次冰河的高峰期）之前来到中国。实际上，到现在为止，在中国发现的最近代的，和现代中国人能接上的原人（实际上已经很进步了，有相当高级的工具及陶器等）都不会早于 10 万年，如山西省阳高县发现的许家窑人，年代最近的大约是在北京西南周口店，发现北京人的山顶上的一个山洞中里发现的原人，称为山顶洞人，年代为 1 万 8 千年前，这已经在最近一次冰河时代的末期了。山顶洞人已经有现代中国人的轮廓；再者，他们的社区和现代社会的形态很相似。他们的洞分成上下两部分，上面是住区，下面是葬区。在人骨的附近发现了红色的粉末，可能有些宗教的意义（红色可能代表血）。发现了骨制的针和饰物，手工相当细致，表明他们已经有了美感。很可能他们已经发明了衣服。他们居住的时代正当冰河期之末，因此生活一定非常艰辛，可是这些恶劣的生活环境并没有阻止他们发展出

相当高度的文化，他们很可能就是现代中国人的祖先。山顶洞人之后，中国文化开始打开新的一页。

第七章 穿了兽皮衣的女人

仰韶文化，最早的中国文化

约当公元前 4800 年（6800 年前），冰河时期才结束不久，世界开始变暖。在黄河的支流东浐河的东岸有一个小村落，这个村落被一条大致说来是圆形的人造壕沟所围绕。壕沟深约 5 公尺，宽 20 公尺。整个村落沿南北方向分成两区，以一条小沟渠为界。南区是住宅区，住屋大致呈圆形，偶尔也有方的。这些房屋的地面沉在地下约 1 公尺，房子当中有一支土柱，这土柱支持着一个粗糙，稍加割切的树枝搭的房顶骨架。在这些骨架上厚厚地盖着茅草，这种被称作「半穴居」的住屋住起来冬暖夏凉。所有的房屋都至少有一个炉灶，用来取暖和烹饪。炉灶边上有一个小瓮，用来装当夜没有烧完的红热炭火余烬，作为次日再次点火的火种。炉灶上有一个大的，烹饪用的土锅。典型的入口门面对南方，房子内几乎没有什么家具，只有一两排低土墙。这些低土墙的边上，有好几个陶罐、陶钵，用来贮藏壳类、食物以及种子。南区有一间相当大的房子，约 30 公尺长宽，作为公众集合用。这间公众集合的房间中有不少大陶罐，藏有往年收成后没吃完的穀类。整个村落约有 50 余座住屋，以月牙形面向这公众集合大厅。所有的房屋和公众集合大厅之间有道路连接。在围着村落的壕沟外面的东面，有一个制陶作坊。在这里把陶土制成器皿，画上色彩，再加以焙烧。陶窑烧制的温度已达摄氏 900 度以上。村里小沟渠的北面是墓地，整个村落的面积相当大，宽长约两百余公尺（占地约 5 公顷）。

半月银光下，看不到任何活动，也听不到任何声音，除了一些小虫的吱鸣声音外，村落似乎非常静寂。可是当第一道曙光在东方出现时，村落突然活跃起来：公鸡开始喔鸣，狗开始吠叫，不久女人一个个从这些屋里出来。几天前，司天的人已经报告，傍晚的时候，红色的大火星（天蝎座最亮星 α，或心宿 2，英文名是 Antares）已经在东方地平线出现，是开始到田地工作的时令了。很快的，这些女人集合成组，从一个公众的储藏屋中拿出农具－石锄、石斧、石镰刀、粗绳等。她们越过了这个沟渠，走向一片在沟渠南部的已经开垦的土地。几乎一到垦地之后，她们就开始工作。有的以石锄 － 绑在树枝上的，敲打过出的尖锐石片－来锄地，准备下种；有的开垦新的田地；有的用粗制的石镰刀除草。有一小队采集可食植物；一批到附近的草原采集饲料草；另一批到林中收集烧火的柴木。一位女人，显然是领袖，仔细审查准备好要下种的田地，她认可后，用手在

118

地上挖出小洞，从挂在腰间的小陶罐中拿出几粒种子，放在小洞中，再把土盖上。

所有的女人都穿了衣服。更正确的说，是两片长麻布，上面缝起，套在肩上，在腰上扎了一条粗绳。几乎所有的女人身上都挂了饰物，有挖了洞的海螺、硬壳果、骨珠穿成的项链以及其它饰物等等。领袖的穿著最「华丽」，是前后两片兽皮。除了偶尔遇到困难，如石锄敲到石块或树根时，发出我们听不懂的呼声外，她们一声不响，而且几乎不停的工作。这位穿了兽皮的女人不时朝太阳看一眼。当太阳近乎天顶时，她发出一个声音，用手势把工作的女人招来。她们放下工具，集中在一个带来的大圆锅周围，用手揾出煮熟的黄粱来吃。一面吃，一面以我们不懂的语言交谈，不时笑着。吃完后，又回去工作。当太阳快落下时，这位穿了兽皮的女人再次招呼这些工作者，并以双手作筒状向在草原采集牧草和可食植物，在树林中采集柴木的女人招唤。她们聚拢后，一起合作把牧草、可食植物和柴木捆绑成包，分别以简陋的扁担扛回村落，直接走向公众集合的大厅。

就在这批女人到田地工作和采集的时候，一批只穿了缠腰兽皮的年轻力壮的男人也从住屋中出来。他们走向一个公共的猎具储藏区，把渔猎的工具拿出，工具有直树枝前面绑有尖石的长矛、石斧、石刀和石核。渔具中有带反刺的鱼矛和鱼叉，以兽皮绳当钓绳，系有反刺的鱼钩等。他们在树林中消失，然后在树林后面的一片河边草原上出现。他们立刻分散，到处侦察草原，发现了几只在草原上啃草的食草兽。这些猎人包围了一只啃草兽，慢慢缩小包围圈。当他们走近时，就掷出长矛，投出石核。当一只动物倒地后，他们一起上前将这猎物以长矛刺死。打渔的渔人走近河岸，按情形用鱼钩、鱼叉或鱼矛捕鱼。他们渔猎一整日，所得颇为可观。当太阳快下山的时候，他们把所得的猎物－有野猪、鹿、狼獾和我们认不出的动物－绑在坚牢的树枝上，用绳穿了鱼口，一起扛回去。最成功的猎人和渔人走在前面。他们走的时候，不时把长矛向天伸去，一面发出有调的声音，似乎在唱歌，表示他们凯归的兴奋。他们携带了猎物，都朝公众集合大厅走去。

当男人行渔猎，女人耕种之际，村落中充满了各式各样的活动：老年男女集合起来喂已经养驯的家畜－大都是狗、猪、鸡和牛羊，其它的老年人用石制或贝壳制的刮刀把从动物的皮刮净，有些用采集来的草纤维编织草绳，有的把这些纤维搓成线，有的用陶纺轮将这些线织成粗布，有的用骨针缝制兽皮衣服。当进行这些活动时，儿童在离这些老人不远的空地上玩。男孩学着行猎，一位男孩权充被猎的动物，其它男孩刚玩行猎的举

动。女孩们则到去四周采集草，把这些草织成粗草布。休息时刻，这些儿童不时聚集在这些老人的身边，听这些老人发出的短字节声音，间或有手势相助。明显的，他们在听老人讲故事。在同一时候，就在村落东边的陶窑里，好几位明显是学徒的青年正在把有色的矿石用碾磨器敲磨成粉，和水混合成色彩糊。好几位年长的艺匠用兽毛扎起的毛笔，或小兽的尾，把这些色彩糊在刚阴干的陶土制成的坯上画出花纹和图样。在离这些艺术匠不远的地方，另一位老年艺匠正在将一团湿泥搓成泥条，用手塑成陶坯。制成后，放在一个有顶的棚里阴干。远处，有一个水平的烧窑；前面是放进柴火的地方，逐渐升高以便让热气上升，在升高处缩小，以便把热集中，这就是放置烧的陶坯的地方。这窑的最后面通到一个再缩小垂直烟囱上。刚放进去一批已经阴干，画上彩色图样的陶坯。一位艺匠带了一位学徒，把干柴和干草放进窑口，用火种把柴草点着。即使在夜晚，还有替班的人轮流看火，一直到把陶器烧好为止。过去一些还有一个制石器及骨器工具的作坊，可是这时候是种地和渔猎的季节，所有年轻力壮的男女都去工作，因此这个骨器作坊空无一人。

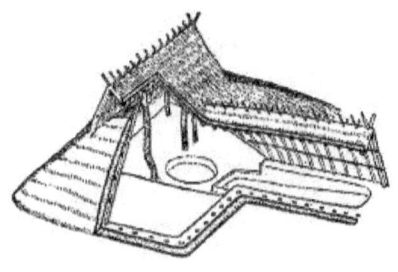

图 25. 仰韶时代的聚会厅

太阳继续落下，除了看窑火的匠人外，所有一切活动都停止，村落里的每个人都到这大的公众大厅中集合。

大厅几乎站满了人，有一团火在烧着，发出光和热。这位穿了兽皮的女人和渔猎的几位带头者站在最前面，所有的猎物和鱼也都放在前面。这位女人和这些带头者轮流以简单，却是我们无法辨识的语节说话。显然的，所有听众都听得懂。这些指挥者开始把猎物用石刀切开，分成许多堆，按每个住屋的人数多寡分好，由他们自己拿取。有几家合拿一堆，有的拿一堆。显然有一定的划分规则，因为每住屋只拿所需要用的份量。然后这位穿了兽皮的女人做手势要每住屋派一位到大陶罐中拿谷物，也是各取所需。分配的工作进行很快且顺利，没有争吵。分好后，这些住屋的居民就回到各自的住屋去。许多分享同一堆的住户再把所分得的猎物割开再分。分完后，各自回家。不久，开始烹饪，所有住屋的烟囱都冒出烟来。刚完成了一天的工作，次日当太阳再次升起时，又有另一天的工作，这一日仅是这村落的人渡过的不知多少日子中的一日而已。

很快的，过了好几次的月圆月缺，把所有的收成都贮藏好以后，在一个温暖的日子，当太阳还高高挂在天空的时候，许多人都来到公众大厅集合。这位穿了兽皮的女人泪流满面，怀中抱着一位小女孩。前一夜，小女孩刚死去。死前，许多夜晚她都在呻吟，似乎痛苦不适。看得出来，这位小女孩是穿了兽皮女人的女儿。当这位小女孩长大后，她将继承母亲的兽皮，取代母亲在村中的位置。可是她死得早，太早了，只有四、五岁。当这位穿了兽皮的女人流泪时，所有的人都低了头，跪下，许多穿了普通麻布的女人也跟着哭。最后这位穿了兽皮的女人停止哭泣，向天发出些语声，参加的人都跟着发出同样的语声。这位穿了兽皮的女人带头，抱着女儿走出大厅，所有的人都跟着。他们越过分界村落南北壕沟，到北面的墓地。男人开始在地上掘一个长坑，一位身上刺青的人，挥舞着一根绘了花纹的棒，一面跳舞一面唱着祈祷词。这位母亲把一片木板放在这长坑下－木板在当时是很稀罕的贵重品，因为为完成一片木板要花许多任务。然后把女孩放在木板上，旁边放了石斧、石刀，然后取下女孩的饰物，放在身边，许多女人都跟着这么做，把饰物、绘了五彩图样的陶器、贝壳、玉，放着黄粱的小罐等等，这些都是当时认为贵重或实用的东西，放在小女孩的身边。最后，这些活动停止后，掘坑的男人用土盖满长坑。

图 26. 仿会议厅外形的半坡村博物馆

就在这个葬礼进行的时候，另一个家庭来到。他们用石锄挖开一个墓，家庭的成员中，由最年长的年轻人，看起来是长子，先确定所有的血肉都已经腐化掉，然后小心的拿出所有的骨骸，把关节分开，把骨上的泥刷净。然后将所有分开了的骨骸都放进一个带来的大瓮中，再把饰物和小件物品也放在瓮中。之后，将瓮口以泥封住，然后全家到另一个墓地，在地上掘一个洞。同一个身上刺青的人把他的彩棒舞一遍，再念出一些字节，在洞的旁边舞了一阵。舞后，这家人就把这瓮再埋在地下，用土盖住。这些事做完后，所有的人都离开墓地，去做他们日常的事，如喂家畜、塑陶坯、刮兽皮、制石器工具等。

西安的半坡村－仰韶文化的一瞥

当然，在七千年前没有人来看这些活动，更不必说把我上面写的细节写下了。我所描述的是根据上世纪考古学者收集来的证据。1921 年，发现北京原人牙齿的安特生（Johan Gunnar Anderson）在河南渑池仰韶村发现

一大批新石器时代的人留下的彩陶器。这个发现，连同以后的发现，标志出一个半渔猎半农业的文化，以首先发现的地方仰韶为名，同时也有一个以色彩取的名 – 彩陶文化。后来在中国各处也发现同样的文化，分布甚广，从西南边界省云南到东南的沿海各省都有。所有的发现中，最大的仰韶文化遗址在陕西西安附近的半坡村，在东浐河的东岸附近。我上面的描述就是根据在半坡村的发现。现今在发现遗址上已经成立了博物馆，陈列一些出土的墓葬和住屋。

在半坡村遗址发现了五十座以上的住屋，和一座大的公众集合场所，还有一个制陶器、石器作坊。我写的材料来自考古的结果，大部分关于他们生活的概况，都来自在这些住屋中发现的遗物和墓中的陪葬品。这些对象包括钻了洞的贝壳、硬树子、动物骨制成的项链，以及石斧、用骨制的矛、箭头、有反刺的鱼钩和鱼矛，因此可以证明他们是半渔猎半农业的文化。一个陶器上有类似天文的图像。在他们的时代，在春分的时候（现在日历的 3 月 21 前后），傍晚时大火星出现于地平在线。一直到 4,000 余年前，许多中国的氏族都以在傍晚时看到这红色的亮星作为春天开始的标志。还有，在这个地方找到的一件陶器上有五十余线形的符号图案，这些符号图案似乎代表一种原始文字和计数的数字。现在的中国文字中还可以看到有些符号的遗迹。半坡陶符可能作为计数或陶工纪录辨识之用，大约是文字的胎源，但可能还不是有系统的文字。

在半坡村发现的彩陶有许多有外来的痕迹，如和在土库曼斯坦国（Turkmenistan，与伊朗，阿富汗接邻，沿里海〔Caspian〕的国家）的安诺（Anau）城、俄国的基辅（Kiev）发现的彩陶有相当类似之处。因此许多人认为中国的彩陶中有许多外来成分（虽然有许多如三足鼎则是仰韶文化特有的）。到博物馆看古希腊（及其它中东地区）史前的彩陶和中国的史前彩陶，有许多令人感到很类似的地方，是否真的有联系，还没有定论。在那么漫长的一段史前时间，透过帕米尔高原的「原始超级公路」的文化传播相当可能。从地质、土壤、古生物、古气候、植物孢粉等，可以证明中国文化的起源具有本土性、多元性等特色。

半坡村的仰韶文化遗址中发现了一七四个成人的墓。从这些墓里的陪葬品，我们得知他们的生活和工作概况。我在上面描述的一位小女孩的故事也是这个考古发现的一部分。令人惊奇的是，她以成人之礼来葬，因此表示在这个原始的社会中，她占有重要地位。几乎所有其它的儿童都葬在长形的瓮里，瓮口以泥封住，可是瓮底有一个洞（瓮上覆盖一个陶钵或陶

盆，陶钵的底部中央有一个小洞），考古学家臆测，这个洞的目的是让逝去的小孩的灵魂出来去看亲人，这代表他们有死后世界的观念。

图 27. 仰韶陶艺

同一性别的人通常都葬在一起。有一个墓中，葬有二个男人；而在另一个，则葬有四个女人。所葬的成人的姿势不同，头朝上的，朝一边的，朝下的，还有肢体弯曲的，还没有完全决定出这些葬姿的重要性，可是仰身直肢葬是最普通。有学者认为俯身葬和屈肢葬可能是对非正常死亡者的特殊处理[45]。可是似乎也可能，这些葬姿决定了被葬人的社会地位，因为在仰韶文化之后的文化，明显的指出葬姿和社会地位有关。有些情形，故意把被葬者的指节切掉。中国的人类学家认为这些行为可能有某种宗教意义（例如，把脚指或手指切掉，可以限制死者的行动），可是还没有满意的解释。

几乎毫无例外，每一墓都有陪葬品，可是数量和品质大有不同，代表即使在这么原始的社会中，已经分出阶级。而其它墓葬的特征，使得中国考古学家认为，在半坡村的仰韶文化已经从母系社会转移到父系社会。「半坡文化」自出土以来，一直被视为中国母系氏族社会繁荣时期的典型代表，晚期走向父系社会。大汶口文化中晚期则是父系氏族公社的代表。

Symbols on pottery

图 28. 陶艺上的花纹・最早的文字及数字?

父系氏族公社出现后，生产力迅速发展，阶级社会出现。在新石器时代中期（仰韶文化），母系社会似乎处于鼎盛时期（公元前 5000 – 前 3000 年）[46]。经历一千年之后，父系社会开始发展。似乎在这个时期，婚姻制度从对偶婚姻（杂交）过渡为一夫一妻制。在婚姻制度建立之前，男女杂交，只知其母而不知其父，社会制度以母系为中心。可是在仰韶文化的后期，明显的已经转变成父系社会，父系社会的基础就是婚姻。西方人

---

[45] 见《半坡遗址》，陕西人民美术出版社。
[46] 张振犁、陈江风等着，《中原神话论》（东方出版中心，1999 年 2 月第 1 版，页 77）。

类学者和社会学者大致同意，世界各文化中从来没有过真正*完全*是母系的社会。即使没有过完全母系社会，仍旧有相当强的证据说，早期的中国历史中，母系社会制度扮演过相当重要即使不是主要的角色。例如，中国相当通行的姓－姬，意思是女人，也是周朝开国王的姓。这暗示在早期中国文化中，女人在社会的阶层中占有相当的地位。

最令人感到兴趣的是二次葬的制度。明显的，许多死者后来又再葬一次，原因不知，这风俗对西方是完全陌生的。事实是，在西方，自古以来就有很严格的法律不许把死者挖起，除非有法律上医学的理由，更不必提将死者的骸骨掘起，用手把骨骼分开，再次埋葬。可是在仰韶文化和后来把史前中国文化和最早有历史记录的中国文化连接的龙山文化中，都有相当普遍的二次葬的风俗。这种风俗在北方一定也流行过，可是外族入侵（如五胡乱华）大都先到北方，每当一次外族入侵，就有大批的北方人迁移到南方避难。历史上记载，大部分福建居民都是在五胡乱华和以后的动乱时期，大规模从北方避难南下的移民，这些避难的人，将自己的风俗带到南方。在中国南部的省分，例如福建，二次葬的风俗直到 1950 年还存在，后来逐渐衰微。今日的台湾，还相当流行二次葬，但大都在乡间。1950 年以前，几乎所有现在的台湾居民都来自 19 世纪从福建来的移民的后裔，从福建和其它省分来的早期移民，把源自仰韶文化的二次葬的风俗带过来。

台湾的二次葬的步骤几乎和仰韶文化中的一样，死者先按中国的习俗以棺木葬，数年后，把棺木掘出，把已完全腐化之后剩余的骨骼拿出，所有的骨骼分开（通常由长子去做），然后放在瓮中，封好，再次葬下。在北方，因为外来的胡人和中国人杂居，以后同化，以及动乱，这些二次葬的风俗都逐渐消失了。相对说来，和北方动乱相当隔绝的南方，这些原始的葬礼风俗得以保存，以后从福建传到台湾。由于台湾未曾发生文化大革命这样的人为灾害，因而二次葬的习俗保存至今。

这还不是唯一仰韶文化留下的遗迹，许多现在还在用的容器的形状都可以推溯到仰韶文化。仰韶文化发现了许多三足的鼎，战国时代几乎所有在宴会中使用的酒爵，也呈三足鼎状。现在，所有佛寺或道教的庙中烧香火的容器几乎都有和仰韶文化中的一模一样的三足鼎。另外，一种濒临中断的中国语言－「女书」，近几年又重新复活。这是不知在什么时代开始出现的（有人认为源自战国时代），由女人自己发明和应用的书写文字（在湖南湖北最流行）。不少文章都以女书书写，女书以直横笔为主（大约便于刺绣），而有些笔划似乎可以追溯到上面提过的陶器上的图案文

字。以上叙述，加上其它许多证据，可以毫无疑问断言，仰韶文化就是现在中国文化的始祖。

仰韶文化的社会结构是原始的公社（公有社会制）型：所有的生产工具，如渔猎、农具和其它工具都是公用的，属大众所有。因此，一般说来，他的社会是公社式的。可是即使在这么原始贫穷的社会中，已经有了私有财产制的证据。似乎在半坡村的半渔猎半农业仰韶文化已经开始和其它社会或公社贸易，因为找到的遗物中，发现了当地不产的贝壳及玉饰。因此，即使在这样原始的社会中，和其它社会的贸易已经是不可避免的事，在活跃的贸易下，不可避免的就会产生私有财产制。任何要把私有财产制度摧毁的政策或主义最后都会失败，最悲惨的一次可能就是 60 年代的中国。在毛泽东暴政统治之下，硬要把共产主义理论作粗浅的字义解释，把类似仰韶文化的公社制度加诸于 20 世纪的人民，当时用了很大的政治压力想要消除私有财产制度。我们知道，这个大规模的「社会实验」凄惨的大幅失败。到了 1980 年，所有中国的公社都不得不解散。而在美国，1960 年代有一批人，大都是理想派的年轻人，也仿效中国，设立了自己的公社。非但这些尝试都失败，而且有不少演变成犯罪组织，造成许多很严重的余波。从另一个更广的视野来看，如仰韶文化的原始公社（或 60 年代中国、美国的公社），只有在赤贫的环境中可以实行。在这种环境中，整个社区拥有的也只是勉强够用的谋生工具。可是，正如考古学家发现的，即使在这类的社区中，仍旧不能完全消除私有财产制度。[47]

半坡村的仰韶文化约开始于公元前 4800 年（约 6800 年前），维持了 500 年。从现代眼光来看，这是相当长的一段时间，许多国家的现在政府都还没有这么长的历史。可是其它在中国各地仰韶模式的文化（包括习俗、陶器等），从南到北，从东到西都有，时间的幅度约从公元前 5000 到前 3000 年（即 7000 到 5000 前），总共的历史在二到三千年上下，总共发现的遗址有一千余处。和仰韶文化同时或稍迟的有大溪文化（公元前 4400 — 前 3300 年，以发现地四川巫山大溪为名）、屈家岭文化（公元前 3000 — 前 2000 年，以发现地湖北京山屈家岭为名）、大汶口文化（公元前 4300 — 前 3500 年，以发现地山东泰安大汶口为名）等等。这些文化和仰韶文化之别在于更为进步（如陶器的品质，甚至出现薄如蛋壳的瓷器），和中国有历史记录的朝代相接的是龙山文化，泛指公元前

---

[47] 《礼记》的〈大同篇〉提到「天下为公」，描述的就是原始的公社制度。可是在这段描述之后，就提到社会进步后的「天下为私」的私有财产制度，称为「小康」（中产阶级）。现在中国积极鼓吹并执行「小康」政策。

2,600 – 前 1,600 的文化，以发现地山东章丘龙山镇的城子崖为名。第一个把部落统一的黄帝的年代约为公元前 2700 年（4,700 年前），夏朝的统治时代约为公元前 2,100 年到前 1,600 年（约 4,100 年前到 3,600 年前），而商朝约于公元前 1,600 年建国，正当龙山文化末期。中国没有详细历史的古文化 – 从黄帝到夏朝 – 大约都在龙山文化的时期。自夏朝起，中国有了历史的记录，可是商朝前的历史大都已经佚失。自商朝末年起，中国的历史记录大致完整。

图 29. 仰韶的人像

图 30. 中国「龙」的传统是否始于仰韶？

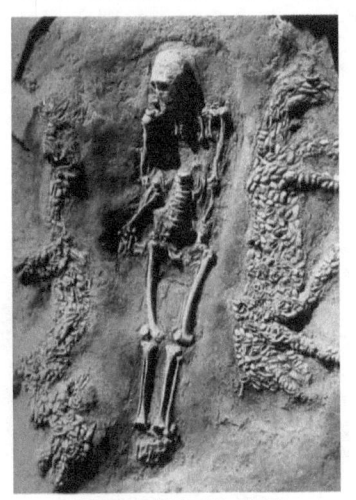

图 31. 仰韶的墓葬

图 32. 结联在一起的双瓮

图 33. 黄帝的浮雕像

图 34. 黄帝后嫘祖的现代雕像

图 35. 嫘祖的浮雕像

图 36. 黄帝陵

第八章 天女魃和第一个中国

－协助中国统一的女神－

和世界上其它文化一样，中国文化在开始时有许多独立的小族，他们之间互相贸易，也互相交战，可是基本上还是小族和小公社。要变成一个伟大的文化，族和族之间的合并是不可避免的。在中国龙山文化之际，合并的战争已经进行了一阵子，但还有三个最大的族：黄、炎和九黎。这三族之间互相争战不已，每个都想要并吞其它的族，最后在两场战争中（涿鹿之战黄帝打败蚩尤，阪泉之战黄帝战败炎帝），三族合并为一。这是把中国统一的战争，也是中国有史以来所知的几场最早的大战争。

一場把中国确定的战争

炎和十来个属于他的小族长站在一座沉在地面下数尺的大集合厅中讨论，炎是一位体壮高大，穿了鹿皮衣服的人；他头上戴了一个带了磨尖的双角牛头骨的盔，他的臂膀上和胸前有红色猛兽的刺青。他很不耐烦的顿脚，「最近我们的猎人发现我们的死敌－九黎，在不远的地方集中了许多战士。我们以前和他们打过好几次战，可是都打败了。幸运的是，我们都能及时撤退逃走，因此损失还不大。可是这次不同了，他们似乎将所有的战士都集中起来，而且还从他们的支族里调来不少战士。他们有九个支族，他们似乎要想和我们打一场决定性的战役。我们的战士数目不够，不能抵挡这么大规模的战争。我想要听一听你们的意见，如何处理这个危机？」

「我们可以逃向北方，到那里找一处安全的地方住下。」一位小族长建议。

「我们以前曾经逃过，可是他们一次又一次的跟过来。不行，这次我们不能逃走，要不然他们永远会向我们追来。」另一位年长的小族长反对，之后全屋寂静无声。

「我知道九黎族也和另一个离我们不远的，强有力的黄族作对，他们之间也有过不少的战争，也被侵略过；我建议和黄族结盟。就我所知，黄族的酋长是很聪明的人。」一位小族长建议。

「可是我们和黄族不和，也打过仗。」炎迟疑了一下说。

「我们可以派遣你的儿子作为使节去谈和，我们可以带一大群的牛羊当作礼物，藉以表达我们的真诚。」同一位小族长说。

所有的小族长和炎面面相觑。一位年长的族长点头，其它的小族长一一跟着，因此炎就派遣他的儿子，带了一大群牛羊作为礼物，前往黄族谈结盟的事。

黄非常高兴炎族来和他谈结盟的事。他的猎人也报告说有一大批九黎的战士集中在不远的地方，显然准备要进攻。他也很担心，他不知道这批战士要攻打炎族或者黄族，可是他认为和炎族结盟攻打九黎是个好主意，因为就此可以打一次决定性的战争，击败九黎。他召集了属于他的小族的酋长来公众大厅开会。炎的儿子首先报告父亲要和黄族建立和平关系的意图，并结盟防御九黎战士的进攻。他送上带来的礼物，证明他的来意良善。炎的儿子要求黄族的各酋长讨论结盟事，之后他就和随员在外面等待。

黄族的酋长们没有花多少时间就决定接受炎族的建议，于是黄就草拟了一个作战的计划：由他做统率，统领所有的战士，并且在作战之前要把所有的武器都改良过。黄说：「『九黎』的统领蚩尤是一位气力非常大的霸王，他声称风神站在他一边，这位风神能呼风唤雨，而且能放出大雾来，掩蔽他们的进攻。他的战士也非常勇猛，很会丢掷石子，而且可以丢得很远，比我们的短箭所能达到的距离要远，因此以前我们老是打输。在这次战争中，我们必须改良我们的武器！」同时他对炎族的族人和他的本族人保证，他也能找到帮忙他的大神。他声称有一位比常人高一倍，非常凶猛的女神「天女魃」将前来助战，她能把火射向敌人阵营[48]。

弓箭已经发明了不知多少世代了，可是都很小，射程不远。黄叫他的工匠找大树枝，把弓做长。以前用兽皮做弦，不够结实。现在这些长弓上装的弦都是在太阳下晒干的动物的筋，得花大力才能拉开弓拉开，但所射出的箭很远，他的战士每一天都在练习拉这些强弓。另外，箭射出去以后，往往在空中辗转反侧，尖头都射不到敌人，黄仔细观察鸟的飞行后，把一枝羽毛绑在箭的后面，这根羽毛稳定了箭的方向，还可以射得更远。为了应付大雾，黄想出一个主意：大雾的主要问题是，在大雾中，他的战士完全失去了方向感。因此他下令制造些有高柱的车，在高柱上面，放了

---

[48] 天女魃是傳說中全身被火圍住的女神。在協助黃帝之後，失去了大部分法術，不能回到天上。可是她的剩下的法術，使得任何她到過的地方都變成乾旱，草木不生。傳說黃帝把她安置在一個火山裡。

一个平台和一根可以转动方向的水平柱，在水平柱的极端点了一枝火把。一位观测者坐在平台上，把这平柱指向敌人的方向。因为敌人来自南边，黄把他发明的车称为指南车，一共造了好几辆这样的车。

黄把炎族和黄族的战士都集中在一个战略上重要的地方，称为涿鹿（在现在的河北省）。月又圆缺好几次，他们派出的巡逻报告敌人来进犯了，他们的统领蚩尤穿了熊皮衣，头上带了一只老虎的头颅作为头盔，上面镶满了尖尖的虎牙，看上去非常可怕。一位看见蚩尤的巡逻上气不接下气了回来报告：「敌人来了！他们的统领的头发是尖尖的虎牙！」黄把这位巡逻对蚩尤的描述置之不顾，他下令战士们先在大石和大树后面躲起来，准备在一声令下后，开始作防御战。

当蚩尤的战士接近黄统率的战士时，还没有到达前，在远处就掷出大石，他们以前曾经用过这个战术，往往一看到如雨的大石掷来，敌人就先逃走了。这一次，却没有人逃走。当这些投掷大石的蚩尤战士到了长弓的射程之内，黄下令所有的战士都从躲藏的地方出来，朝蚩尤的战士射箭，箭如雨下。这些投石的战士完全没有想到有这么多的箭朝他们射来，而且射箭的敌人还在很远的地方。他们的损失惨重，许多投石的战士都中箭倒地。蚩尤立刻下令撤退，当他的战士在这些箭的射程之外后，他将战士重新组合成队，然后向天上大声呼喊祈祷，并以一只公牛为牺牲，向风神求救。

这时近乎雨季，天气潮湿，清早天气寒冷。蚩尤对天时很注意，知道气候的模式。他知道大雾迟早要来，因此耐心等待着。有一天在夜间下雨，清晨雨停了，可是早晨寒冷的空气把水气结成小水珠，变成大雾。「风神来帮助我们了！天时到了！趁着大雾，我们进攻！进攻！进攻！敌人看不见我们！」蚩尤大声下令，投掷大石的战士在前。在大雾中黄率领的战士看不见敌人过来，等黄的战士在投石的距离之内时，这些投石的战士向黄率领的战士投出大量的大石。

黄立刻下令把在指南车上的火把点着，在高处的观察者可以看到投过来的石子，就立刻把火炬指向石子投来的方向，箭手就朝这方向射去，万箭齐飞，不少投石者被射死，可是蚩尤的战士仍旧猛进。不久双方就开始肉搏战，蚩尤的战士非常魁梧，对炎黄的盟军不利。

就在这时候，一位又高又大的凶猛女神出现了！她比蚩尤的战士高大两倍，她的脸上画成红白色，右手持一长矛，在她的两边有弓箭手，带有点了火的箭。她的头发是虎尾与狼尾编成的，她发出人听不懂的吼声，同

时弓箭手把火箭射向蚩尤的战士。她用长矛，刺穿了好几位蚩尤的战士，蚩尤的战士所携带的短兵器刺不到她。她又把点着的火炬向蚩尤战士丢去，一看到这位凶猛如恶魔的女神，炎黄的盟军的士气就来了，大喊：「天女魃来救我们了！赶紧杀敌！」他们立刻反攻。而蚩尤的战士真的相信黄已经把天女魃神叫来助战，他们的风神敌不过天女魃，心中大慌，转身逃走。蚩尤大败，只好退却，可是在混乱中，从后面射来一箭，将他射倒，后面跟来的炎黄战士将他砍死，他的虎牙盔和熊皮衣被剥下，交给黄。其它的蚩尤战士纷纷投降，变成俘虏。在这场混乱中，天女魃不见了。

战争结束后，黄到战场上，捡起一个用虎尾和狼尾织成的头饰，他把头饰藏在附近的山洞中。没有人需要知道他是怎样把这位凶猛的女神叫来助战的。

战争打赢了，炎和黄把盟军开拔到九黎的土地上，把所有的九黎人都并入他们二族中，然后凯旋归去。这些俘虏变成奴隶，被称为「黎民」，把他们看成最低等级的族民。到西周时代，奴隶制度废除了，可是还有这些人的后裔，仍旧沿用「黎民」这称呼。到现在，还把无权无势受人欺凌的百姓称为黎民。

不幸的是，当他们二族的共同敌人九黎被消灭后，炎族和黄族的旧恨又回来。他们打了三次战，每次炎族都战败，就在第三次打败撤退时，炎被杀死，可能被族中的一位小族酋长杀了。这些小族酋长已经感到作战太频繁，而且每战必败，他们对黄的领导能力很佩服。这些小族酋长开会，决定加入黄族。他们和黄谈条件，愿意认黄为族长，但要求对炎族人同等待遇。黄族立刻答应，于是，就这么的成立了中国的第一个族国。后人称黄族的族长为黄帝，是中国第一位君王。

传说在黄帝的治内，征服了一百余小族，统一中国。从时间上来说，这不太可能。最可能的是，他没有用战争去征服这么多的小族。他展现他的武力，要这些小族服从他的管辖，效忠于他。他大约也提出优厚的条件，如保持原来的族的传统和族的结构，在基本上有相当大的自治权，并答应协防。（如有外族入侵，会派战士来协助防御。）事实上他并没有真正将这些小族变成他的族的一部分，代之的是一种不紧密的统一，成为联邦式的因家，成为以后封土制度的前驱。在《尚书》的〈舜典〉可以隐约看到这种不紧密的统一的大致情况。舜帝接受尧帝的禅让后，把授权这些族长（酋长）管辖的符信（五种玉）收回（辑五瑞），这等于把这些酋长

的统治权收回，象征他有权管辖这些小族。然后他选择一个日子，把这些符信再交回给这些酋长，再度授权给他们继续管辖（班瑞于群后），表示他对这些酋长的信任。也就是在黄帝的治内，中国开始有姓氏的制度－这些族的族名就变成这族的姓。从某种意义来说，黄帝把中国统一为整体国家，虽然这国家从基本上只是一个大的疏松族国，没有后来认为国家所必须的基本结构。

无宗教的传统和黄帝时代的其它贡献

这个炎和黄是传说中最早的中国两位帝王，他们和蚩尤在涿鹿做决定战的故事，包括风神和天女魃助战的传说，从一代传到下一代，最后还被司马迁写入中国最早的一部正史 －《史记》里。炎黄被后人加了帝的封号，和以后的帝王同等地位。中国历史学家推论，因为牵涉到神话，这场炎、黄族和蚩尤族之间战争一定非常激烈。可是和西方古希腊、犹太民族，甚至于早期印欧传统（包括苏美人〔Sumerians〕）不同的是，尽管牵涉到神祇，神祇的作用次要，大部分战争的胜负还是人为因素所决定，包括黄发明的指南车和长弓。一直到今日，中国人还称自己为炎黄子孙，这与犹太人称自己为《旧约圣经》中亚伯拉罕（Abraham）的子孙一样。可是有一样不同的地方，就是炎帝、黄帝的故事中没有牵涉到超自然的上帝。从这一点来看，炎帝和黄帝的地位和英国的开国王阿瑟（King Arthur）的地位类似。

因为黄帝是第一位中国的帝王，许多发明，如指南车、长弓和车船都归功于他。历史上记载他制定了第一个度量衡系统，这也是可信的，因为这种系统为各小族之间的贸易所必须。中国著名的缫丝的发明也归功于他的正式后妻－嫘祖（她的侍女也一定有很大的贡献）。在他的治内，可能把书写文字也改革了。传说中，他的一位大臣仓颉造字，大挠作干支（天干地支），伶伦做乐器。这些可能是战国时代出现的传说，可以理解的是，黄帝是中华民族的始祖，因此把这些发明都归功于他和他的大臣。中国记录历史（包括天象）的传统也从黄帝的统治时代开始，可惜在他的时代记录下的历史全部佚失了，留下的大都是口传的传说，或保留在其它的文件中。他之后有六个帝王，但只有最后两位有较详细的记录，就是尧帝和舜帝，传说都是黄帝的后代。在中国最早的史书《尚书》中讲到这两位帝王的事迹，包括前文提过的中国洪水故事。

黄帝、尧帝以及舜帝的时代和龙山文化的时代相重迭（约公元前 2600 到前 1600 年），在这一段时间中，族国的统治逐渐加强。在这文化的废

墟城墙遗址附近，往往出土许多人为砍伤的骨骸及散落的兵器。考古学家推测龙山时期由于族群资源竞争激烈，战争频繁，国家也在此时出现。涿鹿之战、阪泉之战大抵可以从考古学上得到印证。而在尧和舜的时代已经加强到有一个早期国家的雏形，有中央集权的意味。以后随着经济的发展、私有财产增加，加上在舜的治内，中央政府在地方上的权力已经大幅增加，因此才使得舜帝的继承人 — 大禹，有相当大的中央权力，故能在他死后，由他的儿子建立中国的第一个朝代 — 夏朝。

*

世界古代的文化大都建立在神话的基础上。这是很自然的，因为对于文化初期的人类，自然界中有许多令人不解的现象，如闪电、风雨来去无常，最自然的解释就是在人类之上还有一个更高的主宰，即神。可是为什么黄帝放弃了这条很自然的道路而选历史（天象及不寻常的自然现象和人事）的记载作为文化的基础呢？没有文献说是什么原因；我们只能推测，就如世界其它文化一样，每个早期的中国的族都有自己创世的神话。例如，在东方的一个族的神话是，始祖太皞（音号）人头龙身；北方的犬戎族自称祖先为二白犬。可能这些都是这些族的图腾。而被黄帝真正征服的九黎，神话说他们兽身能言，吃沙石，铜头铁额，耳上生毛硬如剑戟，头有角能触人。有了这么多的神话 — 原始的宗教，如果黄帝采用了一个神话而摒除其它的，要其它的族去服从，可能就破坏了脆弱的统一局面。如果以记录 — 人事和所有原始民族都不解的天象及不寻常的自然现象 — 来代替神话，就没有这种问题，谁能去质问按事实记下的记录？这样一来，每一族都可以有自己的神话，自己的祭祀，不相干涉。有的祭祀节日一直流传到现在。例如，中国的端午节来自古代吴越族举行图腾祭的节日。（后来因为爱国诗人屈原自溺于汨罗江，引出龙舟竞赛和粽子，现在已成为世界性的节日。）

被黄帝征服合并了的九黎族非常迷信神巫，可是在黄帝把史放在一切的神话之上以后，黄帝并没有把九黎对神巫的信仰废掉 — 如果废掉，可能又会起内乱。反之，他把这些神巫的作用放在节日中，等于放在文化的后座上，因此占了次要的位置，没有从文化中除去。这些神巫的传统到了商朝又兴起过一次，可是到了下一个朝代周朝，又衰微了。即使在商朝，史 — 人间及天象的记录 — 仍旧是中国文化的主要骨干，没有被神巫 — 宗教的前身 — 所取代。从古以来，有关黄帝的传说很多，而史书上却少有确凿的记载。司马迁在他的《史记·五帝本纪》的后论说：「……百家言黄帝，其文不雅驯，荐绅先生难言之。……余并论次，择其言尤雅者，故著为本

纪首。」可见他对于黄帝的传说，虽然未肯深信，但还是把黄帝列于「五帝」之首。目前一般能接受的是：大约在四千多年以前，中国黄河、长江流域一带住着许多氏族和部落。黄帝是传说中最有名的一个部落首领。历经涿鹿之战、阪泉之战后，黄帝成了中原地区的部落联盟首领。传说中的黄帝时代，有许多发明创造，像造宫室、造车、造船、制作五色衣裳等等，这些当然不会是一个人发明的，但是后来的人都记在黄帝帐上了。相传黄帝有一个史官仓颉，创制过古代文字。考古上并未见到那个时期的文字，也没法查考。

根据甲骨文记载，商代人每事必卜，且祭祀所用牲畜众多，一次有上百数百头者。这足以表明商代宗教气氛的浓重。周代理性思潮兴起。经过理性思潮的批判，这样的宗教气氛才不存在。商朝，商王其实本身就是大巫，具有宗教领袖的地位；周代则与此不同，周重「人」，巫只是专司礼仪的人，相对于商代而言，地位降低许多。可是，巫在周朝仍旧非常流行，这有诗为证。在写于周朝初期的《诗经》的〈陈风〉篇的〈宛丘〉里，描述一位男士对一位巫女的仰慕：

> 子之汤兮，宛丘之上兮。
> 洵有情兮，而无望兮。
>
> 坎其击鼓，宛丘之下。
> 无冬无夏，值其鹭羽。
>
> 坎其击缶，宛丘之道。
> 无冬无夏，值其鹭翿。

译文[49]：

> 姑娘舞姿摇又晃，
> 以那宛丘高地上，
> 心里实在爱慕她，
> 可是没有啥希望。
>
> 敲起鼓来咚咚响，
> 跳舞宛丘低坡上，
> 不管寒冬和炎夏，
> 鹭羽伞儿手中扬。
>
> 鼓起瓦盆当当响，
> 跳舞宛丘大路上。

---

[49] 《十三经今注今译》，《诗经》部，程俊英、蒋见元，岳麓书社。

> 不管寒冬和炎夏，
> 头戴鹭羽鸟一样。

也许原始宗教在商朝已经咽下了最后一口气。周朝衰弱后，学术到了理性的哲学时代。自此以后，宗教又被贬黜到文化的后座。

第四部　文化的成长及维护

第九章 中国哲学的发展和历史的传统

中国开始法治

公元前 361 年，秦孝公（公元前 360－338 年在位）统治期内的某一个阳光普照的日子，秦国都城雍（现在陕西凤翔）的南门附近，市场的活动正达高峰，空气中充满了饮食摊的大锅中煎炒出来的葱蒜香，及自烤炉中飘出的大饼的芝麻香，售卖杂物的摊贩们正和顾客们讨价还价－所售的货品有布衣、绸衣、厨具、石器、农具、蔬菜、肉，以及能交易的一切货品，包括活的家禽和家畜，从鸡、鸭、鱼、羊、猪，甚至牛都有。在熙熙攘攘的市场中，忽然，一位骑了黑马的军官带领了一队兵士过来，其中两位军士在肩上扛了一根三十尺长的木柱，这队人马穿过挤满了顾客商人的小街，直到城门口才停下。街上的人们未曾注意到这队人马的行动，继续如常的讨价还价，进行交易。这队人马停下后，两位扛柱的军士把柱倚在城门边上的墙上，另一位兵士把一幅告示挂在城门上。这告示上面有刚被任命的宰相商鞅的大印。告示上面这么写着：

「宰相商鞅令：谁能把这根大柱从南门搬到北门去的，就会受奖 10 两金。」

这张告示钉好后，这位军官叫他的兵士命令所有在市场里的人安静下来，等到所有的人都静下来后，这位在马上的军官将这张告示的内容一连重复说了好几次，之后，他带了这队兵士离开市场。

市场中的各色人等互相以诧异的眼光互相看，有一个人说：「又是一个政府的玩笑。上回我去一位贵族家中替他办一件事，他答应我办好后给我二十钱。结果他失信，我什么也没有拿到，我向县官告状，县官把我凌辱一番后，叫人用乱棒把我打出。政府待人一点不公平，也一点没有信用！」另一位加上一句：「我根本不相信政府！我从另一个国家来到这里，在那边也是一样，到处都是一样！没有一个政府有信用！」这样的，把所有国家的政府大骂一阵之后，他们回到各自的行业去，讨价还价的，叫卖商品的，各操各业，没有人注意这张告示。

一旬（十天）很快的过去了，这根大柱仍旧倚在南门边上的城墙上，一寸也没有动过。大约在相同的时间，这位骑了黑马的军官又带了一队军士来了，两位军士把告示拿下，再挂上去一幅告示。这张新的告示和旧的几乎完全一样，可是把奖金增加了，增到五十两金。这位军官又再一次的

叫他的军士命令市场上的人静下来，他将这张告示的内容再大声的宣读了好几次。读完后，他再把这些军士带走。

一群人聚集在告示下讨论，推测这张告示的用意。一个人大声说：「这根本是开玩笑！这么容易做的事就可以得到五十两金的奖金。政府一定在耍什么把戏。」这时，有一个人路过，这些观众中有一人某甲认得他，知道他很戆直。某甲就把这位戆直人拉过来，说：「你想不想赚些容易钱？」这人一愣，回答说：「谁不想？」某甲就向城墙边上的木柱一指，把告示念给这位戆直人听，再说：「你把这根木柱搬到北门去，就有五十两金的奖金。」一面说，一面向观众做一个鬼脸，惹得大家哈哈大笑。这位戆直人虽然动了心，可是有点怀疑，说：「你在骗我！」某甲假装正经的反问一句：「你看我像不像一位骗子？这告示上有宰相的大印，绝不会骗人的。」一面说，一面又朝观众做另一个鬼脸，把观众又惹得哈哈大笑了。

这位戆直人半信半疑，可是他也没有事做，因此说：「好吧，我照你的话去做。」于是走到墙边上，把木柱扛在肩上。木柱不重，可是很长，碍手碍脚，因此走得很滑稽。他向北门走去，市场上有不少人跟着去看热闹。一群小孩学了他一摇一摆的在后面一跳一走的跟着，一面唱歌。

路上歇了几次。大约一小时后，终于看到北门了。走近北门，这些跟着去看热闹的人突然静下，嘴张得大大的。这回轮到他们惊愕了，因为这位新宰相站在一个临时搭的站台上，身边有好几位高级随员，被一大队随从包围住，显然他在等待。宰相身边站了两位穿了红衣的随员，两人抬了一个大盘，上面堆满了金锭。这戆直人把这根大木柱扛到北门，倚城墙放下。好几位高级随员立刻护送这位戆直人到宰相身边，宰相先向这位戆直人致谢，然后把这盘金锭交给他[50]，宰相叫这位戆直人站在他的身边，然后向围观的群众以坚定的语气说话：

「我同孝公王讨论过，他全权交给我整顿国家政治，将法律修改增减。不久这些新法律要在国家各处公布，让所有人民都知道。一旦这些法律公布后，立即生效。自此以后，我向你们承诺，在我管理之下，政府对人民绝不失信，绝对公平。同样的，我冀望人民要人人守法。所有守法的人不必有任何恐惧，而不守法的人一定会得到处分，绝不宽容。这些法律的条文都很清楚，也都很实际。我知道你们都不信任政府。要证明从此之后这个新政府绝对守信用，我发下告示，谁能把这根木柱从南门搬到北门

---

[50] 当时铜和金都是贵金属。历史上的记载对於到底是黄金或铜不详。

来，就有五十两金的奖赏。这位先生照告示做了，现在他就得到 50 两金的奖赏。这次告示的用意是要证明，在本宰相的管理之下，政府绝对对人民有信用的决心。我有同样的决心来执行法律，现在你们可以回去继续做你们在做的事。」

封土制度的衰亡及学术的兴起

这就是商鞅的「南门立木」的故事。虽然细节不见得照上面所叙的进行，可是却是真实的历史事迹。现在听来不可思议。政府新任命的宰相，悬赏了五十两的金，为的是要找一位能做这么一件轻而易举的事：把一根三十尺的木杆从南门搬到北门去，而且亲自颁奖。现在，只要悬赏相当于吃一顿比较好的餐饭的钱，就有许多人争先恐后做这么一件事。要想知道这位宰相商鞅，为什么悬赏这么大的奖金，去做这么一件轻而易举的事情的原因，让我们把时间倒退两千七百多年前，看看当时的政治情形。

自从周幽王以烽火逗笑褒姒，失信于诸侯之后，被废去后位的皇后的的父亲申侯，和北方的蛮族戎狄（犬戎）结盟入侵，幽王战死。太子姬宜（宜臼）被立为平王（公元前 771－前 720 年在位），为了避免戎狄的侵略，周朝迁都到东面的雒邑（现在的洛阳），成为历史上所称的东周。这场战争之后，周朝中央政府统治的土地及人民大减，国势转弱，诸侯的权力大增。当平王之后的桓王（姬林，统治期为公元前 720－前 697 年）在位期间，郑国（陕西华县地区）的诸侯（领主）庄公（公元前 744－前701 年在位）把持王室大权。桓王任用诸侯西虢公（封地在现在陕西的宝鸡县区域）想要削弱郑庄公的威权。郑庄公出兵，把皇家的庄稼割了抢去。公元前 707 年，周桓王联合陈、蔡、卫三个诸侯征伐郑国，大败。自此之后，周朝威权大失，成为有名无实的中央政府。于是就开始了春秋战国时代，各国互相征讨作战，兼并不已。虽然春秋时代称霸的诸侯仍强调尊王攘夷，中央政府的周天子只受到口头上的尊重，中央政府已经丧失统治权；各诸侯国的统治者竟相称王。

从公元前 707 年起到公元前 221 年秦始皇统一中国之间将近 500 年，中国处于社会混乱，连年战争的时代，可是学术却兴旺起来，成为中国哲学的黄金时代，百家诸子的哲学几乎都出现于这个时代里。

这个时代和同时期古希腊（公元前 600 年左右到公元 300 年前后）很相像，都是的哲学发展的时期，而且原因也有许多相同之处。可是以后中西哲学的发展却走上完全不同的方向：中国几乎完全偏重于治国及救世的理论，西方则偏重于科学，虽然也有很多其它哲学。也许我应当把古希腊

的哲学 – 古希腊的科学是哲学的延伸 – 的发展先略述一下，才能了解中国哲学的发展为什么和西方的不同，以及虽然当时的中国也有许多科学幼苗，但为什么后来这些幼苗都夭折的原因。

希腊罗马哲学的兴衰

哲学和学术思想不会凭空随着突发的灵感自动出现。它们的出现乃是基于需要–灵性方面的、智性方面的，或者是生活方面的需要。要发展出一套新的学术–特别是人类的新文化，如科学和哲学，需要非凡的环境和人物。当人们观察到大自然中来了又去的极伟观的变化，如闪电、狂风、暴雨、洪水等，他们惊讶、恐惧、敬畏之际，总会想要有理性的解释。在大多数情形之下，这些恐惧和敬畏所引导出的解释往往是，有一位比人类更高更伟大的本体，即神。因此这种的思考方式通常只导出迷信或宗教 –

图 37. 亚里斯多德和苏格拉底

有一位或多位掌管宇宙的，超凡的神祇，而不会产生出科学或者哲学。一旦认为自然界这些令人敬畏及崇拜的现象，来自一位比人要高超不知若干倍的神祇之后，就不会再去追求其它的解释。在这种思考之下，人们想象出有一位或一批神祇管理控制宇宙中的一切：从太阳、月球、行星，到恒星的每日和每年的周期性运动，到不能预测的闪电、暴风雨和洪水等等，都来自这批神祇的意旨。此种思考几乎存在于所有古文化中，例如古希腊，一旦认为宇宙有一个主宰 – 宙斯（Zeus）之后，大多数人都不再去寻找或怀疑是否有其它的解释了。然而古希腊的社会和地理环境却是酝酿其它解释的肥沃土壤。

最早的西方科学和哲学思想大都在爱琴海（Aegean Sea）上的爱奥尼亚群岛（Ionia Islands，广称为希腊）发展出来。这是一批相当孤立的岛国，各自有不同的政治制度，每个岛屿都能创造出自己的文化，不受社会和思想方面的统一性的限制，以致在思想方面就很自由。许多世纪以前，这里就已经有了书写的文字，故读写的能力相当普及，许多人的思想都可以用文字表达出来，便于和其它人讨论。当岛国之间的商业贸易兴旺以后，真正的政治权力就转移到商贾手中；这些商贾依赖海运贸易。当时，如果有更好的舵、更好的桨、更好的帆，甚至对天象的更深入了解，都会对商业

带来裨益，这些岛国不仅商业繁盛且重视工技的发展。工技的发展需要思考，在那一个时代，虽然科学偏重于理论，工技偏重于实用物品的创作，这些异途的智识，甚至哲学，往往相遇，使得科学、工技，及哲学彼此之间都有相当密切的关系（在现代，科学和工技几乎已经不分）。这些岛国因此成了科学和哲学的发源地，当时善于思考的人－思想家，对这些引用神祇的，对超自然现象的简单解释很快就感到不满意，故产生了科学和哲学。

古希腊最早有纪录的这类思想家，是一位住在希腊萨摩斯岛（Samos Island）对岸米勒土斯城（Miletus）的泰利斯（Thales，约公元前 640－前 546 年）。他到各处旅行，学习当地的知识，例如，到了埃及，学会如何量金字塔的高度。从旅行中，他的视野扩大了，也证明了好几条几何定律。他最大胆的信念乃是：他认为可以不必引用神祇，也可以解释自然界的现象。由于这种创天辟地的新思考，他被称为科学的始祖。他解释了许多关于自然界的现象，最重要的是，创建了一套不引用神的，地球创世的理论。现在看来，他的理论绝对是错的，但最重要的是他的精神：他不认为世界被神祇创造出来，这就是科学的精神。在他之后，科学开始发展。这段时期，出现了许多科学家，如天文学家安纳西门得（Anaximander，约公元前 611－前 547 年），数学家毕达哥拉斯（Pythagoras，约公元前 582－前 500 年）等等，开始了古希腊科学的黄金时代。从公元前 600 年的泰利斯到公元 300 年左右这九百年之间，学术重心逐渐从希腊转移到埃及的亚里山卓（Alexandria）。这段期间，科学家的数目之多，发现之广，实在令人兴叹。例如，科学家们量度了地球的直径，其值准确到百分之一，发现了地球在轨道上的进动（precession）、月球的实际大小、人身体上各器官的功用、建立出几何的体系、发现了数学上的无理数（如 2 的平方根，圆周率 π）等等。在同一段时期中，哲学家如苏格拉底（Socrates，公元前 470－前 390 年）、柏拉图（Plato，公元前 428 － 前 348 年）、亚里士多德（Aristotle，公元前 384－前 322 年）则建立了西方哲学和逻辑的体系。不幸的是，这些文化在基督教兴起的一段时间内，都被宗教狂热者以异教的名义摧毁了，这些宗教狂热的人都是在罗马沿袭希腊奴隶制度时代的社会阶层组织中的最底层者，为社会上层者所不屑，受尽压迫和欺凌。一旦从社会加诸于他们的桎梏中解放出来，第一个要报复的对象就是这批上层阶级者，包括这些最高层的文化，因此肆意加以摧毁。不幸这种报复，使得欧洲落后了将近一千多年。后来要从流落海外（大都在阿拉伯国家）的残片中再把文化复原。欧洲的文化悲惨命运和中国文化在秦始

皇焚书之后那一段将近三十年的文化失落时期，及最近十年文化大革命浩劫的遭遇类似，不同的是时间的标度。

中国的学术黄金时代的兴起，近乎衰灭，及复活

中国学术的黄金时代的文化发展和希腊罗马时代很相似。那时，各国之间互相争战，以大吃小，以强吃弱。公元前 707 年时，周朝有一百三十余个大大小小的封建国家，到了公元前 403 年（历史上战国时代的开始）时，只剩下七个国家（当时七大强国之外，仍有一些小国苟延残喘，在战国初期到中期才逐渐被消灭）。就是说，在三百年之间，一百二十余个国家亡国，平均每两年多就有一个国家被并吞。所有的国王、贵族及伺候这些国王贵族的人，如果能幸存，都成了平民，必须在民间谋生。

中国的文化以史开始，政府设有史官，后来史把一切的文化都包括在内，因此所有的学术都在政府中进行。实际上，当时没有平民学校，一切知识都一代一代的在贵族家中传授下去，这些学者家族成为政府的一部分，因此政府就等于控制了所有的学术（即所谓的「学在官府」），平民（大部分是农奴或者奴隶）没有受教育的分。春秋末年以来，当许多国家被灭亡时，这些被迫流亡在民间的学者就把他们的知识带到民间。同一时期，商业开始出现和兴旺，使得民间的财富开始增加，需要这些知识，也有时间去学习。这些学者的知识范围甚广，他们用来谋生的知识，包括管理（政治）、文学、礼仪、兵法、辩论、医药、卜卦、星相学及算命。举例来说，那些熟悉礼仪的学者就成为各种喜丧的司仪等等。他们分布于中国各处，受雇于不同的政府，教授任何他们所知道的知识，只要有人付学费即可，这就是中国知识开始广及和普及民间的时代。自此之后，知识掌握于人民的手中，所有以后各代的政府都要到民间去搜寻有知识的学者来治国。（这也种下了以后科举考试制度的种子。）

可是，也就在这一段时间，社会和政治起了一个大变化。首先，周朝所建立的社会秩序几乎消失殆尽，代之而起的是一片混乱，社会急需一种的新秩序。当时的中国不像古希腊或罗马，没有宗教来箝制人民自由的思想，对天和地的敬拜其实只是一种仪式，不像西方宗教那样对神祇完全臣服的虔诚信仰（在《诗经》中，有许多诗充分表现了人民对天的不信任）。早在这时代之前两千多年，已发明了文字，中央政府费尽心机要垄断的知识在此时流落到民间去了。教师和导师如过江之鲫，人民可以很容易接受教育。

143 这些新兴的独立国家都有各自的政治与社会制度，相当于古希腊的岛国，可以自由发展。可是就在这一点上，中国和古希腊就分歧了。在中国，这些「岛国」都在一片连续的土地上。在古希腊的岛国之间，很快就发现，要用暴力去侵略其它岛国，除了在造船方面的投资很大之外，还要面临许多在航海时不可避免的风险，而商业上的贸易，可以获得比真正去侵略别的岛国更大的经济利益。可是在中国陆地上的「岛国」，若要去侵略另一个国家，不必耗费资源建造战船，扯起帆来驶过不可测的大海，只要派兵跨过边界就行。当国家一个一个被并吞的时候，许多不想被并吞的国家，就需要最好的政治管理人才、最好的战略和战术家，以及最好的兵家。因此知识分子多多少少都被迫或被诱成为带有几分企业精神的投机分子。他们想出一套理论，一些策略，然后就到各国去兜售他们的理论。这些理论和策略不免牵涉到政治和经济理论，或兵法，而夹于其中的就是一些哲学思想。在这段时期中，学者们就开始发展出他们认为能使社会稳定，使国家富强的理论出来，这就是中国各家学术发达的时代。其思想的精深，派别的复杂，实在令人赞叹不已。

《汉书·艺文志》中把这一段时期中带到民间的最重要的知识大略分成六派，如下：

图 38. 秦始皇帝

  儒家：主管行政，到了民间后协助地主、商人做管理工作。

  道家：来自史家，后来转成隐士。

  阴阳家：来自羲和观测天象的天文师，在民间成为风水和卜卦师。

  名家：来自官府中管理礼仪的官员，到了民间，创种种的婚嫁出生及丧事的礼节。

  法家：来自执行法律的官，在民间掌一部分管理工作。

  墨家：本来是兵家的一部分，可是到了墨翟变成和平主义者。

其它的还有比较小的派别，如纵横家，他们在官府中的工作是掌外交，后来变成策略家。其它还有农家、小说家、杂家等，光是杂家就可能有数十派。

公元前 221 年，秦始皇统一中国后，大约认为百家的学说对他的暴政有害，便将所有的知识（书籍）都集中在他的图书馆，下令将其它的书籍都焚毁。民间能留下的书只有医学和占卜的书。秦始皇于前 210 年去世

后，叛乱如雨后春荀的出现。一个几乎目不识丁的革命者项羽，首先进入秦都，把宫殿烧了，连图书馆都波及。中国文化濒临希腊文化的命运。

为什么中国文化后来复兴了，而希腊的没有呢？有两个因素。第一，中国文化失落的时期短，不到三十年。第二，当时知识早已普及民间，人民认为知识是他们的财产，因此偷偷藏了不少书。再者，秦始皇仍旧允许民间拥有医学及占卜的书，而《易经》也算是占卜的书，但其中充满了当时的哲理。而有些书，如《诗经》，民间早已背诵，作为他们的娱乐。公元前 194 年，惠帝开始提供奖金收购民间藏书。可是一本很重要的古史，《尚书》，只存了一部，被一位年已九十余的老书生伏生藏在壁中。透过他的女儿的协助，恢复了二十八篇。（后来又发现一部，造成千古疑案今古文之争，这里不讨论。）

而在希腊的情形，知识是属于皇家的禁脔，平民付了税，可是没有份。因此不觉得宝贵。加上宗教狂热，认为和基督教无关的书都是魔鬼的书，因此完全失落，只有少数已经传到海外（大都在阿拉伯国家）得以保存。

投机取利的企业精神发展了中国的哲学

虽然中国当时发展学术的环境类似希腊爱奥尼亚群岛的哲学的发展，动机和途径却完全不同。中国知识分子想要发展出能治社会国家百病的万灵药，把一个国家变得更强更富，可以说是具投机取利的动机。他们在建立了自己的理论后，就从一个国家到另一个国家去，沿国兜售。虽然有不少科学的萌芽（如墨子的光学），可是对国家没有直接和立即的利益。因此，这些萌芽都在营养不足的情形下夭折了，与希腊的爱奥尼亚群岛的发展不同。

在这一段哲学兴旺的时代里，中国的哲学有许多和希腊类似的宗派。从和希腊伊比鸠鲁（Epicurus，约公元前 340 – 前 270 年）的享乐主义（Epicureanism）相似的杨朱（生死年不详，约在公元前 300 年前后）的「拔一毛而利天下，不为也」的利己学说，到类似依里的芝诺（Zeno of Elea）的诡辩派名家公孙龙（约公元前 325 – 前 250 年）[51]，到类似西显的

---

[51] 依里的芝诺（Zeno of Elea，约西元前 495-前 430 年）创诡辩哲学，最有名的刁诡命题中之一是「飞矢不动」。飞矢在空中飞行，可是如果把时间分隔到零，飞矢就不动了。其实这刁诡命题已经含有了数学中微积分的基本观念。把时间减到零，飞矢不动，不错。可是飞矢虽然不动，它有一个速度，这速度就是位置相对於时间的微分，使得飞矢动的就是因为这个微分不是零，因此芝诺的刁诡问题的思想结构

芝诺（Zeno of Citium，公元前 340 – 前 265 年）的禁欲和节约的斯多噶派 (Stoics)的墨翟。中国历代尊崇的，仅次于孔子的孟子（孟轲）评墨翟，说他「摩顶放踵，利天下为之」（为了利他人和救世，不惜从头顶到足踵都受伤），墨翟的信念是十足的利他主义 (altruism)，他主张节约，在这些极端的哲学之间，其它的哲学几乎什么都有。

最后，汉武帝照着董仲舒的建议，尊崇儒学，中国采取了孔子的儒学。可是儒学和原始朴实的孔子学说有不同之处。按现在的说法，应当称为新孔学主义 (neo Confucianism)。此后，其它的哲学都被「罢黜」（其实就是官府不用这些学说来治国，因此学了没有用），可是先秦有几个哲学家对当时和后世的影响很大，如墨翟、老子，以及法家等。老子和孔子的学说已经在第一、二章中提过，这里只提墨子和法家，尤其是法家之中的韩非子的学说，因为从秦朝到清朝，所有皇帝的作为几乎都以韩非子的学说为蓝本，而墨翟的学说中含有相当高深的力学与光学 – 科学的一支 – 的萌芽，之后不幸夭折。非但如此，一直到汉朝初年，他的门徒比孔子的多很多，他在当时社会的影响力非常大。

墨翟（公元前 470 – 前 390 年）是鲁国人（现在山东），和孔子同乡。他出生于平民家庭，从小好学、好读书，到哪里都带了一大批书。他精通木匠的匠艺，相当于现在的工程师，传说他造过能飞一天的木鸢（大约是滑翔机，能飞一天可能是以讹传讹的夸大之词）。他精通兵术，却是一位和平主义者，能武而不武，而且他

图 39. 墨翟

动武的目的是要维持和平，扶弱抗强。他最有名的故事如下：有一位和他同等级的匠师公输般，替楚国造出新武器，一种能登上城墙的云梯。楚国于是想用这云梯去攻打宋国，墨翟听到了，连夜赶去楚国，脚都走破了，从衣服上撕下一块布包了，再继续走，一直走了十天十夜，到了楚国，见了公输般，和他力争，于是两人去见楚王，在楚王面前相辩争执。墨翟把衣带解下，围成方形当作城，公输般模拟攻城，墨翟以他发明的守御城的工具来做模拟的防卫，云梯之外，公输般又用了九种攻城的利器来模拟攻城，都被墨翟的模拟的防御挡了，公输般技穷，而墨翟还有好几种防御的

很深奥·公孙龙提出的刁诡命题是「白马非马」。马是命名不命色的本体，而白马命名又命色，因此白马不是一般性的马。在逻辑中这命题提出「一般及个别」的辩证体系

武器没有用到。公输般无可奈何，冷笑说：「我还有一计，你绝对无法抵挡。」墨翟说：「我知道你的计，可是我不说出来。」楚王听得莫名奇妙，问墨翟：「你们在说什么？」墨翟说：「公输般要劝你把我杀了，就没有人去协助宋国守城了。可是我已经派遣我的学生禽滑厘携带了我的其它门徒三百人，拿了我的守御武器去协助宋国守城了，杀了我也没有用！」楚王无可奈何，答应不去攻打宋国。这场辩论，实际上是现代用计算机仿真战争的前驱。

也许墨翟出生为平民，因此了解平民的痛苦。他的理论很入世，大约是因为这样的因素，他的门徒和跟从他的人也大都是平民。他建立了类似公社的社区，组织严密，在组织中，做到了「人尽其才，物尽其用」的理想，他的公社的主要性质是以团结在乱世中求生存，因此公社成员不少，有的多达九百人。这样的公社一直延续到汉朝初年，当社会秩序恢复，民间经济复原后才慢慢消失。在这段时期的后期，当秦始皇想要垄断知识，实行焚书坑儒的政策之际，孔学的门徒只好转为地下，而墨翟的公社却继续存在。

在先秦诸子之中，墨翟的宗教意识最强。他的学说（《天志》和《明鬼》）讨论到存在的本体的最终极根源，以及神（天或上帝）的存在、本质及活动，可是他不认为他的终极根源－他的上帝－是万能的（在这一点和基督教的教义相异）。从现代科学的眼光来看，他最重要的论著也许是对力学（他能制作出滑翔机，就证明他对空气动力学有相当的了解）、光和影的讨论。在《墨子》的〈经下第四十一〉他认出，影是光的作用，认为光以直线进行，论平面镜，论球面镜。非但如此，他还讨论到针孔成像的原理，这是中国最早的光学著作。他在力学及机械方面的成就，可以和古希腊被认为是物理之祖的阿基米得的成就（如杠杆原理、比重、以大镜焚烧罗马船只等）相比，在《大取》中讨论到类似西方亚里士多德的「三段论 syllogism」逻辑理论[52]（在西方，这个逻辑理论是现代逻辑的基础，

---

[52] 「三段论」(syllogism) 由三个直言命题组成，其中两个是前提，一个是结论。它的形式是：如果所有的 B 都在 A 内（前提一），所有的 C 都在 B 内（前提二），那麽所有的 C 都在 A 内（结论）。A，B，C 都是变数。一个简单及经常引用的例子是：所有人都不免一死（前提一），苏格拉底是人（前提二），因此苏格拉底也会死（结论）。不要小看这套似乎显而易见的逻辑。在古希腊，积了好几世纪在哲学家及数学家方面的努力，如毕达哥拉斯，依里的芝诺（上面说过的 Zeno of Elea， 创飞矢不动的刁诡命题的哲学家），柏拉图等人，最后才由柏拉图的学生亚里斯多德以形式逻辑的方式写出，几乎所有现代的科学定理的证明都引用到这三段论。

而逻辑是科学的骨干。）这些都是中国光学、科学和逻辑学的萌芽，可是和老子提出的零的观念（「无」）的伟大发现一样，无后承之人，因此都夭折了。后来在中国研究他的学说的人，包括许多现代的墨学专家，也许不熟悉物理，对这么重要的发现很少甚至没有讨论，只讨论到他的一些较笼统的科学精神，可是英人李约瑟（Joseph Needham）在他的七大册《中国的文化及科学》中却加以阐明。

公布法律让人民知道

顾名思义，法家（legalism）主张以法治国。在现在，当然每个国家都有一套相当详细的法律用来治国（是否真正公平的执行，不在目前讨论范畴之内）。可是在古代却不然。周朝虽然有法律，但是只有贵族才知道，平民知道的是和平民切身有关的。在封建时代，大多数的平民都住在贵族的封土里，生活简单，只要不触犯一些禁令（例如，在商朝奴隶社会里，把烧过炉灰倒在街上，就要遭到砍手的酷刑），对法律知情与否不是太重要。春秋时期，社会秩序破坏，社会的经济转型为半商业社会，而政府的法律仍然只有贵族才知道。有许多人犯了法，被处罚后才知道犯了什么法。贵族们利用随意轻重的刑罚来压迫商人和新兴的土地拥有者（地主），对国家整体来说很不利。到了春秋晚期，公元前 543 年郑国（即把周桓王打败，开始春秋时代的国家）有一位政治家子产（执政到前 522 年），开始以法家精神来治国，可以说他创出了法家。他把严厉的刑法公布出来，铸在鼎上，称为刑鼎；让人们知法，因此不敢犯法。把刑法公布出来，对贵族们造成极大的不利，因为他们就不能假借法律来欺压人民了，故纷起反对，反对的原因很幼稚。一位晋国大夫（相当于部长）叔向写信给子产说：「法律一经公布，人们知道如何避免刑罚，就不会怕管理他们的人（即贵族及官僚），那么这些行政官如何去执行政令？」子产回答说：「我为的是救世，知道了法律就不会去犯法了。」这种把法律明文公布的措施，遭遇了很多后人的反对，包括孔子在内，在他编校的《左传·昭公二十九年》中他写：「……铸造刑鼎，平民了解了鼎上的刑律了，怎样还会去尊重上级的贵族官员？上级贵族官员还有什么功业可言？贵与贱之间失了秩序，还用什么来治理国家？」可是法家的精神却被人民拥护。子产之后，又有邓析把刑法写在竹简上，使法律更为普及。法家代表的是商人和新兴地主的利益的学派，一旦商业和私有财产制把社会改型，一定要有明白确实的法律才能使社会稳定。在这一点，孔子代表的是封建贵族的利益 – 可以随便假借法律来压迫平民。

明晰写出及公布的法律是稳定的政治所必需。在欧洲，公元前 48 年西泽大帝以寡敌众击败政敌庞贝（Pompey，公元前 109－前 48 年），乘胜追击到埃及，在那里庞贝被刺死，西泽和艳后克里丽欧佩特拉（Cleopatra，公元前约 69－前 30 年）发生了一段韵事后，回到罗马的第一件事就是立法，根除一些拥有既得利益的阶级，颁布法律。而东罗马帝国皇帝查士丁（公元 527－565 年在位）应时代的需要，找了专家编纂和解释罗马法，制定有名的查士丁法典，成为后来欧洲各国立法的蓝图。

至今依旧执行的中央集权蓝图

虽然在春秋战国时代出现不少像子产这样的政治家，能认识法律在商业和私有财产制度中的重要性，可是反对派－现在称为反动派（reactionary），或保守派（conservative）－ 的势力很大，这类的改革过了一两世代就被反对派消除了。（从公元前 707 年周桓王大败后，诸侯各自为政，到公元前 221 年秦始皇把中国统一为止，从农奴制度为主的宗族政治转型为以商业及地主为主的家族社会的这一段，社会秩序被破坏的春秋战国时代延续了将近 500 年。）商鞅是第一位把法家的理想 － 法治的社会 － 非但付诸实现，还能使其一直持续下去的政治家。可是他所付出的代价是自己和家族的生命。

图 40. 商鞅

商鞅（公元前 390－前 338 年）的祖先姓姬。他是一个被并吞的小国，卫国的国王的后裔，因此以卫为姓，又称公孙鞅，后来被封为商地的贵族，因此历史上都把他称为商鞅。史书上说他「少好刑名之学」，用现代语言来说，就是在少年时代对法律有兴趣。后来到了魏国在相国（宰相）公叔痤的手下任中庶子（幕僚），公叔痤对他很赏识。当公叔痤生了重病，魏惠王亲自去问病时，公叔痤把商鞅推荐给魏惠王，接相国的职位，而且特别告诉魏惠王，如果不用商鞅，就要把他杀掉，以免后患。可是魏惠王看不起商鞅，认为公叔痤昏迷神智不清，商鞅得知这事，在公叔痤死后，立刻逃离魏国。这时秦国的孝公（公元前 360－前 338 年在位）刚接王位，为了图强，征求「有能出奇计强秦者」，商鞅和孝公谈了四次，分析天下局势，第四次时提出如何使秦国强盛的具体计划：「变法，修改刑法，内务奖励耕种，对外奖励勇敢作战。」这计划说服了秦孝公，就任命商鞅一个重要的职位。他提出要变法，可是保守派极端反对，

所以只能做一些小型改革，如鼓励开垦荒地，但收到很好的效果。公元前356年孝公的政权巩固后，才正式任命商鞅为左庶长（宰相），开始变法。因为人民不相信政府，因此他在南门立木，证明政府的决心。

当时一百三十几个封国已被并吞到只剩七个大国了，这七国之中，以秦国最落后，秦国在蜀地，即现在四川。商鞅把法律全部改了，在全国各地公布。他的立法非常严格和残酷，把所有的家庭都编入户籍，五家为伍，十家为什，互相监督，如果有一家的人犯了法，其它各家得向政府报告，如果不报告，被查出来，十家都要受到同样的处罚（连坐）。推行了重农抑商的政策，为奖励耕织，规定生产粟帛多的人，可以免本身的徭役，懒惰而贫穷的人全家罚做官家奴婢。所有的贵族一定要能立功才能封爵。一户有两个以上的儿子，到了成年必须分家，不能在家中依赖过活，否则要出双倍的赋税。在这样严格管理之下，秦国逐渐变富强。商鞅将政治管理的体系也改了，集小都乡邑（即小村小镇）为县，修造道路，将所有军权都集中在中央。同时，他应用了自己的军事才能，用计谋引诱魏国，让魏国派商鞅的旧友，公子（王子）印前来谈判。商鞅俘虏了公子印，偷袭魏军，魏军大败，魏国只好把大片河西的土地（河南陕西一带）割让给秦国。之后，商鞅说服了秦孝公，把国都迁到富裕的咸阳（现在陕西长安东北），商鞅在政治和军事方面一连立功，受封于商（现在陕西商县东南），称为商君。

他这么一变法，许多富有的平民不满意，可是都被商鞅流放到边疆。失去势力和既得利益的贵族及其子弟更为不满，有人出计，要使商鞅变法失败。他们说服了太子驷犯罪。当然，太子是将来要继承王位的，不能处刑，商鞅就处罚太子的师傅公子虔和公孙贾，分别处以「劓刑」（把鼻子割了）和「黥刑」（脸上刺字表明犯过罪）。这么一来，所有的贵族子弟敢怒不敢言，商鞅的变法就顺利的执行，没有人敢反对。他采取严厉的执行变法政策，因此结了许多仇人。

公元前338年秦孝公去世，太子驷被群臣拥护为王（惠王）。被处劓刑的公子虔诬告商鞅造反。惠王为了报以前的仇，下令拘捕商鞅。商鞅逃出都城，到了函谷关下，天色将黑，投宿旅社，店主不知道他是商鞅，向他索取身分证明，而且向他说：「商君的法律凡是住宿客人，没有身分证，不得收留，否则要受连坐之罚。」商鞅喟然感叹说：「我自己设此法令，居然害了自己。」只好星夜混出关门，逃到魏国。魏国恨他设计打败魏国，要囚掳他回秦国，他只好逃回自己的封地。在那里，他聚集了一支

军队，可是敌不过亲自训练的秦国精兵，败阵被俘。秦惠王历数他的罪过之后，命令押出以五牛车裂惨刑处死，他的家族也全被杀害。

虽然秦惠王深恨商鞅，可是他明显的了解商鞅变法政策的成功，以后一直执行商鞅的政策。最近在湖南孝感的云梦睡虎地方，一个断代为公元前 217 年的古墓中发掘出一套几乎完整的秦律和一些历史记载，提到商鞅南门立木的事迹，现已发表[53]。秦律中有不少现代观念，例如惩罚烧山的刑罚（环境生态的保护）；而对偷窃的惩罚，看所偷的东西的价值，和牵涉到的人知不知情，都在考虑范围之内等等。其中还有法律问答 187 条，类似《查士丁尼法典》的释疑，举两个例子的译文如下：

> 甲盗窃不满一钱，前往乙家，乙没有察觉。问：如何处分乙？答：不应论罪。如果知情而不加捕拿，应罚一盾（钱的单位）。

> 妻凶悍，其夫加以责打，撕裂她的耳朵，或折断了四肢、手指，或造成脱臼。问其夫应如何论处？答：应处以耐刑（耐刑是把犯人的须鬓剃掉，强制其服劳役，是一种耻辱刑）。

第二条表示，秦朝至少有保护女性配偶，不受暴力欺凌的法律观念。

商鞅之后一百年，秦国愈来愈强。其它国家有变法图强的改革人物，如：魏文侯用李克、吴起，齐宣王、威王厉行改革，楚悼王用吴起，韩昭侯用申不害，赵武灵王实施胡服骑射。可是这些国家不改革或改革不能贯彻始终，因此逐渐变弱。而秦国自昭王到秦王政因任用客卿、策略成功，终能统一。公元前 230 年，时机成熟，秦王政在十年内灭了其它的六国，统一了中国。

中国君权政治的理论创始者—韩非

战国时代的最后一位法家是韩非（韩非子，公元前 280－前 233 年）。他是韩国贵族的旁支后代，和商鞅一样，少年时就「喜刑名法术之学」，对法律有兴趣。他和秦国宰相李斯，都是荀子（全名荀卿，孔学的主要追随者）的学生，可是他的思想观念和荀子的完全不同。

他口吃，不善言谈，可是善于著作，他看到自己的国家韩国日趋衰弱，多次向韩王上书进谏，希望韩王能励精图治，可是韩王置之不理，韩非大失所望之余，着了《孤愤》、《五蠹》、《内外储》、《说林》、

---

[53] 《睡虎地秦墓简》，文物出版社出版（北京，1978），新华书局销售。

《说难》等十余万字的书，全面有系统的阐述自己的法治思想。在他的时代，很明显的，所有能治国使国家富强的学说是法家，因此他反对孔子学派的尊尧舜（最早有历史记录的中国王）、汤（商朝开国王）、武（周朝开国王）之道，在《五蠹》中写：「世异则事异」，「事异则备变」。因为历史在不断改变中，因此应根据实际情况来制定政策。这些情况变了，就要准备好应变的政策，这种历史观，适应从农业宗族社会转型到家族工商社会在政策方面需要改革的实际需要。

这些著作传到秦国后，被后来统一中国的秦始皇看到了，大加赞慕。但不知道是谁写的，宰相李斯告诉秦始皇是韩非所写的，于是秦始皇把他召来，然而未重用他。当时秦始皇已经开始统一中国的军事行动。韩非上书给秦始皇，劝秦始皇先攻打赵国，再攻打韩国。李斯一向都嫉妒韩非的才能，和另一位官员姚贾在秦始皇面前进谗言，告韩非护韩国，然后把他关进狱中。李斯又派人送去毒药，劝韩非自杀。后来秦始皇后悔，赦免韩非，可是他已经死了。后人将他的著作收集成《韩非子》，大致上都很完整。

图 41. 韩非子

在韩非的著作中提出实施君主专制，中央集权的统治理论，成为此后中国政治管理的蓝图。在〈扬权〉篇中，他主张：「事在四方，要在中央，圣人执要，四方来效。」在〈主道〉篇中：「万乘之主，千乘之君，所以制天下而征诸侯者，以其威势也。」（大意：国家的大权要集中在「圣人」，即君主一人手中，君主必须有权有势，才能治理天下。）在〈人主〉中写：「散其党」，「夺其辅」。（大意：君主应当使用手段清除世袭的拥有奴隶的贵族宗族，把辅助他们的幕僚夺来协助君主统治。）在〈显学〉篇中，写：「宰相必起于州郡，猛将必发于卒伍。」（大意：选拔一批经过实际在行政军事方面有过锻炼的官吏及名将来代替这些没有实际经验的贵族。）在〈有度〉一章中写：「法不阿贵」，「刑不避大臣，赏善不遗匹夫」。（大意：在法律面前人人平等，对贵族高官的不能特别优待，在奖赏方面要能不问出身，有功必赏。）他的学说建立了中国的君主政治，中央集权的体系，一直到清朝，包括中国近年的毛泽东时代，各代君王的统治方法几乎都按他的理论来执行。在执行方面，尤其在和西方一样的「法律之前人人，一律平等」的观念上，仍旧有许多偏差。（可是这是中国民族性的通病。）

韩非一生坎坷，受尽冤屈，最后被迫仰药自尽，但他是集法家大成的伟大学者。一直到最近，他的学说影响了中国执政者的统治策略。尽管我们可以责备他是设计中国君主专制的工程师，然而他的影响长久，可以和影响长久的西方神学家的理论相比。所不同的是，他的出发点乃基于中国固有的人本主义（humanism），而不是以神为主的神权主义（theocracy）。

中国对历史求实和忠诚的传统

唐朝灭亡后，经过短暂的分裂，中国又再次统一，成立了宋朝。宋朝开国皇帝赵匡胤被拥立为皇帝（公元 960－976 年在位），史称宋太祖。有一天，政务之余，他回到后宫去，没有事做，就拿了弹弓，以打麻雀为游戏。此时，有位大臣向后宫管门的宦官说，有要事求见。赵匡胤赶紧换上朝服，戴上朝冠。大臣进来后，把奏本呈给赵匡胤；一看，只是些日常的小事，当场大怒。便责问这位大臣为什么自己不能做决定这些小事，要进来找他。大臣回报：「臣认为即使是日常小事，可是和国家有关，总比打麻雀更重要。」这一下赵匡胤真的大怒了，身旁正好有一把斧头，拿了就用斧柄打这位大臣的脸，打落两枚牙齿，血流满面。大臣捡起这两枚牙齿，放在怀中，敢怒不敢言。赵匡胤怒气还没有消，问：「你把打落的牙放在怀中，是否想要告我？」这位大臣回答：「臣不能告陛下，可是，这事的是非自有史官会写下，让后世来评判。」

图 42. 宋太祖

赵匡胤一听到史官会把这事记下，心里觉得自己太过分了。立刻转怒为喜，向这位大臣道歉，并送他黄金和丝帛表示歉意。

*

这件小事在史书中仅以几句话轻描淡写带过，可是这小事代表的是中国史官对工作严谨态度。中国自黄帝起就设有史官[54]，史就是中国正统一脉相传的文化，其它文化都从史分支出来（天文一直是史的一部分）。在秦朝之前，和许多其它学术官职一样，史官的职位是世袭的，他们在家族

---

[54] 中国的史官制度设置极早，至迟在周代已有可信的相关记载。商代虽设立史官制度，但其执掌主要为卜筮，与今日所谓「史」略有所异，可是记载的还是在国内发生的事。

中传下了好几百年甚至上千年的传统。实际上，有许多史官不惜生命，也要写出真相。最有名的，也是最早的史官，为了写出历史的真相而殉职的事迹记载在《左传》中。公元前 548 年，齐国大夫崔杼杀淫乱无道的齐庄公，太史依书法，当着朝廷写下「崔杼弑其君」。（以下杀上，称为弑，如弑父。西方没有特别描述以下杀上的字；可以加上字尾 –cide 以表明杀害之意，例如弑杀父母，英文字是 parenticide，自杀是 suicide，杀婴儿是 infanticide，可是不含贬意。）崔杼大怒，把史官杀了，之后他的一个兄弟接棒，又继续写同一句话，也被杀死。最后一位兄弟还是写同一句话，崔杼不敢再杀。另外一位史官，称为南史氏，听说太史兄弟被杀了，拿了竹简准备继续写下去，半路上听到已经写成，才回家去。可惜这些史官的名字已佚失了，连南史氏的名字也可能只是他的职位名，而不是真名。后来的朝代一直继续记史的传统。唐代为保障史官的直书，有天子不观《起居注》的不成文规定。唐太宗曾想一窥有关他的记录，而遭褚遂良拒绝。宋代以后，史官传统不受尊重，记录竟需先呈御览再付史馆，此一规范作用也就逐渐消失，可是记史的传统依然存在。

中国历史自公元前 841 年前周厉王被迫逃亡后，一年一年的由这些史官编年记事（以前的历史并无清楚的纪年）。《左传》是春秋时代的历史，所谓春秋三传共有三部：《左传》、《公羊传》，及《谷梁传》。孔子编纂过《春秋》，这部儒家经典和三传互辅解经，缺一就意义难测。（《公羊传》和《谷梁传》纯用义理解释《春秋》，而《左传》实质上是一部独立撰写的史书。）中国每一个朝代被灭了，下一个朝代的最重要工作就是把上一个朝代的历史写出，按照对历史真实的传统撰写，而且开国皇帝–通常都很英明–选出来撰写历史的人都是学术造诣极高的当代学者，对写作的要求是真实。甚至有的皇帝认为以前写得不好，就把历史按史迹重新写过，如唐朝的历史就有两部，《新唐书》和《旧唐书》。比较不胡涂的皇帝都怕史官记录下他们的恶迹。赵匡胤一听见史官会把他打落大臣牙齿的事迹记下，立刻道歉。清光绪帝在慈禧太后把持下，由太后指挥政事，做出许多愚笨事，使得中国受尽西方国家欺凌，派军队来把当时很弱的中国打败，然后要求割地赔款。大臣劝说，宁可赔款，不能割地。因为钱款可以再赚回来，割地涉及「身后名」，所谓「身后名」就是历史对这位皇帝的评价。

中国历经许多外族入侵，自西晋末约公元 3 世纪起，到隋文帝于 589 年统一中国之间，289 年之中有不少异族入侵，中国北方历经五胡乱华的蹂躏和好几个异族朝代的统治，即使在这些没有文字，文化相对较低落的

异族的统治下，史家仍旧不顾生命危险，尊重中国重视历史真实性的传统。有这么一个事迹，如下。

北魏王朝于 389 年成立，第三位皇帝（胡人）拓跋焘（423－452 在位，庙号太武帝）在位，政权逐渐稳定之后，于 429 年，派司徒崔浩主管撰写「国记」，即北魏的历史。一位文才极高的高允受命协助崔浩，拓跋焘还特别关照，要「务从实录」，崔浩按此训令，直笔写了。但为了显示自己，他竟把北魏历代帝王的生平事迹都写下，而且刻在石碑上，立于路旁。拓跋焘大怒，认为「暴扬国恶」，于是下令逮捕崔浩和一切参与撰写「国记」的人。对于崔浩这种要显示自己的做法，高允一直反对。他曾经告诉人：「这么做会替崔浩带来杀身之祸，连我们这批人都会受累。」事发后，因为高允曾经为太子拓跋晃授过课，太子事先把他召进太子住的东宫，因此没有被捕。第二天太子带高允去见太武帝，去之前先告诉高允说：「见了皇上之后，一切听我安排。皇上问你，你就照我的话去说。」见了皇帝，太子首先说：「高允在东宫中一切都很谨慎，职位也低，写「国记」的一切决定都由崔浩作主，因此请赦免高允。」拓跋焘问高允：「是不是整个「国记」都是崔浩写的？」高允回答：「〈太祖记〉是邓渊写的，〈先帝记〉和〈今记〉是我和崔浩共同写的。事实上崔浩要管的事很多，他只是总管。至于具体撰写，我的部分多于崔浩。」拓跋焘听了大怒，说：「按你说法，你的罪大于崔浩的罪，怎样能赦免你！」太子这时说情，说：「皇上威厉，高允一时吓胡涂了，刚才我问他，他说都是崔浩所写的。」拓跋焘再问高允：「真的是像太子所说？」高允答：「我的罪该灭族，可是不敢说假话。因为我教授太子日久，他可怜我，想救我一命。刚才太子并没有问过我，我也没有说过那样的话，不敢装胡涂。」拓跋焘听了，大吃一惊，这位高允竟然面临死难还不说假话。他转身向太子说：「他真诚实，这是一般人做不到的事，他能面临死而不改口说假话，说明他可靠忠实。」于是就赦免高允，出来之后，太子责备高允说：「一个人应当知道随机应变，我想救你不死，编出一套话，你居然不接下我的话头。每想到此，心中就很惊惶怦跳。」高允答：「既然写历史，就要认真写下帝王的善恶。这样，帝王才有所畏惧，小心谨慎自己的一言一行。崔浩轻易刻碑立石，这是他的过失。至于记录皇上的言行，评论他国事的得失，这是为史的原则，而崔浩在这方面并没有违反史家的原则，我和他一起共事，作风也一样，生死荣辱，不应当有什么特殊。我深深感激殿下的大恩要来救我，可是要我去违背事实来解脱自己，这不是我的意愿。」太子非常感动，之后高允一直凭着忠诚的态度做事，他在北魏的政事上的影响很大。

这种忠于史实的精神是中国特有的，虽然孔子在编纂《春秋》时加入褒贬的评语，可是基本上并未更改历史的事实，只是表达个人意见而已。而他对《左传》的功劳乃是在于他写的评语和注解，让后人容易读。

中国第一部正史是汉朝司马迁（公元前 145〔或 135〕- 前 86 年）着的《史记》，他是中国历史之父，因为史记的风格和形式都一直被后世写历史的人所沿用，直到清史稿为止。中国历史的材料和写作的丰盛，是其它国家无法比较的。唯一的缺点是，这些历史都是当官的官僚写给其它官僚看的，因此内容大都限于这些官僚的兴趣，而且大都限于历史事实的叙述。武则天统治时代的史官刘知几（661 - 721 年），因为不满意当时史馆制度的混乱，和监修贵臣对修史工作横加干涉，于 702 年辞去史官，退而私人著作《史通》。这是中国第一部有系统的史学评论著作，共有二十卷。《史通》总结了唐代以前编年体裁和纪传体裁的史书的得失，认为这两种体裁不可偏废，在这基础上，应当以断代史为后代史书编纂的主要形式，他认为：「征求异说，采撷群言，然后能成一家。」即收集一切可能收集到的数据，对杂史应当按长短加以选择，对种种的「异辞疑事」，应当好好的思考。（例如神怪之事，应当先查清楚，不要胡乱写入史书中。）他明显的提出写史的风格，应当直书，反对曲笔。《史通》是中国史学史上最早的从理论和方法上着重阐述史书编纂的体裁的专书，对以后的史学家很有帮助。在他之后，宋朝司马光（1019 - 1086）奉神宗帝的命令写出《资治通鉴》，包括公元前 403 年到公元 989 年的历史，虽然是编年体历史，可是用的就是《史通》所说的格式。后来又有清朝的毕沅（1730-1797 年）写《续资治通鉴》。这些史学家虽然没有在根本上把中国写史的方式改掉，可是却提出许多的批判性的传统，把史学的著作提高到另一个境界。到了 20 世纪以后，欧美的史学方法传到中国，中国写史的方式也跟着改变。

可是在中国历史上，尤其近代，有过不少尝试着窜改历史的事迹。当中国处于 60 - 70 年代的文化大革命浩劫之际，毛泽东的妻子江青，四人帮之首，想要销毁某些文献。这些文献就是小报上的花边新闻，报导她在上海当三流明星时的淫乱事迹，但中国管理这些文献的人，用了种种的方法，并冒了生命危险，保存了这些文献，保存的目的不在于为批评她的私人生活，而是把这些历史资料加以保存。

比较严重的篡改历史行为发生在目前的中国人民共和国。在 1937 到 1944 年中日战争的时候，中国的抗日主力都在国民政府的蒋介石领导之下和日本军队作战。中国共产党在所谓的二万五千里长征后流窜到延安，

利用这一段的时间壮大，真正参加抗日作战的战役很少。蒋介石一生的事迹中有不少可以批评之处，不过在抗日期间，他的确是一位优秀的领导。后来因为战后的政经失败，国民政府被逐出大陆，逃亡到台湾，共产党成立人民政府。可是在成立后，从 50 年代到 90 年代这一段时间，几乎所有在人民政府统治下的史学家，对于国民政府的抗日事迹不提一字，甚至自称共产党是抗日的主力。

这一段时间到文化大革命结束，人民政府把历史按唯物论的模式来解释，以今非古。当然，古代有不少和现代社会不合的政策及作为，可是中外都一样，人类史本身就是一场在不断进行中的摸索史，从错误中找出一条更好的路来。如果以今非古，即以现代的伦理、社会秩序等去批判古代社会和人民的作为，就一无是处，一个好人都没有，这样就把古人的贡献都抹煞了。以最客观的学术科学来说，如果以今非古，连到现在还被所有的物理学家（及其它科学家）尊崇的牛顿、爱因斯坦都站不住脚。最公允的方法就是，应当用古时的道德标准去评价古人。如果要批判，就应当审视古时的社会结构、道德水准，以及社会一切因素，研究当时社会制度的得失。在 50 年代到 90 年代的期间内，也许为了政治上的斗争或其它原因，几乎把所有的历史都改写。例如，秦始皇变成英明的皇帝，对焚书坑儒的事几乎一字不提。对任何农民造反或革命都加以推崇，（古时百分之九十以上的人都是农民，因此造反革命的人一定是农民。）对这些农民的反抗（或闹事，或叛乱，或按唯物论的论调、革命，端看你的观点和立场）时残暴屠杀的恶迹一字不提，或加以辩护。也许是因为共产党的革命成功来自农民支持，可是写历史仍旧应当要有客观的态度和作风。

1990 年代之后，中国对历史的真实性的精神又复苏，和火鸟一样，变成更强壮。那些对历史的篡改行为已为人不齿。现在已经有不少人把抗日时期国民政府在蒋介石的领导下抗日事迹写出，在写作中大都抛弃了以今非古的论调。与 50 年代到 90 年代明显的不同是，中国人民政府已经改变了对农民造反（或闹事、革命）的推崇；原因很简单，虽然中国经济已经急速上升，令人鼓舞，可是社会上仍有很严重的贫富悬殊现象，尤其是城市和乡村之间在经济上的不平等。城市经济已经相当发达，可是一般农民的生活并没有大幅改进。从经济上来看，任何国家，包括美国，小农都处于最低层阶级，社会图腾柱的最低一层，属于收入近乎最低的阶级。现在的中国，法治和法律都还在相当幼稚的阶段，许多商人勾结了政府中不法的官员，强占农民土地，或对农业的环态造成污染和破坏，或其它在经济方面的侵占，使得有许多农民闹事。现在的局势和 50 年代以前几乎完全

相反；人民政府因此不再提农民革命的伟大，不再大力推崇及把农民「革命」神圣化了。虽然大多是地方性的小规模闹事，但若无法提高农民的生活水准，星星之火，可以燎原。这些事件，将成为未来的隐忧。

早期西方不重视历史，史学到 18 世纪才兴起

古代西方没有中国秉笔直书，宁可舍身写真史的传统，甚至有隐瞒的行为。例如，当美国将黑人视为奴隶的一段时期间，几乎所有的黑暗恶行都隐匿不提，直到 60 年代民运兴起后，才慢慢被发掘出来。现在在某些圈子，窜改历史，以非为是（美其名为历史修正或修改主义者〔history revisionists〕），似乎是一种很流行的时尚游戏。例如，二次大战中德国人杀了六百万无辜的犹太人，还有许多欧洲人（大部分是新纳綷主义者或中东的国家）把历史歪曲篡改了，写书来「证明」无此事。美国总统甘乃地于 1963 年被狂徒奥斯华（Lee Oswald）刺死，不少人声称是联邦调查局和其它组织的阴谋，写了不少书，引用了不少证据，到最后美国还要在肯尼迪遇刺地点重新模拟过，录下枪声，再以高科技电子仪器分析，证明了只开了一枪，而开枪者就是奥斯华。但还是有不相信的人继续「修改历史」，虽然人数大减。似乎每发生一件事，当真相清楚后，经常就有人唱反调。想改变「历史」，用似是而非或模糊不清的议论，为了自己的某种目的，提出相反的事实。而隐匿真情，是某些文化的特长。其中最恶名昭彰的是日本，直到现在还否认战时在中国、韩国及其它侵略过的国家中的恶暴行为。土耳其是另一个例子，至今依旧否认 20 世纪初屠杀 20 余万亚美尼亚人（Armenian）的事实。在中国的历史里，很少看到这种隐匿的行为。五朝乱华之际，胡人和汉人之间互相屠杀，胡人肆意屠杀汉人，而汉人也有同样的报复行为，这些屠杀都记载在历史里。有一位汉人统治者冉闵（350 – 352 年在位）滥杀胡人，三天内杀了二十余万五胡之一的羯族人，后来都被记录在历史上，这些写史的人都是汉人，却一点也不坦护汉人的恶行。

欧洲的历史传统开始于古希腊，这时爱奥尼亚群岛（Ionia Islands）的科学思考已经传到其它文化，爱奥尼亚的哲学家开启一个西方没有过的情行：他们认为宇宙是一个有智性的整体，因此可以透过理性的分析研讨，人们将会发现管理宇宙一切事物的一般性原则。希罗多德（Herodotus，公元前 484？ – 前 425 年？）、修西的底斯（Thueydides，公元前 460 – 前 400 年）继承了这个传统，写下历史，希罗多德被罗马政治家西塞罗（Cicero）称为（西方）历史之父。他所著的《历史》一书（后人分为九大

册）是西方的第一部历史，在基督教兴起的一段时期中，逃过焚书的大劫而幸得保存，大致完整，写的是公元前 499 － 前 479 年前希腊和波斯之间的战争史迹。修西的底斯写了《伯罗奔尼撒战争（Peloponnesian）史》，这是公元前 5 世纪发生的希腊雅典政权和斯巴达（Sparta）之间的大战（结果雅典打败）。在这套历史中，他写下西方第一部对于国家在战争的政策上的政治和伦理的分析。古代历史是文学的一部分，最成功的历史学家就是像上面这两位的史学作者，他们继承了在米勒土斯城（Miletus）的喜卡图斯（Hecateus，生卒年不知，约公元前 5 世纪人，着有《历史》〔Genealogia 或 Historiai〕，大部分佚失）的传统，把同样严苛的学术精神应用在大部分基于神话的希腊传统上，喜卡图斯曾写：「以我的意见，希腊的（神话）故事大都荒谬不经。」他们与紧接他们的史学家有同样的新颖看法，具有好奇心和以严苛的学术观点来审视所有的数据。

可是希腊人一般对于把古代的事迹，以这种严苛的学术精神来审视并没有太大的兴趣，因为以后约有 1000 名古希腊学者从事历史写作，可是这些作家所留下的仅是他们的名字而已，许多文献的失落的原因是它们变成没有人有兴趣的古书，即使第一流的历史学家的命运也好不了多少。只有几部历史得以完整保存，留给后世研究和阅读，颇里别斯（Polybius，约公元前 205 － 前 123 年）所写的关于公元前 220 － 前 144 年的篇幅惊人的历史，只有三分之一幸存。里维（Livy，约公元前 59 － 约公元 17 年）写的，从公元前 753 年到公元前 9 年的罗马历史只有一半幸存，而且能幸存的原因是因为在公元 500 年时，有一位罗马贵族想要保存罗马文学中最珍贵的部分。塔西图斯（Pubilius Cornelius Tacitus，约公元 55 － 120 年）写的《历史年记》（*Annals and histories*）只留下公元 14 － 96 年的一部分。后来的历史学家费尽种种功夫，才把古希腊和罗马的历史再重新组合，而最重要的一段－特洛伊（Troy）战争，几乎只有从神话的史诗如〈依里亚特〉(Iliad) 中找到些蛛丝马迹，有许多空档。

因为欧洲各君主国都没有设史官，因此也没有中国舍命写真史的传统，自从教权嚣张之后，梵蒂冈保存了一部分的史料，可是要是不公开，就是只把片断和宗教有利的数据公开。真正将历史当成严肃的学科，是 19 世纪的事。在这一百年中，欧美的史学家已经从保存下的文献中组合出大部分的欧洲历史，且新的发现几乎随时都会出现，现在欧美的史学已经非常进步，超越中国之上。现代中国的史学家基本上用的是欧美的治学方法及态度。

第十章 中国如何在动乱分裂中保持统一
—胡族志愿同化，科举和单一及多元文化的传统—

一位胡人皇帝自愿放弃胡语

北魏皇帝拓跋宏（庙号，471－499 年在位）坐在后宫中，十分烦恼。早上开朝会讨论重要事件的时候，几乎每位在朝的大臣都发言，可是有的说羯族土话，有的说拓跋宏所属的鲜卑族的土话，有的说匈族土话，几乎所有胡族的语言都有大臣在说，可是在朝廷中的汉人最多，因此说汉语的人也最多。有的大臣听不懂别的大臣说的土话，因此要找人翻译。一个早上很快的过去，什么事也没有讨论，大都七嘴八舌的想了解其它大臣的土话，「真是浪费时间。」拓跋宏用汉语自言自语。

第二天早上开朝会时，什么都不谈，只谈这个语言的问题。拓跋宏先用汉语说：「诸位大臣是不是想要让本朝好好的治国，使得本朝可以像殷周那么伟大？」

咸阳王禧第一个说话，禧是拓跋宏的异母兄弟，非常能干，而且忠心耿耿，拓跋宏对他很信任。他先捧拓跋宏，说：「陛下圣明，我们希望皇上能和以前的圣王一样，留迹青史。」

图 43. 北魏孝文帝拓拔宏

拓跋宏说：「昨天早上的朝廷讨论中，非常纷乱，许多大臣都用他们本族的语言发言，有的听不懂，找人翻译，弄得乱糟糟的，讨论不出什么结果。这对国家政策的执行非常不利！你有什么建议？」

禧回答说：「我有一些意见，不过皇上已经提出这个问题，一定已经胸有成竹了。能否先听皇上的意见？」

「我想把风俗习惯改一下，你的意见怎样？」拓跋宏说。

「我也是这么想，应当把旧俗改革，使得本朝日日新。」禧回答说。

「这改革非但要在本朝执行，而且要传给子孙。」拓跋宏说。

「非但要传给子孙，而且要传到未来的所有世代。」禧回答说。

「可是如果要改革，你们一定要竭力支持，否则改革一定会失败。」拓跋宏说。

「当然，以皇上的圣德，改革就会像风刮过草原一样，所有的草都随风而靡。」禧再捧一句。

「所有的胡族都没有自己的书写文字。我想，我们用的书写文字是汉文，每位官员也都读过用汉文写的书，是否要把所有的胡族语言都禁了，只用汉语？」拓跋宏说。

「我想，要在全国立即禁用，一定很困难，可能需要一段时间。是否可以从朝廷开始？这么一来，想要做官的人必须能说汉文，日子一久就没有人说胡语了。」禧最后把自己的意见表达出来。

「这意见很好。自古以来，先要正名，做事才能顺利。（按：这是孔子说过的，「名不正则言不顺。」）现在我要把所有的北语（胡族语）断根，改成只用正语，即汉语。我想下令，30 岁以上的官员改口不容易，允许他们仍旧说胡语，可是 30 岁以下的官员一定要说汉语，否则便将他们降职或免职。这么一来，就可以改变风俗了，如果不改，恐怕几代之后，纷乱的局面又会出现。」

拓跋宏又接着说：「我同李冲讨论过这一点，他反对改革，说『有这么多语言，谁知道那一个是正语？皇上的族语鲜卑语就是正语，何必去改语言？』这真是胡说八道，该处以死刑。」

李冲一听见皇上生气了，马上将头上的官冠那下，跪地求饶。皇上赦了他的罪，责令此后不许再反对，于是朝廷的书记立刻将拓跋宏说的话写成诏令，盖上玉玺，立即执行。之后，在几代之内胡语就从中华文化中逐渐消失了。[55]

胡人融入为汉人，胡人文化加入中原文化

这就是历史上记载的，鲜卑族的胡人统治者－拓跋宏，怎样把口讲的语言统一为汉语，事实上就等于把胡语消灭的事件。虽然他只是顺着当时胡人汉化的潮流走，可是他的贡献乃是用官方的力量来推广汉化的政策。

---

[55] 当时规定：官员年龄在 30 岁以下，如果仍用鲜卑语，即降爵黜官。30 岁以上可以慢慢改，虽然一时没有把鲜卑语言消灭，可是日久就没有人用了。而鲜卑语言还是胡语中发展最高的语言，因为还有书写文字。逯耀东教授认为：孝文帝为获得北方强大保守势力及鲜卑贵族的谅解，曾作了某种程度的妥协和让步，而使许多草原文化的残馀留存下来。《从平城到洛阳》。

这时胡人和中国人通婚相当频繁，胡人的姓用汉语译音，都是复姓，不易念出。因为汉人的数目很多，许多胡人都采用了汉化的名字，这是很自然的事。例如在美国的华人有许多都采用西方的名字，而住在中国的外国人也都采用中国名字。用诏令把汉语采用为官方语言之外，他把胡人的姓都改成汉姓。在他之前，有许多胡姓都已经被历代的皇帝下令改成汉姓，如「独孤」被改为「刘」，「若口引」被改为「寇」，「俟力伐」被改为「鲍」等等（都记录在《魏书》中）。可是到了拓跋宏，就下诏彻底将所有的胡姓都改成汉姓。公元 496 年，他连自己的姓都改了，从「拓跋」改成「元」。他的理由是：「北人（即胡人）称土为拓，后为跋，魏的祖先是黄帝，以土之德为王（万物来自土），因此称为『拓跋』，而土色是黄色，是万物之元，因此把『拓跋』改为『元』。」可是中国史书都用原姓「拓跋」。

从此之后胡人和汉人不分，从 4 世纪中叶到 5 世纪末之间，经过将近两百年多的胡人侵略，胡人和汉人之间大规模互相残杀不已，可是到了最后，统治中国的胡人等于自愿和汉人同化，都变成汉人，因此无形之中将所有胡人原来逐水草而居的土地都编入中国的版图内。（起初游牧民族没有土地的观念，受农业民族影响才有土地产权的概念。）后来的统治者又征伐游牧民族，将他们居住的土地划归中国版图，将他们的游牧文化变成农业文化。自此以后，几乎全部在中国的游牧胡人都变成汉族的一部分，他们的语言完全消失。所有胡人的文化若不是被编入汉族文化中（如现在国乐中很重要的胡琴），也都消失了。

图 44. 胡琴

汉人能将胡人完全同化还有其它原因。一是汉人的数目比胡人多很多，另一重要的因素是，汉族文化比胡人文化高超许多 – 非但有很完整的书写语言，而且有许多可以治国的书，因此要统治中国的胡人，势必精通汉族文化不可。再者，中国文化以儒家为主，把宗教看成一种治国工具，不加以干涉。因为中国没有国教，因此中国文化中的宗教因素及意识和西方的不同。一般中国人认为宗教是一种实用的、求神庇护的「工具」，因此什么神都可以拜。胡人的神，如果灵验，也可以拜，一视同仁，胡人只有原始的宗教。再加上中国没有普及大众的教会组织。中国虽然有过类似西方教会的组织，如东晋宗教界、知识界领袖 – 慧远法师在庐山东林寺与信士组织白莲社，推广念佛法门也结交方外人士，是研究宗教哲学的组织，成员多半是知识分子，广大的群众都不是成员。

西方却不同。西方的宗教意识强，而且有教堂的组织。从一开始，教堂的组织就已经草根化，即成员是广大的人民。这种组织原来的功用乃是用来传播和延续宗教信仰，解释宗教经典，建立教义，可是无形中箝制及统一思想。有了这种组织，就可以有意识的将宗教信仰绵延到以后的世代，以及传播这些信仰。可是教堂的组织实际上也是一种社交性的组织，在意识或无意识中也把将教会认为按宗教经典定出的教义之外的其它信念、习俗，甚至偏见（如种族和对其他宗教的歧视），仇恨，一代一代的灌输传播下去。到现在巴尔干岛上的不同民族国家－都有很坚强的宗教信念和教会组织－不同的宗教教会组织之间的有些仇恨还可以追溯到 9、10世纪的宗教和种族之间的战争。

中国并没有类似西方教会组织的传统。一部分佛教寺庙的功能大都是实用的仪式祈祷，没有社交的作用，因此也不把宗教之外的意识传播出去。胡人汉化后一个多世纪，五胡乱华时各族之间的残杀仇恨完全被人民忘却。而拓跋宏的大胆作风－放弃了自己本族的语言、文化，全盘汉化，对他说来是为了巩固统治政权，可是咸阳王禧说得不错，这个汉化政策的影响却传留到未来的世代，而且替公元 589 年隋文帝杨坚统一中国的壮举铺了路。杨坚曾在一个残余的鲜卑族建立的，寿命极短的北周（557 －581 年）朝中任过职。当时北周皇帝想要恢复鲜卑文化，下诏要人民改回使用鲜卑的语言和服饰，连杨坚都曾被迫改用过鲜卑姓。可是这个「复胡」的运动只是胡人文化灭亡前昙花一现。杨坚创建隋朝后，把北周的「复胡」政策全都废了，继续完成汉化的过程。

*

要想统一民族，语言的统一是重要因素。拓跋宏放弃了胡语，事实上把口语统一。可是在他之前的七个世纪，秦始皇就把所有文字都统一了。春秋战国时代延续了五百多年，当时交通不便，因此文字逐渐分歧，各个地区发展出不同的书写文字和方言，所谓不同的书写文字，其实就是在不同的地方有不同的写法。在贯彻法律的执行时，这种在书写方面的不同造成很大的障碍，因此秦始皇下了「书同文」（同一书写文字）的命令。同时，周朝用的文字（小篆）写起来都很不便，当时秦朝还沿用小篆。（周宣王时太史籀作《大篆》十五篇，周朝使用此种文字，战国时代秦国也采用大篆，秦统一中国之后，将大篆加以简化为小篆。）然而朝廷中奏本文件很多，书写不易，都由专门书写的低级官员－隶人负责。隶人为了要简化书写的工作，因而创出一种新的「简体」字，俗名「隶书」。一位因罪入狱的程邈在狱中将这种「简体文」系统化，使得隶书成为当时官方的文

字。隶书已经具有现代中国文字的形态，笔划和字形结构几乎一样。因为用漆来写，字形比较死板，不像后来用毛笔沾了墨水来写，可以有许多变化。可是即使到现在，隶书还是书法中很重要的一体。

从现代观点来看，拓跋宏消灭胡人语言，统一文字和文化的作为可以看成消灭其它文化的政策，因而消除了文化的多元性（diversity）。如果现在这么做，例如将美洲的印第安人都强迫同化是一件不可思议的事。但因为把胡人文化消灭的建议是胡人统治者提出的，不是汉族的统治者硬性加诸于别的族，就不能说汉人强迫胡人同化。从和平统一的观点来看，这是一个不可避免的过程，在其它统一的国家中，这种文化的合并也是不可避免。即使像英国这样不太大的国家，在开始时就有七百余国家，可是后来，非但在政治上统一，所有的文化也都统一了。如果自黄帝起中国就一直不惜余力的，以现代的保持文化民族多元性的意识去保持各民族及他们文化的本体（identity。即保持中国民族及民族文化的多元性），现在的中国一定七分八裂，就算没有分裂成几百个互相争战的国家，至少会分裂成像巴尔干岛上的互相仇恨的国家群。与其可惜胡人文化的消失，不如庆幸中国能将这些异族合并成汉族，将他们的文化编入现在所称「汉族」文化之中，使得中国的文化变成单一性，可是又具多元性的文化。

图 45. 唐太宗

科举—民主的铨选政治人才制度

唐朝于公元 618 年把隋朝灭亡后的混乱局面重新整顿好，626 年李世民接任为皇帝（庙号太宗，统治期 626 – 649 年），他将隋朝开始设立的全国铨选考试选拔人才的制度－后来称为科举，整顿好之后，公布天下，开科取士。某次考试之后，李世民决定微服出巡，看看铨选的结果，在宫门外看到新考上的进士联缀而来，个个气慨非凡，心中大喜，告诉随从说：「天下英士都已入我的彀了。」入彀的意思是进入弓箭的射程之内，他这句话的意思是，天下的英士都来到他的朝廷中就范。有了英才来协助治理国家，国家一定会强盛。

这一段小小的插曲表明的是中国历代统治者对于英才的重视。一旦发现了英才，就会想法笼络他们，要他们到朝廷中任职，协助治理国家。战国时代，当知识普及民间之后，几乎所有的政府都设法招揽人才。当时称人才为士，而贵族中养士（把人才招来，供食宿）之风很盛。著名的战国

165

时代养士的贵族有孟尝君、平原君、信陵君、春申君等，其中以齐国的孟尝君（活跃于公元前 330 年前后）最有名，所养之士的数目高达数千人。由于当时教育刚开始普及到民间，所谓的士不一定要受过教育，只要有一技之长就行。一个有名的故事是，孟尝君被派到秦国为大使，被秦国所囚，幸而他养的士当中有两位目不识丁，可是有专长的人：一位能作鸡鸣，另一位是能作狗叫。这两位用了他们的专长把看守孟尝君的守卫欺骗了，把他救出。（现今「鸡鸣狗盗」已变成成语，描述会犯小罪的流氓之流。）

到了汉朝，自叔孙通示范过知识的用途后，连看不起儒生的汉朝开国皇帝刘邦都了解到知识的重要性。汉朝政府还设立太学，相当于现在的大学，最盛的时期有三万余学生。除了官方的太学以外，还设立了「察举」和「征辟」两种选拔人才的制度，把民间把有学之士报给官府，以便推荐到政府部门任职。东汉中期以后，掌管选拔的官员往往只注重门第，而且徇私舞弊，因此选拔出的人才的品质参差不齐。有人写诗讽刺说：「举秀才，不知书……高第良将怯如鸡。」到了魏晋南北朝时代，采取「九品中正制」，稍改了地方官员把持选拔人才的风气，后来此一制度仍被世家大族把持，变成这些家族控制选官的工具，穷人或没有世家背景的平民大都被拒于官场之外。

公开考试选拔贤能，是隋唐之后的事，对于科举制度开始的时间，历史上的记载很不明确。有此一说，风流皇帝杨广（隋炀帝）开了科举考试之端，却是不定期举行。正式将科举考试变成定期国家铨选人才的考试，是唐朝的事。一旦设立了制度，一直坚持自由报名，统一考试，平等竞争，择优录取，公开发榜的原则。

科举制度的历史、内容相当复杂，因为每个朝代都有一些变更改革，连重点也都变更过。不过大致说来，原则上还是严禁徇私舞弊，公开考试，所有卷子在发榜后公开。后来，考试分成很多科别，非但考文科，也考武科。报考的年龄不限，甚至还替十岁以下的童子设立考试。考试分成好几个等级。唐代参加考试的途径有三：一由学馆挑选，叫生徒。二由州县考试合格，叫乡贡。三由皇帝征召，称制举，是皇帝临时设置的科目。生徒、乡贡再参加京师礼部的分科考试，通过者称为进士及第。后来在武则天统治时代又设殿试，在皇宫中考，由皇帝亲自主持。到了明清，将考试分三个等级：秀才、举人和进士。最低等级－秀才，在当地考。最高的进士要到京都考试。

如果考取进士第一名，便是状元（第二名为探花，第三名为榜眼），其威风和荣耀，无以相比。可是和现代的考试一样，考上第一名的都不见得最好，甚至庸庸碌碌的都有。中国两位最伟大诗人，李白和杜甫都没有考上，使得杜甫郁郁的过了一生。这种「一考定终生」的铨选方式，虽然在选拔上绝对公平，却不能保证铨选出真正的英才，实在令人惋惜。考不上的知识分子，感到不平者大有人在，最有名的是唐朝的黄巢。他发动了让唐朝走向灭亡，最后失败的革命叛乱。

图 46. 科举考试

虽然在报名的标准上摒除某些阶级的人[56]，然而并未将外族人以种族歧视的方式排除。宋朝名学者、历史学家，也是朝廷的重要官员司马光（1019－1086 年）有一次到考场视察，看见报考的北方人少，南方人多[57]，还上书给当时的皇帝英宗说，要求按人口比例取人。这就类似 1960 －1990 年间在美国执行过的保证名额（Affirmative Action）的做法（保留一些政府工作人员的名额给所谓的少数民族〔大多数都是黑人〕）。司马光的建议遭到另一位名气相当的大学者、官员欧阳修（1007－1072 年）的反对，他认为科举考试的目的是「唯才是择」，按才能选人。讨论很久，一直没有执行这种保障名额的制度。等到明清时代，为了巩固政权，就执行了按地区分配录取名额。（司马光主张在进士录取中实行逐路取人法，即在各地解送举额的基础上，按比例每十人取一名进士，不满十人，六人以上取一名，五人以下不取。而欧阳修代表南方，提出凭才取人。这是一次典型的区域公平与考试公平之争。司马光在元祐主政期间，尽除王安石的「新法」，终于为「西北士人」争取到科举制中的名额保障：哲宗以后，齐、鲁、河朔诸路都与东南诸路分别考试。欧阳修「国家取士，唯才是

---

[56] 被摒除的都是在某些当时认为「贱业」的职业中的工作者，即所谓的「优倡皂隶」，连他们的子孙都不许参加考试，可是以三代为限。优是演戏的演员，倡是在教坊青楼中工作者（包括妓女），皂隶是操「贱业」者，如在衙门中执仗的衙吏，或操剃头、皮匠等业的人，後来被摒除的人之中还包括了工商界，及还俗的僧侣和士兵。

[57] 按欧阳修的说法，东南之俗好文，西北文人尚质，因此北人多重经学，可是在以写文为重点的考试上就不利。欧阳修认为这是祖传下的合情合理制度，不能也不必改。

择」的原则从此被否定了一部分[58]。）

考试开放给所有人民（从事政府规定的「贱业」者除外），严禁徇私舞弊，武则天开始把考卷上的姓名弥封（即糊名），到批阅后才打开封条，也才知道考生是谁。到了宋朝，弥封、誊录成为科举制度的防弊措施。即使有这样的防范，还是免不了有徇私的现象。有这么一个关于宋朝的清官暨大文学家苏轼（字东坡，1037－1101 年）徇情的故事：苏轼有六位得意的门生，五位都考中进士，唯有一位李廌没有考上。考试之前，苏轼暗暗派人将考题〈扬雄优于刘向论〉派人送到李廌家中。当时李廌不在家，仆人把信放在桌上。正巧和李廌同时应考的章持、章援二兄弟来访李廌，把信偷了去。李廌回家知道真情后，因为这事是违法的，不敢声张。苏轼不知道，以为李廌一定会考得好。因为他是主考官，在卷子中发现一份特别好的，以为是李廌的，立即批了极好的评语，列为第一名。发榜时才发现第一名是章援，第十名是章持。而这两位都是苏轼的政敌，李廌没中榜，之后大病不起。至今苏轼的诗作中还留存着当李廌落第后归家后，他所写的慰问李廌的诗。像苏轼这样道德高超的学者都不免徇私，其它就可想而知了。不过令人惊奇的是，即使有这一类徇私舞弊行为，还有许多真正凭真才实学考上的进士。

自从创立科举制度后，连在宋代占据了中国北方建立国家的辽、金二国也都仿效，设立了相当完整的科举制度。只有在国祚不满百年的元朝中停止七十年左右，这是因为蒙古统治者的偏见，他们将所有的人按被征服的先后分成四个等级，最高的是蒙古人，第二等级是色目人，即在草原地带最先征服的各种肤色面貌特征不同的少数民族，第三级是汉人（即在辽、金国统治下的北方人），第四级，也就是最低的等级，是最后征服的南方人。蒙古人和色目人都是游猎民族，看不起学术，他们将所有的人分成十个等级：「一官，二吏，三僧，四道，五医，六工，七猎，八匠，九儒，十丐。」把儒放在所有职业之下，仅在无产无业，一无技能，以乞讨为生的乞丐之上。后来回复了科举制度，但元朝的蒙古统治者执行类似欧美沿用到最近才立法禁止的种族歧视制度：同样成绩或稍差的蒙古人或色目人的列名都要比汉人高。而且这些考取的进士很少被录用成为官吏，包括考上的蒙古人和色目人。被录用的进士只占文官总数的百分之几。例如，一位连中三元的王宗哲未曾被录用为官（《元史》中找不到关于他的数据）。南人中的儒生特别多，元朝还将这些儒生称为「废士，」即无用

[58] 余英時：〈試說科舉在中國史上的功能與意〉，《議報》第 223 期。

之士。虽然这些措施对于儒学的学习人数大减，南人的学习精神却未中断，这些被歧视的知识分子只好以低等的职业维生，如用刀笔的能力替小官做书记，或成为官僚的仆人，或作技巧贩鬻以为工匠商贾。这样一来，知识分子反而更接近百姓，因而促进了戏曲和小说的兴起。元朝这种将人分成等级的做法，是沙漠中游牧民族短视的传统。成吉思汗虽然几乎占领欧洲，但他的王国很快就垮了。汉人不肯长期忍受这种不平等的待遇，以元朝的强盛，却只维持了一百年左右。最后一位皇帝顺帝孛儿只斤·妥欢蛞睦尔治内，遍地造反，顺帝想要笼络汉人，任命了汉人贺惟一为宰相来挽回大局，但大势已去。整个元朝，只有两位汉人的宰相，除了贺惟一，另一位是元朝开国元太祖忽必烈统治时的史天泽。

明朝开国皇帝把元顺帝赶到漠北（戈壁沙漠以北的地区，即现在的蒙古国，或中国的旧外蒙古）之后，所有元朝的土地－包括蒙古人原来居住的土地（现在内蒙古的大部分）－都列入中国的版图。由于明太祖朱元璋自小受了中国文化「以德服人」的熏陶，登基后没有实行报复政策；相反的，他眼光远大，除了废除种族歧视的习俗，还不许提旧恶。当恢复科举考试后，还实行了保障名额的制度，原因当然是为了笼络在这些土地上的蒙古人，以防他们不满而造反（后来清朝大幅扩张了西部和东北部的疆土，也用保障名额的方式来笼络这些新并入版图的民族）。起初规定所录取的进士中，北方占十分之四，南方占十分之六。后来又有更详细的分区，例如在云南、四川、广西、贵州等当时较为落后的地区，规定进士的保障名额为十名。

无论科举制度中有许多缺点和不公平的地方，可是在古代的社会中，能有这样一个公开选拔人才，允许平民参政的民主制度，已经比 16 世纪以前的欧洲高明得不知多少。在一千三百多年实施科举制度的历史中，产生了 700 余位状元，近 11 万名进士（最高的学位），数百万人的举人（次高的学位），几乎每一位知识分子都和这制度有过不解之缘。从来没有参加过考试的知识分子属于极少数。科举制度产生了一大批安邦治国的雄才和有大略的政治家。有了这个制度以后，几乎所有的人才都参加过科举考试，这些人才中，有杰出和有极大贡献的思想家、文学家、艺术家、科学家、外交家等，只要提出古代中国的任何一门科目，这一门的大师专家几乎都通过此一制度，这些人都是促使中国文化能发扬，绵延不断至今的民族英雄。

可是，和任何制度一样，如果沿用久了，就会遭遇老化、僵硬，不合时代的命运。这个主宰了中国一千三百年的科举考试制度，最后在科学发

达之后，成为使文化滞留于经书文化阶段的累赘。一百年前，1905 年 9 月 2 日，由慈禧太后以光绪帝的名义，下诏自隔年起正式废止科举考试制度，代之以从西方输入的「洋学堂」教育制度，即现代中国引用的和选拔人才的教育制度，此后考试不再集中，由民间或国立的大学主持，在原则方面完全不受政府的控制。

中国文字的完整性和中国文化的统一

现代的中国科学家（包括在写这本书以前的我自己），一提起科举制度，莫不咬牙切齿，说科举制度把中国的科学精神抹杀了。可是中国科学的萌芽和科学精神在战国时代百家兴起时，由于种种的以前讨论过的社会和政治因素，早已枯萎凋谢了。

如果现在回顾希腊的黄金时代，往往会赞扬当时对知识热爱的精神，即「为知识而知识」，可是，在希腊的奴隶社会中，从事科学研究的人都受到皇家的支持－无论支持这些研究的动机是什么，如果没有这些支持，科学就无从进步了。亚历山德拉图书馆是当时国王的禁脔，和平民无关，国王对这些科学家的优待有加，如果没有这种优待，就不会有那么多科学家争着到亚历山德拉图书馆研究，也不会有那么灿烂辉煌的科学，甚至文学成果了。有这么一个故事来说明这一点：一位学生从几何的宗师欧几里德（Euclid）那儿学到一条几何上的命题后，他问：「可是，我可以从这个（命题）得到什么好处呢？」于是，欧几里德特吩咐家奴给这位男孩一枚金币，好让这位学生可以看到实际的好处。现代所有的政府都拨了可观的经费提倡、支持科学－因为有利益可得，因此才会有人研究科学，科学才会这么发达。古代中国开办科举，所有考中的进士大多能飞黄腾达，很自然了，都一窝蜂的从学。当元朝不考科举的那一段期间，尚学的精神就减退了一点。现在美国人一窝蜂上大学，借了钱也去，为的就是上了大学以后的薪金比没有上大学的高得多，因此学习的最终动机还是为了利。以前中国学者十年寒窗辛苦读书，为的就是要通过科举考试而飞黄腾达。无论动机是什么，似乎科举考试的一个最重要的间接后果，就是培养出中国人尚学的精神和传统。

如果说科举考试压抑了科学，也不完全公平。科学的发展是最近三、四个世纪的事，而科举已经存在十三个多世纪了。科举的重点在于经书，在于治国，这是不可否认的事。18 世纪，除了在天文上有克卜勒（Kepler），在物理上有伽利略、牛顿及一些数学家之外，西方的科学仍旧大都留滞于炼金术的阶段呢！在伽利略以前，欧洲的科学大约都是中国也有

的数学、天文和历法。以此而论，科举考试中还有些科学的存在，宋朝的大外交家、政治家暨科学家苏颂（字子容，1020－1101年）在1086年制造出有史以来最精确的，用了现代式棘轮的擒纵原理的水钟（比西方的擒纵装置的发明早了两百多年），他在乡试中的试题就是有关历法的讨论，在武举的试题中还有对于火药的应用的试题。当然，在知道西方的科学发展后，还固执不提倡科学，是中国掌权的学者和政府的错误。将科举所引起的问题大致说过以后，我们可以平心静气讨论一下，在中国的历史上，科举制度除了在文化方面的影响之外，还有哪些贡献？

最近一位英国汉学家马丁·杰奎（Martin Jacques）写了一本书《当中国统治全世界之际》[59]。他认为全球的国家几乎无例外的是以民族立国（Nation States），而中国是以文化立国（Civilization State），即中国的国家建立在文化上，不是建立在某民族（包括宗教）上。这样的说法将中国的特色以两个字几乎完全表达出来。中国有五十多种民族，却以一个完整的文化将这么多的民族统一起来，各民族都能和平相处，这在世界上其它国家，几乎看不到。

我认为，对于中国国家和文化的完整性，科举考试有两个不可磨灭的最大贡献：第一个就是科举制度创造出一种向心力，把自秦汉起的中国书写文字，几乎原封不动的，统一贯彻的保存。在准备和参加科举考试时，所有的全国学者都要读、用同一种文字写出的同一批书，用同一种文字来答题，如果没有科举考试，中国的书写文字就会和战国时代一样，不久会分化（实际上已经有了分化的现象，如广东人所用的书写文字中就有许多他们自己发明的字，可是只在当地俗用，如果广东的学者要参加科举考试，就非得用中国其它地区通用的书写文字不可）。以西方为例，罗马帝国用的是拉丁语，但自从公元325年成立天主教教会之后，所有的知识都被天主教教会独占垄断，平民没有分。许多平民来自罗马帝国外面的蛮族，都有自己的方言。他们从片断的拉丁文和自己的方言创造出书写文字。在12、13世纪有两位意大利作家，但丁（Dante）和佩脱拉克（Petrarch）用了意大利土语写出第一套非拉丁文文学作品。自此以后，欧洲各国的作家纷纷以意大利文写作，拉丁文开始不振。最后各国的作家都用自己国家的文字写作，使得拉丁文终于变成只在教会中使用的死文字，

---

[59] 马丁·杰奎（Martin Jacques），When China Rules the World，副标题是 "The End of the Western World and the Birth of a New Global Order"（西方世界的结束，一个新的全球秩序的诞生），The Penguin Press，New York，2009，ISBN 978-1-59420-185-1。

教会之外，只在特别的情形下应用（如植物、动物等的科学命名）。如果当时教会没有那么专横，而是设立类似中国科举考试的铨选制度，以利来诱使人民应用拉丁文，也许到现在欧洲就有统一的文字－拉丁文。（天主教教会自 11、12 世纪起就不断受到世俗君主的权力挑战，13 世纪以后教皇权威已落在皇室权威之后。教会的拉丁文虽仍影响所有神职人员，但国家在世俗里铨选人才，教会已无力介入。）

第二点和中国的统一有关。自从设立科举考试制度以后，中国历经分裂：起初是五代十国，后来中国分为辽和北宋、金和南宋，被蒙古人及满州人统治过。历经变乱，可是一旦安定下来以后，社会的中坚分子－知识分子－都冀望新朝代开办科举考试。一旦恢复了科举考试，天下就太平，所有的知识分子〈可能成为革命或反叛的领导人才〉都向这新朝代效忠，都纷纷走上这一条能很快的飞黄腾达的道路。对于少数民族，则以录取的保障名额来安抚人心，以「德」（即利）来服人。这是中国平民和少数民族能进入官场的参政道路。这些都是一种很重要的，能安定民心，维持统一的向心力。在这一点上，绝不可否认科举考试制度的贡献。

现在美国贫富非常不均，可是各州都有奖券彩票、乐透（Lotto）。当然，替州赚钱也是一个因素，可是这是大多数美国平民唯一能致富之道（其它国家亦然）。这和中国的科举制度类似，但科举除了对个人有好处，对国家也有好处；而奖券除了使下层人民有致富的希望外，对治国毫无作用。两者的性质和目的都不同。

第五部 中国的衰退，苏醒及复兴

第十一章 腐化、面临灭亡的中国及复兴

－ 闭关自守，西方入侵，引入及放弃意识形态 －

前面所说的似乎都是中国文化的优越性。著名历史学家汤恩比 (Arnold Toynbee, 1889－1975) 认为，有史以来的古文化，能持续到今日还欣欣向荣的，只有中国这么一个古文化。如果中国文化这么优越，为什么自 1842 年和西方交往以来，中国一直处于不利的地位，一直被欧美和日本侵略、欺凌，不仅割地赔款，还一度濒临亡国灭族的命运呢？而从 1950 到 1978 年中国又在一连串的内部动荡，几乎将中国推回新石器时代的仰韶时代，然而中国怎样脱离这些悲惨的国家命运危机，在 1978 年后，能在一世代之内，从地平上如旭日上升，于 21 世纪的第一个十年代，一跃为众国刮目相看的强国，仅次于正在走下坡路的第一强国－美国？

非但如此，中国在复苏之际，并不像日本等其它国家，紧跟随欧美国家，不论青红皂白，接受他们的意识形态，然后步入欧美的各种社会、经济上的矛盾。中国不受欧美国家传教式的压力，跟随欧美的所谓民主体系。在审视其它国家后，中国创造出自己的制度及体系，成功地把中国现代化。

最后几个问题会在本书最后几章回答，现在要讨论的是中国的衰退和开始复苏的命题。

历史的一个特征是，虽然呈连续性，其环境却在不断的变化中。现在一提到中国的近代史，几乎所有的舆论都批评清朝在乾隆之后开始腐败，加上朝廷决定和世界其它地区隔离的孤立主义，使得中国对国外的发展完全无知。孤立主义会使一个国家和其它国家隔离。由于地理环境，自古以来，中国一直都和世界其它地区有相当的隔离。但在古代，中国的领土并未扩张到中国的天然地理屏障[60]。在这屏障之内，有不少的其它民族，总称为胡族。中国受到不少胡族的侵略，然而入侵的胡族后来都接受了中国的文化，变成中国民族的一部分。胡族的入侵反而增加了中国的领土，一直到中国的更天然地理屏障。历史上，中国并不排斥外来文化，如佛教或其它宗教的传入。中国一直都受益于外来文化，将外来文化融入中国文化，融入的结果是使期成为中国自己的文化，而且比邻近国家的都高超。在十数世纪之前，中国还有好几次成为世界上的超级强权。中国和其它国

---

[60] 中国北面和寒冷及荒凉的西伯利亚为界，西面及东南有沙漠、葱岭、帕米尔高原以及喜马拉雅山为界，东面及东南以大海为界。 19 世纪之前，没有机械交通工具，这些都是地理障碍。

家在地理上的隔离，发生在中国将领土扩张到天然的地理屏障之后。这时，基于以下所要讨论到的原因，中国采取了闭关自守的政策，而欧洲开始发展，相对之下，中国就显得落后了。

中国停滞不动，欧洲进步

14 到 16 世纪，教权衰微。欧洲将教权从政权中去除，开始采用理性方法探索人文，文艺开始复兴。除了应用科技发展出强大的武力之外，还建立了自成一格的政治组织和经济体系，建立了科学工技文化和军事策略。这些进展，加上利用科技发展出的新型武器如枪炮，和新型的交通工具如火车及机动轮船，尤其是轮船，使中国多世纪以来依赖为樊篱的东面天然屏障－大洋－失去作用。短兵相接之后，中国的腐化和落后就突显出来，让人觉得中国一无是处，因此就陷入悲惨的命运中。欧美西方和日本接连侵略中国，中国没有能力抵抗。和以前强盛时的中国相比，一位清朝有远见的名外交官郭嵩焘（1818－1891 年）下了这么一个评语：「西洋人之入中国，为天地之一大变。」

先看一段以前的历史：在 8、9 世纪以前，中国在创造自己的文化之际，也能同时接受外来文化并加以发扬，汉朝史学家班固曾经说：「圣主制御蛮夷，来则惩而御之，去则备而守之，其慕义贡献则接之以礼乐，羁縻不绝。」（译文：「圣王」即君主，能制住外族。入侵者就以军力惩罚，如果退了以后，就充分准备防御。如果慕仰中国文化而有所贡献者，就以礼相接。这样不停的拢络控制。）这一段虽然带有自大的口气，可是在实质上的意思是，中国并不想侵略其它国家，这些外族人如果来学中华文化，对中华文化有贡献者，应当以礼来接待，这是汉朝的外交政策，也是 8、9 世纪以前各朝代的外交政策。即使在五胡乱华，北方遭遇到浩劫

图 47. 伟大航海家郑和

的那一段时期，中国并没有西方的「对外国人及事物恐惧」的排外心态(xenophobia)，甚至连外族人带进中国的宗教如佛教、景教、摩尼教、伊斯兰教（回教）等也不排斥或摒除，在最盛时期的唐朝，中国的影响达到中亚细亚各国。

可是到了 8、9 世纪之后，情势改变，大食国（阿拉伯国）及吐蕃（即西藏，「蕃」应读成 Bo，和「博」同音）的国势强盛后，中亚国家纷纷自立。在唐朝亡后，五代十国这一段时期的前后两百余年，中国在亚洲的局势上已经不起作用。到了宋朝，唯一可以给这一朝代的赞词就是勉强把局面撑下去，可是国

家的元气已经大伤。宋朝南渡之后，甚至只好向金称臣。自北宋到南宋这一段时期中，政局从动态转为静态，甚至变成被动。在内忧外患夹攻之下，思想趋于消极，所有措施走向保守，连激进改革派的王安石也力劝神宗（在他的治下，宋朝的国力达到最高峰）不可以仿效唐太宗的激进精神。这时儒家创出理学（有人称为新孔学〔neo Confucianism〕，其实汉朝的董仲舒已经改了一次，可是这次的改革比董仲舒的更进一步），讲求正心、诚意、修身及养性这些消极的向内发展的功夫，以「人生而静，天之性也」为思想中心，认为动则会有人欲，而一旦有了「人欲」，就会犯上作乱。这种思想鄙视人本能的各种欲望，包括物欲。主张人生的目的似乎就只求心神上的自我满足，故产生了空论的及主观的是非，不顾客观的事实情势。而过分对人欲压抑的思想，还造成了重「道德」，不重物质生活品质上改进的消极心态和哲学。这类消极思想，加上其它种种的社会因素（人口大量增加、可耕地增加有限、动乱等），造成了农民普遍贫穷的现象。讲修身的儒者在经济上大都还属于上层社会，不太受到社会贫穷的影响，但下层社会的主要顾虑是谋生存和能在生活品质上的增进，对这些消极的修身思想不感兴趣。这时，中国最主要的宗教佛教，给这种消极的修身思想火上添油，带来一种有麻醉功用的希望：只要今生修行，即可安于贫穷，透过行善，来世就会富贵。这些消极的心态所产生的后果，可以用西方生物学家的比喻来描述：如果将一只青蛙丢入沸腾的水中去，牠会立刻跳出来。可是将青蛙放在冷水中，逐渐加热，青蛙最后在不知不觉之下被热死。理学压抑人欲的思想，也有同样的后果：造成了中国人得过且过的惰性。以相对论闻名的大物理学家爱因斯坦有一次路过上海，看见一些老妪在织篮子，问她们一日可赚多少，一听到一日的辛劳工作只能赚相当于 5 分美元的钱（相当于现在每日 5 美元），摇头大感惊奇。在这种不合理的薪金之下，居然一点也不反抗。中国在宋代以后数百年内（理学从宋代延续明代），人们持续这种想法，生活水准一代又一代的逐渐降低，最后只能勉强糊口，唯一能做的似乎就是求精神上的满足。就像放在逐渐加热的冷水中的青蛙一样。这类消极的，在精神上感到满足的思想的极端发展，以后就变成鲁迅在其名作《阿 Q 正传》中所讽刺的阿 Q 精神－胜利的自我陶醉心态。

宋元时期是中国科技史的黄金时代，在数学方面有特殊的贡献，有人声称这时候中国和印度独立出创造出零的观念。元朝在几乎没有文化的蒙古游牧民族统治之下，文明逐渐低落。由于通商频繁，中国向外国输出不少文化，可是官方一直都鄙视文化。虽然元朝大量引用色目人，输入不少西域文化，如回回历等。当时中西交通海陆皆发达，传教士、商人带进许多外国文物、学术，如也里可温教、伊斯兰教、阿拉伯科学艺术等，可是

本土的发展却没有受到鼓励。这时西方的教权已经开始衰微，正在大量把流落在海外（大都在阿拉伯）的文化再次输入，文艺复兴的幼苗正在成长之际。可是这些文化幼苗复兴的精神几乎一点都没有传入中国。

明朝开国皇帝朱元璋推翻元朝的黑暗统治之后，实质上并没有恢复中国的文化精神，中国科技文明却走向没落。事实上，明朝开国以后，中国的文明已经开始破落。和许多世家的破落户子孙一样，就在这时代开始自大，捧高汉族，以「中国居内以制夷狄，夷狄居外以奉中国」为座右铭。就在这种狭隘的民族意识思路下，中国封闭自守了。除了严密防边之外，并禁止人民出海和「番人」通商贸易。

15 世纪，明朝第三位皇帝成祖朱棣（1399 － 1424 年在位）统治期间，曾经有过一段中国向外开放之春。朱棣对塞北地区曾经亲征过五次，对东北采取绥抚的政策，和西北恢复通商。非但如此，1405 年派遣三宝太监郑和（原姓马，小名三保，后来朱隶赐姓为郑，小名改成三宝）和副使王景率水手及军士 27,800 人，远航西洋，最远到达非洲的蒙巴萨（Mombasa，在今日的肯亚〔Kenya〕）[61]。1407 年回国，后来又先后远航六次，共拜访了三十余国（郑和病死于最后一次的远航途中）。出航时，除了主船六十三艘之外，又有许多其它副船，至少有一百艘以上。第一次出航的船只最多，共二〇八艘，用中国发明的罗盘（指南针）及天文知识导航。这次航行之后，许多「海番」来朝贡，可惜这一个盛况仅维持了二十年。朱棣死后明朝开始衰弱，在这些年间，瓦剌（明朝对西部蒙古的称呼）及鞑靼 (Tartar) 接连内犯，北京不守，甚至皇帝英

圖 48. 鄭和的艦隊

宗朱祁（1427－1464 年在位）都被蒙古人俘去，（被俘时间为 1449－1457 年）。此后南方沿海一带屡遭日本海盗（倭寇）的侵犯[62]。在此之前，中国原本把海上的通商认为是聚宝盆，这时以后，却认为是祸源，因此海禁甚严，走向闭关自守的时代，认为和外族来往有害无利。

明清的中国学术沦落到类似烦琐哲学狭窄孔学

闭关自守的短视之外，又加上对学术的箝制，这种箝制才真正扼杀了中国的学术精神。中国真正的君主独裁，应当说从明朝开始，清朝则将这

---

[61] 可是，鄭和下西洋進行的是皇家海上貿易，目的在招來朝貢貿易，一般商民並不被允許作海外貿易。

[62] 其實真正倭人不過十之二、三，跟著倭人一起燒殺的華人則佔十之七、八。

种专制制度延续及发扬。（唐宋时代，虽然科举的考试题材以孔孟为主，可是不时也有其它学说，如老子等。）明太祖朱元璋规定非孔孟之书不读，而且对于孔孟之书的解释，非用宋朝的几位理学大师的不可。因为朱元璋最崇拜的是宋朝的朱熹，他认为自朱熹以来，圣道已明，不烦后人发挥。他接受了元朝仁宗皇庆二年的正统思想的制度，以朱熹的《四书集注》作为科举考试的标准本，虽然元朝并不注重科举考试。这一举动就此泯灭了学者的发展。自此以后，用宋儒对孔孟之学的解释为考试铨选人才的标准，不许自己议论。被后世骂得无体完肤的八股文[63]，也是在朱元璋治内制定出来的。这和造成了中古黑暗时代的天主教控制下的学术研究体制很相似 – 当时在欧洲唯一能研究的就是神学，或围绕神学的其它学科（如计算复活节日子的天文和数学），而且都只许朝某些古代神学大师（希帕的奥古斯丁〔Augustine of Hippo〕和后来的阿奎那〔Aquinas〕，被天主教封为圣多玛斯〔St. Thomas〕）对教义的解释发挥。（这种学术精神造成当时流行于欧洲的烦琐哲学〔Scholasticism〕，类似中国的八股文，见本章后节。）不同点是，所有理学的各宗派都否认有上帝一类的人格神及在「他岸」（死后的世界）的存在。16 世纪，知名学者王守仁批评宋学束缚了身心的发展，在这一点上还对个人思想有所尊重。可是他也倡出一种属于唯心论的论调，即心就是理，心明乃见天理。清朝继续明朝的闭关自守，和对学术箝制的传统。在这类空论之下，所有的学术都走向空疏之道。自此之后，等于没有学习的风气，在上层阶级的只知论性谈天。由于心学空疏浮伪，明末清初学术曾经走向经世致用之学，当时的大学者如李时珍、宋应星、顾炎武、黄宗羲都是这类学者。清朝乾隆嘉庆以后考据学大盛，学者专注于古书中做学问，没有新的创论。（这也许和清朝的「文字狱」有关。）在下层的则疲于读死书。有人批评说，非但从事「圣道」的人不务兵农这些国家要务，连对于当时行政所需的执法及经济都一无所知。

　　中国因此失落了唐宋时学术上探索的精神。就和一个曾经一度兴旺，已经开始衰败的大家族一样，自傲及自我中心的心态反而愈来愈强。在「圣主制御蛮夷……慕义贡献则接之以礼乐……」的心态之下，明、清都在这种梦中过活。在这种非常狭隘的国家民族主义的思路之下，中国和其它国家更为隔绝。全面禁止和外国通商，边防严加控制。

---

[63] 八股文的結構有八項（因此稱為八股文）：破題（介紹）、承題（大綱）、起講、提比、虛比、中比、後比、大結（結論）。看上去有條有理，可是流於格式化，最後變成無病呻吟。

新的欧洲变成侵略者，亚洲受难受苦

当中国士人摇笔写八股文之际，国外的「夷人」却在秣马厉兵。自十字军东征，13 世纪后，教权逐渐衰微。欧洲开始了一个大规模的，寻回基督教兴起时失落的文化。这些失落的文化大都在阿拉伯国家中。几乎所有的欧洲英才都把已被翻译为阿拉伯文的希腊古书再译回为拉丁文。这就开始了文艺复兴运动，科学开始发展。16 世纪末，（天主教的）耶稣会传教士大批来到中国，其中最为有名的是利玛窦（Matteo Ricci）。他们的目的是传教，可是在传教工作中，也带入了科学和工程的知识。虽然在科学和工程的传播方面小有成就（例如中国当时著名的天文学家用西方发明的望远镜观测星象），一般说来，这些科学的的嫩苗都在营养不足的后天失调的环境中萎枯了。

而在这段时期中，中国学者流汗血在毫无内容及意义的，类似烦琐哲学[64]的八股文中，互相以文竞争·而西方的「夷人」却在发展火炮及战舰，把科学应用在武器上·把印度及太平洋南部的岛国征服后，中国变成下一个受害者·外患一来，中国认为自己是「蛮夷之*中*的大*国*」的虚骄之气*丝毫*不减，既不能战，又忌讳去谈和。这时西学已经东传，可是只有少数的人受到启示。实际上到了清末时，已经不能不改制度，可是都被守旧的保守分子阻挡。在不能改革的政策之下，清朝的统治走向穷途末路的命运。上面提到过的郭嵩焘于 1876 年到

图 48. 孙中山

1879 年任驻英国大使任内，研究了西方的制度，他认为立国之本在于政教，单凭船坚炮利不可以自强。他提出了一些改革的建议，和后来没有成功的光绪变法有许多相同之处。他写了一部六十万言的巨着，其中指出「西洋国政一公之臣民，其君不以为私（一切人都要遵守法律，即使国王也不能有特权）…而中国自秦汉以来，适得起反。」可是他受到保守派的猛烈攻击，所写的书被清朝勒令毁版，不许发行。

郭嵩焘很明确的指出，中国为了建立中央集权制度而非要用到的韩非理论的做法已经过时。再者，古代中国的政权集中于皇帝一人的政治制度一向都很不稳，即使在中国最英明的皇帝唐太宗李世民的治内，都出现过叛乱。如果有了天灾人祸，或者皇帝稍不英明，朝廷就会面临危机。还

---

[64] 一个经常用来批评烦琐哲学（scholasticism）的该哲学的命题是，在一枚尖针顶上，能站立多少位天使。

有，既然皇帝属于至高特权阶级，下面的官员不免仿效，造成贪污徇私的现象。政权愈不稳的时候，这些贪污徇私的现象就会愈加猖獗和普遍。等到人民无法生存的时候，颠覆皇朝的时机就成熟，各路英雄就会出现，领导革命推翻朝廷。1850 年洪秀全已经假借基督教兴起革命过，直到 1864年才被消灭。自此之后，清朝国力大减，贪污徇私的现象已经蔓延到下层官员，虽然说要改革，都是虚有其表，一日拖过一日。

最后，孙中山领导的革命失败多次后，于 1911 年 10 月以少敌众，成功攻下武汉。虽然只攻下一个城，可是几乎所有的省分都纷纷响应。次年2 月 12 日在隆裕太后的主持下，替年方 6 岁的宣统帝爱新觉罗·溥仪正式发出逊位诏书，结束了中国持续四千多年的君主专政，尤其是自秦始皇以来一直在执行的，大权归于皇帝一人的君主专制制度。

在混乱中的中国，引进科学文化

现在回顾过去，要说孙中山以他革命的实力推翻了清政府，不如说清朝已经到了穷途末路，就如一座已被白蚁蛀空的房屋，轻轻一推就会使它崩塌。可是对这次清朝的垮台，有一要点要特别说明。这是中国自有朝代以来，最和平的换朝更代。在「退位诏」上加盖皇帝的玉玺后，这朝代就解体了。不幸的是，虽然孙中山成功推翻了清朝，可是他的势力薄弱，没有强大的军力和政治势力支持，他的临时政府只维持了三个月，但他在这三个月内所实行的政策和改革的回响却一直流芳到今日。例如，他立即下令废除上千年妇女缠足的残忍恶习，并对不遵守的人施以刑事。他提

图 49. 蒋介石

倡男女平等，引用公历（格里高里教皇在 1582 年改革的以儒历），及主张中国要走向民主之道。由于这些超时代的贡献，他被国民政府尊称为「国父」，现在的人民政府仍旧赞扬、尊崇他的贡献。

孙中山的临时政府成立不久，接连出现袁世凯想要称帝，张勋想要复辟，可是这些复古的行为都很快的失败了，因此在实质上已经完全废除了君主专治政治。政权被北洋军阀夺去，建立了北洋政府[65]，可是中国非正式的分裂为地方军阀统治的局面。这些地方都没有独立的企图，故不像唐朝亡后，五代十国的局面。自此之后，中国称为民主共和国家，然而基本

---

[65] 北洋指北京附近的三个省分。当时军阀割据，因此北洋政府只能控制这些北京附近的省分。

上到现在为止，中国的政局大都是样版式的表面民主，或基于地方主义及中国固有的党争模式的，徒有其名的民主。1926年，孙中山的继承人蒋介石领导南方军队，开始北阀，肃清军阀和北洋政权。1928年，张学良将东北易帜，中国统一。可是统一并不完整，仍有不少军阀，他们宣布支持国民政府，可是实际上还是采取地方分割的局面，即使如此，中国还是开始兴盛。1937年，日本继1931年强占中国东北之后，开始进攻中国。在蒋介石领导之下，开始对日抗战。1941年，日本偷袭美国珍珠港，美国介入。1945年，日本无条件投降。

之后，中国国民政府无法应付战后的经济问题。加上当时蒋介石政府非常腐败，大权在他的夫人宋美龄的姻亲孔祥熙及弟弟宋子文[66]掌控下，都极贪婪。通货膨胀日益严重，最后的通货膨胀高达每日百分之20。1950年，中国共产党把蒋介石逼退到台湾，成立中华人民共和国至今。

对中国的近代史，只能大致如此写下。自1912年至今，中国历经不少政权上的变动，要讨论这些政权上的变动，几十卷书都写不完，在这短短的一章中，我要略述的不是这些政局的变动，而是些有长久影响的，在中国文化上的转变。

鸦片战争后，中国和西方开始有了进一步的接触。此时，有识之士都了解到，中国必须脱离明清两个朝代强调的，对于孔孟学说的狭窄解释及八股文的文化，并接受西方文化中的两个最重要和最伟大的要素：科学（广义的科学包括工程、社会科学等等）及民主。甚至把这两个要素人格化，称为「赛先生」和「德先生」（科学〔Science〕和民主〔Democracy〕的英文音译〔赛因斯和德莫克拉西〕的前缀）。科学是定义极明的学术，对政府和人民有立即的益处，成果立即可取。因为对科学有这么高的兴趣，全国都一致追逐广义的科学。到现在为止，科学已经在中国生根发扬光大。然而中国对民主的接受是一场艰辛的战争。若不是中国还没有准备好接受西式的民主，就是现在西方民主的方式不适合现在中国的环境。

民主是一种抽象的观念，对象是社会的整体。对现存的执政团体不利，而对人民的益处不是立刻就可以了解。牵涉到社会整体的构造的改变，也要改变人民的心态，因此牵涉到基础性的，在全民思路上的改变，任何这类的改变需要极长的时间。中国两千年以来，已经有过可行，虽然不完美的君主制度，故需要在心态上做基础性的改变。再者，由于国情不

---

[66] 1992年的《大英百科全书》把宋子文列为在1950年代世界20位首富之一。这令人怀疑他的钱是从哪里来的。

同，民主有许多不同的方式。（这也许就是没有两个国家有同样民主制度的原因。）中国有自己民主的传统（科举就是一种让人民参政的民主制度），这一点对西方说来是陌生的。再者，西方的民主也有其严重的弊病（这一点会在第十四章作更进一步的讨论）。

中国引入西方的教育制度及五四运动

1905 年科举制度废除，各地纷纷建立新学堂，即西方制度的中小学及大学。不过在这之前，已经建立了第一所大学。在短暂的 1898 年戊戌维新期间，光绪帝下诏筹办京师大学堂，1899 年正式开学，后来改名为北京大学。这是中国最古老的现代教育制度的大学（应当把汉朝的太学认为中国最古老的大学），设有文、法、理、工和商科及预科。1919 年，学生有一千九百人，可是在 1916 年以前，学风极坏，年纪大的学生相当多，其中还有考上举人和秀才的学生，整个学校没有图书馆，只有一座在马神庙中的藏书楼。学生生活散漫，除了少数读死书外，风气是打麻将，捧戏子，逛八大胡同，吃喝嫖赌。直到 1916 年，清末的翰林蔡元培任校长后才加以整顿。虽然蔡元培从八股文出身，可是他是先进派，知识丰富，参加过孙中山的南京临时政府，做过教育总长，国民党反袁世凯称帝失败后，流亡海外，在袁世凯死后才回中国。他接任校长后宣布「兼容并包」，提倡「学术思想自由」的政策。所谓兼容并包，并不是毫无选择，主要是罗致具有先进思想的新派人物，对于腐败守旧人物则尽量排除。由于他的兼容并包政策，聘请教授采取兼容并蓄的态度：当时北大有提倡白话文的胡适和钱玄同，有极端维护文言文的黄季刚和刘申叔，有拖着长辫子的辜鸿铭，有朴学大师章太炎，有洪宪六君子之一的刘师培，有戊戌维新的梁启超。此外，有不少不同类型的新派人物来到北大，其中不少人对后来共产主义在中国的发展有很大的贡献和影响，包括组织共产党的陈独秀、作家鲁迅（周树人）和他的弟弟周作人。在那一段时间，中国似乎有了新兴的现象，大批留学生出国留学。

就在这时候，发生了一件把中国未来塑形的大事。就算不能说这件事将中国未来的前途塑形，但至少可以说这件事唤醒了中国知识分子，开始检讨、讨论中国未来的前途和方向，这就是五四运动（发生于 1919 年 5 月 4 日，以此日为名）。这是知识分子领导的爱国运动，以后很快的就启发了反抗中国固有思想、制度，以及寻觅未来的方向的潮流。事件经过如下：日本帝国主义趁着第一次世界大战欧美各国无暇东顾的时候，独自侵略中国，向袁世凯提出灭亡中国的二十一条要求，以此作为交易，帮助袁世凯做皇帝。袁贼称帝心切，对于这二十一条近乎亡国的要求，除其中的第五款留待日后商量外，其它的都接受了。袁世凯称帝的行动失败以后，

不久就死了。之后，张勋想复辟，可是北洋军阀段祺瑞打败了张勋。为了攫取中国政权，段与日本帝国主义勾结，继续承认二十一条，获得日本的大批借款。1914 年，欧洲第一次世界大战爆发，中国和日本帝国都参加了欧战，站在协约国一边（其它协约国家为英、美、法、日、意大利）。当时日本借口德国为敌对国，自行出兵中国山东省，将辛丑条约中规定德国在山东的权益，据为己有。1918 年 5 月 7 日中国留日学生在东京开会，抗议中日秘密协议，遭日本警察拘捕多人，全体留日学生对日抗议，罢课回国。北洋军阀政府却准备接受这个协议，经过几天的奔走酝酿，归国学生和北京学生于 1918 年 5 月 21 日发动向统治当局示威请愿运动。这是一次空前未有的运动，参加者有北大、高师、高工等学校二千多人，虽然因为中国学生没有参加过政治活动，经验不足，使得这次的游行没有什么结果，可是这次的请愿运动却成为次年五四运动的前奏。事后北洋政府采取镇压政策，还将北大校长蔡元培予以免职。

1919 年一次大战结束，在巴黎召开和会，中国是参加对德宣战的战胜国之一，但是其它国家不顾中国的权益，在 4 月决定由日本继承德国在山东的特权，5 月 3 日学生召开会议，决定于次日 5 月 4 日在天安门广场集会，竖起写了「收回山东主权」、「惩办卖国贼」、「拒绝在巴黎和会上签字」、「内除国贼，外抗强权」、「中国是中国人的中国」、「废除二十一条」、「抵制日货」等等句子的标语及旗子。学生一直冲到北洋政府和日本大使协商的集团负责人曹汝霖家中，把他的房子烧了，军警来镇压，可是学生愈来愈多。最后，引发全国各大城市罢工、罢市来支持学生运动。这是中国从来没有发生过的事。国家进入混乱状态，而北洋军阀内部也互相倾轧。段祺瑞政府感到事态严重，被迫于 6 月 10 日下令将曹汝霖、章宗祥（驻日公使）和陆宗舆三个卖国贼罢职。京津学生万余人包围怀仁堂总统府，当时北京军阀政府的总统徐世昌，在群众威力之下，不得不去电巴黎，下令出席和会的中国代表顾维钧、王正廷拒绝签字，同时将北大校长蔡元培复职。事件一直闹到 10 月才缓和下来。

这就是五四运动的大概真相。主要的动机是爱国，然而这次运动却启发了中国人对自己文化作一仔细的审视的开端。五四运动所反对的卖国行为都没有真正发生长久的影响，因为以后的国民政府废除了一部分的卖国协议，而且在二次大战日本惨败之后，日本和西方国家的一切侵略行为都已经成为历史了。可是五四运动带来的文化运动却有长久的影响，直到现在，都可以感觉到此一运动的余波。让我们看一下当时的情形。

在十字路口的中国

自 1912 年至中日七年抗战之间，中国处于新旧交替的时代。一百多年前，法国大革命爆发，法国也处于新旧交替的时代。英国文豪狄更斯（Charles Dickens）写了一部描述这个革命的名著《双城记》（*A Tale of Two Cities*），在开场白中，狄更斯这么描述法国革命前夕的感觉：

> 「这是最好的时代，这也是最坏的时代。这是充满智慧的时代，这也是充满了愚蠢的时代。这是有信念的时代，这也是充满了怀疑的时代。这是光明的时代，这也是黑暗的时代。这是充满了希望的春天，这也是充满了绝望的严冬。我们面前摆满了一切，可是我们的面前也似乎空无一物。我们都直接向天堂去，我们也似乎都朝地狱的方向去……」

这一段几乎可以一字不改的描述当时中国所处的困境：孙中山辛辛苦苦的鼓吹革命，推翻腐败的满清政府，多次失败之后，最后居然成功了，在南京建立了临时政府，似乎为中国带来了希望。可是三个月之后，就被掌握军权的北洋军阀夺去政权，以卖国的行为来支撑他们的政权。在绝望之中，知识分子组织起来，仓促间发动的五四运动，居然能获得全国人民的支持，逼迫卖国的段祺瑞退让，拒绝割让山东的权益，把他的手下的曹、章、陆罢职。在充满了绝望的严冬中，似乎替中国带来了一线春天的希望。然而中国要朝哪一个方向呢？一个好的选择，能把中国带到人间天堂；一个坏的选择，也能把中国带到人间地狱，这是当时知识分子面临的问题。

当时中国知识分子大都集中在北京，以北京大学为大本营。在「学术思想自由」的口号下，成立了很多社团，像哲学会、雄辩会、音乐传习所、体育会、数理研究会、新剧研究会、书法研究会、画法研究会、图书报社、学生储蓄银行等，也使用他们所办的杂志定出他们选择的方向。这些知识分子有许多不同的想法，可以大致分成三条不同的思路：第一个是「新文化运动」，最初以《新青年》杂志为代表。他们之中有鲁迅、钱玄同、王星拱、刘半农、徐宝璜、李大钊，胡适、周作人，及创立中国共产党的陈独秀等。虽然他们是新文化运动人物，在政治见解上彼此却有很大的分歧。例如，中国共产党建党期间重要人物李大钊发表〈庶民的胜利〉一文，强调无产阶级的重要，讲马克思主义。而胡适觉得空想的主义不能救国，因此就提出多谈中国的问题，少谈空想的主义，提倡美国哲学家杜威（John Dewey, 1859 – 1952）的实用主义（Pragmatism）。其实这不是类似共产主义或三民主义的「主义」，而是一种研究及做事的基本方针等

等。在这些意见方面的分歧造成许多派别，站在「主义」方面（尤其是共产主义）方面的人一直对胡适感到不满，一直反对他。

第二条思路是无政府主义（Anarchism）的思想。蔡元培校长到校后，聘请了前清大学士李鸿藻的儿子李石曾（字煜瀛）到北大教生物学，聘请了吴稚晖（敬恒）当学监。虽然李石曾只来了很短的时间，吴稚晖则婉辞就任，可是他们提倡无政府主义，这思想就因此传播到了北大，带入了种种无政府主义大师如蒲鲁东（Pierre Joseph Proudhon, 1806－1865）、巴枯宁（Mikhail Aleksandrovich Bakunin, 1814－1876）、克鲁泡特金（Peter Kropotkin, 1842－1921）等人的思想，鼓吹无政府主义。由于当时中国政治腐败，学生的哲学社会科学的知识水平低，加上这些名人的鼓吹提倡，因此倾向于无政府主义思想的学生不少。他们在当时都是主张不要国家、不要家庭的人，因此和实际相当脱节。他们看不起学生爱国运动，认为爱国是落后的思想（其实老子的哲学也可以看成无政府主义的一种）。现在当然没有人提倡无政府主义了，可是在 19 世纪甚至 20 世纪初，欧美的政府无能，没有好的社会政策，造成了极端的贫富不均及一般性的贫穷现象，因此这种破坏性的政治思想在西方也相当流行一阵子。甚至在美国，有好几次的群众大暴动都牵涉到无政府主义者。最近去世的中国近代伟大作家巴金（原名是李尧棠，字芾甘，1904－2005 年），最初也是无政府主义者。他的笔名巴金就是来自巴枯宁和克鲁泡特金的中文音译第一和最后一字。

第三条思路是复古的思想。当社会变乱的时候，就会有人想到复古，他们的杂志是《国故月刊》。即使在现在的美国，还有许多人想要恢复教权的统治，认为只有在教权的严厉控制思想和人的行为之下，才能使社会安定。可是历史永远朝前走，世界上几乎没有过一个复古运动能够成功的例子。

这一段期间，有不少在这些杂志里的辩论，这些辩论形塑了中国知识分子对中国文化的看法。如果说五四运动带来了启蒙，大概就是这一点，还有一点可以确定的就是，这些辩论－从新文化运动到无政府主义到复古运动－都引用西方的逻辑路线，因此暴露出传统中国文化的最大缺点－缺少建立于客观事实和逻辑的科学思考精神、方法和思路。即使在西方教权统治下的最黑暗时期，逻辑还占有一席之地。以神学的理论为例，一位中古神学家这样「证明」神的存在：因为每一件动的物体最后自己会停止下来。（按：亚里士多德的假设是，静止是物体的本性，因此动最后都变成静。这是中古时代基督教的教义的基本假设，这个假设被 16 世纪的伽利略、牛顿以实验和理论所推翻。）因此，如果要天上的行星能永远运转下

去，一定要有一个原动者（prime mover）来使它们不断的运动，而这原动者就是上帝或神。当然，这位神学家的基本假设（每一件动的物体最后都要停下来）是错误的，他找不到其它的解释（当时重力还没有发现），就断言自己证明了神的存在。这个断言当然也是错的（因为他没有考虑到其它的可能），可是他按逻辑思考的推论方式却是正确的。就此而言，要复古的第三条思想肯定是输的，而无政府主义是一种破坏型的主义，20 世纪初就已经认出这种主义的不可行性。现在无政府主义（anarchism）已经变成贬语，描述毫无秩序的情势。最后只有「新文化运动」才能真正的立足。当然，新文化运动当中有许多派别，平心而论，最重要的区别是对于马克思共产主义的接受与否。

到底在新文化方面，中国的五四运动有什么成就呢？在早期，中外有许多人认为五四运动是一种类似 17、18 世纪欧洲的启蒙运动（Enlightenment），最近有许多人认为不然。欧洲的启蒙运动乃是把上帝和人，自然和理性（reason）的地位重新安排考虑过，重新组合成一种新的人文主义（humanism）。事实上，在欧洲启蒙运动之前很久，古希腊的哲学家们早已将理性应用在对自然界规律性现象的推理解释中，而罗马文化的发展中保存了希腊文化的形态，包括自然界的法则和理性规律的观念，可是在希腊和罗马衰亡之际，兴起了对于人是否能从困境中被拯救出的关怀，因而有了基督教的兴起。在这一段时期中，虽然基督教仍旧持续希腊及罗马的传统，可是兴起的是所谓的烦琐学派（Scholasticism）[67]哲学体系，这种哲学应用了理性去了解自然界的事物，却深深受到宗教「真理」启示的箝制，因此没有什么大作为。到了启蒙时代，人文主义 – 文艺复兴，新教的兴起 – 的攻击之下（14、15 世纪文艺复兴，人文主义兴起人类理性开始抬头，16 世纪马丁路德以理性质疑教会引起宗教改革而有新教兴起，18 世纪启蒙时代思想家虽未摆脱宗教却想以理性找出人文社会的运行的法则），这种依赖神学的理性路线就消亡了。就在这一段人文主义兴起的过程中，出现了科学。在实验科学中有培根（Francis Bacon, 1561 – 1626）、哥白尼（Nicholaus Copernicus, 1473 – 1543）及伽利略（Galilei Galileo, 1564 – 1642），在数学上出现了笛卡儿（René Descartes, 1596 – 1650）、莱布尼兹（Gottfried Wilhelm von Leibniz, 1646 – 1716），以及物理及数学奇

---

[67] 烦琐哲学（Scholasticism）所研究的通常都是一些没有想像力，不切实际和枯燥无味的问题。一个有名的例子是，有一位烦琐哲学家研究在一根针的针尖上面能站立多少位天使。这哲学学派在重要神学家阿奎那（Aquinas, 1225?-1274）时达到极高峰，到了文艺复兴时期就衰微了。现在英文字 scholastic（原意是有学问的）变成一种哲学上的损语，讲这人或这学科的研究过于吹毛求疵，与现实脱节。

才牛顿（Isaac Newton, 1642 – 1727）[68]等等。 在这重新组合中，出现了不少新的哲学和新的宗教观，其中之一是理神论（自然神论〔Deism〕）。这宗教哲学认为世界虽然由神创出，可是自创世以后就脱离了神的支配而依照自然法则运转（美国国父华盛顿及许多革命的元勋都相信理神论，华盛顿甚至不相信神的存在及死后彼岸的生活，他在临终时还拒绝接受牧师的祈祷）。

可是，自五四运动至今，还没有在中国看到像上面描述的真正大学者，也没有出现过真正的新哲学（政治支配的哲学不算）和新的科学。当然，要说一句公平话，在欧洲启蒙时代几乎任何一门学科都在起端，因此任何创出的一门学科都是开天辟地的杰作。到了五四运动时候，学术的粗枝大叶已经出现，主要的工作乃是在填补这些粗枝大叶之间的空隙，难以有开天辟地的大作。这和我的本行物理及天文物理的发展很类似：在 20 年代，原子物理才开始，创出了前无古人的量子力学。到了现在，创出这类惊天动地的理论的余地就不太多了（或者应当说，在物理中不太多，可是在其它学科中，如生物学，开天辟地的创作可能才刚开端）。现在大部分在物理方面的工作都在补足知识之间的空隙，因此活动的空间大为减少。可是还有另外一个客观的因素：1919 到 1990 年间，客观环境几乎不容许中国学者在学术方面能充分发挥才能。这段时期，中国几乎都在战争动荡或动乱中 – 先是 1912 – 1928 年的军阀割据时期，然后是 1928 到 1937 年之间扫除军阀（台湾的说法是北伐、剿共），1937 至 1944 年的中日战争，1945 – 1950 年间把国民党逐出大陆的共产党革命，之后就是 1950 至 1966 年之间在中国大陆出现的，不知真正目的是什么，也不知真正的目标倒底是什么，造成动荡不安的各式各样的「运动」，以 1966 至 1976 年 之间十年浩劫的「文化大革命」为所有「运动」的极高峰及作终结性的结束。到了 1980 年邓小平开始改革后，中国才开始安定，而直到 1990 年之后，真正的安定才开始。在 1919 到 1990 这段将近两个半世代之间，所有五四时代的人物都已相继去世，连他们的下一代也都上了年纪，就像古希腊盲诗人荷马写的史诗〈伊里亚特〉(Iliad) 中对于特洛伊 (Troy) 的长老们的描述一样：「这些民众尊敬的长者，由于上了年纪，已不再浴血疆场（涉及学术研究、政治活动等）。」可是我认为，仍旧不能说五四运动完全没有带来启蒙运动。欧洲的启蒙运动中最大的特色是用人

---

[68] 培根的最大贡献在於提出一个以前没有的，把知识系统化的体系（出版在《Advancement of Learning 及 De Augmentis Scientiarum 科学的增广中》）以及科学上广为应用的演绎法 (induction)。哥白尼用天文观测确定地球绕日学说，伽利略是现代物理始祖，笛卡儿创解析几何，把代数和几何统一，莱布尼兹和牛顿提出微积分，牛顿创立了到现在还在应用的力学。

文主义的精神，以理性来审视欧洲本身的文化。在这一点上，五四运动的确给中国带来了一些很重要的启蒙，虽然有些很肤浅，有的受到意识形态的影响，工作不彻底或不透彻或偏于某些意识形态。我认为，应当把中国自己的文化以西方逻辑和科学方法，及以不用「以今非古」的讨论方式和不把其它政治哲学（如任何主义）的观点牵涉入的前提之下，重新评估审视中国固有文化，去芜存精。在 1990 年代之前，这种工作很难做到，1990 年之后，明显的，许多中国学者开始在这方面努力，可是这项工作真的需要很长的一段时间。

五四运动之后的一段的时间中，也出现过不少现在看来非常幼稚及天真的舆论，我想部分的原因是，一个人的生命中，真正能做出有贡献工作的时间只有三、四十年，如果不能完成，就要交给下一代了，而下一代是否能让自己的理想付诸实现，是一个前途未卜的问题。而三、四十年，听起来很长，其实很短，因为人类整体的文化变更或进展不能以年为单位计算，应当以世代为单位，而三、四十年最多只能算一个半世代。在五四文化初期，知识分子似乎就有这种的心态－巴不得在有生（有能力）之年把中国现代化，所能想到的最快的方法似乎就是立即除掉这些固有文化，代之以外国文化，甚至要把中国文字以外国语来替代。胡适说的「全盘西化」就是这类简单想法的舆论的代表，但不能说胡适是唯一有这种「拔禾助长」的愚蠢想法的人。在当时，几乎所有的舆轮都指向这一个方向，只要看一些当时的言论就知道了：

> 「中国二千年来没有真有价值真有生命的文言的文学，这都是因为这二千年文人所作的文学都是死的，都是用已经死了的语言文字做的，死文字不能产生活文学，所以中国这二千年只有些死文学，只是没有价值的死文学。」（胡适，《建设的文学革命论》）

> 「文学革命，其是非甚明，不容反对者有讨论的余地，必以吾辈所主张者为决定之是而不容他人之匡正。」（陈独秀语）

> 「中国事事不如人。」（胡适语）

> 「欲使中国不亡，非取消记载道教妖言的汉字不可。」（钱玄同，原名钱德泉）

> 「汉字不废，中国必亡。」（胡适）

> 「汉字终当废去，盖人存则文必废，文存则人当亡，在此时代，已无幸存之道。」（鲁迅）

「中国文字要走各世界共同的拼音化道路。」（毛泽东）

「戏馆全部封闭，要全数尽扫，尽情推翻。」（钱玄同）

「中国戏没有存在的价值。」（周作人）

如果不看这些言论说出的时间，或说这些话的人的身分（都是五四时代中国顶尖的知识分子），真要觉得这些都是十年浩劫的「文化大革命」时代的无知盲从青年说出的话了。这样的言论在五四运动后，新文化运动倡导者的文章中随处可见，有大量整篇整篇的论述，以上仅是一些少许的摘录而已。时过境迁，今天的青年看到这些极端的言论，也许会觉得滑稽可笑、可悲、可憎。可是当年这些顶尖人物就是这样一群杀气腾腾，觉得中国将近五千年的文化一无所是，要把中国文化彻底毁灭的刽子手，真叫人毛骨悚然。

这也正是十年浩劫中的「文化大革命者」的形象和论调。五四运动当年，这批人否定一切传统文化，甚至没有一丝「民主」与「自由」论者的宽容，也根本没有「科学」论者的严谨，除了丑化和漫骂之外，却又拿不出所谓「新文化」的作品，只是一味为西方文化－某种西方文化，如马克思主义和无政府主义等－唱赞歌（实际上现在回顾，当时这些人对西方的文化的了解相当肤浅，其程度和我们现在笑许多西方汉学家对中国文化了解的肤浅程度差不多，等于是五十步笑百步）。具有反讽意味的是，正当这批人在高举「新文化运动」的旗帜，高喊打倒一切的时候，以梅兰芳和程砚秋为代表的中国传统京剧界，却在西方文化的大本营－纽约和巴黎赢得京剧文化的尊严。也就在这一段时期（从 19 世纪末起），美国和荷兰的汉学家和国际天文学家合作，从这批「新文化运动者」要「丢到毛坑（旧式厕所）去」的线装书《二十四史》及其它史料的研究，于 1930 年共同确定，一个自 19 世纪发现后就无法了解的天体「蟹状星云」(Crab Nebula) 是南宋钦天监杨惟德记录下来的，在 1054 年 7 月 5 日爆炸的超新星（客星）的遗体。1960 年代，从中国史料中，鉴定出的这星云的身分以及对这远在六千光年之外的星云的观测和理论的解释，断定了中子星的存在，奠定了现代天文物理学，创建出现在天文学中最红的学科之一 － 相对论天文物理学。

如果再仔细想一下，就会觉得这种把中国固有的语言废除，代之以其它语言的想法非但不可行，而且可笑。以方言为论，中国推广北京腔的方言为国语（普通话）的运动已经有将近一百多年的历史，可是北京地区以外的方言依然存在。非但存在，而且在大多数地方不容许国语立足。一直

190

到十几年前，许多中国人都不会说国语，只会说当地的方言。现在中国国语流行的原因，不是来自政府的三令五申，而是来自非常实际的因素：许多人为了经济、求学、工作、经商或其它的理由，必须到外地去，因此人口的流动性很大。到了别的地方，要能作口头上的沟通，就非要有一种统一的口语不成。这种社会的趋势和实际上的需要造成了国语的流行，而不是政府说要推广国语，下令改革就能在一夜之间达成的。连方言都不能用政府的命令改变，何况书写的文字？再举一个现代的例子，表明只要有一点民主精神，语言不是能被立法更改或废除的。在美国，英文可以算是使用了二百多年的「国语」。可是非法或合法移民多了，他们把他们本国的语言搬来。有些人过了几十年还不会讲英文，只会说本国语言。非法或合法的移民中最多的是来自墨西哥和南美的西班牙裔人。为了向这这些人贩卖商品赚钱，商业界首先向这些西班牙语系民族举起双手及竖起白旗投降，用西班牙文做广告，在用品的说明书中放进西班牙版本，雇用懂西班牙语的售货员及经理等等。许多美国人很快跟进。现在许多州（如和墨西哥邻近的加州、德州、亚利桑那州等）都以西班牙语为实际上的第二「国语」。在这一点上，连在美国的中国人都托了他们的福：许多中国人多的地方都把中文当作实际上的第二「国语」。有许多保守的州还立法，规定只许说英文，可是不是被法院裁决违宪，就是在实际上无法做到。

许多学者也认为五四运动不是欧洲文艺复兴的翻版。原因是，如果要说复兴，必须先有失去。欧洲文艺复兴的背景是，在基督教兴起时（第 3 到第 5 世纪间），教会及被教会怂恿的暴徒把希腊罗马的文化大都以异教（pagan）或邪教（heresy）名义摧毁，把所有的学者杀的杀，赶走的赶走，使得部分文化流落到海外，大都在阿拉伯诸国。文艺复兴时，就把这些流落在海外的文化再输入，把这些失落了，写成阿拉伯文的文化翻译回拉丁文，因此把欧洲文化复兴。中国正好相反，没有失落的文化，有的是对自己文化过于自我陶醉及崇拜。五四运动的一个最重要的成果，乃是重复审视自己的文化，将中国文化从八股文的桎梏和「古代至上」的心态中释放出来。如果说是复兴，应当说，要恢复到战国时代的学术自由发展的精神，或屈原创作〈离骚〉，司马迁创作《史记》，甚至李白、杜甫、白居易、李后主、李清照、罗贯中……等人在文学上的创作精神。可是都没有做到。

现在再对五四运动做一个简单，甚至可以说是只具片面性的讨论。自 1919 年起，中国学者纷纷从国外输入各种「主义」，而五四运动似乎形成了一种「拿来就用」的趋向，即囫囵吞枣似的全盘输入，一点不检讨是否

适合国情或有其它毛病。就像在西方文化大卖场中，推了一辆购物车，看见喜欢的或者认为可用的，就放进去带回家，回家后稍加研究改变之后，就依样画葫芦的创出「主义[69]」来，一点不顾国情（其实几乎所有近代中国政治上采用的「主义」的实行方式都是类似基督教「基本教义派」的教条，非按这些教条一字不改的执行不可）。在对孙中山对中国的伟大贡献－推翻了满清腐败政权的革命，建立了共和国及开创了不知其数的革新－表达我至高的敬意的前提之下，我要说一句不太中听的话：后来被国民党奉为「圣经」的《三民主义》，其实只是一种半完成的、不彻底的、未成形、未成品的（half-baked）的所谓「主义」。1980 年邓小平改革之前，70 年代时一些中国执政的马列史理论家甚至声称要按照马克思主义的基本教条把北京变成水晶城，即把所有被称为资产阶级的知识分子都逐出，只留下没有知识的「无产阶级」，成为赤贫的纯「无产阶级」的「天堂水晶城」。其实马克思的「无产阶级」（proletariat）的原意指的是在欧洲工业革命后，没有资本或其它财产，而要凭自己劳力（所赚到的薪金或工资）才能生存的人。按此定义，在资本主义的美国，几乎所有的人都要靠自己的劳力（包括劳心）谋生，因此也都应当都算是「无产阶级」。论证如下。在美国及其它工业国家，许多工作的人都有「恒产」，即汽车、房子等。可是大部分购买这些「恒产」的款项，都是向银行以这些「恒产」作抵押贷款买来的，尤其是房子，几乎要等到退休时才能付清贷款，之后才能拥有这些「恒产」－ 自己住的房子。如果不幸失业而找不到另一份职业，很可能会失去这些「恒产」，变成一无所有的「无产」阶级，因此所有薪金阶级人士在实质上也都等于属于马克思所定义的「无产阶级」。而且在美国还有许多从一张工资支票活到下一张工资支票（即无余款或储蓄，台湾有一个很好的绰号 － 月光族，即赚来的钱每月月底都化光）的薪金阶级，这更符合无产主义的狭窄定义了。可是他们大都还拥有汽车，能住租来的房子，有电视、冰箱等这些在马克思时代认为只有资本家才能拥有的享受。而且在所有工业社会中，生产的公司都已经变成股份制度，即都属

---

[69] 主义的英文是 principle 或在一个名词后面加上字尾 －ism。两者都可以看成做事的原则，可以按实际情形加以更改，也可以看成一字不能改的教条。胡适提倡的「杜威实用主义」（Pragmatism）实际上就是以实用为主的原则，本身没有教条。以基督教为例，天主教及一些新教都不从基督教《旧约圣经》的〈创世记〉一章字面上的涵义解释宇宙起源，甚至还接受了人不是上帝（神）造的，而来自生物进化的原则（即对达尔文的进化论的接受）。可是有一批基本教义派（fundamentalists）仍旧坚持《旧约》里〈创世记〉中的说法：人是上帝造的，宇宙的年龄不超过一万年，还企图立法反对进化论，造出许多伪科学来支持他们的观点，这样按字面的解释的做法就是教条主义（dogmatism）。

于大众所有，不是一两位资本家所拥有的企业。这些社会现象及经济制度是马克思时代做梦也想不到的。马克思的原意是，无产阶级只是一个过渡时期，最后的目的是要平均财富，把所有的人都变成小康。可是这批理论家认为无产阶级就是赤贫的人，一定要把所有的人都变成赤贫，才算达到马克思的理想。这些都是非常肤浅幼稚的想法：只按翻译过来的名词「无产」的字面意义，而不按照真正的意义（靠薪金或工资过活）定出国家的政策，真是十足的基本教义派的教条主义。

许多人认为美国是资本主义国家，可是基本上美国只讲实用，不谈主义，只谈政策，如果政策不对，就要改正。（美国没有一个号称为「资本主义」的党，就是一个实证。）30 年代经济不景气的那段时期，人民穷困，对于以往基于过分的放任 (laissez-faire 无为) 政策而造成「资本主义」社会里出现的种种问题，人民感到失望，因此无政府主义和共产主义大为流行，美国罗斯福总统于上任后决定必须改革应变，因此提出「新经济政策」(New Deal)，这就是针对社会问题的小康计划，使得最穷的人都能过最低的，能接受的生活水准的生活，这时大量引进社会主义的政策，可是仍旧不谈主义，只谈政策。他提出仿效德国铁血宰相俾斯麦 (Otto Von Bismarck, 1815 – 1899) 的社会安全制度 (Social security)，让无依无靠的老年人仍旧可以过最低水准的生活。他还有不少其它改革社会制度的措施，大都朝社会主义方向做去。由于这些措施，他还被保守分子骂为共产党徒。

中国经书《礼记》的〈礼运篇〉中有一段关于完全无产阶级天堂的描述，被许多人认为是理想世界，在许多地方可以看到的孙中山的题字「天下为公」就来自这一段，把这一段录出如下：

> **大道之行也，天下为公。选贤与能**（部落酋长公选），**讲信修睦**（和平），**故人不独亲其亲，不独子其子**（人们不只照顾自己的亲人），**使老有所终**（老年人养老），**壮有所用**（年轻人有工作）……**孤独废疾者有所养**（无依靠和残障者有人去养）……**故外户而不闭**（没有私有财产，不怕被偷，因此外出不用关大门），**是谓大同**（天下大同）。

听起来像天堂吧？可是这就是本书第七章〈穿了兽皮衣服女人〉描述的，在 4000 到 7000 年以前，人们在仰韶时期过的，极为艰苦，一无所有，连所有生产的工具都要共同合用的赤贫生活。所有的人都要互相照顾（不独亲其亲，不独子其子），否则无法生存。有些现代的原始部落还过

类似的生活。许多人引用了这一段，可是很少人提到《礼记》里描述「无产阶级天堂生活」之后的下一段。录出如下：

> 今大道既隐（衰微），天下为家（成立朝代，以天下为私有）。各亲其亲，各子其子（各自照顾自己的亲人），货力为己（开发货财，努力劳作，都是为了自己），……礼义为纪（以礼义为纲纪）……刑仁讲让，示名有常，如有不由此者，在执者去，众以为殃，是谓小康（按礼来明确大义，考察诚信，指明过错，效法仁爱，讲求辞让，向人民展示做人的常道。如果有不照此去做的人，要按法处理，大家把他们认为是社会的祸殃。这种就是「小康」的社会）。

到了大禹时代，财富丰富了，人们就不愿意过赤贫的无产阶级的「天堂生活」了，也开始了私有财产制度。自大禹的儿子起，就以「天下为私」，建立了世袭的朝代。如果把上面一段里的关于君主政治（天下为私）的一些字去除，所写的「各亲其亲，各子其子，货力为己，刑仁讲让，……，是谓小康」就是我们现代所有国家（包括中国[70]）的理想生活的写照：每人都照顾自己的家庭，自食其力，遵守法治，过「小康」的生活。

白话文运动

有一样上面没提到过的，而对中国有极大影响的运动，就是胡适鼓吹的白话文运动。白话文就是以口语为主的文字来写作。其实在汉朝（见本书第五章〈白马寺–宗教进入中国〉）佛教的传入时，带入了大量的经典，这些翻译的佛经往往难懂，难懂的原因不是文字难懂，而是意义难懂。要解释这些难懂的意义，就不能用古文，要用当时的会话的口语，即白话。（当时的口语已经变成现代的「文言」文了，就像《诗经》里用的也是当时的口语，可是到现在也变成难懂的古文。）

非但在中国，就是在欧洲，也有类似的「白话文」革命。中古时期欧洲知智识分子大都在修道院中受教育，而修道院中用的都是拉丁文，一般没有能力到修道院受教育的人等于是文盲，到了中古后期各国从拉丁文发展出自己的「洋泾滨拉丁文」（pidgin Latin）土语书写文字，却为一般学者所不齿，认为是没有受过教育的人所用的文字。两位文学家但丁（Dante Alighieri, 1265–1321）和佩脱拉克（Francesco Petrarch, 1304–1374）扭转

---

[70] 现在标明为「共产主义」的中国政府，明确地表示，要把中国建设为一个人民都是「小康」的国家，即「小资产阶级」国家。

了上层社会对下层社会土语的不屑，把这种势利庸俗观点完全改革了。但丁以意大利土语写出《神曲》（ *Divine Comedy* ，原名是 *La Commedia* 〔《喜剧》〕，后来改名为 *La Divina Commedia* 〔《神的喜剧》〕，即《神曲》），是一本三部曲，长达一百章的巨着。1302 年他因为反对教皇及涉入当地的政治斗争，被他出生的城市佛罗伦萨（Florence，又译翡冷翠〔Firenze〕）放逐，一回佛罗伦萨就要判以死刑，一生不得回去。（直到现在，佛罗伦萨的居民还在不断为此事道歉。）他在这部《神曲》中写的其实是他自己被迫流亡的经历，以从地狱，到炼狱，最后到天堂（三部）的旅程为背景 (Inferno, Purgatorio, and Paradiso)，书中除了对教皇做文字上的报复之外（他把好几位教皇放在地狱及炼狱中），他还非常深刻的分析当时的社会问题，最重要的是，他发明了许多土语字汇的新用法。这本书立刻受到广大群众的欢迎，把在萌芽中的意大利土语（就是现在的意大利文）推广到非但为意大利人所接受的文学语言，还被其它作家仿效的写作语言。在之后几个世纪中，意大利文变成实际写作的语言，而拉丁文就开始不振，被土语代替了。比但丁稍迟的佩脱拉克的贡献是，他以意大利土语写出一部描述理想化爱情的抒情诗〈劳菈〉（Laura，佩脱拉克写了许多给恋人 Laura 的诗，创出十四行抒情诗 Sonnet 的诗体），对不久之后出现的文艺复兴中兴起的抒情诗风格影响很大。

　　在中国古代也有过白话文运动，例如太平天国的洪秀全就下过谕，要「不需古典之文……总需切实明透，使人一目了然。……」而民间的通俗小说都以半白话的文字写出。五四运动之际，提出全面用白话文的第一人是胡适，他一生常以白话文的布道者、护法神自居，始终关怀白话文的发展和命运。虽然这些自负带有个人英雄主义的色彩，可是他的贡献不容否认。胡适提出白话文的方案后，起初有许多人反对，包括创立中国共产党的陈独秀，可是后来都跟进。在南京成立的临时政府中，胡适的学生罗家伦在这政府中任要职。胡致信罗，希望「由政府规定以后一切命令、公文、法令、条约，都需用国语，并需加标点、分段。」可是大约是其它保守分子的反对，南京政府置之不理。1920 年，连北洋政府的总统徐世昌都提倡白话文，还想废止小学的文言课本。后来胡适写〈新文化运动和国民党〉一文，其中作了以下的批评：「国民党当国已经近两年了，到了今日，我们还不得不读骈文的函电，古文的宣言，……连徐世昌、傅岳芬的胆气都没有，我们不能不说今日国民政府所代表的国民党是反动的……」。有一阵子胡适只好躲在租界中写文章，怕遭逮捕。

胡适提倡白话文的目的是普及教育：「能够把白话做到最大多数人懂得的本领」，在这一点上胡适的想法和但丁相似。但是口语和白话文有些不同：口语说出就算了，如果要白话文在文学中立足，必须要能写出一般人都看得懂的「文学」。这句话说来容易，做起来可难了。在这时候，意见分歧，有人把白话看成大众语，有的人根本就反对在文学中用白话文，要用文言文。可是，如果民众接受这个能普及教育的文字，再反对也没有用，到了 1960 年代后，在报章和书籍中，已经极少出现文言文了。

长话短说，推广白话文之所以能够成功，也要归功于许多当时推广白话文的名作家，如文学家鲁迅、巴金，戏剧作家曹禺等等，不胜枚举。他们设定了中国文学未来的方向。鲁迅认为应当有「更浅显的白话文」，而关键在于作者也必须是「大众中的一个人，才可以做大众的事业」。这是一段艰苦的学习时期。和但丁的时代一样，需要大量引入既带有文学意味又能为大众接受的语汇。一个小例子是，胡适发明了将形容词（adjective）变成副词（adverb）的「地」。可是这工作不是一个人可以完成的。自 1920 年代起，拥护白话文学的作家不断朝这方面努力。

图 50. 毛泽东

要强调的是，推广白话文的目的是推广教育，使得不想在古书中打滚的人也能成为普通的知识分子，并不是说要「打倒」古文。古文是中国文化的一部分，再怎么样，任何好的作家一定要在古文上有相当的根基。可以这么比喻：现在大都用计算机来处理文件，不必用笔了，因此现代对书法的要求不高，只要能写就行，但并不是说要把所有的毛笔都毁了。如果真的要在书法下功夫，那么唯一的办法就是照古人的做法，天天临帖练字。事实上，书法已从每日必用的技术变成了艺术。同样的，推广白话文不是说要把所有用文言文写成的古书「扔到毛坑去」，这么做等于一个人把祖上传下来的文化家产完全付之一炬，变成文化的赤贫。家产中有好的，有坏的，要留下好的，去掉或批判坏的，西方也是这样对待他们的文化。到今天为止，所有好的中国文学家对古代的文学作品都有相当的造诣。民初国学大师梁启超认为，要能写好的白话文，「文言的功夫应该很深」。名作家朱光潜说过：「想作好白话文，必要读文言文。现在白话文作者当推胡适、吴稚晖（敬恒）、周作人、鲁迅诸先生，这几位先生的白话文都得力于古文。」就此而论，反对中国古书的人中最有权柄的是毛泽东，可是他对诗词古文

却自相矛盾。他主张发展新诗，反对青年写古典诗词，他却大写特写古风格的诗词，如带有以皇帝自居意味的词〈沁园春·雪〉，摘录下半节如下：

原文	译文
江山如此多娇，	江山国土多美，
引无数英雄竞折腰。	吸引了不知其数的英雄来屈辱追逐。
惜秦皇汉武，略输文采。	可惜秦始皇和汉武帝在文采方面稍输。
唐宗宋祖，稍逊风骚。	唐太宗和宋太祖在诗文方面都稍差。
一代天骄，成吉思汗，	一代的天之骄子大英雄成吉思汗只会弯起大
只识弯弓射大雕。	弓射大鹰（只会武不会文）。
俱往矣，	唉，都过去了
数风流人物，	要数真正有本事的人物，
还看今朝。	要看今天（指毛自己）。

（风骚指《诗经》的「风雅」和屈原的〈离骚〉，成语上用来指诗文。）

在这一点，鲁迅也是一个极端分子，他反对读古书。抗日战争时期，有一次林语堂在重庆演讲，有人提出这问题，问鲁迅说的话对不对。林语堂不作正面回答，只说：「鲁迅先生读的中国书比谁都多。」非但中国文学如此，西方文学亦然。在用意大利的「白话文」写出《神曲》之前，但丁已经博读了不知其数的拉丁文古典文学，而且还是用拉丁文写作的名作家，写抒情诗、写论文，都得到当时的文学家及学术界的赞扬。现代的欧美名作家几乎都精通古典西方文学，从荷马 (Homer) 的《伊里亚特》(Iliad) 到乔叟 (Geoffrey Chaucer) 的《坎特伯里故事》(Canterbury Tales) 到莎士比亚的剧本和诗，到较近代的作品等等，不胜枚举。文学和语言不断在改革，可是呈连续性。从文言文到白话文也是一种大规模的连续性改革，五四运动给我们的一个教训是，没有要打倒的文艺，只有在新时代的背景下，把古代的文化地位重估，把它们的意义复审之后，建立新的文学。

*

虽然在 1919 到 1990 年这两个半世代之间，由于时代的背景，中国文化的自审及评估的工作做到的无几，可是在文学上却大放光彩，欧美及日本对中国的侵略激发了爱国作家的心志。在这短短的几十年内，无数作家

写了许多激发爱国心的文学作品，也在这个过程中，建立中国的新文学。这些文学家中以曹禹、巴金，及鲁迅等的工作最具影响力，（当然还有许多其它有影响力的。提出这三人是我的个人偏见，别人大约有不同的意见。）最后还替中国文学得到了一个诺贝尔文学奖（虽然得到这奖的文学比起巴金、曹禹、鲁迅及其它著名的文学作品来相比，价值不高）。这时期文学作品之丰富，连简单介绍都无法做到。在这里我只提一本我认为对中国人检讨自己最有影响力的短篇小说－《阿Q正传》。这是鲁迅的第二篇白话文小说（第一篇是《狂人日记》，也是用白话文写的第一篇小说）。这篇小说的主题是描述一位无名无氏，连住的地方都没有的赤贫小工的一生，称他为阿Q的原因是他有一根自以为傲的长辫子，像是英文的Q字。作者在序言中说，不为名人作传，要替一个不为世人所闻的人，连姓名籍贯都写不清楚的流浪汉写传。他这么做的原因之一，大约是讽刺中国人的门第观念，及把孔子的「名不正则言不顺」观念应用来歧视人的习俗；同时也似乎在讽刺胡适：在中国面临灭亡的危险之际，还不做兴国的事，却做考据（正名）的工作。（当然，中国强了以后，这些都是应当要做的工作，可是中国在危险的时候，做这些不切实际的工作似乎在逃避现实。）同时，鲁迅也把阿Q作为当时中国一般人民－从小农到高官－的象征。虽然一无所有，却有以精神胜利及怕硬欺软的心态造成的无上自尊。阿Q是经济地位最低的人，到处流浪打工，是社会中受人压迫的最低层的人，穷到娶不起妻，却自吹「我的儿子有多阔」。他以「精神胜利」或「幻觉自以为是」的方式来保持自己的自尊和自我崇拜，这种精神胜利的心态在心理学上说来是一种变态，是脱离现实的人。（和《伊索寓言》中吃不到葡萄的狐狸说葡萄酸的心态有些类似。）在个人方面，这种心态是逃避现实的避风港，如果所有的人，或站在统治阶层的政治管理领导有这种心态，国家就显得无救。这却正是1842年鸦片战争后中国统治者的心态。中国在受尽帝国主义的侵略和掠夺之际，统治阶级一方面对帝国主义国家奴颜婢膝，在另一方面却对自己统治下的臣民摆出主人的架子，甚至还说出「宁（把国家的土地）与外人，不与家奴」的话来。鲁迅在一篇文章《华盖集·通讯》中这么写：「遇见强者，不敢反抗，便以『中庸』这些话来粉饰，聊以自慰。所以中国人倘有权利，看见别人奈何他不得，或者有『多数』为护身符的时候，多是凶残横恣，宛然一个暴君，做事并不中庸。」已经到了赔款割地，丧权辱国的时候，偏要自称「天朝」，沉醉于「东方精神文明」的精神胜利的自我陶醉思想中。在这种心态下，几乎全中国的人民，从大官到小民，都活在精神胜利的幻觉之中，对国事一无所为。（连蒋介石都有这种心态。退到台湾之后，明明没有能力在外交上

有所作为，连对战败国日本都不敢索赔，却自称〔或他的手下的代笔〕中国有大国的风度，以「宽大为怀」、以「德」服人、以「德」报怨。这就是无法解决问题时的精神胜利法。）

严复在翻译赫胥黎的《天演论》（赫胥黎的《进化与伦理》论文集中的前两篇，这是第一次将达尔文的进化论引入中国）时，认为中国的「种性」（即民族性）「孱弱」，根据「优胜劣败」的原则，中国民族有灭族的危险。鲁迅很快就看到这种缺点，也许是时代关系（他比严复迟），他的观点要比严复更为敏锐深刻。

这篇《阿 Q 正传》写出后，许多人认为鲁迅指了他们的鼻子单独的骂他们个人，最后发现用鲁迅笔名的周树人，是位年轻人，和他们根本不认得，因此也无从骂起。自此之后，有识之士都认为这种精神胜利法是一种的国家级的变态，绝对要不得。遇见用精神胜利的变态官员或和大众接触的人物，几乎所有的作家都以「阿 Q 精神」来讽刺。久而久之，这种变态的心理就逐渐消失了。这是一段很长的过程，有数十年之久，几乎直到下一代，才去除这种精神胜利的变态心理。现在几乎听不到「阿 Q 精神」这词了。

中國开始久等的改变

从 1900 年八国联军之役把中国打得一败涂地，到 1990 年，中国从一个没落的君主国家，既落后又分裂的国家，变成世界上令人既敬又畏，在地平在线行将出现的世界级超级强权，让我们检讨一下，在这个不到一百年的时间内，中国是怎样转变？

在这九十年期间，中国历经了三个过程。

第一个过程是放弃源自孔学的「正统思想」观念。

第二个过程就是要找到替代的「正统思想」，却仍旧抱持着将「正统思想」视为绝对真理的心态。在第二个步骤中真正起作用的是「三民主义」和「马列史主义」，尤其是后者。中国采取类似宗教狂热的「主义是从」的盲目追随态度－只要按照这些主义的教条执行，就能把中国变强。可是这些主义的问题是－僵化的教条，不能适应不断变化中的社会和世界局势。1970 年代，邓小平到美国拜访之后，体认所谓「资本主义」国家的真谛：不谈主义，只谈政策的原则。中国在这时代以后才走上第三过程过程，邓小平提出一个原则：「不论白猫黑猫，会捉耗子（老鼠）的就是好猫。」在这种思路之下，实质上摒弃了马列史主义，走上以前被中国左派

骂得一无是处的「苏修」（苏（联）修〔改主义〕）路线，只看哪一个政策最好，就采取它，不谈主义。可是俄国在 1990 年代几乎完全失败的主要原因是，苏联本来就是由侵略及并吞邻近斯拉夫族系国家所建立的政治体系，而当联邦一垮，政府也就垮了，再加上听从了一些自命代表真理的民主理论家的宣传，在实质上把政府的结构解散了，改成半吊子的民主。这个半吊子的民主政府一点都无法执行经济上的改革。中国的路线是先改革对人民有直接关系的经济制度，保全了能执行这些新经济政策 – 所谓有「中国特色」的社会主义 – 的政府。当然，在这一点上受到不少的批评，而且在这一段期间也历经了不少痛苦，甚至引发了世界注目的天安门的六四事变。自改革之后的措施，大致上是按照「不论白猫黑猫，能抓老鼠的猫就行」的原则实行。中国已经远离学习曲线的底部，可是还需要好一段时间才能更上一层楼。

这三个过程似乎也是欧洲各国从 14 世纪到 20 世纪历经的过程。（美国的民主实际上是基于英国的民主，就是把君主废除了，代之以民选的总统。）中国自公元前 136 年汉武帝「罢黜」百家起，以孔学为正统思想。欧洲自君士坦丁大帝召开第一次大公会议统一了基督教（天主教）之后，教会制定的神学就变成欧洲的正统思想。不同的是，中国自从 1905 年认出古典孔学不适应时代，废除科举制度之后，到五四运动时提出要「打倒孔家店」的口号时，还不到一个世代，就走出第一过程了。西方自从十字军东征一连串失败后（最后一次在 1291 年），才走上第一过程，教会的正统思想开始消弭。可是这消弭的过程很慢，直到 17、18 世纪时还非常嚣张，而到现在还有许多人（大都是在美国的基本教义派）还认为教会的教义才是正统思想。中国能很快改变的原因很多，我认为，最主要的是，自一开始，古典孔学就被认为是治国的唯一方针，和宗教信仰无关。如果古典孔学不足以治国，那么就改变，放弃不适用的部份好了。可是教会的教义最重要的是灵魂的拯救及彼岸（死后）的生活，若要改变，就牵涉到西方根深蒂固的宗教信仰。这也牵涉到中西文化的区别了。

公平来说，在西方，第二个过程曾经风行一时，可是并没有生根过。西方也历经种种的困难，最大的困难是在工业革命后造成大量失业人口，与极端的贫富不均。然而欧洲并没有采纳任何主义，而是以政策来改革，几乎直接走到第三过程。只有在前苏联，第二过程真正生根过。毫无疑问的，前苏联革命之后，执行马克思主义最初一段时间，曾相当的成功，于是中国就跟进。连三民主义都带有马克思主义的色彩。当然，这些对主义盲从的想法早就被摒弃了，可是在「文化大革命」之后，中国又面临另一

个危机 － 文化的失落。在「文化大革命中」，非但是古典的文化，还包括自五四运动以后好不容易培养出的科学工技文化，都面临文化消亡的危机。从「文化大革命」开始到结束的这段时间，整个世代的中国人没有受到高等教育。当西方和中国开始在各方面交往时，西方的高阶主管往往很惊奇，因为他们多数已经鬓毛雪白，而中国所派出，握有了相当大接洽权的高阶主管往往是黑发童颜，如果不说，会以为他们还在念大学。一个世代的文化都失落了。可是到底中国的文化底子深厚，不到一个多世代的时间内，非但恢复了，而且后生可畏。一位美国 ABC 电台的记者昔优托 (Jim Sciutto) 于 2006 年写了认为美国前途很有问题的一篇文章〈美国能不能和中国的新经济竞争？〉(Can America Compete With China's New Economy?)，说中国在 2004 至 2005 年之间毕业了32 万 5 千名大学级的工程专才，比美国多五倍。在中国学英文的人，比美国本土生长讲英文的人还要多。中国已经开始向美国的国宝－航天工业开始挑战。当然，来日方长。只有时间才能回答这些问题。

第十二章 中国的复苏

放弃共产主义后中国和俄国的惊人对比

我自 1947 年离开中国，直到 1985 年再回到中国。在北京、上海－中国最大及最先进的都市－的大街上看到的几乎千篇一律，都是穿了黑白色衣裤的男女。我在那里一个月，只看到掐指可数的几位穿了花衣的妇女，交通工具是陈旧的自行车和挤得满满的公车，偶而会有几辆老式的中国仿前苏联的汽车经过。六年后，1991 年，美国作家苏姗·歇克 (Susan L. Shirk) 在她的书《中国经济改革的政治逻辑》的第一章这么写：

> 1991 年秋天我去中国和俄国旅游，这两个国家的都市经济情形呈现令人惊奇的对比。中国的街上充满了商业活动，在私立和公立的商店中堆满了在中国制造的、最时髦的香港衣着，挤满了购物者。夫妇们讨论是否要把积蓄用来买微波炉或录音机。溺爱儿女的父母正在替儿女购买日本制的电子琴。食物市场中堆满了蔬菜、水果、肉类及海鲜，人们说，现在冬天的新鲜蔬菜种类和数量比往年的夏天还要多。市场中已经没有黑市货币贩子了，因为中国人民币已经逐渐贬值到市场的价格。城市的居民仍旧骑了自行车上班，住在小而失修的房屋中，报纸仍在埋怨国立工厂没有效率。可是明显的，比起过去十年，都市里的中国人的生活水准已经有了大幅改进。
>
> 和中国相比，俄国的城市中的情形很萧瑟。私立或公立的商店公司的数目微不足道，消费用的货品非常稀少。人民花了许多小时在排队，最后挤进店里以后，发现店里架上的货品非常稀少，值得买的东西更少。连基本的食品供应量都少，特别在莫斯科。即使在私人的商店中也几乎不可能买到糖和奶酪，甚至连鸡蛋都不容易买到。由于未来政治和经济上的不确定性，卢布的价值已经几乎降到零。人们在外汇市场里大排长龙，因为只有在这些地方才买得到这类货品。（按：1991 年是俄国经济最低潮的时候，正当经济学家说的经济发展最低点。现在，上述的现象已经改善了不少。）

一个短短的对中国兴起的陈述

今日中国的发展背景有长长一段的悲痛历史：自从共产党获得中国政权，成立人民政府后，欧洲国家虽然对共产主义感到不满，可是却对中国还保持了一线的希望。很快的，英法等国家承认了中华人民共和国为合法

的政府，但美国却抱着反共的原则，一直不承认中国的人民政府。（前苏联的共产党于 1918 成立政府，等到二次大战发生时，美国才承认前苏联。美国对共产主义的恐惧可以一直追溯到 1920 年时代在美国发生的一连串支持共产主义和无政府主义的暴动。）最糟糕的是，北韩的金日成在 1950 年发动了侵略南韩的战争，南韩节节失利[71]。美国组织联合国军队保卫南韩，后来美军在仁川登陆后，才有转机。战争期间，美国的战机一连串飞越鸭绿江，侵犯了中国的领空。在反美的情绪下，中国组织了「自愿军」[72]加入韩战，导致韩国的战争陷入胶着，处于不胜不败的对峙状况。即使后来签了停战协议，非正式的结束战争，但中国和美国就此成为敌对国。一直要到 1973 年美国总统尼克松访问中国后，双方才开始建立友好关系。

　　1950 至 1978 年这段期间，中国想开发经济。然而中国当时非常贫穷，中国采取的经济政策是前苏联的方式－从重工业开始作大跃进式的经济改革。发展重工业需要大量的资金。当时在美国带头的反共政策之下（类似中国死硬派马克思主义教条主义的作风），中国一直不能从非共产主义国家获得贷款，而前苏联本身也缺乏资金。到了 60 年代中苏关系转坏之后，连这条路也断绝了。中国只好完全依靠自己，政府用的是人为的方法来压抑利率、外汇汇率、原料的价格、工资及日用品的价格，藉以降低发展重工业的成本。在这种和现实不符的宏观经济环境下，中华人民共和国政府还把所有的工业收为国有，连农业都国有化（成立人民公社，即集体农场）。在这种政策之下，微观的经济－小型工业及以村落为单位的农业　－　无法按环境的优劣势调整，因而生产萎缩，经济滞留不动。在一连串这类「欲速则不达」的错误政策和运动下（如大跃进），经济有退无进。而闭关自守的政策及毛泽东为了巩固自

图 51. 邓小平

---

[71] 历史上有许多巧合。在金日成进军前数日，国民政府代表轮到当常理事会（有否决权）的主席，苏俄的当权者赫鲁晓夫大为震怒，声称国民政府没有权代表中国人民，因此召回代表以示抗议。韩战开始后，美国在当夜召开联合国紧急会议，要以联合国名义增援防御。苏联正式的代表不在，无法动用否决权，因此顺利通过。赫鲁晓夫立即派代表过来，但大势已去，因此韩战实际上是用联合国名义介入的。

[72] 许多是中国的志愿军，也有许多是国民政府的降军。停战协定後，有许多被俘的降军志愿到台湾，台湾称为「义士」，受到优待。

己权力而发动的一连串政治「运动」之下，更使得中国和西方的关系疏远、恶化。这些「运动」在生产上造成极度的负作用，把中国搞得「一穷二白」，而中国又采取了一连串的所谓「均富」（其实是「均穷」）政策，用了狭义的马克思主义解释，把所有的生产工具（包括农人用的锄头等基本工具）都「公有化」，使得中国本来就很少的私有企业完全消失殆尽。而所有的公有事业都呈现低效率的表现（这几乎是所有国家的公有事业的通病，不只是中国），中国的工业变成几乎不存在。物质缺乏之外，连食物都缺乏。在大跃进的那一段时期，不知有多少人饿死（非官方统计为至少三千万人）。而中国共产党的基本教义派（主要是四人帮，特别是江青）却变本加厉实行人民公社，把中国带回 4000 至 7000 年前，中国仰韶时代原始公社制度赤贫的居民生活。在这一段所谓文化大革命的期间，中国退步到比 20 世纪初期还要落后的程度。60 到 80 年代正是西方经济起飞时期，欧洲国家正从二次大战中复原，经济成长极快。相比之下，中国在这一段时期的经济和西方经济的距离愈来愈大。例如：1960 年代，中国国内生产毛额 GDP 和日本相当（按个人生产毛额来算，只有日本的十分之一以下），而在 1980 年，却降到日本的四分之一（即个人生产毛额只有日本的四十分之一）。

经济学上有一个很重要的原则，一般归功给一位意大利经济学者佩尔土（Vilfredo Pareto）。1906 年，他创出一个数学理论，描述意大利贫富不均的分配情形：他观测到，百分之二十的人拥有百分之八十的财富。后来学界把这种分布归功给他，称为「佩尔土 80/20 律」，其实还有不少经济学者研究这种分布。1930 至 1940 年间，品质管理学的先锋久兰（Joseph Juran）将这原则称为「重要的少数及微不足道的大多数」(Vital few and trivial many)，指的是百分之八十的货品在品质上的问题来自百分之二十的制造或设计上的缺陷。这种 80/20 的分布在种种的统计问题上都出现，包括自然界的物理、化学及生物的统计现象。在财富的分布上，只要有自由交易，这种 80/20 分布是无法避免的现象。举例来说：我们找到一批人，每人发一百元，这是贫富完全平均的现象，当这一批人开始花用这些钱时，有人觉得洗衣服很花时间，懒得去做。有的人手不好，不能洗衣服。有一些人愿意来做这些事，他们因此得到报酬，财富增加，而雇人来洗衣服的人的财富就减少。就这样，财富重新分配了。进一步，有人动脑筋雇人来做这些事，他只做管理的工作（即开公司），不久他的公司变大了，财富也更多了。在这个简单的例子中，总财富不变，就是分布变了，最后就会发现，这一批人所有的财富的百分之八十都集中在约占百分之二十的这批会动脑筋的人手中，其它百分之八十的人只拥有百分之二十的财

富。因此，贫富不均的现象是不可避免的。这是很自然的事，而中国共产党在 1980 年代之前想要做到的是 100/100 原则，即所有的人都拥有同样的财富。数学上这种 100/100 的解释是：只有在零财富（即一穷二白）的前提下，才会达到财富平均的分布率。

可是早期中国革命先锋，包括孙中山在内，都没有认识到这一点。孙中山有两句被人们一再引用的名言，即「平均地权」和「中国不患穷而患不均」，实际上做不到。按「80/20」分配原则，不均是无法避免的现象，而中国的经济问题主要在于贫穷。关于平均地权的问题，土地一向是农业国家的大问题，因为在农业国家中，土地乃是主要的生产工具，土地集中当然造成贫穷现象。可是即使把地权平均了，还是无法解决中国的贫穷问题。中国版图虽然广大，可耕地只占总面积的百分之七。举一个假想例，如果中国全民去种小麦，因为人口多，土地少，按美国中央情报局每亩产额的统计数字，以每人能分配到的耕地来计算，个人平均所得（per capita income）只会成为世界第 200 位（倒数第三位，这也是 1975 年中国个人年收入的名次）。这就是按孙中山的平均地权政策，全国务农，或按毛泽东的想法，把所有知识分子赶到乡村务农。以农立国政策的天堂：顶多让中国成为世界上最低级的贫户国。所以，要中国经济变好，只靠平均地权或把知识分子都赶到农村务农不是办法。（话说回来，孙中山也看到这一点。他把平均地权看成经济发展时的一个过渡政策。）要使中国富有，最重要的是要使中国工业化。（按：中国现在的工业还没有全面发展，依据美国中央情报局 2010 年的统计，中国的个人平均所得按 PPP 计算，已经达到 7,519 美元，在世界 183 个有统计数字的国家中排 94 位。PPP〔Purchasing Power Parity〕是一种经济学观念，按国情估计个人收入。用的原理是生活必需品 – 衣、食、住、行 – 的相应购买力。）

再者，工业发达以后，从土地发展出的农业，在经济上的重要性随着农民人口的减少而变成愈来愈少 – 美国只有不到百分之二的农民，可是天天在叫农业生产过剩。实际上美国的农业已经机械化了，从清理土地、播种、施肥到收成入库贮藏所花的人工很少。以种稻米为例：从清理土地到整理耕地，稻子下种，直到碾好入库所用的人力为每英亩七小时以下。因此现代的土地问题，已经从主要生产工具演变成「无立锥之地」的问题，即有没有房子住的问题，和以前土地问题的性质完全不同。另一个值得讨论的议题是孙中山和毛泽东（及许多人）提到的「剥削」问题：孙中山提过不少次，早期外国公司来中国（及殖民地）收购原料，办厂，再以高价出售成品，将中国变成次殖民地。制造成品的工人只能得到很少的报酬，

因此就断言，欧美各国（当时称为列强）剥削中国廉价的劳工。事实上，这种剥削问题在 1920 年的美国也存在过，当时造成工会兴起。时至今日，所谓「剥削」只是观念上的问题，因为把成品制造出来以后，卖到消费者手中，要经过许多过程（如广告、行销、运输等），制造成品的原料及人工费用仅是其中的一环而已。现在许多落后国家都巴不得国外的资本家到他们国家办厂，「剥削」他们的廉价劳工，因为这是一个解决就业问题的快捷方式。以下要把这个问题和经济学上的一个原则－相对优势，一起来讨论。

走向现代化的道路－走一步，算一步

中国的现代化或工业化开始于毛泽东去世之后。这时尼克松已经到过中国，中国和美国的关系开始转好。邓小平上台后，到美国回访尼克松的访问中国，这一次的拜访对邓小平说来，是一个大启发。20 世纪初期邓小平曾在法国留学，因此这不是他第一次离开中国（毛泽东从来没有离开过中国）。当然，已经过了大半个世纪了，1970 年代的欧美诸国和 20 世纪初期大不相同。回去之后，中国有许多关于他访问的传说。他到了美国，下机以后，就被邀请到一位部长的家里用晚餐。那晚掌厨的是部长太太，侍候客人的是这位部长的儿女，部长的邻居都是平民，门口没有警卫，部长自己开车上班。对邓小平来说，这简直是不可思议的事，因为中国的部长家里仆人如云，门口站满了警卫。报上谣传说，邓小平一回到中国，就下令部长门口最多只能站两位警卫。后来邓小平到福特汽车厂参观，发现偌大的工厂中只有几位工人在做工。谣传说，邓小平问，当天是否放假，得到的回答是，全部照常做工，因为制造的过程已经自动化了，只需要少数的工人。回去后，有记者问，什么时候中国才能赶得上美国，邓小平半带讽刺的说，大约要两百年。诸如此类的故事，不胜枚举。

就在这时候邓小平提出「不管是黑猫或白猫，只要能抓老鼠」的理论，亦即放弃了基本教义路线，哪一个政策可以用就采用，不管这政策被人标榜为哪一种「主义」。也在这时候，他提出了「摸石子过河」的理论（在河里摸到一块可以站上去的石子，就站上去，再去摸另一块石子向前再走一步，即走着看，看着走，不墨守一个成规）。这就是渐进式的改革的基本原则。这原则当然不是邓小平发明的。实际上所有中国古代英明的君主都按照这两个原则统治。渐进式的改革无法在短期间（例如数年内）看到成果，却具有以下的优势：代价低、风险小、立刻受益，虽然在每一次改革后，益处不大，但是可以持久，累积之下，不可忽视。如古文（荀

子《劝学篇第一》）所说：「骐骥（上好的良马）一跃，不能十步；驽马（普通马）十驾，功在不舍。」

这些原则是在 70 年代末期提出的。可是在共产党的高层部门中，还有不少死硬的基本教义派反对放弃共产主义的教条。70 年代末期，邓小平开始改革效率极低的中央集权的经济制度。当然，阻力极大。毛泽东去世后，虽然「四人帮」在形式上瓦解了，但残余的势力还在。当时还用了不少宣传，试图说服人们放弃这些教条主义。直到 1985 年，中国还到处看得到「反左」思想的标语，目的是为说服人民放弃这些教条主义。最后还是由时间决定一切 – 死硬派相继去世。真正的改革要等到 80 年代末期之后才正式大规模开始。

*

一般说来，要彻底改变一个经济政策（如将计划经济改变成市场经济）有两种做法，前苏联垮台以后的俄国和东欧国家采取的是冲击性（大跃进，或大爆炸〔Big Bang〕式）的改革，即把整个经济制度在短期之间做革命性的改变。从字面及理论上来看，大跃进似乎可以跳过下面要讨论到的劳力密集和资源密集的这两个步骤而直接使国家工业化。不过到现在为止，除了几个资源特别丰富的石油国家之外，还没有一个国家用大跃进的方式能使国家经济直线上升。这些暴富的石油国家的工业都集中在生产石油上（用的科技都来自外国），没有工业国家的基础工业。白话来说，等于变卖「祖产」过日子。一旦把「祖产」耗尽，就回到以前的穷日子。而且，这些国家的财富大都集中在几个人的手中，通常都是执政者和执政者有关系的人或财团，因而常造成大规模贪污与极端贫富不均的现象，如中东石油国家委内瑞拉（Venezuela）、尼日利亚（Nigeria）等等。

工业国家的基础工业之间都有一种共生（symbiosis）的关系，因为一个工业的产品，例如农产品、矿产品、生产机器、技术等，往往是其它工业的原料和工具。在非计划经济的工业国家中，这个共生关系由工业和商业的需求来决定。可是欧美国家工业之间的共生关系，是经过几个世纪（至少也有几十年）才发展出来的。如果要从零或几乎零开始，没有一个国家有充分的人力、物质及制造能力等资源来同时发展出一个平衡的，由需求所决定的共生关系。因此大跃进政策必然造成畸形的宏观经济。唯一的方法就是藉由中央集权的经济机构，以不合经济原则的人为方式来分配资源，这种分配往往和现实不符，故造成低效率，无法赶上工业发达国家，前苏联就是这么一个例子。

俄国和东欧这些国家的工业化的程度都比中国的要大，从宏观经济观点（即工业之间的共生关系）来看，却已经有了很大的不平衡。这种的不平衡也已到达危机的程度，因此冲击性的改革似乎势在必行。在开始的时候，这种改革要先把以前硬性规定的资源分配制度破坏，因而会造成和经济集团之间的磨擦及社会的不稳，使得经济在发展之前先萎缩（即国内总毛收入先减低），然后才会发展。经济学将这种现象称为 J 形曲线，即经济先下降，然后才上升，如英文字母 J 的形状。如果这个国家能撑过这段下降的时期，经济才会成长。可是在这期间，人民的生活很艰苦，就如同本章一开始时歇克女士所描述的俄国的情形。

虽然 60 年代的中国经济环境连做到前苏联的畸形经济发展都不够资格，可是在那时候也学前苏联。当时中国没有大工业的基础结构，因此大跃进的政策明显的失败了。然而在 1978 年改革之后，中国的缺点－缺乏轻重工业－反而加速了中国经济的发展。原因是中国没有多少以前类似俄国和东欧计划经济所遗留下的包袱。也因此，中国的经济发展也和其它实行计划经济的工业国家有所不同。中国采取的是渐进式的，逐渐放弃中央集权的计划经济模式，慢慢转移为市场经济，而且「摸了石子过河」，即「走着瞧」。在 1978 年正式宣布中国经济改革之前，农村经济已经开始改革了，取消人民公社，由农民自己负责自己的生计，及保留一切所获得的利益。一旦建立了获利的动机，农业很便快的发展，以前在计划经济政策之下很稀罕的农产品，突然在市场中大量出现了，但这仅是第一步。

在这时候，中国没有资本，大多数的人民都务农，因此改革只好从农业开始。这个改革很快的（几个月内）就可以看到果效。70 到 80 年代，中国最令人眼红的富户就是所谓的「万元户」，即存了 1 万人民币资产的农户，按当时的官方外汇汇率计算，约在 3000 美元上下，以黑市（现实）的汇率来算，只有 1000 多美元。听起来少得可笑。可是当这些农户把这些钱存到银行，无形之中就形成了一笔相当可观的资本。有了起始的资本，向国际贷款就容易多了。这种渐进的经济政策显出结果后，中国就继续朝这个方向发展。

中国经济改革最初的政策是在增进微观经济的自主（即每一生产单位可以自己分配资源生产），及促使微观经济的单位可以分享工作获利成果。在这些制度之下，生产的效率增加，人民获益。在这一段时期中，既得利益集团可以保存既得的利益，因此可以有效率的分配资源。听起来好像是为了既得利益集团的好处，如果经济发展，大多数的人都能获益，这个对既得利益集团的利益保护是不可避免的现象（其实就是对于佩尔土的

80/20 原则的接受），当既得利益集团的利益受到了保护，就不会反对新经济政策，反而加速了经济发展。

经济学上还有一个原则，即如果要发展经济和国际贸易，必须能充分利用自己的相对优势（comparative advantage）。这种相对优势的基本原则是产品的相对成本。在经济学上这是一个相当复杂的理论，因为要考虑到许多其它因素，这里只举一个简单的。根据成本的例子来解释这种优势的应用：A 国生产某种产品 X，其成本为五个单位（劳工、材料及其它附带的费用），而生产另一种产品 Y 的成本是十个单位。B 国生产 X 产品的成本是十个单位，可是生产 Y 的成本只有五个单位。从经济学上来说，最有经济效益的 B 国政策乃是大量制造产品 Y，卖到 A 国，而从 A 国进口产品 X。这样 A 和 B 国都获益，是双赢政策．

实际上所谓的亚洲四小龙（台湾、韩国、香港和新加坡）采取的经济政策也就是利用自己的相对优势。相对优势的利用和大跃进式的经济改革的基本区别，在于它们在宏观经济上的环境不同。要能充分利用相对优势的先决条件是，一个能透过市场竞争反映出的需求关系，经济上对于产品的稀罕程度以及生产的种种经济上的因素。因此，在宏观经济政策上，产品的选择及价格，及其它相关的因素应当由市场来决定，就是说，要以市场价格的信息来引导工技的方向和经济的政策。许多国家，有许多经济政策的决策者不能很快做决定。如果能做及时的决定，经济就能很快向前发展。

台湾、韩国、香港和新加坡就是能很快的应用它们的相对优势，发展稳定的经济成长的例子。在二次大战结束之际，这些地区都很穷困，每人的平均年收入都在 100 美元上下。战后初期，这些地区的经济都放弃了重工业的发展，以进口再加工为主。（即出卖劳力。这段时期，劳工工资低廉，若以孙中山和毛泽东提到的剥削论来看，就是接受资本富有国家的「剥削」。）不久之后，当工资提升，就转向发展劳力密集工业，促进出口和扩充对外输出的经济，以便充分利用自己的相对优势。这段期间，西方欧美国家都已高度开发。由于工资上涨，所有劳力密集工业都被技术和资本密集工业所取代。因此四小龙能充分利用相对优势－廉价的劳工。这种优势持续了二、三十年之久。当资本和技术累积到某一程度之后，劳工的工资再度提高以后，这些地区不得不逐渐转向资本和工技更密集的工业。就这样一步一步的，这些地区升级到工业发展国家的程度。

这种的发展是渐进式的，没有明显的分水岭或里程碑。转移的程度可以从农业产品的重要性看出－在经济上，农业产品的地位愈重要，工业发展程度愈小。当然，人类依赖农产品维生，不能没有农产品；但农产品在经济上的相对重要性，可以代表一个国家的工业发展程度。以日本为例，1898 年农业产品的相对重要性比 1986 年大上十倍。1954 年台湾农产品的相对重要性比 1985 年大五倍（在同年分，南韩的农业的相对重要性大 9 倍）。1950 年代，台湾每年个人所得约为 144 美元。2010 年时，PPP（生活必需品的相应购买力）已达 35,000 美元（世界货币组织〔IMF〕数字）。

如果能充分利用相对优势，便能在不知不觉之间赶上工业发达国家；亚洲四小龙就是显著的例子。中国也是正在发展中的例子。在充分利用相对优势政策之下，经济的发展反应市场的动态；工业会自动朝任何有希望的路线发展，因此无需执行中央集权的经济管理。这些经济管理机构的功能，最多只能用来辅导和校正畸形的经济发展，不能做出总体的经济发展政策，要充分利用相对优势，就不能执行「主义」的教条－如土地的分配、工业股份的分配等。在中国，除了远离城市的乡村之外，土地的主要功用已经不是农业，而是工业、商业用地及人民居住的房屋。

以相对优势来克服困难－廉价劳工

现在看一下中国的经济改革的过程：中国的经济改革始于 1978 年，中国共产党在第十三届中央委员会第三次全体大会中，提出并开始执行渐进改革。第一步就是将以前由各政府机关做经济决策的方法改掉，让各种工业都有更多的自主权，而农民要自己负责生产并准许保留大部分的成果。当时改革以渐进和零星的方式进行，沿用了一部分以前中央集权的资源分布方式，因此实施得不顺畅，产生许多部分自主的微观经济（即不同生产单位）之间的磨擦和误差。但一旦开始，便无法退却。在初期阶段，是不断的片断渐进修改各种制度。许多从局部地区开始，这种局部性的改革，使得改革过的地区和邻近的未改革地区之间产生了问题。举例来说：改革开始的时候，广东首先将农产品的价格自由化，这立即造成附近省分农产品物价的上涨，可是附近的省分没有跟进，也把农产品价格自由化，于是引起了广东和附近省分之间贸易上的磨擦，并且造成发展上的不均衡、不相称，以及收入上的不平等。加上政府没有设立协调的机构，故在这段期间，产生了一种周期性恶性循环的问题：经济衰退，开始自由化，因而产生了新活力；这些新活力很快造成混乱，于是政府退却，取消一些

自由化的政策，引起经济萎缩，然后又引进自由化的改革。这种恶性循环使得成长率一升一降（见本章附表一，中国年经济成长）。（当时反对的死硬派以几句顺口溜来讥讽：「一死九放，一放九活，一活九乱，一乱九收，一收九死，一死九放。」）一直到 2004 年，这样一上一下的成长持续进行着，而且幅度相当可观。例如，1985 年成长率高达 13.1%，可是到了 1989 年，成长率跌到 4.2%，上下的幅度为 8.9 %。如果这种一放一收的幅度减得不够快，这种恶性循环就会变成阻挡中国经济成长的路障。

这种一放一收的循环带来一些现象。第一，中国传统的经济系统都建立在投资和扩充上，改革期间的自由化，引导出能刺激发展的因素，可是在基本建设（如能源及运输系统）上的发展还跟不上成长，因此这些问题变成经济成长的瓶颈，造成成长效率不高，基本建设不足，使得工业需求退却到低成长。接下去实施自由化的政策，刺激成长，又开始另一波的成长，然后又造成另一波的经济过热及冷却。

所幸这种进两步退一步的恶性循环似乎呈现数学上所称的收敛性发展，即这种循环的幅度愈来愈小。但当时从外面看来，中国的经济成长呈现矛盾性：进二步，退一步。

第二，随着任何成长，通货膨胀是不可避免的事[73]。可是在中国，通货膨胀还有另外的一个因素。改革开始的时候，低利率政策造成资本缺乏，国家的限价政策造成了计划经济的价格和市场价格的差距，因此，原料和产品的供应都不足。由于过去在资金方面的种种限制，把通货膨胀压抑住。可是一旦开始改革，通货膨胀（成本和价格之间的调整）就明显的出现，造成经济上的问题。这一直是 1985 到 1990 年代的问题。第一波的通货膨胀发生于 1984 和 1985 年间。这段期间，消费者价格指数（consumer price index，或简称为 CPI）及政府官员的生活费用指数涨到 108.8 及 111.9（通货膨胀率各为 8.8 及 11.9%）。由于过去几年内（改革前）中国的一般价格都被冻结住，因此这种上涨问题相当严重。之后又有好几波的通货膨胀，使得城市中的居民大感恐慌。1993、1994 年间，这些价格指数为 113.2 及 116.1 通货膨胀率各为 11.3 及 16.1%），1994 年，这些指数变成 121.3 及 124.1（通货膨胀率各为 21.3 及 24.1 %）。这些在美国称为双数字（即百分比超过 10）的通货膨胀，相当严重。当然，

---

73 一有成长，通货一定膨胀的原因很简单。一般人的收入增加了，制造及一切成本也增加，因此物价也增加。只要收入能增加跟得上物价或更高，就是正常的通货膨胀现象。

一部分的通货膨胀可以归咎于改革之前的硬性稳定物价的后遗症，不过这还是相当严重的事。

第三个问题是许多人都知道而且感到头痛的问题，就是贪污横行的风气。这种风气始于改革初期，政府开始开放，限价还没有取消，因此计划经济下的价格和市价之间有很大的差距，产品和原料都奇缺。许多企业往往把从计划经济下低价购得的原料在市场上以高价出售，赚取这两个价格间的差距。中国人将这种不道德的方法，美其名为「租金」。近年来，这种租金现象愈来愈多，产生了大规模的贪污案。1995 年，这种现象最为猖獗，到现在，虽然政府严厉执行反贪污政策，但在中国「杀头生意有人做，蚀本生意没人做」的传统下，贪污行为还是层出不穷。这种贪污行为是中国人民对政府最不满意的地方。

*

即使有上述这些问题，数年内，中国能从马克思主义的计划经济转变到市场经济，而且相当成功，这的确是一个奇迹。现在具体来看中国发展的状况，在这里，必要的引进一些数据，只有从现实的数字中才能看到发展的因素及过程。

经济学家把产业分为三类：一级产业（Primary production），指农产品；二级产业（Secondary production），即工业制造品；三级产业（Tertiary production），即国内、外贸易及服务（service）业（经济学上的服务业包括一切服务，如医生、银行、保险、股票交换所等等，替顾客服务的行业，不止是餐饮旅社等狭义的服务）。一般说来，三级产业的相对重要性随工业发展而增加，而一级产业的相对重要性则减少。从 1978 到 2004 年，中国的产业毛额每年增加，国民平均收入从 1978 到 2004 年，上升了将近 28 倍，即使把通货膨胀的部分校正以后，还上升了 10.3 倍。1978 年一级产业（农业）占生产总额 28.1%，以后这比例上上下下，可是大多下降。到了 2004 年，一级产业已降到生产总额的 15.2%，工业从 44.4% 增加到 45.9%，其中成长最大的是建筑业，几乎增加了一倍。而三级产业中的「其它」（包括出口及贸易）从 11.6% 增加到 18.9%。要记得，这些仅是相对的成长，这些项目的绝对成长值，要把这些百分比乘以总生产值的增加倍数。从 1978 到 2004 年，总生产值成长了 37 倍（只按人民币的数值计，不把通货膨胀算进去），一级产业（农业）所占的百分比虽然减少，可是它的绝对值还要比 1978 年的还增加了 20 倍，工业的绝对值增加了 38 倍，建筑增加了 68 倍，交通、电讯业增加了 43.2 倍，批发零售、餐饮

业的百分比几乎不变，可是绝对值却也增加了 37 倍。最大宗增加的是「其它」－包括出口、贸易、银行，及其它服务业，增加了 60.2 倍。这种增加没有停过。现在中国的工业制造品已占全球经济的很大比例。

如果以每年 9%的成长率计算，到了 2030 年，中国的累积成长为6000%，总产值将达 81 兆人民币。以现在汇率计算，约 10 兆美元，与美国目前的总产值相当（12 兆）。因此有许多经济学家扬言，2030 年之后中国的总经济，将赶上美国。

*

中国之所以能继续不断的以高成长率成长，其客观因素主要在于中国可以一直保有自己的相对优势－廉价的劳力，故能继续朝向加工这方面，使得许多国外的厂商（包括四小龙的工厂）都纷纷将他们在自己国家开设的工厂搬到中国来制造。在制造的过程中，不可避免的也把一部分的技术转移，因而造成本国工技的成长。还有，中国人口多，比欧洲和美国加起来的总人口还要多，因此中国发展的情形和四小龙的情形不同。很快的，四小龙的廉价劳力资源枯竭，用尽后工资不得不增加，自此之后，经济不得不转向资本和工技更密集的工业。然而在这些工业方面，比起先进国家还有一段距离，尤其是科技的等级和资本，唯一能成功竞争的方向就是增进科技的水平。但这不是很容易，也不是一两天就能做到的事。

中国虽然已经有了重工业，甚至高科技的工业，可是大部分的成长，仍旧依赖中国几乎用之不竭的廉价劳工的相对优势（中国人口占世界未开发国家的三分之二）。据中国最近的统计数字，中国还有一亿多元化的贫户－收入远在全国平均 PPP 值 7,500 美元之下，甚至接近 1978 年的低收入。虽然一方面，中国某些地区已经接近四小龙的高工资阶段。当四小龙开始发展二、三十年后，劳工的来源就枯竭，就到了工资昂贵，非要朝向资本和工技工业不可的地步。而中国从 1978 年到现在，已经三十多年了，廉价劳工的「资源」尚未用尽。当沿海各区的生活达到 PPP 值 7,500美元的水平后，廉价劳力的相对优势就转移到内部未开发地区。在中国，很容易看到极端的对比：发展极高的地区，如上海，生活的水平已经近乎工业国家；而在内陆，尤其西北，还看得到年收入不到 PPP 值 1000 美元，与 1978 年代生活水平类似的贫户。（当然这是严重的社会问题，可是似乎没有更快的解决方法，也不是这里所要讨论的社会问题。）中国还有一样和四小龙不同的地方：四小龙的人口不多，一起加起来最多一亿多，因此成长只能依赖出口，不能依赖本国的消费者。中国人多，在经济

发展上和美国类似：本国的消费者多，在维持经济的成长上，具有很大的作用。再者，在工业发达国家的经济中，服务业占有很重要的分量。在中国，这些服务业正方兴未艾，还有一大段空间可以发展。因此可以冀望中国的成长至少还能持续三十多年。从这些观点来看，上面说到的经济学家的预测，说到了 2030 年，中国的经济将超过美国（现在已超过日本），不是完全没有道理的。[74]

中国快速复兴的三个因素：历史背景，传统习俗及政治制度

现在要讨论中国能在过去三十多年维持高成长的主观因素。我的意见是，有三个因素：历史背景，传统习俗，以及政治制度。

先讨论历史背景。自公元前 600 年，周朝开始衰亡，封建制度瓦解之后，中国的商业兴起。即使在战国时代，争战不已，商业活动并没有停顿，反而增加。原因是，战争造成物质的需要，商业自然兴旺起来。自战国时代起的长长的二千多年的历史中，大约只要有十年的和平时期，中国的经济立刻回升。这类的例子不胜枚举。在三百多年的五胡乱华和南北朝时代，残暴不堪的恶行之下，中国的国力和经济都降到极低点，人口大减，穷不聊生。可是这段期间，中国只要有片断的和平时期，经济就会回复。隋朝成立之后，历经十来年的升平时期，就民富国强。唐朝自唐太宗登基之后，接着武则天的英明统治，在 8、9 世纪，中国成为世界第一超级强权。虽然儒家一直歧视商人，但仍旧明白了商业在国家经济上的重要性。当时只限制商人的享受（如不许在外面穿绸衣），并没有压抑商业。这种两千多年一脉相传的商业传统也许是中国独有的。（秦汉到清末，政府的政令中，多少都带有一些抑商的色彩，但都没有严格的执行。不过，汉武帝时商人曾受到严厉的打击，多数商贾破产。而重农抑商、重本轻末的理论，历代常有人提及，形成中国的社会传统之一。这个政策与理论虽未严重压制商活动，却形成社会上轻商的价值观念。）在欧洲，自从神权政治的黑暗时期于 6、7 世纪开始之后，商业就萎缩，一直要到十字军东征失败，约 12 世纪以后，教权逐渐衰落之际，商业才开始兴起。最近一百五十年以来，中国几乎没有过为时十年以上的平静安宁时期。到了 1970 年代末期之后，当所有的「运动」都销消声匿迹之后，中国才得安定下来。于安定三十年后，和以前中国各朝代在大劫后一样，中国又迅速的富强起来。在没有浓厚的商业传统国家，如在农奴制度下，数百到一千年的

---

[74] 在这里没有考虑到许多未知数，如：中国的环保问题、西北良田沙漠化、人口问题、世界原料开始用竭……等，这些问题都相当严重。

俄国，就不同了。俄国从农奴社会一下子转变成共产主义，历经七十年，一直都没有建立过浓厚的商业及企业精神。一下突然转成自由经济，人民无可适从。除了卖祖产的石油、油气工业之外，在经济成长上，不能和中国相比。

在传统习俗方面，自第 3 三世纪起，一直到 20 世纪，中国历经外族侵略，甚至有两次全国都在外族统治之下。在这些侵略中，本土中国人往往被视为二等民族；在这些欺凌之下，中国人却还能维持中国文化的传统和发展。一旦政局安定，由于中国人占多数，即使在外族统治的客观限制之下，还能维持并发展自己的社会结构，包括阶级组织，继续发展自己的文化及商业。中国人也因此培养出一种弹性－能在屈辱之下发展[75]（可是中国人的弹性是有限度的。一旦将这种弹性压到极点，就会反弹，将异族的统治者驱逐，恢复汉族〔这里汉族指的是广义的汉族，包括所有被同化的外来民族〕的统治－如明朝推翻蒙古统治者、孙中山领导的国民党推翻满清政权，以及抗日战争等。）

举一个能在外族欺凌之下，经济还能兴旺的例子。南宋亡了之后，兵荒马乱的乱世来临，到了忽必烈正式建立元朝之后，天下才太平。十数年之后，中国就变成一个富有的升平世界。虽然元朝定出歧视中国人的苛律，可是政局安定。在这些歧视的苛律之下，中国人仍旧能维持并发展自己的文化，发展经济、商业。这时意大利的旅行家马可·孛罗来到中国，他立刻就看出中国文化比欧洲的优越许多。中国的历史对于中国在盛时的详细记载不多，可是在马可·孛罗的著名游记中，他写出不少当时中国的盛况。这里列举一段他对杭州（南宋的首都）的描述：

「在这城中心有一个大湖（按：即西湖），方圆 30 英里 /50 公里/。四周造满了美不胜言的宫殿和你所能想象到最豪华的巨宅，住的是城里的贵人……在湖中央有两个小岛，每个上面都造了富贵堂皇的大庭院，装饰的华贵程度，就算让皇帝使用，也不为过。有人要举行婚礼，或者开宴会，可以租用这些庭院。什么奢侈的应用品应有尽有……任何人都可以租用。有时有好几百个宴会同时进行……非常有条有序，宴会不互相干扰……所有的人都是偶像崇拜者。（按：即到寺庙中烧香求福的人，来自欧洲的不拜偶像的基督教社会的马可·孛罗对此感到不可思议。）因为他们在伟大的可汗统治之下，他们用的

---

[75] 從社會學的觀點，這是一種自我保護生存的一種方式。可是這也是中華民族的缺點，形成「阿 Q 精神」，見上一章。

货币是纸币。（按：中国是第一个开始大量用纸币的国家。）男女的衣着非常优美、漂亮。大都穿丝绸的长服，数量之多，使人惊讶，这些丝绸大都来自邻近的省分⋯⋯」（按：在中国，丝绸比布贵，可是还有许多人穿得起；不像当时的欧洲，丝绸要从中国经过丝路运去，昂贵得很，只有最富贵的王族才穿得起，因此马可·孛罗对此大感惊奇。）

除了这种在异族统治以下还能按「大丈夫能屈能伸」的原则（即不妨暂时忍受屈辱，等到哪一天时机到了，再恢复自己－中国人－的地位）的自我保护生存的能力之外，也许中国最幸运的一点是，虽然中国的文化背景有许多传统，可是大都基于实用（如科举制度），或者来自基于惰性的社会压力（如妇女的缠足）。一旦失去了实用价值，或者被指出这种传统的错误（如以上两个例子），这些传统都可以在短期间废掉。这种对传统的看法和态度可能开始于第一位统一中国的黄帝的统治－他建立了一个相当松散的部落联盟后，就在实质上，将部落的传统在文化上的地位减轻了许多，代之以可以更改的仪式。对中国哲学产生最大影向力的《易经》，就强调世界宇宙万物的变动性（原始循环论），因此所有的传统都可以随着时代的变迁而更改。但许多其它世界的文化，对传统的看法往往不是这样。到现在，非洲各国和亚洲次大陆（如印度、巴基斯坦），许多基于宗教或可以追溯到石器时代的传统的地位经常超越一切，甚至超越一切现代化教育及法律。这种对传统的崇拜，使他们的现代化－定义为增进生活品质－的过程遭遇到许多重大的障碍。中国所有异族侵略者都很少有自己的宗教（蒙古人信喇嘛教，满州人信萨蛮教，可是他们对宗教采取较宽容的态度），因而更没有带来狂热的宗教意识。中国的漫长历史中，儒学－基本上来说，是不信神的人本主义－的影响之大，使得所有的君王都不得不采取严格的政教分立原则。中国历史里，有不少兴旺过一阵子或在现在还在兴旺中的宗教，也有许多笃信宗教的君主，不仅是佛教、道教，还有祆教，景教（Nestorianism)－基督教的一支，等等。有些君王的信仰非常深，例如，在北朝时代（第 5－6 世纪）北魏、北齐皇帝及太后，甚至率领百官奉祀祆教（Zoroastrianism）的火天神，南朝的梁武帝笃信佛教，出家过三次，定下了中国佛教的清规。虽然有些君主（如北魏太武帝曾经毁佛，以道教为国教）设立了国教，强迫人民信教，但都不持久。因此在中国的政治历史上，宗教始终都坐在后座，因此在文化上也没有建立过宗教教义所带来的偏见。

216

　　举一个宗教教义影向到商业的例子。商业上最重要的资金周转方式是贷款，贷款制度之所以能建立，就是因为有了利息制度。中国自周朝封建制度瓦解，商业贸易开始之后，民间就有非官方的利息制度。宋朝实行的青苗法则是官方定出来协助农民的利息贷款。（利息制度的最大流弊是高利贷，许多朝代明文禁止。）可是在欧洲，一直到莎士比亚时代（16－17世纪），也许因为基督教《圣经》新约中提到过耶稣基督把在圣庙中放款的人赶出[76]，一般基督徒都认为收利息是不道德的行为。朋友之间周转基于友谊（中国的义气），不收利息。等到拿破仑发动战争，企图统一欧洲，需要军费，不得不向犹太首富借钱，才开始承认及采用利息制度，沿用至今并发扬光大。伊斯兰教创教主穆罕默德在《古兰经》中明文禁止收利息，至今正统伊斯兰教国家还禁止放款收利息（他们的银行有一种复杂的变相利息制度，一种建立在分享利润上的制度）。在中国，这类基于宗教或传统的限制从来都没有过，唯一的原则就是能赚钱并合乎情理。在这种以实用性唯是的传统原则上，中国民族和犹太民族很相似。过去还有人讥讽中国人是东方的犹太人。如果中国在文化上，有严格遵从这类基于古代情况而立的教义的传统，或严格执行政治组织按「主义」立下的教条，中国就无法迅速在经济上向前迈进了。

政治因素

　　对中国经济改革的成功具最大影响力的是中国目前的稳定度。自 1978年开始，一直没有改变过经济政策，因此中国能循着中国历史传统，十年太平，一切兴旺。这也许是一个最具争论性的论题，一提到中国现在的政治制度，西方人及许多自命为民主人士者莫不咬牙切齿，指责中国一党专政的「共产党」政府独裁。自 20 世纪初，无政府主义和共产主义的信徒在美国发动一连串暴动以来，「共产党」（甚至「社会主义」）这几个字对一般的美国人来说，其可怕的程度有如中国古代的「洪水猛兽」，无论自 1970 年代毛泽东去世后，在中国，「共产党」三字已经有名无实：几乎没有一个政策是按照原始马克思主义的教条执行的。

---

[76] 见〈马太福音〉第 21 章 第 12 节。另有一个例子，莎士比亚名剧本《威尼斯商人》写一位基督徒拔萨尼欧(Bassanio) 为了要摆场面去追求富女菠蒂娅（Portia，以资人财两得），向另一位基督徒安东尼（Antonio，无息）借钱，可是安东尼一时无法周转，因而不得不向一位犹太人夏落克（Shylock）贷款的事，因为当时只有犹太人才放款收利息。当时犹太人受歧视，不能购买土地等不动产，因此所有的财产都是流动的资金，只好靠放款收利息过活。这也是他们自我保护生存的一种方式。

西方对始创俄国政治改革的戈尔巴乔夫（Gorbachev）具有极高的敬意，因为他瓦解俄国的共产政权，代之以西方式的民主政府。然而从经济上来说，这样的改革带来的是几十年的大失败，即使从政治上说来，也并没有把俄国带到西方民主人士憧憬的民主天堂。我们无法推测他这么做的真正原因，可是在他 1987 年的演讲中（登在《真理报》(Pravada) 2 月 26 日上），说明他认为唯一能和共产政府执行多年的经济体系抗衡的改革路线，就是把政治开放给全民，除此一招，别无他计。他不执行中国模式的原因不详。我们可以臆测，他是苏联共产党中央委员会总书记，也是苏联最高苏维埃主席团主席。苏联不是一个国家，而是一个由不同国家组成的联邦，这些国家多多少少都被迫参加这联邦。一旦给了这些国家自由决定权，在一场会议中，这些国家选择了解散。之后，苏维埃联邦就不存在了，他就失去了政治权。

二十年后的今日，当时对于苏联共产政权瓦解的的欣喜早已不存在了，可是这些「独立」了的国家仍在民主的道路上彷徨，他们的经济危机仍然存在。现在回顾起来，可以说戈尔巴乔夫这一招的政治改革很危险。如他在 1991 圣诞节宣布苏联瓦解时所说的[77]，「在没有一个能替代执政的共产党政府机构出现之前，就把已经存在多年的政治机构瓦解，因此社会的危机变成更严重。」最混乱的时期就是歇克女士去俄国观察的时候，1991 年。即使在今日，这些混乱的余波仍然存在。

戈尔巴乔夫在俄国十月革命后多年出生，是苏联的第七位领导。他当权时，已经是第七代的领导了。共产政权的一切组织思维方法已经根深蒂固，一时无法铲除。相比之下，开始改革的邓小平仍旧属于第一代的革命分子；他的革命元勋地位犹在，他的言语有分量，人民对他还有很高的敬意。再者，中国和前苏联不同。苏联是一个由许多国家，被迫组成的联邦；中国是一个完整的国家。以中国实际领导的地位，邓小平可以保持政治的基本组织，用来发动他的经济改革。

开始改革时，邓小平没有说明怎样执行改革。显然他认为自己能取得已有的中央之下的地方政府的合作，来抗衡中央委员会的保守派的意识形态。除了经济改革，他最大的贡献，也许是把 1950 年人民政府成立时所拟议筹划的政治制度付诸实行。

一般的看法是，虽然 70 年代中期经济改革早已开始，最具历史性的里程碑是 1980 年 8 月 18 日，邓小平在中共中央政治局扩大会议上做的一

---

[77] 其实这是瓦解事後的宣言。

个名为「党和国家领导制度的改革」的演讲。与其说这个演讲奠定了经济改革的基础，不如说这演讲最重要的目的是，要开始实施人民政府建立时所提出的制度体系。这篇演讲在实质上成为后来中国改革的蓝图。演讲中，他提出几个要点：第一，权力不能过于集中。第二，兼职及副职不能过多。第三，要解决党政不分，以党代政的问题。（按：这个原则很像西方的政教分离原则。）第四，从长远着想，解决接班的问题[78]。换句话说，这四个原则，要把中国的政治体系制度化，以法来治理，以集体决策代替毛泽东的过度集权，即元老政治（patriarchal rule）或寡头政治（oligarchic rule）。在同一演讲中，他还提出要实现三个要求：「（一）经济上，迅速发展社会生产力，逐步改善人民的物质文化生活。（二）政治上，充分发扬人民民主，保证全体人民真正享有通过各种有效形式管理国家、特别是管理基层地方政权和各项企业事业的权力，享有各项公民权利……（三）为了实现以上两方面的要求，组织上，迫切需要大量培养、发现、提拔……年轻的、有专业知识的社会主义现代化建设人才。」这三点没有提到马列主义的教条，而第一点带有极明显和浓厚的资本主义思想。在 8 月 21 日于会见一位意大利记者时，他明显的阐明「黑猫、白猫」的原则。在回答如何看待资本主义的问题时，他说：「要弄清什么是资本主义。资本主义比封建主义优越。有些东西并不能说是资本主义的。比如说，技术问题是科学，生产管理是科学，在任何社会，对任何国家都是有用的。我们学习先进的技术、先进的科学、先进的管理来为社会主义服务，而这些东西本身并没有阶级性。」虽然还提到马克思的阶级观念，可是这些原则在实质上否认了马、列、史的阶级教条（保留下的是社会主义之名，大约是因为马克思主义属于社会主义的一种），因为邓小平将这些（相当于采纳了市场经济或带有浓厚资本主义色彩路线）原则称为「有中国特色的社会主义」。

一旦共产党去除了对经济的掌控，中国人的创业精神立即回归。许多老资本家仍然健在，用他们的经验重新创业。下一代的创业者开始出现，不受任何意识形态和教条的拘束，中国迈起大步发展。·

附录 1 阿罗吊诡命题 (Arrow's problem or Paradox)

于 1951 阿罗（Kenneth Arrow）在他的博士论文中以数学证明，如果有三个或更多的选择时，没有一个可以满足一套合理的准绳的公平选举方法，可以用来选出其中一个。以非数学或专门口吻来说，他的理论证明，

---

[78] 这个接班制度已经执行。领导任期五年，只能连任一次。

「没有一个完全公平的选举方法」，或「唯一没有瑕疵的选举方法就是独裁」。他因此获得 1972 年的诺贝尔经济奖，他的论文发表于《政治经济期刊》(*The Journal of Political Economy*) 第 58 卷第 4 期，页 328 – 346（1950 年 8 月号），并在一书《社会性的选择及个人的价值》(*Social Choice and Individual Values*) 里阐明。

第六部 和西方文化的矛盾

第十三章 中西在宗教习俗及政策的分歧

楔子—中国古代对人工流产的看法（《西游记》）

　　话说唐僧三藏（俗名陈祎，字玄奘，公元 602 – 682 年）攀鞍上马，由三位徒弟美猴王孙悟空、猪八戒（悟能）和沙和尚（悟净）护送，向西行去，不久来到一道小河，四周幽静，柳荫中微露出些茅屋。悟空大叫：「有没有摆渡的？」叫了几声，一位妇人撑了一艘船儿咿咿哑哑的过来，说「要过河吗？」悟空问道：「怎么妳的老公不在，要妳来撑船？」这位妇人笑而不答。四人一马上了船，顷刻间过了小河，登上西岸后，唐僧叫沙和尚打开行囊，取出几文钱给了她，她谢了几声，就撑船回去了。这条河水清极了，唐僧口渴，叫沙和尚拿出钵来，舀了一钵水喝，喝了半钵，悟能口渴，就把剩下的半钵水喝了。继续上路，走不到一小时，唐僧在马上呻吟，叫腹痛，八戒随后道：「我也有些腹痛。」沙僧道：「想是吃冷水了？」说未毕，师父声唤道：「疼得紧！」八戒也道：「疼得紧！」他两个疼痛难禁，渐渐肚子大了，用手摸时，似有血团肉块，不住的骨冗骨冗乱动，三藏正不稳便，忽然见那路旁有一村舍，树梢

图 52. 唐僧

头挑着两个草把，行者道：「师父，好了，那厢是个卖酒的人家。我们且去化他些热汤与你吃，就问可有卖药的，讨贴药，与你治治腹痛。」三藏闻言甚喜，却打白马，不一时，到了村舍门口下马。但只见那门儿外有一个老婆婆，端坐在草墩上绩麻，行者上前，打个问讯道：「婆婆，贫僧是东土大唐来的，我师父乃唐朝御弟。因为过河吃了河水，觉肚腹疼痛。」那婆婆喜哈哈的道：「你们在哪边河里吃水来？」行者道：「是在此东边清水河吃的。」那婆婆欣欣的笑道：「你都进来，我与你说。」

　　「我这里乃是西梁女国。我们这一国尽是女人，更无男子，故此见了你们欢喜。你师父吃的那水不好了，那条河唤做子母河，我那国王城外，还有一座迎阳馆驿，驿门外有一个照胎泉。我这里人，但得年登二十岁以上，方敢去吃那河里水。吃水之后，便觉腹痛有胎，至三日之后，到那迎阳馆照胎水边照去。若照得有了双影，便就降生孩

儿。你师吃了子母河水，以此成了胎气，也不日要生孩子，热汤怎么治得？」三藏闻言，大惊失色道：「徒弟啊！似此怎了？」转着问：「婆婆啊，你这里可有医家？教我徒弟去买一贴堕胎药吃了，打下胎来罢。」那婆子道：「就有药也不济事。只是我们这正南街上有一座解阳山，山中有一个破儿洞，洞里有一眼落胎泉。须得那井里水吃一口，方才解了胎气。却如今取不得水了，向年来了一个道人，称名如意真仙，把那破儿洞改作聚仙庵，护住落胎泉水，不肯善赐与人。但欲求水者，须要花红表礼，羊酒果盘，志诚奉献，只拜求得他一碗儿水哩。你们这行脚僧，怎么得许多钱财买办？但只可挨命，待时而生产罢了。」

行者闻得此言，满心欢喜道：「婆婆，你这里到那解阳山有几多路程？」婆婆道：「有三十里。」行者道：「好了！好了！师父放心，待老孙取些水来你吃。」只见那婆子端出一个大瓦钵来，递与行者道：「拿这钵头儿去，是必多取些来，与我们留着用急。」行者真个接了瓦钵，出草舍，纵云而去。那婆子才望空礼拜道：「爷爷呀！这和尚会驾云！」

图 53. 孙悟空

不时来至门首，见一个老道人，盘坐在绿茵之上，大圣放下瓦钵，走近问讯，那道人欠身还礼道：「哪方来者？至小庵有何勾当？」行者道：「贫僧乃东土大唐钦差西天取经者。因我师父误饮了子母河之水，如今腹疼肿胀难禁。问及土人，说是结成胎气，无方可治。访得解阳山破儿洞有落胎泉可以消得胎气，故此特来拜见如意真仙，求些泉水，搭救师父，累烦老道指引指引。」那道人笑道：「此间就是破儿洞，今改为聚仙庵了。我却不是别人，即是如意真仙老爷的大徒弟。你的花红酒礼，都在哪里？」行者道：「我是个过路的挂搭僧，不曾办得来。」道人笑道：「你好痴呀！老师父护住山泉，并不曾白送与人。你回去办将礼来，我好通报，不然请回，莫想莫想！」行者道：「人情大似圣旨，你去说我老孙的名字，他必然做个人情，或者连井都送我也。」

那道人闻此言，只得进去通报：「师父，外面有个和尚，口称是唐三藏大徒弟孙悟空，欲求落胎泉水，救他师父。」那真仙不听说便罢，一听得说个悟空名字，却就怒从心上起，换上道长，取一把如意

224

钩子，跳出庵门，叫道：「孙悟空何在？」行者转头，合掌作礼道：「贫僧便是孙悟空．因我师父误饮了子母河水，腹疼成胎，特来仙府，拜求一碗落胎泉水，救解师难也。」

那先生怒目道：「前者家兄处有信来报我，称说唐三藏的大徒弟孙悟空怎懒，将我的侄儿害了，收去做观音菩萨弟子。我这里正没处寻你报仇，你倒来寻我，还要什么水哩！」行者陪笑道：「如今令侄得了好处，现随着观音菩萨，做了善财童子。」先生喝道：「这泼猢狲！还弄巧舌！我舍侄还是自在为王好，还是与人为奴好？不得无礼！吃我这一钩！」二人在聚仙庵好杀。那道人与大圣战经十数合，敌不得大圣，倒拖着如意钩，往山上走了。大圣不去赶他，却来庵内寻水，那个道人早把庵门关了。大圣拿着瓦钵，赶至门前，尽力气一脚，踢破庵门，却才寻出吊桶来，正自打水，又被那道人赶到前边，使如意钩子把大圣钩着脚一跌，跌了个嘴唭地。大圣爬起来，使铁棒就打，大圣一只手撑持不得，又被他一钩钩着脚，扯了个蹒跚，连井索通跌下井去了。大圣心中暗暗想道：「且去叫个帮手来！」

好大圣，拨转云头，径至村舍，进门后对唐僧备言前事，三藏滴泪道：「徒弟啊，似此怎了？」大圣道：「我来叫沙兄弟与我同去，到那庵边，等老孙和那厮敌斗，教沙僧乘便取水来救你。」那婆婆道：「不必迟疑，快求水去。」行者道：「你家可有吊桶？借个使使。」那婆子即往后边取出一个吊桶，又窝了一条索子，递与沙僧。沙僧道：「带两条索子去，恐一时井深要用。」沙僧接了桶索，即随大圣出了村舍，一同驾云而去。那消半个时辰，却到解阳山界，按下云头，径至庵外。大圣吩咐沙僧道：「你将桶索拿了，且在一边躲着，等老孙出头索战。你待我两人交战正浓之时，你乘机进去，取水就走。」沙僧谨依言命。

孙大圣掣了铁棒，近门高叫：「开门！开门！」那守门的看见，急入里通报道：「师父，那孙悟空又来了也。」无奈何，挺如意钩子，走出门来。大圣不说话，着头便打。那真仙侧身躲过，使钩子急架相还。这一场比前更胜。他两个在庵门外交手，跳跳舞舞的，斗到山坡之下，苦苦相持不题。

却说那沙和尚提着吊桶，闯进门去，只见那道人在井边挡住道：「你是甚人，敢来取水！」沙僧放下吊桶，取出降妖宝杖，不对话，着头便打。那道人躲闪不及，把左臂膊打折，道人倒在地下挣命。沙

僧骂道：「我要打杀你这孽畜，怎奈你是个人身！我还怜你，饶你去罢！让我打水！」那道人叫天叫地的，爬到后面去了。沙僧却才将吊桶向井中满满的打了一吊桶水，走出庵门，驾起云雾，望着行者喊道：「大哥，我已取了水去也！饶他罢！饶他罢！」大圣听得，赶上前，喝声：「休走！」那妖仙措手不及，推了一个蹼辣，挣扎不起。大圣夺过如意钩来，折为两段，总拿着又一抉，抉作四段，掷之于地道：「泼孽畜！再敢无礼么？」说完后大圣纵着祥光，赶上沙僧，得了真水，喜喜欢欢，回于本处，按下云头，径来村舍，只见猪八戒腆着肚子，倚在门枋上哼哩。

那婆婆却也欢喜，几口儿都出礼拜道：「菩萨呀，却是难得！难得！」即忙取个花磁盏子，舀了半盏儿，递与三藏道：「老师父，细细的吃，只消一口，就解了胎气。」八戒道：「我不用盏子，连吊桶等我喝了罢。」那婆子道：

「老爷爷，唬杀人罢了！若吃了这吊桶水，好道连肠子肚子都化尽了！」吓得呆子不敢胡为，也只吃了半盏。

那里有顿饭之时，他两个腹中绞痛，只听毂辘毂辘三五阵肠鸣。肠鸣之后，那呆子忍不住，大小便齐流，唐僧也忍不住要往静处解手。那婆婆即取两个净桶来，教他两个方便。须臾间，各行了几遍，才觉住了疼痛，渐渐的销了肿胀，化了那血团肉块。

老婆婆对唐僧道：「老师父，把这水赐了我罢。」行者道：「既是他两个都好了，将水送你家罢。」那婆婆谢了行者，将余剩之水，装于瓦罐之中，埋在后边地下，对众老小道：「这罐水，毂我的棺材本也！」众老小无不欢喜，整顿斋饭，调开桌凳，唐僧们吃了斋。消消停停，将息了一宿。次日天明，师徒们谢了婆婆家，出离村舍，唐三藏攀鞍上马。沙和尚挑着行囊孙大圣前边引路，猪八戒拢了缰绳，继续向天竺国西行去取经。

这楔子的故事摘自中国明朝名古典小说《西游记》第 53 章。唐僧是中国历史上的一个伟大人物。那时佛教已传入中国多世纪，翻译的经典很多，可是有不少错误，不同的译本还有相异的部分。他决定去天竺（印度）取得正统的版本，以便知道佛教经典的真义。他违法私自离开长安去印度（天竺）取经，历经十四年，取回所谓大乘派（Mahâyâna）佛教的经典。回来时，轰动长安，唐太宗派高官迎接他。回来后，玄奘谢绝一切世间荣华利禄；唐太宗劝其还俗出仕，他婉谢但要求组织译场，翻译佛经，

终生译经，被封为唐僧。最初，玄奘要求到少林寺译经，唐太宗安排他到弘福寺，玄奘欣然同意。之后留长安弘福寺译经，由朝廷供给所需，组成完备的译场。后来大慈恩寺落成，玄奘才奉敕入住任上座，继续翻译佛经。唐高宗永徽三年（652），奏请建塔以安置经像，经高示敕许，乃于大慈恩寺西院营建大雁塔（至今还在）。玄奘「亲负篑畚，担运砖石，首尾二周（年）」。他在佛教中的地位，可以和西方第 4-5 世纪的奥古斯丁（Augustine of Hippo, 354-430）相比。奥古斯丁建立了基督教的教义，沿用到 13 世纪。唐僧译的佛经成为佛教中的主要经书。不知道为了什么原因，吴承恩在《西游记》中把唐僧写成一位笃信佛教，立志取经的人，却把他性格写成心地软弱，犹疑不决，屡次遭遇到困难都来自他的软弱，和及猪八戒的谗言。这部小说的中心人物是孙悟空。他是神猴，本事非凡，充满了反抗权威性格，大闹天宫后被佛陀如来制服。之后归顺唐僧，协助他求经，可是一直都受到猪八戒谗言的牵制。这本书影射了无能的明朝，不过这不是这里讨论的范畴。要讨论的是《西游记》中很小的插曲－没有牵涉到其它天上神仙帮忙的人工流产。唐僧到了全国都是女性的西梁女国，不慎喝了子母河的水而怀孕。（不要问如何怀孕。2005 年美国影界也拍了一位男士怀孕的故事，主演的明星是前加州的州长史瓦辛格〔Arnold Schwarzenegger〕。）在这里，最重要的文脉乃是如何解决唐僧怀孕的问题。解决的方法是去取用解阳山破儿洞里的落胎泉魔水，这魔水的功用和现在在美国已批准使用的人工流产胎药（RU-486）很相似。唐僧所信的佛教主张戒欲，不接近女性，可是在取经的大业过程中，不得不借用能导致人工流产，有 RU-486 功用的魔水。小说中说：「三藏问：『婆婆啊，你这里可有医家？教我徒弟去买一贴堕胎药吃了，打下胎来罢。』」这表示在吴承恩的时代，人工流产（打胎）相当普遍，任何医家药房都卖。在这部小说中，普通打胎药没有用，要落胎泉的魔水才有用。而这泉被道人罢占了，并定出一套求水的方法：要喝落胎泉水的人还要「具备花红表礼，羊酒果盘，志诚奉献，只拜求得一碗落胎泉水。」（涵义就是，只有富人才有钱打胎。）唐僧和猪八戒喝了魔水流产后，孙悟空将没有用完的魔水送给这位老婆婆－她感激不尽，说：「这罐水，觳我的棺材本也！」即够她死后的棺材及葬礼费用。也就是说，即使在没有「男女性爱」的女儿国中，也不免有人工流产这件事，与 RU-486 人工流产同效的魔水，也有市场！

　　作者吴承恩的生平不详，大概是没有及第的儒家文人，以写小说维生。儒家大都不提到打胎这类的问题。可是如果古代社会和现在一样，那么也有许多人工流产的事。（即使在西方宗教意识很强的社会中，人工流

产的例子很多－有人声称中古欧洲，人工流产率和现在的差不多。）吴承恩代表的也是儒家的思想：对于人工流产，认为没有不可。目前中国，人工流产是合法的避孕方法之一。（可是其它的避孕方法普及之后，人工流产已经成为最后一计。）

在西方，尤其在美国，人工流产－甚至包括避孕－是具争议性的。自从 1973 年美国最高法院裁定，妇女对人工流产有自主权（即有权「堕胎」）后，有些宗教支派组织就想改变这个裁定。天主教声称按（他们制定的）基督教教义，不能避孕，更不许人工流产。新教中分成两派，一派不反对，一派－极端保守分子－反对，甚至还声称有「科学根据」，生命开始于精子进入卵中成为胚胎之际。（这里对这些所谓的「科学根据」不加以讨论，因为在这里要讨论的是中西文化殊异、不能兼容的地方。）按照他们所解释的教义，人工流产犯了基督教《旧约圣经》中「十诫」的第五诫。他们利用教会组织的力量，企图以立法及改变最高法院的裁定来禁止人工流产。极端保守分子的势力很大，甚至不许美国对（最需要人口控制的）第三世界的援助中，包括避孕或人工流产费用。

这些保守分子对中国的一户一胎的人口政策恨之入骨，认为违反了他们定出的基督教教义。中国认为，除了接受所有的避孕方法，包括人工流产，无法从根本上解决中国的人口问题。在这一点上面，宗教意识非常强的美国和中国明显的呈现对立，而且是无法妥协的对立。

这仅是中西文化殊异，且不能妥协的问题中的冰山一角而已，在许多方面，尤其对宗教意识，无法妥协的地方多得是。

中国的传统及伦理，佛教的中国化

回顾过去数千年，世界四大古文化（埃及、古巴比伦、中国、印度），唯有中华文化从未被外来文化或侵略中断过，中国历史上从未出现过全国性的政教合一政权。中国宗教传统以社稷为上，以爱国为荣。中国受外族侵略不知若干次，可是中国以不依赖宗教，而是以非宗教的文化，将入侵的多元民族融成一体。中国接受任何尊重中国文化和主权的宗教。中国宗教尚崇自然，以「和合」为贵，以伦理为重。中国以血缘关系为纽带形成的政治制度和社会体制－宗法制，源远流长。中国人对万物和人生本源的基本看法是基于《礼记》：「万物本乎天，人本乎祖。」基本信念是敬天法祖，以民为贵，国家主权为重，因此也敬崇为国为民牺牲的英雄

[79]，报本答愿的方式是祭天祭祖。由此演变出一套以家族为本的统治制度和伦理秩序，建立了所谓「封建」[80]社会的政治、社会制度及含有一种松散的「神权」。（皇帝的另一称呼是天子，代表他统辖的人民和宇宙的主宰，抽象「天」之间的联系。）也可以把这种「神权」认为是一种宗教，可是这个「宗教」没有任何经典，更没有专拜一个神的约束。因为中国的传统，将「天」的地位放在所有的神祇之上，在不违反伦理和敬天的前提之下，对所有的宗教都能容忍和接受。中国古代政治和社会制度都建立在以家族为本的法则上。这些传统的历史很长，几乎可以推溯到夏朝之前。

在伦理方面，中国文化包括维系社会关系的礼仪习俗。美国哈佛大学著名汉学家费正清（John King Fairbank, 1907–1991）认为这种「制度和文化的持续性，曾经产生了体现为气势澎湃和坚守既定方针的惯性。」20世纪初，德国名社会学家马克斯·韦伯（Max Weber, 1864–1920）把中国形容为「家族结构式的国家」，把儒学称为「清醒的宗教」，把中华民族称为「未醉的民族」，认为中国宗教「就其意义而言，面向今世」。一位20世纪初名中国学者梁漱溟则认为中国「以宗法组织社会，以伦理代替宗教」。在这种强大的传统之下，中国文化以儒学为支柱，中国宗教「儒释道」互相浸染，连儒学都烙上了「敬天法祖重社稷」的传统，强调维系现存世界，并理性的适应现存世界。具有「封建宗法性」特征的文化，对外来文化并不加以排斥，但必须改变它们，使其能融于中国文化之内。外来宗教要想在中国立足，必须尊重和适应这种特征。本书第五章提到佛教进入中国时，佛教的传教士把印度的「宗教高于一切」的传统带来。在印度，国王看见「沙门」（śramaṇa）即僧侣时要礼拜。东晋佛教高僧释慧远大师甚至写了一篇文章〈沙门不敬王者论〉，认为沙门（对佛教僧侣的称呼）的地位高于皇帝，因此可以不拜皇帝。涵义即教权大于王权。慧远在文中写道：「佛教之所以重资生，助王化于治道者也。」他认为佛教并无意向王权挑战，但沙门也无需向王者敬拜。不久就发现行不通，而且后来这个理论牵涉到政治上的斗争。南朝名僧道安持反对论，说：「不依国主，则法事不成。」（按：慧远为道安弟子，385年道安死后，慧远才成为佛教界领袖。）

---

[79] 许多为国牺牲的男女英雄都被尊为神，在佛教的庙中奉祀。对这些男女英雄的敬拜并不完全是宗教行为，而大都是尊崇他们护国护民的事迹。
[80] 这里所谓的封建指的不是封土制度（如周朝的公、侯、伯、子、男等爵位及欧洲中古时代的封土贵族制度），而是在思想方面以家族为中心的制度。

　　「宗法性」使宗教具有入世性、世俗性和伦理性，有其文化的意义。但「封建宗法性」却使宗教沦为封建制度的卫道士，却并非都结「善果」。在西藏，藏传佛教与封建农奴制结合形成的政教合一制度，残酷野蛮。在西北，「万物非主，惟有真主」的伊斯兰教，与地主制度结合形成的「门宦」制度，却产生了若干对教民有生杀大权的「教主」。历史上，宗教的传播，使有些统治者要把中国带入这类的政教合一的歧途，却都没有成功过。而且经过四次「灭佛」之后，佛教就安分守己的成为一个真正的宗教，不涉入世间的是非。这四次的灭佛，多与经济因素及佛、道教竞争有关，与政治的关联少。（只有一次，唐武宗提起意识的问题。在灭佛的诏文中写：「我朝太宗以武定乱，以文理华夏，执此二柄，足以兴邦，岂可以区区西方之教与我抗衡哉？」）中国的为政者，往往站在王权至上的优越意识一面，认为任何宗教，一入中国，就得「安分守己」、「不涉入世间的是非」，唯一可涉人间是非的只有王权。目前中国共产党建立的人民政府也站在同一立场。这种立场，不同于许多世界上其它宗教意识强的国家，因此产生许多磨擦。然而政治是现实的－谁当权，谁就有理，中西一样[81]。

基督教在中国：欢迎，礼仪之争，侵略的工具

　　回顾百年，中国一度沦为半封建半殖民地社会。「半封建」使中国宗教的「封建宗法性」特征凸显，「半殖民地」则使中国宗教饱受「洋教」的欺凌。　基督教长期影响和塑造了西方社会和文化，在中国，却无法融入中国文化。康熙时期，因罗马教廷不允许中国教徒「尊孔祭祖」而引爆「礼仪之争」，导致「百年禁教」。现代中国学者潘光旦问：「同为外来宗教，何以基督教不生根而佛教生根了呢？……因得土地之宜，其滋生发育也就比较的自然……这不一定指基督教自身是一股祸水。不过说，一个种子－也许是好种子－种在水土不合的土壤里，就结出恶果了。」

---

[81] 中国的历史现象是，任何民族，加入中国之後，自己的语言文化都被并入中国文化，包括语言、宗教、种族、风俗……等等。这种中国化的政策屡受到各朝代的支持，主要原因大约是稳固政权，避免由於语言和文化不同而造成的民族反叛、动乱。宋朝之後，甚至在科举考试中为新加入的民族提供保障名额，鼓励这些少数民族为了当官而学中文，放弃自己的文字。这种做法，其实开始於鲜卑族人拓拔宏，他登基为北魏孝文帝之後，正式废除胡语（见本书第十章）。这样的做法，使得加入中国的外族人（包括中国原居民）都要忘我，只有中华。在这种忘我的意识之下，只追求生存，不追求公义、真、美……中国历经外族侵略，虽然这种求生存之道维持了中国的传统，却也是一刀两刃，形成後来被鲁迅批评的阿 Q 精神。

中国在沦为半封建半殖民地的屈辱中走进了 20 世纪。一直到 20 世纪的 50 年代，中国面临天崩地解的大变局，中国传统宗教在国难当头和中西文化冲突的夹缝中挣扎。当中国受到屈辱之际，基督教（Protestantism）和天主教（Catholicism）却大规模传入中国。（直到 1950 年，基督信徒的数目还是非常少，全国不到 100 万人。现在西方传教机构退出中国，基督徒的数目反而增加许多，但仍旧只占人口的百分之一、二。下面将会讨论。）这两个本来是传播福音的宗教，却不幸成为侵略者的工具。前北大校长，前台湾农村复兴委员会主任委员蒋梦麟做了一个很好的评语：「如来佛是骑着白象来到中国的，耶稣基督却是坐在炮弹上飞过来的。」

当然这些都已经成为过去。20 世纪初，中国和西方文化冲突的性质也转变了，然而在宗教和文化方面的对峙仍然存在，要知道这些对峙的实际情况以及未来的展望，必须先了解一些历史因素。

中国对宗教的监视及历代宗教引起的动乱

虽然中国没有过政教合一的政权的统治，可是笼统的宗教概念－尤其是抽象「天」的概念－在中国的政治上有相当的作用。三千年前，当周武王推翻商纣政权的时候，就提出了「天」示意给他革命的训令。在宣布革命的文件〈康诰〉里，他明显的说「惟命不于常（天不只帮助一家）」，许多史学家认为这句话建立了可以推翻朝代的原则。不过在同一文件中，武王也提出，要把朝代推翻，必须有带着深刻宗教意味的「天命」。其实在中国文化中，「天命」是一个很笼统的概念，不牵涉到任何宗教的神祇，只提到一个抽象「天」的命令。从理论上来说，任何人都可以提出天命，因此有了「天下惟有德者居之」的说法（有才能品德的人才能做皇帝，统一天下）。儒家不信神，可是仍旧接受了这一带有宗教意味的「天命」观念。例如，在写创立朝代的皇帝的传里，几乎都会牵涉到一些神话，也许有其它原因将这些神话放在正史中；基本上要传达的意义是：这位皇帝受天之命，推翻旧朝代，建立新朝代。当朝代一旦建立以后，这些类似宗教神话的传说在政治上起不了作用了。（汉代流行的谶纬符命之说带有迷信的宗教意味，不限于开国皇帝，但都没有编入正史里。隋朝将这些谶纬之书大都消灭了，因此许多谶纬的历史都无法去考证。）各朝代对宗教的态度和儒家的几乎一样－不能没有宗教（唐代有些君主崇奉道教，

科举考试甚至还考《道德经》），甚至利用宗教来治国[82]，但大都认为不能以宗教的教义来治国。

中国对宗教的政策一向是，如果一个宗教变成势力强大，威胁到国家的政权，就加以压抑，却不是完全消灭。这种压抑，不是基于宗教的教义，而是基于现实问题。567－955年之间，有过四次「灭佛」，可是并没有完全灭掉，只是把佛教在经济上的影响力减低。灭佛的过程中，几乎没有人送命，只是把太过分的庙产充公，分给平民。真正虔诚的男女僧人都可以继续留下在庙中，继续他们的信仰。

中国历代不能容忍国家性或大规模的宗教组织，还有一个更重要的原因。按照韩非政治理论定出的中国君主政治体系，大权集中于皇帝一人：他制定法律，人人要遵守，而皇帝可以不遵守。这种政治体系虽然达到了中央集权，皇帝主导政治的目的，但这种政治一向都不稳定。主要的原因是，想造反当皇帝的人很多，再加上中国文化的「惟命不于常」的传统，没有伦理或传统来禁止造反当皇帝。因此，一有机会就有人造反。即使在最英明的君主治内，也不免有造反事件。古代交通不便，中国领土又大而广，在中央集权政治体系之中，需遣派亲信的人去统治各郡县。这还不够，为防止造反，皇帝不得不设立许多互相牵制的机能，但这些机能，只能牵制官员。对广大民众，除了严刑之外，能使民众不造反的方法就是使民众对政权满意。但是这往往不是皇帝所能控制的。一遇到天灾人祸或外患及其它原因，反叛的种子就出现了。其实，即使民众对政权不满意，还不容易造反。想要造反，必须要有组织，最简单的组织人民的方法就是利用宗教。宗教都牵涉到对于超自然的信仰（即怪、力、乱、神）。一旦变成信徒，就深信不疑，连生命都可以牺牲，因此历代政府都对宗教活动严加管制。即使如此，中国仍旧发生过不少打着宗教旗帜革命的叛乱（或起义，端看个人的观点）[83]。令人奇怪的是，这些打着宗教旗帜的革命，最

---

[82] 孔子在解释《周易·观卦》的〈彖辞〉中有这麽一段：「圣人以神道设教而天下服矣。」（圣人利用天的神道教导百姓，天下人都会服从统治了。）见第五章。

[83] 几乎在人民政府刚成立时所写的文献中一提到历史上的叛乱，就美其名并推崇为「农民革命」，听起来神圣非凡。原因是，创建人民政府的中国共产党也始於农民革命。直到20世纪末，绝大多数的中国人民都务农；在社会经济最底层的都是农民，要造反的当然是农民，一点也没有什麽神圣可言。最近中国的一般经济情形转好，但许多农民－尤其在西北－的生活并没有转好，故出现不少暴动。如果将所有的大小农民暴动都算进去，每年的暴动有数千到上万起。然而，现在的中国政府对於这些农民的造反（现在美称为闹事）却讳莫如深，经常只有局部性的报导，及在西方的报章上才能看到这些新闻。中国政府最近已经开始考虑管制这些新闻，下令必须得到当地政府许可才可以发表这类当地灾祸的新闻，所谓灾祸，包括天灾、

后都不成功，本书第五章中已经将各朝代对于宗教的政策大致说明，这里则要稍加讨论中国历代的宗教叛乱。

黄巾党及四川的道教

第一个打着宗教旗帜的革命，是与东汉政权摧毁有关的黄巾党（太平道）。可是这场革命发生于第 3 世纪，时间久远，历史只记载黄巾党以「苍天已死，黄天当立」的谶语来造反，可是对怎样以宗教来统治的叙述不多，详情不得知，只知道势力很强。张角把信徒组织起来，以「方」为单位，分作 36 方，大方一万多人，小方六、七千人，各方设渠师（教的组织的地方领导），势力遍及八州，当时统治者也承认黄巾党的势力：「天下襁负归之」、「万民乐附」。黄巾党被扑灭后，掌军事大权的曹操所采取的政策是，一方面用武力镇压，另一方面用利禄引诱。在太平教消灭之后，他进军到四川，征服各太平教相平行的，政教合一的道教政权。教主暨政治领袖张鲁识时务，立刻和平投降。曹操在政府中设了宗教领导的官职，让张鲁做官，将宗教组织变成政府的一部分。（虽然官阶好听，却没有实权。）原因大约是可以对宗教活动加以监督。曹操之后的各朝代，一直到清朝，都设有宗教性质的官阶。各朝代对于宗教的态度大致都一样，如果宗教势力太大，则压制（如 567 – 955 年之间的「三武一周」灭佛），否则就不加干涉。自宋朝起，仍旧有因宗教所启发的叛乱，对政府产生最大威胁的是受佛教启发的「白莲教」以及在清朝受到基督教启发的「拜上帝教」，即洪秀全用来创太平天国叛乱的宗教。

白莲教

白莲教对于明清两朝的宗教政策的影响最大。它的兴起，使明清两朝对于宗教组织严加压抑。白莲教是由明教、弥勒教、白莲社混合而成。明教原称摩尼教，唐朝自波斯（伊朗）传入，其教义揉合佛教、祆教、基督教。弥勒教源于中国佛教的净土宗，（净土〔Sukhâvati〕是佛家语，指庄严洁净，没有世间浊秽的极乐世界）。弥勒佛在中国佛教的地位，相当于犹太教、基督教中的弥赛亚。相传释迦牟尼死后，人类渐落入悲惨、愚昧的境地，之后弥勒佛将降临人间，拯救人类，公正廉明的统治者得以再度回到王座，统治百姓。北宋时代净土念佛结社流行，称为白莲社或莲社，

人祸如疾病，以及民众「闹事」的新闻。可是通常民众「闹事」的原因是因当地政府的不当行为，包括贪污、侵占民地。从另一方面来说，政府也积极改革，想让人民满意。

崇奉阿弥陀佛（Amitabha，梵文为 Amida），原来的教义浅显（不杀生，不偷盗，不邪淫，不妄语，不饮酒，以期往生西方净土），修行简便，因此传播甚广。南宋绍兴年间（1132－1162）僧人茅子元创建新教门，称为白莲社，对僧俗妇孺兼容并收。由于男女一起集会，受到儒者以及正统佛教徒的反对，曾被官方认为是「事魔邪党」而遭禁止。因官方严禁，秘密结社及教匪化之后，弥勒教与白莲社混流。传播者众，甚至传播到蒙古人统治的地区。元朝统一中国后，白莲教一度曾经受朝廷承认，总部在江西庐山的东林寺和淀山湖的白莲堂。可是后来支派甚多，纪律松弛，甚至变成地方性的骚扰组织，后来被元朝政府禁止。在元末有些支派起义反元，包括红巾起义。

明朝成立后，严禁白莲教。这时支派林立，不下一百派，信奉的神祇也很混乱，主要的信徒是下层民众。这些教徒曾经发起过不少次武装叛乱，有的还自立为皇帝，都被明朝消灭。清朝成立后，开始时，有不少支派打着扶明灭清的旗帜，势力增加，也发动过多次叛乱。白莲教没有一个正式的中心组织，各支派的教义不同，组织很混乱。对政府而言，白莲教等于是身上到处都有的疮症，医不胜医，有的只是痛痒，有的溃烂到要动手术（以武力镇压）。因为传播太广，无法完全禁止。清朝时的白莲教也是大问题，有过武装叛变。1850 年后，白莲教往往被清朝政府利用，后来逐渐衰微。1949 年，只剩些残余的组织。

拜上帝教（太平天国）

近代中国最大的打着宗教旗帜的叛变莫如太平天国。创教人洪秀全（1814－1864）是广东花县官禄埗村人，幼年入私塾读书。1829 年，他第一次赴广州参加科举考试，没有考取。1836 年，第二次到广州应考时，在街头听到中国第一位新教牧师梁发讲道，得到一本传教小册子《劝世良言》。1843 年，第四次落第后，才仔细钻研《劝世良言》，相信基督教的教义，于春天创立了「拜上帝教」，声称梦见升入天堂，和上帝天父和天兄耶稣见面，上帝并赐给他一口「斩魔宝剑」。洪秀全基于「独一真神上帝」，不得拜一切偶像的宗教信仰，同冯云山和洪仁玕撤去本村塾中的孔子牌位。1844 年，洪秀全和冯云山到广西贵县赐谷村宣传教义，同年 10 月，洪秀全回花县着手创制宣传教义的文书，1846 年，先后写成《百正歌》、《原道救世歌》、《原道醒世训》等。他糅合基督教义和儒家的思想，劝导世人拜上帝、学正人、捐妄念，惩富济贫，实现公平正直的社会理想。1847 年 7 月，他回广西紫荆山和冯云山设立拜上帝会，10 月，

他和冯云山到象州甘王庙，宣布地主崇奉的甘王欺骗世人的十大罪状，愤举竹杖击毁神像，这一行动，震动了整个紫荆山地区，从此，洪秀全威名大振，加入拜上帝教的人越来越多。这期间，洪秀全和冯云山等开始秘密商讨发动起义。1848年，洪秀全写成《原道觉世训》等，表达推翻清朝的决心，1850年7月洪秀全发布总动员令，号召各地会众于11月4日到金田村「团营」，1851年1月11日，拜上帝教在金田村起义。1851年8月占领永安，正式建号太平天国。3月23日，洪秀全在武宣县东乡称天王。12月，他在广东的永安州发布封王诏令，增订官制。第二年春，他颁布《太平条规》，作为太平军的军律。

1853年3月，洪秀全攻入南京城，改南京为天京，作为太平天国的都城。定都天京以后，在他和杨秀清的领导下，太平军进行北伐、西征、东征。在天京，诸王大兴土木，建筑王宫。此后，封建意识与日俱增，阶级观念、享乐思想尤其突出。洪秀全在天王府深居简出，脱离将士群众。在太平天国革命政权向新的封建王朝政权蜕变的过程中，洪秀全起了特别恶劣的带头作用。思想作风上的质变，使其愈往后，愈像封建帝王，生活荒淫，将大量妇女据为个人的性工具。洪秀全还未公开造反时，就有妻妾多人，到了占领小小的永安州后，已有36人。进入南京后，每做生日，他的大臣蒙得恩就要为他献上美女6人。每年春暖花开之际，蒙得恩还在天京13道城门口为洪秀全选美女，甚至干脆明文规定，「所有少妇美女俱备天王选用」。宫中各殿广设大床，供他随时做爱用。

洪秀全敌视中华传统文化，除了极少数他所需要的，其余不分良莠一概加以扫荡，寺庙、书院、古迹、文物，或者烧掉毁掉，或者改作兵营、仓库、屠场。其对中华文化毁损之程度远超过十年的文化大革命，可以和前十几年阿富汗的塔立班（Taliban）政权的恶行相比，有过之而无不及。

他采取的治国政策是政教合一，全民必须信奉他的拜上帝教。其教义除了奉信基督教的上帝之外，其它矛盾之处甚多。他对不信教的人施加酷刑和屠杀。他的军队纪律之恶劣，是不可否认的事。拜上帝教的教规严苛异常，仪式繁琐，拜上帝者必须向上帝悔罪，十天条（类似基督教的十诫）必须熟记，犯者死罪。平时朝晚祈祷，每饭感谢上帝。每届星期第七日礼拜，先一日鸣锣高呼「明日礼拜，各宜虔敬，不得怠慢」。不到者，初次枷号七星期，杖责一千，两次不到，斩首示众。礼拜时颂上帝恩德，唱赞美诗、信条，一如基督教。这样的狂热信教，招来不少信徒，不惜牺牲一切。可是这样的狂热，也激起卫护中国传统礼教者的反抗，招来不少

劲敌。起初西方正统基督教国家采取观望态度，当看到这样的宗教狂的表现，纷纷加入讨伐太平天国的清政府阵营。

1856 年，太平天国领导集团内部发生斗争，洪秀全开始重用亲信，封长兄和二兄为王。后来，形势日趋恶化，洪秀全对宗教迷信的沉溺，有增无减，强调诸事均有天父作主，不必担心。军事方面却节节失利，连他的高级将领的信心也开始动摇，许多人不再盲从。1864 年 3 月，南京被包围后，城内断粮，洪秀全带头吃「甘露」（各种杂草）充饥。残酷的内部斗争和饥饿，使太平天国领袖洪秀全卧病不起，病危时声称「朕即上天堂，向天父天兄领到天兵，保卫天京」。二日后，1864 年 6 月 1 日，服毒自尽，到死时还沉溺于他编出使自己神化的宗教谎言。数日后南京被清军攻破，太平天国就此成为历史陈迹。

洪秀全和白莲教不同的地方是，他有一套教义，有统一的中心组织，因而能在开始时成功。可是他对自己编出的谎语深信不疑，本人却言行不一致，类似双重人格精神病患者（schizophrenic）。虽然凭教义能骗人一时，而他声称受上帝之命的诺言始终无法实现；他执迷不悟，不在治国方面下真功夫，妄信宗教神话，让自己走上失败之路。

自 1851 年 1 月 11 日金田起义到 1864 年天京陷落前夕，太平天国历时十四年，势力发展到十八省，先后攻占六百多座城市。在太平天国之后，又有与之互通声气的捻乱，直到 1868 年才平定。期间，1861 年间又有山东白莲教的叛乱，最后虽然清政府消灭了太平天国及其余党，一如唐朝历经黄巢之乱后，国力大衰，行政无力。四十三年后，孙中山领导的革命就把清朝推翻了。

一贯教

自从民国成立后，因为时局不稳，没有太多的这类土生的宗教，最具影响力的也许是一贯道。一贯教在清朝时就有了。光绪八年，教主王觉一携子王继太准备在各处暴动夺取政权，却被发现，王继太被处死，王觉一逃走。另一位教徒张光璧在民国动乱期间，乘机将一贯教合法化。抗日期间，协助敌伪政府及支持日本对中国的侵略，张光璧甚至加入汪精卫伪政府，战后被蒋介石严令禁止。到前二、三十年台湾才解禁，目前只从事宗教活动。2000 年，台湾的一贯教道场达 3124 个，仅次于道教、佛教与基督教，居台湾各宗教的第四位。教职人员 2281 人，信众 84.5 万人。另设有 34 所学校，29 所医疗机构，30 个出版社。 在中国大陆则不准设立。

*

由于许多中国历史上的大规模叛乱始于宗教组织，因此各朝代都严禁宗教组织。自从 1950 年中国人民政府获得政权后，对宗教组织所采取的政策类似曹操，将宗教放在政府部门中，由政府监督宗教活动。在 1950－1980 年的内部动乱期间，宗教活动和其它文化活动一样，受到极大的限制，80 年代后才开放。开放后的政策是：对单纯宗教活动不加禁止，甚至还认为是中国文化的一部分（如本书第四章中提到的农历 3 月 3 日的盘古节），可是不许民间宗教组织的成立，尤其是传教的活动。大约基于 19、20 世纪初来自一小部分国外（欧美）传教者的恶劣行为，对国外传教人士的活动更是严加禁止。（当然，在这期间，外国传教士对当时中国教育文化有许多的贡献，见本书第五章。）中国历代对宗教本身大抵采宽容的态度。中国共产党基本上是无神论者。

中国历代及现在严格政教分离政策

由于中国历史上许多大规模的叛乱都始于宗教组织，以致各朝代都严禁宗教组织，却并未禁止宗教信仰。（相比之下，下文要提及欧洲对信仰的极端压抑。）自从 1950 年中国人民政府获得政权后，对宗教组织所采取的政策，类似曹操，把宗教放在政府部门中，由政府来监督。在 1950－1980 年的内部动乱期间，宗教活动和其它文化活动一样，受到极大的限制，到 80 年代后才开放。开放后的政策是：对纯宗教活动不加禁止，甚至还认为是中国文化的一部分（如在本书第四章中提到的农历三月三日的盘古节），可是不许民间宗教组织的成立，尤其是传教的活动。大约基于 19、20 世纪初来自一小部分国外（欧美）传教者的恶劣行为[84]，对国外传教人士的活动更是严加禁止。（当然，在这段期间，外国传教士对当时中国教育文化有许多贡献，见本书第五章。）中国历代对宗教本身大抵采宽容的态度。中国共产党基本上是无神论者。

一般人认为自一开始，共产党，尤其是毛泽东，在立场上完全反对宗教，其实不尽然如此。延安时代（1930 到 1940 年代）有一日，毛泽东路过寺庙，想要进去看看，一位同行者说：「那是迷信，有什么好看的？」毛泽东回答：「不对，宗教也是文化。」即使在毛泽东权力最嚣张的时代，他对宗教也不反对，反对的是政教合一及宗教的特权。1959 年 4 月，

---

[84] 犯罪学者认为，只要有百分之一的人从事犯罪，就会造成社会治安不宁。不知道 19 世纪横行的传教士所占的百分比有多少，可是只要有少数的横行，就会把所有传教者的善意一笔勾销。

毛泽东在最高国务会议第十六次会议上的讲话，再次谈到了西藏的改革问题。他说：「你们的佛教，就是喇嘛教，我是不信的，我赞成你们信。但是，有些规矩可不可以稍微改一下子？你们一百二十万人里头，有八万喇嘛，这八万喇嘛是不生产的，一不生产物质，二不生产人口。……这是不是可以改一改呢？同时，喇嘛从事生产，搞农业，搞工业，这样可以维持长久。你们不是要天长地久、永远信佛教吗？我是不赞成永远信佛教，但是你们要信，那有什么办法？我们是毫无办法的，信不信宗教，只能各人自己决定。……」这次谈话后不久，人民政府就进军西藏，把叛军消灭了。

不幸的是，文化大革命期间对宗教作了不合理的压抑。可是，自改革之后，中国人民政府现在执行的宗教政策和中国自汉朝以来的一样，即不干涉个人信仰的自由（可以拜任何神祇），就是不许私自成立教会（即宗教组织），也只承认某些「正统」的宗教[85]。在政策上把宗教看成文化的一部分，同时也不允许以宗教教义来治国；尤其在政治上，绝对不能让宗教坐在前座驾驭。宗教有其文化地位，可是不能干涉国家的政策，包括保健、人口政策、教育，尤其是科学教育等等。

一般之所以对中国严厉批评，是对于中国压抑宗教的错误解。这些误解多来自美国，大都基于主观的习俗。美国是非常主观宗教意识的国家，比其它西方国家要强，特别对于基督教的主观意识。美国的宗教组织非常大而广，大都基于基督教的教义。这些宗教组织在政治及社会上有极大的影响力。从历史观点来看，基督教最不能容忍其它宗教[86]。如前所说，中国数千年来的传统是政教严格的分离，而且宗教要放在政权（王权）之下，宗教教义不得列在国家政策中，所有宗教要在「天」之下共存。现在中国人民政府的宗教政策和历代的差不多：允许宗教的存在，有信仰的自由（和俄罗斯一样，只限于中国政府承认的宗教）。由于历史原因，不能有不受政府监视的民间宗教组织，因为在西方，宗教组织往往左右政治。

中国现在的宪法虽历经改变，可是自 1950 年代制定后，在宗教的态度上并没有大变更。在 2004 年 3 月 14 日通过的中国宪法第三十六条，阐明了宗教的自由及限制。全条文如下：

---

[85] 现在俄羅斯對宗教也有類似中國的限制，只許若干基督教的教會在境內傳教。

[86] 历史上的例子不胜枚举，选几个如下。十字军东征、西班牙宗教裁判所、在巴塞洛缪日大规模屠杀新教胡格诺派 Huguenots 教友（1572 年 8 月，巴黎）。最近有些宗派比较能容忍，可是很多把其他宗教大致用「魔鬼」这贬语来描述。

第三十六条 中华人民共和国公民有宗教信仰自由。

任何国家机关、社会团体和个人不得强制公民信仰宗教或者不信仰宗教，不得歧视信仰宗教的公民和不信仰宗教的公民。

国家保护正常的宗教活动．任何人不得利用宗教进行破坏社会秩序、损害公民身体健康、妨碍国家教育制度的活动。

宗教团体和宗教事务不受外国势力的支配。

当然，以后中国的政府可以更改这条宪法，大法官可以作对这一条文的解释。可是以下所述的似乎是目前的解释，「不得利用宗教进行破坏社会秩序」的字面解释很广，可以包括宗教不得利用宗教力量来组织人民请愿、影响政治及选举等等。「不得损害公民身体健康」，可以包括对人工流产及避孕的反对，或宣扬某种能伤害身心的修行方式，或反对用药物治病（美国的基督教科学派〔Christian Science〕的教义之一是，生病不得用药来治疗，不过这一支派已在衰亡中），或者医药人员基于宗教不肯医治人或发药[87]。「妨碍国家教育制度的活动」可以解释成，不许宗教组织以宗教教义来反对基于科学的生物进化论、宇宙创始的理论等，不许列出禁读的书籍等等。也不能随意干涉教育政策。（美国有一支基督教的分支，称为阿米甚派〔Amish〕，认为教育程度不能过高，因此教徒的子女只能上学到八年级〔相当于中国的初一〕，美国政府因而豁免他们受教育到高中毕业的条款。这在中国就认为不合法。）最后一项「宗教团体和宗教事务不受外国势力的支配」，最重要的含意是，在基本上否认了罗马梵蒂冈的天主教教会有权指派中国天主教（爱国者教会）的教职人员（如主教及神父），同时也可以用这条文来禁止外籍人士来中国传教。

这些都和西方的宗教自由观念相悖，可是就信仰来说，中国在历史从来没有禁止或阻止信仰，或如何信仰。有的宗教不许吃猪肉，有的不许吃牛肉，有的不许吃荤，连葱蒜都不行，有的不许看电视或电影，有的要扎头巾，都没有人反对，也不禁止。甚至可以自己发明自己想拜的神祇[88]。但如同前面再三说过的，由于历史上有不少人以「怪、力、乱、神」或申称能创造奇迹（即所谓的「邪教」〔cult〕）创立新宗教组织，而中国以

---

[87] 最近美国发生了不少这类的例子：基於宗教教义，有些药房的药剂师不肯发出经美国药物局许可的 RU-486 人工流产药，有些医生不肯替要领养小孩的单身女人做体检，声称按照这位医生的宗教信念，一个小孩必须同时有父亲和母亲等等。

[88] 最有名的是妈祖。本名是林默娘，少时就笃信佛教。善游泳，往往在风浪大海中救人。父亲为渔夫，在暴风雨中海上失踪，她跳入水中去搜寻父亲；数日後二人尸体被冲上岸，默娘紧抱父亲。人民尊她为神，康熙年间封为天后，成为正式的神。是海上作业的人的守护神。

往的教育不广，因此许多人迷信为真而去信奉，创教者往往利用这些群众引起动乱，因此各代的政府严加禁止民间宗教组织。

西藏和西北的问题

要提到中国的宗教问题，必须提到中国对西藏佛教及西北伊斯兰教的处理问题。不过要讨论西藏的佛教问题时，首先必须先讨论西藏的主权问题。在欧美有一个神话，即西藏是一个独立的国家。这神话始于 19 世纪的英国，这一段的历史很长也很复杂，因此在这里只能略述。英国于 1600 年在印度成立了东印度公司，1757 年打败印度孟加买（Bangladesh）后，印度就沦为英国殖民地，1749 年把印度全部征服，变成英国向亚州扩张的中心。占领印度以后，接着想占领中国西部，第一步就是想要占领西藏。曾经进攻西藏两次，第一次在 1888 年进攻，西藏人民组织军队抵抗，死伤惨重。（当年是西藏生肖的土鼠年，因此到现在藏民还把这次的抗英战争称为土鼠年战争。）清朝想息事宁人，因此破坏西藏人民的反抗。于 1890 年和英国订约，把本来是西藏一部分的南面锡金（Sikkim）割让成为印度的一部分。第二次英国进攻西藏发生于 1904 年。这二次都企图占领西藏，可是都没有成功，不久就退军。北洋军阀时期，中国无力照顾西藏。袁世凯发动政变当上皇帝后，沿用孙中山的统一中国口号，宣布「现在五族共和，凡蒙藏回疆各民族，即同为我中华民国国民。」袁之后，民国成立蒙藏事务局，可是仍在战乱中，无力在西藏行政，西藏变成半自主权国，类似军阀割据。一次大战后，英国的国力大减，而印度想独立的意志开始坚决，因此英国将西藏的事搁在一边。可是在西藏已经留下不少和当地神权政治领导阶级有利害关系的人士。这些就是以后竭力推广西藏为独立国家这神话的一批人。

人民政府于 1949 年 10 月 1 日成立后，重要事情之一，就是将西藏主权收回。1950 年进军西藏，和神权政府军队激战后，于 1951 年决定性的地击败神权政府军。驻军在拉萨等西藏重要城市，把五星旗插在喜马拉雅山上，开始执行在西藏的行政权。1949 年起，英美等国一看情势紧急，加紧策动西藏独立的运动，1949 年美国国务卿艾奇逊（Dean Acheson）电告美国驻印度大使：华盛顿希望看到「西藏的军事抵抗能力暗中得到加强」。这时英国间谍福克斯（Reginald Fox）开始替神权政府策划独立，发表「西藏独立宣言」。可是西藏有不少反对独立的人士，包括十世班禅尔等尼（10th Panchen Erdeni）。虽然发表了宣言，却没有一个国家承认西藏为独立国家。

中国一旦获得西藏的行政权后，就开始整顿西藏的政教合一问题。在西藏及附近的地区，神权政治已经执行了多年，所有的经济及文化都受神权的控制。在经济方面，寺庙占有大量的土地、牲畜、森林、草原和商业资本。西藏地区，寺庙占有全区 1/3 以上的土地和大量牧场、牲畜。拉萨的哲蚌、甘丹、色拉三大寺就占有庄园 321 个，土地约 14.7 万亩，牧场 260 个，牲畜 11 万头。甘孜藏族自治州喇嘛寺院的土地占全省土地的 18%，寺院拥有的商业资本占全州私营商业资本的 72%。云南迪庆藏族自治州喇嘛寺院占当地藏族土地的 34%.。寺庙还通过地租、畜租、劳役、高利贷、非法商业活动和其它宗教手段对群众进行残酷剥削。一般地区的佃民都是佃户，地租都在 50%以上，有的竟高到 70%。放债的利息也很高，年息一般在 50%以上，有的甚至是借一还二，而且只准还息，不准还本。群众的宗教负担很重，有的占年收入的 80%。寺庙的残酷剥削，严重的妨碍着这些地区的生产发展和人民生活的改善。在政治方面拥有各种特权，宗教上层和上司、头人密切勾结，狼狈为奸，对群众实行野蛮统治。各大寺庙都私设监狱、法庭，备有各种刑具，随意处罚群众。寺庙的刑罚非常残酷，有坐牢、鞭打、剥皮、挖心、抽筋、割鼻、割舌、割耳、挖眼、烙刑等，残忍至极。处于最底层的广大贫苦喇嘛，实际上是上层僧侣的奴隶。在宗教信仰方面，非但没有自由，而且强征喇嘛，例如哲蚌寺在其庄园中规定了一种名叫「扎差」的制度，规定 3 人抽 1 人，必须削发为僧，不得拒绝。而有些愿意当喇嘛的人，如铁匠、屠夫等被喇嘛教认为是贱业的人，又被拒之门外。而且一直有歧视妇女的现象：女性被视为不洁之物。因此许多寺院禁止妇女进入某些殿堂。

自 1951 – 1959 年人民政府在西藏统治八年左右后，觉得非从基本上改革不可。1958 年底，批准了国家民族委员会在《关于当前伊斯兰教喇嘛教工作问题的报告》中提出的建议，开始改革，废除宗教封建特权如私设的法庭、监牢和刑罚、干涉民事诉讼等，以及一切宗教所加于人民生活上的限制，如：干涉婚姻自由、压迫歧视妇女以及干涉文化教育事业等。又废除宗教剥削制度，如：废除喇嘛庙和清真寺的生产资材所有制和高利贷、无偿劳役等剥削制度。取消宗教课税。同时又废除寺庙内部的封建管理制度，能够劳动的宗教人员一律要参加生产及履行公民义务。寺庙不得强迫群众当喇嘛，强迫封斋，强迫儿童学经文，喇嘛有还俗的自由等等。[89]

---

[89] 人民政府在这方面的作为和历史上的「三武一周」的灭佛类似：如果宗教的势力过强，有神权政治的倾向，则压抑。欧洲历史上也曾有把教会经济权废除的例子。

这些都和神权政权的利益相悖，因此在 1959 年神权政府开始组织一支人数约为 7,000 人的军队反叛。当时外国（主要是英美及印度）支持叛军。激战之后，人民政府击败叛军，但仍有不少余党在不同地区和人民政府的解放军作战。在 1962 年所有余党都投降或被消灭。西藏神权的领导达赖喇嘛流亡国外，在印度成立流亡政府。西方各国家都谴责人民政府为侵略国。[90]

事实是，西藏从来没有正式宣布独立，也没有受到任何国家的承认（包括英国）。而在达赖喇嘛成立流亡政府数十年以来至今，也没有一个国家承认过。因此这场战争最多只能称为平定国内叛乱的战争。迄今，事隔多年，人民政府已经完全控制了西藏的行政权，所有的宗教阶级的特权大都已经不存在，第三代的藏民已开始成长，受到现代化的教育，文盲开始减少。现在中国政府规定所有小，中学都要开始用中文教学，每周只教授一次藏文。几代之后，中文会普及于西藏，藏语变成第二语言。从经济的观点，在中国和政府及商业机构中如果，要立足或要升迁，必须具备相当中文的能力。（这和美国及西方国家一样，要出人头地，甚至立足，必需要熟谙当地常用的语言。）姑且不论西藏主权问题，从现实的观点来看，所谓「西藏独立」问题，已失去实质意义。

从历史观点来看，自 13 世纪起，虽然在行政方面大都由当地西藏人自主，实际上，西藏一直是中国的一部分。唐朝时，西藏是强国，名为吐蕃（「蕃」音「博」〔bo〕）。中国历史学家的意见是，吐蕃的强盛阻止了阿拉伯王国向东方的扩张（否则中国的一大部分就可能沦为伊斯兰政教合一的神权政治）。唐朝和吐蕃的关系不错，把两位公主（一位是文成公主，另一位是金城公主）分别嫁给两位吐蕃王，而且把中国匠人及许多技术（如养蚕、丝织、农业等）带去。一直到 13 世纪，吐蕃一直是一个独立的国家。12 世纪起，国力开始衰弱，忽必烈成立元朝后，1240 年攻入西藏，进驻热振、澎波地区，派军队驻在凉州。1246 年下诏书给高龄 60

以前义大利中部罗马附近完全属於天主教教会，由教会随意抽税及管理行政，有好几次因为教会剥削过度，还引起农民的暴动。最後天主教被迫放弃这些地区的主权，现在属於天主教教会「管辖」的土地只有梵蒂冈。

[90] 实际上，不要提 19 世纪或二 20 世纪初了，自 1960 年起，美国向南美及其他国家也进行了不少的侵略，如海地（Haiti, 在大军到达之前，执政团辞职）、巴拿马、格瑞纳达（Grenada）及最近的伊拉克。这些都是有主权，国际承认的国家。西藏的情形也和前苏联并吞波罗的海（Baltic Sea）的三个国家，立陶宛（Lithuania）、爱沙尼亚（Estonia）和拉脱维亚（Latvia）的情形大不相同。这三个国家都是主权国家，而西藏不是。

的萨迦派（Sagya）高僧萨班贡噶坚赞（Sapan Gunga Gyaincain），劝他归顺。萨班与西藏的一些地方势力讨论后，1246 年到达凉州，讨论归顺的条件。归顺后，由萨迦派人员统治西藏，开始政教合一的统治。元朝之后，明、清及民国一直都和西藏有类似的关系，即西藏属于中国的一部分，可是行政自主。一直到人民政府成立后，才正式废除了政教合一的政治体系。到了这时候，距离原来和忽必烈订约的时间已七世纪。在这段时期中，三个朝代（元、明、清）和一个共和国（在大陆的中华民国）在中国已经成为历史陈迹，原来订的约也跟着成为历史的一部分。可是许多西藏的人民 – 特别是在政教合一政治体系下长大的人民 – 的反对力量仍旧很强。这情形和美国于内战后把黑奴解放后，到 1960 年代 – 将近一百年后 – 还有很强的歧视黑人的意识一样，需要较长的一段时期，才能把传统的残余势力消除。可是时间对中国有利。公元 260 年后外族入侵，几乎在两百 年后，北魏太武帝拓跋焘（鲜卑族人，423 – 452 年在位）时才把中国胡人汉化。现在的教育普及，通讯传播发达，因此时间标度会缩短，可是看来仍旧要数世代的时间才能将把政教合一的意识完全去除。

就伊斯兰教的情况来看，在中国的西北有大宗伊斯兰教徒的地区，同样存在着政教合一及利用宗教来做经济剥削的现象，虽然没有西藏那么严重。这些地区的伊斯兰教徒（也称为回民）的宗教负担很重，平均占每人年收入的20%以上，高的达全年收入的30%，低的也在15%以上。1959 年之前，回民专区还存在部分封建所有制。由于宗教的束缚，与汉族相比，回民妇女上学的人数相差很远，而且强迫儿童学经文。宗教还干涉科学知识的传播，特别反对关于宗教来源、世界及宇宙的来源和人类来源的科学宣传。个别地区的书店，甚至连讲这类问题的小册子也不能卖。自 1959 年起，同样的改革也引用在西北回民区，可是遭遇到的阻力远比在西藏的为小，原因大约是没有正式的政教合一的政治体系。

和欧洲的比较

现在看一下西方 – 欧洲 – 的情形。欧洲的政治和宗教发展的途径和中国的几乎成一百八十度的对比。四大文明中除了中国以外的三个文明 – 埃及、古巴比伦、印度文明 – 都有很浓厚的神权文化背景。从本书第三章里关于洪水的讨论，似乎这三个文化都来自同一源（泛滥之前的黑海沿岸），但尚无定论。这三个文化中，对欧洲最具影响力的是巴比伦文化，因为后来巴比伦文化演变出犹太希腊罗马文化，接着下去又演变出基督教文化。和中国文化断然不同的是，中国自古敬祖，因此演变出很详细的宗

族家谱。而在西方－从希腊到罗马文化到犹太文化－要不是把家族的家谱变成宗教经典的一部分，如犹太教及基督教，或者神祇们有自己的家谱－如希腊及接下去的罗马文化中最重要的一部分就是这些神祇的家谱。起初罗马的神权政治的领导是西泽，可是西泽经常换人，因此最后大权都落在罗马国教－太阳教－的僧侣手中。到了第 4 世纪，西泽和罗马教的僧侣之间的权力斗争已经很激烈。当时奴隶制度已经瓦解，支持奴隶制度的罗马教开始失去大众的支持。基督教开始壮大，教徒人数日增。罗马皇帝（即西泽）君士坦丁一世 Constantine I（全名 Flavius Valerius Aurelius Constantinus，280？－337）把国都迁到现在的君士坦丁堡，原因是要避免在罗马的罗马教僧侣的影响。这时基督教已兴起了三百年。君士坦丁大帝为了维持罗马帝国政权，和基督教妥协，承认基督教为国教，可是仍旧保存了罗马教。为了讨好罗马人民，他把基督教沿用的犹太教的安息日从星期六移到星期日，因为罗马教拜的是太阳神，而星期日是属于太阳神的日子。（至今犹太人及某些基督教分支仍然将星期六作为安息日。）他在 325 年召开著名的尼西亚第一次大公会（First Ecumenical Council），统一基督教，建立了天主教教会。（可是君士坦丁本人是骑墙派，一直到了弥留之际，于昏迷中才受洗为基督徒。）在接下来的四百年之间，天主教把所有不同教义的基督教支派以酷刑处死，强迫统一，只有几支流落在海外的才得以保存（如现在还在阿拉伯国家，被少数人民信奉的，及曾经传入中国的景教〔Nestorians〕）。自此以后，为了保护自己的威权，天主教控制了国家的一切政治。因为中古时期的欧洲和中国战国时代一样，争战不已，要使得政权合法化，几乎所有的政权都设法要得到天主教教会的默认或承认，因此天主教的权力愈来愈大，使得欧洲沦落在神权统治（theocracy）之下。一直到 13 世纪后，教会的权力才开始消弭。至今，虽然欧洲各大国都制定政教分离政策，可是在文化方面残留的影响很深，有些国家，教会及基督教的势力仍旧很大，能左右政治。

因为天主教的组织广阔而严密，为了保护自己，新教各支派也纷纷组织起来。这变成西方宗教的传统－有庞大的组织，互相排斥。这种对其他教义，包括中国祭祖尊孔礼仪的排斥，影响到天主教以及新教来到中国以后的「礼仪」之争，因而造成了百年禁教。一直到 20 世纪末，基督教各支派之间的互相排斥及倾轧现象才逐渐缓和，到现在各支派尽量不提教义不同的地方，以免互相札刺。可是在心中仍旧有很强的互相排斥意识。

我举这些例子的目的不是要谴责基督教会，而是要指出这就是中国宗教观念和西方的不可妥协的地方：西方的宗教具有排他性，非要按某宗教

的教义及信仰仪式去信才行，中国则一视同仁。中国不能允许有大规模的宗教组织，不许以教义治国。西方则非但允许，而且鼓励。事实上，虽然几乎每个西方国家都实行政教分离政策，但宗教组织，尤其是美国的宗教组织，往往应用组织的力量来影响群众选民，在政治选举（人物、法律等）时以宗教的教义来选出政治人物，或将教义放入国家法律和政策里。美国在人工流产、干细胞的研究等这些问题的争议，仅是其中几个而已。有一阵子，天主教还利用宗教的力量反对接受人工流产的政治竞选者。严格说来，这类的行为违反政教分离的精神，可是这种做法非但已经被美国人民接受，而且认为「民主」。当然，美国人民接受及认为是民主的做法不见得都合情合理或者「符合」法律及法治精神。如到了 19 世纪中叶还以法律来保护黑奴制度，20 世纪中叶还在大部分地区「合法的」执行黑白分离和种族歧视政策。这些都违反独立宣言的至高民权精神，违反美国人自傲的独立宣言和宪法条文。虽然黑奴制度和种族歧视后来还是按照民权精神和宪法条文被废除了，可是这些都是曾经在民主旗帜下许可过的不公平行为。

从迫害到抓妖

基本上，基督教的兴起和壮大的一段历史，充满了血腥的对其他信仰的迫害，这是一段非常复杂的历史，不在本书讨论范畴之内。要说的是，和中国宗教不同的地方，西方教会是最有权力的机构，有自己的法庭（宗教裁判所〔Inquisition〕）[91]。最可怕的是设在西班牙的宗教法庭，可以任意将不信天主教或信奉其它宗教者，甚至于迹可疑（如半夜采草药）、有异教倾向（如不严格遵守天主教的仪式）的人加以异端的名义，而严刑拷问，最后通常以火刑处死。结果形成在民间流行的抓妖（witch hunt）迫害行为，受迫害的人之中，大多数是妇女，有人声称数目达数百万人。即使到了新教兴起后，这种迫害仍然存在。1692 年，美国麻省沙连镇（Salem）还发生过搜捕女巫和抓妖的事件（Salem witch hunt，以巫术的名义处死好几个人）。1706 年，住在维吉尼亚州庞果镇（Pungo, Virginia）的一个女人葛蕾丝·歇伍特（Grace Sherwood）被控告为女巫，被判浸水刑

---

[91] 欧洲国家把伊斯兰教从西班牙逐出後，教皇西斯图斯四世 (Sixtus IV) 以正式诏书，於 1478 年在西班牙成立宗教裁判所。拿破仑於 1814 年才开始把它解体，可是要到 1834 年才正式消除。裁判所以严酷的刑法为名，许多残忍的刑具仍旧保存在博物馆中。有人声称受害人在 16 数万以上，可能估计过高。详细数字不知。宗教裁判所前至少有三次和宗教有关的大屠杀（1391，1468 及 1473），死者人数不详。

(ducking)，她的姆指和脚指被绑在一起，丢到河中。如果沉下淹死，就证明她是无辜的；如果浮起来，则表示她就是女巫。（结果浮起，以女巫罪被判七年徒刑，放出后活到 80 岁。不知道这种双输的裁判根据的是什么逻辑。三百年后，于 2006 年，有好事的人要求法院重审，结果改判无罪。）17 世纪欧洲这些搜捕女巫抓妖（猎巫狂潮〔witch hunt〕）的事迹记载不太详细，可是有一件记载颇详，因为当事人是发现行星运转三定律的大科学家克卜勒(Johannes Kepler) 的母亲。（这三定律对牛顿发展力学的启发具关键性。）此事发生在欧洲的三十年战争（1618－1648 年）中，这场战争几乎把所有欧洲的国家都牵涉进去，因此历史相当复杂。战争的导火线是来自宗教的仇恨（新旧教各派之间宗教意识的不同），后来还牵涉到国家之间土地和主权的争夺。这场战争的伤亡极大，把战火、饥荒和战争带来的瘟疫、伤亡都算进去，总伤亡率估计为当时欧洲总人口的百分之二十。这场战争虽然只持续了三十年，可是其后遗问题却持续了三百年之久，直到一次大战还有余波。

那时新旧教水火不兼容，因此互相迫害对方的教徒，直接及间接受害者不知其数。克卜勒的母亲性情较乖戾，和人相处不好。74 岁高龄时因为夜间在月光下采集草药并出售，被控为女巫，拷打逼供，最后克卜勒说服一位符腾堡（Württemburg）公爵的协助，才得以放出。可是被放逐出乡，终生不得回去。1615－1629 年间，克卜勒的家乡小镇维尔德司达特（Weil del Stadt）平均每年有三位妇女被控为女巫，遭受拷打后被处死。

到了 20 世纪中叶，欧洲还有审判女巫事件，发生于二次大战中的英国。有一位苏格兰的家庭主妇海伦·邓肯（Helen Duncan），自称有通灵的本领（相当于中国的扶乩）。在一次的降灵会（扶乩会）中，她「通灵」之后，声称一艘英国战舰朴次茅斯号已被击沉。这艘战舰在前些日子已被击沉，因为战时的保密而未公布。英国海军部为辟谣，以 1735 年的女巫法律控告她，入狱 9 个月，到了 1950 年，女巫法才被取消。

在中国，对巫神男女也有过整肃。目前所知，最早是三国时代，约在公元 240 年，有一位魔术师于吉用魔术召来大批信徒，东吴的孙权认为造成对政权的威胁，便将他斩首。历史上不时有不同邪教出现，教主以魔术诱惑或以不信者会入地狱为威胁，召收信徒，诈欺敛钱、诱奸妇女，许多这类邪教嚣张过度，被官府查知后，便处刑，罪名一般是「妖言惑众」。正统的道教和佛教通常和这些邪教保持距离，以免被牵连。在中国，一些自命受了天命的人，建立不少邪教，当民智还没有发达之际，煽动了不少信徒，和历史上的邪教类似。举一个例子，以前美国的「呼喊教」（源于

美国，教友要在教堂中大声向天呼喊祈祷，内容可以随心所欲）的一位教徒吴扬明创「被立王」教，以世界末日来煽动人民，不信者将遭到屠杀。他以教主身分，诱使教徒奉献大量财物，并奸淫女教徒。1997 年，人民政府于审判后，将他处以死刑。类似的邪教不少。现在民智发达，这类邪教，除「法轮功」等流落海外，得到不知名的美国机构支持，其它中国的邪教逐渐减少。

西方的「邪教」及应付的方式

实际上，西方也有不少「邪教」，西方国家都感到头痛，可是在言论自由及信仰自由的前提之下，很难制定出十全的法律来禁止这些「邪教」。问题是，宗教的范围很广，从正统救世的，到声称要把世界毁灭才能上天堂的都有。对于非正统，假借宗教名义来扰乱社会秩序的「邪教」，各国都感到头痛，虽然大家心里都有数，什么是真诚的宗教，什么是邪教，可是不容易下一个一般性的定义。即使如此，至少有一个西方国家–以创自由、博爱、平等为名的法国–立法禁止邪教。2001 年，法国上下议院一致通过订出条文甚长的反邪教法 (Anti – cult law)。第一个应用的是对付一个来自加拿大的「邪教」– 太阳圣殿教 (The Order of Solar Temple)。这教招了许多信徒，后来集体自杀，声称自杀是为了到天堂。后来也用这套法律来制裁太阳圣殿教以外的非正统宗教，如山道奇教 (Scientology)、韩国的统一教 (Unification Church)，并使用这一法律来限制法轮功在法国的活动。许多欧洲以宗教自由之名反对这一条文，可是法国不为所动。即使如此，如果认为某支派可能有不法行为，许多民主国家也设法禁止。例如，80 年代美国对从南韩传来的，自称为统一教 (Unification Church) 感到头痛。此教以洗脑方式召聚不少信徒，并有许多怪诞荒淫（如在教会中集体性交）及敛财的行为。1984 年，美国司法部以逃税罪名起诉，将教主文鲜明 (Moon Sun Myung) 判刑十八个月。从此之后，该教在美国的活动减少了许多。另一个例子，1999 年除夕，有许多基督教的邪教支派想要在基督教圣地耶路撒冷发生动乱，包括以炸药来毁灭圣城，以应验他们信仰的预言–世界将于千年禧之际毁灭，毁灭之后，耶稣基督要回来。在美国默许及支持之下，以色列的军警全面出动，镇压这批教徒，甚至将一部分人不经过法律手续就递解出境。而正统基督教并不认为这样做是反宗教的行为。

美国的摩门教在创立时主张一夫多妻制，后来在法律的压力下，自动取消。可是在犹他州及亚利桑那州的边界上，有一批教徒认为在基督教

《旧约》里，有多妻的事件，因此认为这是男人天赋的权利。便另组织教会，提倡多妻制，甚至将年幼的 13 岁少女强迫嫁给年长的教会里的长老。美国地方政府加以取缔，但教会力量仍大。最近一位长老被捕，被判无期徒刑。可是仍旧有一大批男女教徒深信不疑。

西方及世界对宗教的信仰程度的调查

现在西方国家对个人信仰以外的宗教不能容忍的心态已经大幅减少。同时，许多欧洲国家人民对宗教的重要性的心态也逐渐减低。美国首都华盛顿皮尤研究中心（Pew Research Center）做了不少全球人们的心态（attitude）调查。2002 年做了一个四十四国人民对于宗教在生活中的重要性的调查，于当年年底发表。（埃及、约旦及黎巴嫩认为这问题过于敏感，因此不许做。）问的是这个问题：「宗教在你的生活中是否很重要？」结果发现，一般说来，平均年收入（以相应购买力〔purchasing power parity, PPP〕转换成美元计）愈高的国家认为宗教在生活中愈不重要，愈低的觉得愈重要，几乎成反比。在亚洲，两个最富有的国家（日本和南韩）中，觉得重要的人口比例各为 12% 及 25%。在东欧和西欧，最高的是刚去世的教宗的出生地也是宗教意识最强的波兰，但也只有 36% 的人觉得重要。在意大利－天主教大本营梵蒂冈所在地－认为重要的人只有 27%。法国最低，只有 11%。而在第三世界的（低收入）国家中，认为重要的达 97%（塞内加尔〔Senegal〕，平均年收入为 1,700 美元），其次是印度尼西亚，达 96%（平均年收入 3,700 美元）。然而平均年收入只有 3,000 美元的越南，宗教意识却非常低 (24%)。一般说来，伊斯兰教国家都认为宗教非常重要。

在高收入的国家中，唯一的例外是美国年收入最高（35,000 美元），有 59% 的人觉得宗教非常重要。（按图上的直线，相应这比例的收入为 9,000 元，相当世界的平均年收入，位于非洲波札那〔Botswana〕和东欧保加利亚之间。）这种强烈的宗教意识在美国的世界政策（及中美关系）有很大的影响。可是在 2010 年的另一个调查中，发现真正虔诚信教的大约只有 30% 上下，其它的人认为教会是一种社交性的组织。

2007 年，上海华东师范大学的童世骏、刘仲宇两位教授做了一个调查，发现中国约有 31.4% 的 16 岁以上的人（约 3.6 亿人，这数字比官方早期的统计，约 1 亿人，要多出许多）对宗教有信仰或有宗教的倾向；可是其中只有 15% 有真正的信仰。以五个最大的宗教佛教（约 12%）为主，

伊斯兰教约占 2% 弱，基督教也只约占 2% 弱，道教很少。一般信教者提出的原因是，在压力愈来愈大的社会中，他们想要寻求心灵的慰籍。

中国没有参加 2002 年的宗教调查。可是 2005 年后，中国几乎每年都积极参加美国皮尤研究中心的调查，其结果和中国自己的调查结果几乎一样。因为问题问的方式不同，皮尤的调查结果是，中国有 81% 为不信教者。

中国和梵蒂冈天主教的关系

自从 1950 年中国人民政府成立之后，梵蒂冈一直想和中国建立关系，可是基于反共的立场，一直和中国对立。在这期间，中国自己成立了中国的天主教教会（爱国者天主教教会），未得梵蒂冈承认。中国开放后，梵蒂冈一直想再度进入中国，可是中梵的关系一直都很微妙。2000 年梵蒂做了一件以为可以讨好中国的事，可是适得其反，召来中国极大的愤怒，甚至认为是侮辱。自天主教成立后，教廷所封的圣大都是西方人，没有（或极少有）中国人。也许为了讨好中国，在 2000 年人民政府的国庆节（10 月 1 日）把在八国联军之役中被杀的一百余中国教士封为圣。从梵蒂冈的观点来说，这些被杀的中国人是殉教徒，把他们封为圣，表示梵蒂冈承认中国教徒对天主教的贡献。可是对中国说来，八国联军之役是中国最大的国耻之一，被杀的中国神父是站在西方侵略立场的「吃教者」叛徒，因此把这些中国的「叛徒」封为圣，是对中国莫大的侮辱。提出这个主意的人对近代历史一点不了解，使得梵蒂冈想讨好中国的这个措施，得到相反的效应。

事发之后，双方都想补救。秘密协商时，梵蒂冈甚至答应放弃对中华民国（台湾）的承认，可是中国和梵蒂冈之间的关系最大的症结在于对于中国主教的任命问题，事由如下。

1958 年起，中国天主教一直以民主方式，由教民自己选出主教。几十年来共选出 170 位主教，中国现在的 97 个教区中，还有 40 个以上没有主教，而许多主教年纪老迈。这时梵蒂冈未得中国承认，任命了四位中国主教，西安总教区的李笃安主教（当时患癌症，已是末期）、上海教区的金鲁贤主教、齐齐哈尔的魏景仪主教，及凤翔教区的李镜峰主教。同时还指派了香港教区陈日君主教，台湾高雄教区单国玺主教等。其中李笃安和金鲁贤都得到中国承认，李镜峰后来得到中国承认，而魏景仪则未得到承认。在这段期秘密协商期间，梵蒂冈希望中国能接受「越南模式」，即任命的名单由越南（中国）认可及提供，可是任命权在教廷。而中国的立场

是要采取目前的方式，即双方协商人选，再由爱国者教会委任教廷也同意的人，选出为主教。中梵关系就因为主教的任命权而相持不下。

中国把一些教区选出的主教报告给梵蒂冈后，非但得不到批准，还以「驱除」（excommunication，开除教籍）来威胁。2006 年 5 月 4 日梵蒂冈把未经教廷许可，中国任命的两位从神父晋升的主教（云南教区的马英林和安徽教区的刘新红）驱除（excommunicate)，造成紧张的局势。教皇的态度非常强硬，认为中国的任命「严重干涉宗教自由」，并声明：「教皇强调了要尊重自由，机构独立，不受任何外来干涉的重要性。」而中国的外交部则发出官方的反驳。发言人刘建超在 5 月 7 日说，梵蒂冈不顾天主教在中国的历史和现实，并提出中国处理中梵关系的立场是（在和台湾断绝关系之外）不得干涉中国内政，包括不以宗教为名干涉中国内部的事务。这些任命主教的争执一直延续到 2010 年。以后也许还再延续下去·

这几句看来官样文章的话的后面蕴含了双方数千年文化之间的冲突：王权（现在应当称为主权）和神权的对峙。在天主教廷于 325 年成立之后，不久欧洲就被神权所统治，所有国王都要由教皇加冕，才算合法。后来曾成立了象征王权的神圣罗马帝国。可是这个名义上的国家，「既不神圣，又非罗马，更非帝国」（引用法国文豪伏尔泰〔Voltaire〕语）。统治欧洲的大致还是神权，而教权和王权不免有所冲突。英王亨利八世因为种种和罗马教廷的冲突，便于 1534 年毅然脱离罗马教廷的控制，成立英国教会（Church of England 或 Anglican Church，在美国称为 Episcopal Church，在中国及日本称为圣公会或长老会）。亨利八世成为英国教会的教主，头衔是英国教会最高长老（Supreme Governor of the Church of England)，因此把教权放在王权之下。欧洲文艺复兴后，18、19 世纪时，梵蒂冈的教权愈来愈小，到了 21 世纪，几乎任命各国主教及教士是唯一剩下的教权。

就文化上来说，从一开始，中国就把教权放在王权之下。自人民政府成立后，再度把神权放在「王权」（主权）之下。为了消除国外教会在中国的影响，成立了爱国者教会，禁止外国人传教，要把外来的宗教，特别是基督教，都「中国化」。（这也不是中国人民政府「平地起高楼」独创的。自 1870 年代起，就有这种把外来的基督教中国化〔Sinicization of Christianity〕的运动。）因此最近中国和梵蒂冈之争有历史的渊源，不是中国（共产党）人民政府的独创，这件事似乎是「沙门不敬王者」，三武一周灭佛和康熙、雍正禁教等事件的延续或重演。

在实质上，中国的「爱国者教会」的成立相当于英国的宗教独立，爱国者教会等于就是「中国教会」(Church of China)。可是成立英国教会以后，英皇成为名义上的宗教最高长老，而中国儒家传统视宗教为「必要的弊害」(necessary evil)。中国共产党虽然不排斥宗教，可是标榜的是无神论，因此现在的中国政治人物 − 包括总理 − 不可能成为「中国教会」的最高长老或教主。再者，教主这观念早已过时。现在英国（男女）基于历史的因素，国王在名义上是英国教会的教主，可是不管事，由坎特培里大监督 (Archbishop of Canterbury) 负责。

当然，在其它方面，中国的文化、政策和梵蒂冈的教义也有很大的相悖之处。康熙时代，相悖的地方是祭祖和尊孔。而现在，表面上的摩擦在于任命主教的问题，然而没有公开化的问题是避孕、准许人工流产、干细胞研究 (stem cell research) 等这些与教廷认可的教义相悖的命题。如果梵蒂冈不明白中国「教权」必须听命于「王权」的国情，中梵的关系恐怕不能有再一步的进展。

第十四章 中西文化不能兼容的地方
—政治体系和民主的观念—

楔子

阿罗政治竞选原则

阿罗原则：如果有超过二人的候选者，没有一个绝对公平的选举方法。这原则以数学证明并获得诺贝尔经济奖。推论：唯一公平的选举方式就是独裁。

– 阿罗（Kenneth Arrow，1951。见本书十二章附录 3）

寻找领导的青蛙群

一群青蛙对于没有一个领导感觉到很烦恼，向宙斯 Zeus[92]请求，要求这位宇宙主宰派一位领导来管理牠们。朱比特一看，这些青蛙头脑简单，就念了咒语把一根大木送到青蛙的池塘去，作为牠们的领导。当这根大木掉到池塘时，轰然一大声，溅出很大的水花。青蛙们又惊又惧，纷纷躲到池塘深处，不久这些青蛙发现这枝大木不动。牠们游到水面上，开始胆大，不恐惧。不久，胆大的青蛙爬到大木上，蹲在上面，其它的青蛙也学样。过一阵子，牠们觉得宙斯欺骗了牠们，送来一个什么都不管的领导，于是牠们再派大使去向宙斯求情，要求再派另一位领导。宙斯送去一条鳗鱼，当青蛙发现这条鳗鱼脾气很好，可是不管事，于是青蛙再向朱比特要求另一位领导。这一次宙斯火气来了。祂派去一只苍鹭，这只苍鹭每天吃一只青蛙，不久所有的青蛙都被吃尽，不再在池塘中哇哇叫不平。

– 伊索寓言（Aesop，公元前 619 – 前 564 年）

对民主的评论

民主制度总是临时过渡性的：简单来说，这制度不可能成为一个国家的永久政府体系。民主制度一直持续到，选民可以利用选举从国库中获得对他们极慷慨的礼物。从那时起，多数票就会继续选出能从

---

[92] 伊索是希腊人，希腊宗教中宙斯是至高的神祇，相当於基督教的上帝。

国库中取出最多好处的候选人。结果就会使得每一民主政权瓦解，原因是放荡不负责任的经济政策，而取代的一定是独裁政权。[93]

– 亚历山打·泰勒（Alexander Ty(t)ler，苏格兰历史学家。1787 年

21 世纪的中国新神话

在漫长的中国历史里，有一个兴旺的大家族，族名为皮（Pe）。族长有两位宠妾德（De）和雷（Re）。两位女士除了美貌非常之外，又非常能干。两位女士的野心都很大，都想要掌管这家族的管理大权。她们分别向族长游说，声称自己要比另外一位的能力强，可以做族的总管理。族长没有办法，因此建议由族员每四年选一次，选到的就当权，当权后的头衔是「大官」。可乘坐豪华十人大轿和画舫，住在白色大宫中，出入有一大批苍蝇次族（随员）跟着，神气非凡。有权决定族里的大事，如对族员怎样抽税，怎样分配族的收入、资源等等。

这两位女士接受这建议，就开始游说族里的成员，展开竞选活动。因为族员很多，分散各处，这两位女士雇了许多人向这些族员个别游说。可是雇人要花钱，而族长不许用族里的资源来做这样的竞选。这时族里的一批称为柯普次族（Corp sub-clan，公司次族）来了，分别向这二位女士说：「我们可以献金给你雇人来竞选及游说。可是一旦选上了，不要忘记我们。我们经商不易，族税又高，能否帮我们一些忙，给我们一点好处。」这两位女士都记在心上，有些柯普次族人非常精明，对两位女士都献金，哪一位赢了，都对他们有好处。

第一次雷女士当选了。果然，她遵守诺言，大幅减少柯普次族要付的税，同时又给有些柯普次族的商人特权。例如，有一位柯普次族药王专种草药，雷女士特许药王把卖给族人的草药价格提高三倍出售。药王也把草药卖给其它的族，可是价钱便宜许多，只有卖给皮族族员价格的三分之一（甚至十分之一不到，端看竞争情形）。雷女士利用管理权，严禁族人向别的族买药王卖给他们的便宜草药，且声称从外面买来的草药可能是假药。一位柯普次族柴王专卖薪柴，雷女士准许他们有专卖权。柴王立即把薪柴的价格提高，柴价日涨。一位族

---

[93] 泰勒是否真的说过这句话，很有疑问。可是这句话自 1959 年起就有人引用，2000 年美国大选时，在网路上广为流传。这些话可能是 20 世纪初时一位政治家说的，被人一再引用，把始作俑者误归于泰勒（引用时将 Tytler 误为 Tyler）。有些作家说，大历史学家汤恩比（Arnold J Toynbee, 1889 - 1975）也说过类似的话。

员想出一个方法，废物利用，用耕种米粮之后的废物稻草当薪柴。柴王一看，薪柴的销路少了，因此去游说雷女士，禁止烧稻草。雷女士下令，烧稻草对健康不利，不许烧稻草。

四年后，重新选举，这一次德女士当选了。她在选举前做了许多的诺言，可是不敢说取消草药、薪柴及其它的专卖权，也不敢加柯普族人的税。她当选后，又加了许多对柯普族有利的税律。其它一切如常，政策上没有大改变。

族长很高兴，因为可以不必伤脑筋去统治族人。他天天坐在软榻上看球赛，饮用发酵后有气泡的米酒，以各种美食下酒，包括炸玉米片，他变得肥胖了。一般族人也学样。皮族里的肥胖的人数大增，造成健康问题（如心脏病、中风）等。

之后，雷女士和德女士不定期轮流当选为大官，机会几乎一半一半。皆大欢喜。

减少柯普次族的税收后，税收不够，因此加税，造成族员不满意。于是雷女士当权时，也把一般族员的税减了，普通族员的税平均减了两枚钱。因为许多富族员在两位女士竞选时献了许多金，他们也是柯普次族员，因此雷女士把有钱的族员的税负担减少许多。有的富族员可以减一万枚钱或更多的税。德女士当权后，沿用同样的政策。族员纷纷反对。雷、德两女士都做这样的解释：「这并没有不公平。富族员付的税多，当然会多减一些。」柯普族立刻花巨资宣传，造成流行的舆论，对富人减税，可以造成就业的机会。有识之士立刻看出舆论的问题，可是一般族人不懂，也不敢反对。因为反对了，恐怕连这减税退回的两枚钱都没有了。

税减少后，族的收入大减，入不敷出。雷女士想出一个好主意，向外族借钱，族长没有办法，只好同意。皮族的资产很多，比其它任何族的都要多，外族很乐意借钱给皮族，到写这个故事的时候，所借的钱已经多到每年所有族员的总收入的80%。可是德、雷两女士说不要紧，皮族的资源有的是。然而写借据的书记写得不够快，因此是德、雷两女士引进最新颖的印刷科技，日夜开工印借据。

所有的族员看见族的政策是借钱，也学了样，借钱大享受。有些人借了他们一年所得去花费，生活很好。因此，所有的族员都很满意这个选举制度，认为很民主，每位族员都有政治权利，也可以过豪华生活。认为雷、德两女士有很好的治族才能，很会当大官。其它的族

都很羡慕，可是不敢学样，因为其它族的资源都没有皮族的这么多。却没有一位族员看到，在不久的未来，族的负债会把他们的族拖跨。

寓意：皮族要负债的终结原因是，在民主制度下，雷、德两女士竞选当总管一切的大官，要给选民好处，以「今日有酒今醉」的心态治族，最后就会陷于困境[94]。就如清初孔尚任在《桃花扇·余韵》所写：

眼看他起高楼，
眼看他宴宾客，
眼看他楼塌了。

猴子的智慧

有一个富人喜欢猴子，养了许多，每天喂牠们吃栗子。后来他的钱少了，栗子涨价。他向猴子们说：「我现在钱少了，每天只能给你们七枚栗子。早上吃三枚，晚上吃四枚，好吗？」猴子们吱吱大叫，怒说不够吃，这人说：「那么改一下，早上吃四枚，晚上吃三枚，好不好？」猴子们一听都拍手称好。

– 庄子齐物论（约公元前 4 世纪哲学家）

霍伯孙的选择

16 – 17 世纪的英国，主要的个人交通工具是马，就如现在的出租汽车公司一样，有许多租马的马厩。在剑桥有一个租马的马厩，经理是霍伯孙（Thomas Hobson, 1544 – 1630）。他发现大多数的租马人都喜欢租某几匹良马。为了让这些良马有机会休息，他按马匹休息的程度，从前面排到最后。他定出一个规则，租马的顾客只能租最前面的马，否则就没有马可以租。

– 英国野史故事

---

94 自从欧洲采用统一货币欧元之后，几个国家的政客在竞选时以增加人民福利为号召，举国债来偿付竞选诺言，自 2008 年起经济入不敷出，开始有经济危机. 希腊首先宣告不支，面临危机.

一位英国诗人汤马士·华特（Thomas Ward，1652－1708）在 1688 年写了一首诗〈英国宗教改革〉"England's Reformation"，第一次引用霍伯孙租马方式的典故，如下：

要选谁？只能选一个人，就是霍伯孙的选择－选这人，或者不选。

Where to elect there is but one, 'tis Hobson's choice － － take that or none.

现代用这个典故来比喻一个似乎有所选择的幻觉，即在两个无可选择的选择中（如没有马骑或者要骑一匹不中意的马），选择一个。

一个现代的例子是，大企业家亨利·福特（Heny Ford）开厂造第一批大量生产的 T－型汽车时，因为黑漆干得快，便将所有汽车一律都漆成黑色。他的名格言是：「你有选择汽车颜色的自由，如果你选的是黑色。」

国债的危险性

我把经济列为共和国最重要的品德，而国债是最可怕的危险。

－汤马斯·哲斐逊（美国开国元勋）语 (1816)

多数统治的暴政

民主政治的流行通病就是按多数人的意愿执行的暴政。

－领主爱克顿（Lord Acton，1834 － 1902，英国历史学家）

（多数政治的意义是）多数人的利益可以比少数人的要更优先。

－托克维尔（Alexis － Charles － Henri Clérel de Tocqueville，1805 － 1859，法国政治学家）

民主式的独裁

民主就是让人民有权去选出管理他们的独裁者。

－杰姆士·梅迪孙（美国开国元勋及起草美国宪法者）

对美国民主的评论

美国自称为世界上最强的国家。毫无疑问的，这是实情。西方舆轮都

256

把中国看成已经在地平在线，如旭日上升的强有力竞争者（中国并不喜欢这个「尊称」）。表面上看来，这两个政治体系似乎代表了两个极端，却仍旧有许多相似之处。如果随便看一眼，不易看出它们相同之处。现在要将西方－以美国为代表－和中国的政治体系做一个粗略的比较。要比较就要拿强点及弱点来比，这种比较和拿两个体育上的强敌－如两个世界冠军级的足球队－来相比较一样。当然，互有优缺点，可是我并没有任何贬意。要比较的是这两个国家的制度、意识形态及作风等等。

美国自称民主，一切都由选民决定。这句话没有人会有疑问。选举期间，如果打开报纸一看，大都是竞选的新闻，从地方级的到国家级的都有，热闹得很。美国人非常自傲：「我们最民主，什么都由人民决定。」没有人能否认这一点，但问题是如何决定？

在古代，中国也有选举，大都由部落的酋长选出领导，选出「贤能」者当酋长。现在世界上许多原始部落也有自己的选举制度。可是一旦中国脱离了赤贫的原始共产社会后，就改成世袭制的君主专制。西方选举的历史可以一直追溯到古希腊。我们所知的西方选举开始于欧洲。美国独立以后，开始大规模实行选举制度，以后逐渐改革。可是在美国开国时代的选举制度和今日的不同。事实上，只有地主才参加选举；女人、黑奴及原居民（印第安人）都没有选举权。女人要等到到 1920 年通过宪法第 19 条修正案后才有选举权。1865 年解放黑奴后，黑人仍然没有选举权。到 1870 年通过第 15 条宪法修正案后才赋予黑人和印第安人选举权。可是这仅是形式上的选举权，因为有许多其它限制，使得黑人的选举权有名无实。这些限制包括付人头税，要付了以后才能参加选举。但白人可以引用在人头税法案之前的传统（称为「祖父条款」〔grandfather clause〕），不必付人头税也可以参加选举。1964 年通过宪法修正案第 26 条款，才取消人头税。（可是要等到马丁路德‧金恩 Martin Luther King 领导的不朽民权运动后，黑人才真的得到选举权和被选举权，而马丁路德‧金恩却牺牲了自己的生命。）

因为选举权的落实是渐进的，因此有许多早期歧视或基于财富的传统在无形中进入选举制度中。这些问题非常复杂，无法在这里一一说出。可是美国自傲的两党制度在执行时是怎样一回事呢？如果你把前言的「21 世纪的中国新神话」里的皮族改成人民（Pe[ople]），族员（clan members）改为选民（electorate），雷（Re）女士改成共和党（Re[publican Party]），德（De）女士改成民主党（De[mocratic Party]），柯普次族（Corp Sub－clan）改成工商业界公司组织（Corporation），就能大致描述现在的美国政局了。

　　自从电视兴起后，竞选所需的资金大幅增加。早期，在无线电发明之前，报章几乎是唯一可以传达讯息给人民的媒体。候选人与人民直接交换意见的方法之一是用火车最后一节的车厢作为讲台。发明无线电之后，就变成传达讯息给人民的重要工具。电视的最大优势是，选民可以几乎面对面听候选人讲话。可是，随着时间的过去，利用电视来竞选的费用急增。现在，在所谓的黄金时刻（晚餐前后一、二小时），每分钟的价格在 10 万美元上下，整个竞选的费用达数十亿，比有小的国家的年预算还要多。因此，竞选变成竞选经费的竞赛。这两党在竞选时，必须要有大宗的「活动资金」(war chest)，否则保证落选。事实是，报章评论这两个党在选举时的优劣势时，往往以活动资金的多寡为准绳。竞选经费变成竞选战的主要军火。

　　活动资金一部分来自人民的捐献。可是要人民去自动捐献，必须花不少时间和人力去说服，耗时之外，也耗宣传费用－钱。工商业献金的数量又大，说服也容易。实际上连说服也不必，只要答应在当选后给这些工商业些好处就行了，如减税、通过特别优待条款。当然，这种的献金方式形同贿赂，可是已经沿用多年，两个党都有好处，改革不易。而美国人民都习惯于这种的报偿式的贿赂，因此不会将这些献金视为贿赂。（如同以前将违背独立宣言的精神和宪法条文的黑奴和种族歧视制度，视为符合独立宣言中的「所有人都生来平等」的原则的看法一样。）当然也有不少民众认出这种献金方式的弊端，大声疾呼要改革工商业献金的政策。为了应付这些会吵会闹的人，这两个党都做出表面工作，提出不少改革方案。可是每一个党提出的方案都是对自己最有利的，因此改来改去，要不是通不过，就是留下漏洞，等于网开一面。结果和不改革一样。

　　工业献金由游说团体 (lobbyists) 做中间人（大都集中在华盛顿的 K 街附近）。这种团体在美国政治上极为重要，因为这种团体是美国国会（上、下院）及政府和人民之间的中介人，原意是把人民意愿的重要性告诉给国会及政府。美国有不少的民意就是依赖这些中介人转达给国会和政府的。可是在商业化的美国，这种团体中不少变了质，变成替商业公司的代表人，往往不顾人民的利益，只替商业的利益着想，等于出卖人民的利益。替商业机构游说，对于人民，以他们的口才，把黑变白，指鹿为马，欺骗民众。这是一个利润极高的行业，这些中间人大都是律师，或在地方上有影响力的人。这些商业化了的游说团体等于是贸易商，说服国会议员出卖人民的利益。可是上下院议员都是民选的，原意是代表人民的利益，然而在民主旗帜之下，这些上下院议员不顾人民的利益，在想要当选的前

提下，出卖人民的利益。借用一句 1950 年代讽刺共产主义的集体农场小说《动物农场》(*Animal Farm*) 的一句话：「人民的利益固然重要，可是有些其它的利益还更重要。」为了能保住自己的议院席次，公开把人民的利益出卖，换得竞选资金。

诸如此类的例子很多。例如，若将前文「二十一世纪的中国新神话」里的草药王改成美国的制药业，就把美国的成药政策说中了一大半。美国的确执世界药物发展的牛耳，发明的新药最多，畅销全球。其它国家能以庞大的国家消费市场和这些美国的药商讲价，把价格压低。可是在美国卖的药的定价极高，其它国家中消费者所付的零售价格大都只有美国消费者所付的三分之一还不到，甚至只有十分之一。许多零售商想要把卖到国外的药再进口，以低价出售，可是在国会及其它压力下，被美国药物局全面禁止。理由是，药物局声称进口的药有很多是假的。（虽然有不少方法可以保证再进口的药没有假药，可是国会不肯拨经费，因此无法执行。）而国会议员及参议员因为受了许多药商的好处，也不肯利用政府的购买力和药厂议价，把药价降低。许多自己付钱买药的老年人，只好组团包公车到加拿大买药，同样的药只要三分之一不到就可以买到了。（虽然犯法，可是政府却假装看不见，否则就会引起众怒。）最近因为批评太多，美国国会通过老年人买药的补助方法，这个计划能替老年人减轻成药费用的负担，可是大部分的补助费用都来自政府－即纳税人－的腰包，因此都变成药厂的利润。

把神话中的柴王改成石油工业，也把美国的能源政策说对了一大半。石油工业坚决反对开发所谓的「再生能源」(renewable energy resources)，如风力、水力，及用植物来提炼出的燃油等，因为一旦开发出来，石油的销售量就要减少了。一提起能源问题，石油公司就要求将生态保护区开放给他们采油，对「再生能源」的问题，要不是不提，就是轻描淡写，不提倡，或提出其它反对的原因。甚至还利用环保来反对再生能源，如风力或太阳电池能。

仔细看一下最近美国的政界，就能明显的看出议院的决策往往倾向于以通过对某些工业有利的条款，来换取对立法者有利的报偿，如到世界名胜地渡假，或看足球赛等等。（按：一张足球赛的季票每年可能上万美元。）

人民以一个微妙的方式来反抗这种出卖他们利益的作法。人民把直接民主稍加改变，来表达他们的不满和挫折感。直接民主就是台湾所称的

「公民投票」，直接民主让全民来决定政策。第一个最早有纪录的直接民主，曾在前5世纪的希腊雅典实行过。表面上看来，是最民主的方式，实际执行时，却非常混乱。（当时雅典人口约3万，实际上参加讨论的只有数千人，因此不是真的直接民主，而是自我指派为代表的民主。）这种直接民主的方式，只能在人口少的时候实行。几乎所有现代的民主都用代议制度，即选出代表来执行。事实上，美国法院一直裁定不能用直接民主，乃基于一条法律的观念（拉丁文术语）"*delegata potestas non potest delegari*" 即一旦把政权交给代议的代表，就不能选择性的把代表的权限收回。可是，因为这些代议的代表贪污渎职，1898年，南达科他州的人民反抗这些议员贪污的行为，修改该州的宪法，可以选择性的以公投方法来修改法律，自此以后，直接民主就溜进代议民主制度中。这种选择性的公投式的直接民主固然改革了类似南达科他州的问题，可是也造成代议政治不能使政府顺利作业。加州的经济危机可以追溯到某些公投的后果。不幸的是，美国逐渐走向选择性的公投式的直接民主的道路。另一个更大的危机，就是民意测验。由于通讯的科技日益发达，花少量的费用，就可以做对于任何事物的民意测验。这种不停的民意测验，让政客寻找即时取悦选民的论调－这是件危险事，因为人民的心态可以受有目的的误导的影响，而人民的心态在下一个民意测验可以完全改变。在这种气氛之下，很难建立长期的计划。国家的政策可以从这一极端变到另一极端，有时这种变更，可以在同一总统任内发生，造成纷乱。

美国目前切身的问题之一是财政赤字，现在美国的税收比支出少，因此每年必须发行公债，成为赤字财政。前几年，所付的利息约当税收总收入14%（目前因为利息减低，因此较少）。总负债额已达全国国民总收入（Gross Domestic Product）的84%，而且逐日增加。一直到最近，人民对这种赤字财政不太在乎，也许是习惯了。在上一次的民主党总统柯林顿任内（1992－2000年），已经把赤字财政情况大幅改进，改成有盈余。估计如果按他的经济政策做下去，十年内就可以还清国债。可是布什总统一上台，立刻减税，美其名说这些钱都是纳税人的，因此要还给他们[95]。这种减税，非常可笑又可悲。年收入四万元（美国平均年收入）以下的纳税人被减的税大约可以吃一两顿饭，而年收入在百万富人所减的税可以买一辆

---

[95] 2010年美国税收总收入估计约为4兆，占全国国民所得GDP的26.9%。国债为14.6兆，为全国国民所得84%。所付年利息约为0.41兆（410亿），占税收总收入10%。如果把预算平衡，国债还清，就等于平均每人可以减掉10%的税，比布希总统要减的税的数字要多得多。可是美国政治人物只看到下一次的选举，看不到那麽远。再者，说当选后，早上会多给一些栗子的候选人的当选机会通常都大些。

汽车或游艇，甚至买一栋房屋等等。此外他又挑衅发动伊拉克战争。减税和发动战争双管齐下的花费，使得美国政府财政从盈余变成前所未有的赤字，现已达 14 兆，每人无分大小，47,000 元。最大宗的债主是美国本身：社保信托基金[96](19%)，财政部（11.3%）及其它美国机构，私人机构，私人退休金及个人等（加起来为 16%），中国 8%，其它是日本、韩国等等。人民也跟进，借钱消费：信用卡及其它消费债（不包括房屋贷款，因为这贷款可以和房价相抵）也日增。每天早上不止只吃四枚栗子，甚至用信用卡借债多吃些。许多人都过快活的日子，好像没有明天一样。[97]

2011 年，财政赤字几乎已到了无法收拾的地步；美国政府用 1 元，有 0.41 元是借来的，即 41% 的支出要借来用，等于中国谚语说的，举债渡日。国会上下议会讨论解决的方式，可是民主、共和两党各自有其不可改变的立场。共和党内基本宗教派分子多，心态上是不可改变的教条主义；民主党比教温和，可以接受一些改变。在讨论减低收入时，共和党把些和预算无关，带极浓的宗教意识形态问题（如家庭计划）都扯进来了。共和党的立场是，绝对不能加税（不能把公司少付税的特权取消，不能加最富的富人的税），不能裁军费，只好削减教育、最大宗的社保以及老年人的医保；纳税人一生付这两项的税，到头要为了公司和富人的利益而牺牲。民主党则主张将加税和削减社保、医保、裁军合并讨论。从中获利的游说分子正在竭力替这些既得利益团体游说。写到这里的时候，问题尚未解决。

美国官方许可的贪污和中国的非法贪污

现在看一下与上文所写的相关问题：贪污。贪婪是人类的本性，古往今来，所有社会都有腐化和贪污的现象。可以说，不论种族、宗教、民族，腐化是普遍性的现象。1980 年代，一位拉丁美洲系的部长说，他的祖父从墨西哥来美国时，付给边防的移民官员两角五分的银币，就让他非法入境。1950 年代，我一位来自澳大利亚的朋友说，他母亲带他办护照时，送给办护照的官员一只鸡，如此就可以办得快些。

---

[96] 社会安全保险收来的钱都放在一个基金中，预备给现在付税的人将来退休时用。

[97] 按 2006 年统计，美国平均每人的信用卡债为美金 5,100 元，家庭卡债约为 14,687 元，平均家庭收入中位数为 46,326，税约占 1/3。自 2008 房债危机后，卡债稍降。

美国有非常严格的法律不许接受普通的贿赂。政府官员的薪金通常都不错，职位稳定不易被解雇，因此一般美国官员不接受贿赂。一旦被查出，处罚很重。可是，不能说美国没有贪污。真相是，美国的贪污已经制度化了，可以按合法的路径贪污。哪些受益于贪污的人大都是超级富人、能养游说士的大公司以及那些能通过允许合法贪污的议员们。贪污比例比中国的高许多。也许有人要说我以惊言来惑众，可是请仔细听来。

先说我个人的经验。我于 1955 年来美国求学。大部分到美国的中国学生是从大陆撤退下来的人的儿女。当时台湾正在发展中，很难找到适当的出路，因此我们毕业后，都想留在美国。毕业后有两年的实习期，许多中国毕业生都找到科技行业中高薪的职位，表现优良。公司学校都认为这些毕业生优秀，想把他们留下。可是当时美国有一条称为「国家根源」（National Origins）的法律，移民额按 1890 年的美国人的祖先的国家成分（因此称为「国家根源」）分配，带有浓厚的对非欧洲裔民族歧视的色彩，特别歧视亚非民族。中国每年只能分配到 105 名配额。很快的，就有人发明出一个绝妙的贿赂方法，合法避开这法律的限制。标准价格是$2,000（相当现在的$10,000）。找一位律师（其实就是游说者），给他这钱，他留下一半，然后由他找一位急需竞选费用的参议员（哪一位没有急需？），用献金的方式把另一半给这位议员。这位议员就去找一个即将通过的法案，在这法案后面附加一个条款，说此人才能如何高，对国家有多大的益处，应当特别豁免「国家根源法」的限制。议员们都知道是怎么一回事，因此没有人反对。法案通过后，这位准移民就跟着这法案的裙带后面而变成正式的移民了。很快的，每个大小法案后都有许多特别豁免移民额限制的条款；一个简单的法案后面往往有上百个这类条款，比原来的法案还长。甘乃地（J. F. Kennedy）当选总统后，觉得不对，因此想要取消「国家根源法」，保守派（即种族歧视、基本教义派等反对立场）势力很大，一直拖在那里。甘乃地被刺后，林登·约翰逊（Lyndon B. Johnson）接任，萧规曹随，而这时马丁路德·金恩的民权运动已如火如荼的蔓延到全美国，美国的激进分子认为种族歧视与现代政治思路相悖（politically incorrect），国会不得不同意，因此把移民法改了，不再问祖宗源自何处，所有国家申请移民者一律平等对待。

这种用献金竞选方法来换得移民资格的行为，行同贿赂。议员将这种行为合法化，但毕竟还是贿赂。因为不花钱，就没有移民资格；这和违反交通规则，塞钱给交通巡警，不要开罚单的行为一样。可是前者，议员无事，而后者，则犯法。

每个大公司都有自己的御用游说组织，通常是律师组成的游说公司。小公司可以雇用个别打零工 (free lance) 的游说人。公司都以营利为目的，而一般公司除税及开支后的纯利润是营业额 5%上下，因此对这些贿赂都精打细算。如果献 1 元的竞选金，公司一定要想法收回至少 100 元 ，甚至 1000 元以上。如何收回？游说团体费尽心机，以不同的形式从这些公司按一般税法应该付的税中减免，或如草药王的方式，造成国家性的垄断（个别公司的垄断已被禁止）。以 1 元的贿赂而换得的利益为 100 或 1000 元，回收率为 10,000% 到 100,000% [98]。这些公司以甜蜜谎语来辩解他们从减少付税后对大众的利益，最普通的谎言是声称这些减免的税会用来增加雇用的人，因此增加工作机会。我想这是最透明的谎言。任何用来雇用工作人员的费用早就可以从收入里减免了，因此这笔费用早已不必付税。什么时候听说过，一个公司会为了减少失业率，雇用了人坐在那里拿钱不做事？这些从税上面减下的钱，大都用来支付总裁、高级人员高达亿元的高薪和红利，一部分拿来分发股息，增加股票的市价－这些总裁和高级人员都拥有大量的公司股票，因此双重得利。游说团体得了大量的佣金，而议员们可以有大量的竞选资金。可是国家的税收减少。

最近最高法院又裁定，所有公司法人可以享受身而为人的一切权利，如言论自由，可以无限的献金去竞选，而且不必公开献金的数目和受益者。一般人如何能和这些巨人相抗？真如孟子所说：「上下交争利，其国危矣。」

中国贪污贿赂的历史至少有数千年了，也不是现在的政府才有的。中国的贪污和美国式的合法贪污相比，等于「小巫见大巫」。现在的贪污大都是假公济私，以法律和商人（特别是房地产）勾结，以低价强征土地给付了贿赂的公司个人，鱼肉乡民，贪污所得来自人民的血汗钱。从政府支出费用（来自税金）中取得的贪污（相当于美国式的贪污），一般都以回扣的形式来做，「市价」约为 3%。（贪污〔回扣〕愈多，被查出的机会就愈大。）与美国的贪污不同的是，一旦查出，严重的情形可能招来「身首异处」的处罚，不然也要判处长期的徒刑。中国人的民族性一向是，「杀头生意有人做，蚀本生意没人做」。中国人也好赌，贪污等于赌，因此冒险贪污的官员很多。可是都是非法的。

---

[98]按 2011 年绌计，美国人总付税额（不包括社安税）为 0.95 兆，公司付的只有 0.2 兆。支出为 1.5 兆。因此国家每用一元，要借 0.4 元，大都是向国外借，中国为首宗债主。

在美国，只要能以有创造性的贪污方式，以献金来得到来自选民付税上的好处，贪得愈多，总裁等人的收入也愈大，游说机构也愈有钱，受益者－议员们的连任机会也愈大，皆大欢喜。国家的赤字却愈来愈高。

这种美国式的贪污的后果呢？表面上看来，人民日子过得很好，国穷民富。由于公司可以避免缴付高额的税，负担就转到人民身上了。个人的税已经很高，如果将联邦税、地方税、购物税、房地产税，及其它的税起加起来，一般已在收入的 30%到 50%。然而政府的费用与日俱增，加上美国军费很高，在全球有将近 800 个军事基地要维持，又不断地（由于军火商游说团体的宣传及游说）发展及造新武器，加上好几个战争，有些已超过十年，入不敷出，只好借债。先从社保基金中去借，再向财政部去借。国内的借源不足，就找外国去借。现在中国已经成为美国的外国债中的最大的债主。在 1947 年美国是最富的国家：以 7% 的世界人口，却拥有世界上 50% 的财富；现在正好反过来。以 6%的世界人口，却负了世界总债额的 50%以上。平均每个美国人，不论年龄，分摊到 47,000 美元，约当平均年收入的 84% 以上，而且现在还不能不继续借下去。

跟着庞大的国债来的有许多问题，对未来美国的商业和民生有最大影响的是交通基础设施的老化。现在美国的公路、铁路、桥梁等已经很落伍。1982 年之后，没有新的公路；许多桥梁已经陈旧到危险的地步，好些州际公路的桥已经塌垮，造成交通事故。大众交通的陈旧程度很难想象，例如，美国最快的火车－只有一条，在纽约和国都之间－的速度只有 100英里，而且经常误点，这个速度只有中国的高速火车的一半（300 公里／时，或 187 英里／时），而且中国的高速火车已经连接了一半的省会。

尽管西方媒体把中国描绘成世界上贪污最横行的国家（显然是群体对中国无理的抨击），可是中国的经济却蓬勃发展，人民生活日益改善。中国的国债是全球最少的几个国家之一（只有全国国民总收入（GDP）的20%，2009 年国际货币基金会（IMF）数据），而且不断在交通基础设施上发展。非但如此，中国还成为美国的外债的最大债主。显然，百分之几的贪污并没有拖垮中国的经济。我不是赞成贪污；我认为所有的贪污犯都应处以极长期的徒刑甚至死刑。我要指出的是，美国的合法贪污已经把美国降为世界第一大债务国家。

再次审视美国式的民主

除了「二十一世纪的中国新神话」中提出的问题之外，现在看一下美国民主的特色：美国的政治人才大都出身法律科系，口才非常好。和德、

雷两位女士一样，美国的这两个党都有很吸引人的政纲－都尚民主、自由，都自称为民服务。可是，如果只靠民主、自由、为民服务等口号来标榜，就分不出长短来了。因此，每一个党都和商业一样，提出一些和其它党大同小异的政纲，以资吸引选民。以卖汽车为例，每辆汽车都有四个轮子、引擎，在路上可以跑得很快。每个厂制造出的汽车都有这些基本性能，因此每一个厂商都要设法让自己的产品和其它产品有所区别。举例来说，美国通用汽车公司和福特公司的汽车标榜的是威武雄壮（耗油）macho 大车，吸引那些喜欢大车的消费者，使他们开在路上可以像开坦克车一样而「俯瞰」其它汽车。（最近因为油价上涨，这些车的销路开始下落，这不是要在这里讨论的问题。）日本的丰田（Toyota）、本田（Honda）等以品质优良为标榜等等，吸引一些以经济和环保为原则的消费者。这两个党所标榜的政纲例子是：共和党要减税，特别是商业机构的税，站在基督教趋向基本教义派的一边，反对人工流产、避孕，要把教义放入国家政策中等等（因此被标榜为右派）。民主党要为中下层人谋福利，反对把教义放入政策中，不反对人工流产、避孕等等（因此被标榜为左派）。（最近因为非法移民多了，移民政策又变成争执的一部分。）这类的标榜和楔子一样，能把国家分裂，因为几乎逼使每个人选择立场，站在某一党的这边。每个人都振振有理的说他（她）所拥护的党多好，有时争执到要打起架来的程度，就如球赛一样。因此，等于在选民中放进去一个不可见的楔子，把人民无形中分裂，而分裂的程度远超过数学误差理论的预测。

2000 年美国选总统时，最后决定选举的一州是佛罗里达（Florida）。当时布什总统以 586 票之差，获得这州的支持而当选。美国约有 1 亿人投票，数学上计算出的标准误差（即投票时闭了眼不问是民主或共和党）为 1 万票。即使只算佛罗立达州的选票，这州有资格投票的人口约为 600 万，标准误差为 2236 票，比 586 票多 4 倍。在 2004 年投票时，最后决定选举的是俄亥俄州，所差的票数只有 35 票，选民约在 400 万上下，数学上的标准误差为 2000 票，比票数多 50 倍。因此美国的选举已经到了短刀相接的激烈程度。彼此争的就是那么几票，现在两党的竞选战略是，除了执政党可以重新把选区分割，使得选举对自己的党有利之外[99]，又定出战略，以巧言蜜语和特别承诺来专攻可以左右的地区。许多少数民族都认出这一点，因此大都投统一票－一致投某位对他们有利的候选人，这样少数

---

[99] 称为 Gerrymandering，即为自己党的利益所作的选区改划，成不规则形状。於 1812 年美国麻省州长艾有烈治·盖瑞（Elbridge Gerry）为了图利自己的政党而擅自更改选区，使得选区呈蝾螈（salamander）的形状，因此把他的名字和蝾螈合成一字来描述这种作为。

就可以支配多数。（唯一没有这么做的少数民族是华裔：投民主党的和共和党的约各半。现在华裔的圈子中有一个 80/20 运动，希望能把华裔的选票集中起来，对华裔最有益的候选人投统一票。）这种选举已经演变到，选举的结果取决于候选人是否具有说服少数举棋不定的选民（称为摇摆票〔swing votes〕，即还没有决定要选哪一党的选民）的口才的能力。传统的选举格言，说不能永远欺骗所有的人民（林肯总统语）已经实际上演变成，只要能在某一段时间内，成功的欺骗少数的选民，就能当选。所谓的某一段时间，指从三个月到一星期。这样的选举已经失去了民主选举的原意。至于是否代表选民的利益－如药价是否降低，则不在选举讨论范畴之内。

虽然美国总统的任期限制为两任，但对于上下院议员并没有这种限制。事实上，大多数议员都连任，而且连任率高达 98%。这样的连任，固然可以称赞为保持美国民主的传统。可是这种的连任方式如同双面刃，能把所有的「坏」传统（如工商业界的献金制度）一代一代的持续下去。而在这种两党选举制度下所提出的法案，都以自己政党的利益为着想。提出一个方案，要先问：「对我自己下次竞选是否有益？对我的党是否有益？」因此，每提一个方案，就进行一次的党争（partisan issue）。如果某种问题变成非常紧急，非提出不可时（如医疗制度），当一个党提出一个方案后，另一个党一定提出类似而稍有不同的方案，然后互相攻击，把对手的法案中不同的地方找出破绽加以猛烈的攻击。在这种党争之下，要通过一个重要的法案非常不容易。偶而，因为问题太严重，或双方都无法使自己政党提出的法案通过，这两党的领导人物只好提出两党共同合作方案（bipartisan bill），才得以顺利通过。不幸这种的例子不太多。中国政治人物的格言是：「修身、齐家、治国、平天下[100]。」利害关系的优先级是自己、家、国，然后和邻国和平，愈到后面，优先愈小。实行两党制的美国，在齐家和治国之间又加上「党益」，治国的优先在党益之后，更小了。这么一来，政党存在的原因不是为了国家的好处，而是为了党的本身利益和生存。

---

[100] 美国的「平天下」的意义和中国的不同。中国的「平天下」的意义是能和邻近的国家和睦，不会交战。美国的「平天下」是把自己的主义原则（如以民主的籍口）强制其他国家执行。以前是以反共为口实攻打其他国家（如越南）。於 21 世纪初进兵攻打伊拉克，表而上是去消灭杀伤力大的武器及标榜民主，如其实骨子里的原因是要想抢夺石油资源。

美国政治和传统及现在的中国政治不同的地方，还有一点。虽然美国是民主国家，可是总统的权力极大，尤其在国家政策的方向上。在制定国策方面，美国总统权力比中国皇帝的要大许多。如果不讨论坏皇帝，一个典型的中国朝廷（相当美国的内阁）的组成是多元性的。皇帝的任命权并没有想象中那么大。所有官员都要通过科举考试，因此官员的组成具多元性。所有重要的决定都在朝会中讨论，反对和赞成的意见都可以提出。需达到共识才会执行。经常皇帝被迫放弃自己心爱的计划。例如，唐太宗要造宫殿的计划屡遭魏征反对，唐太宗还想要把魏征处死或免职。一位妃子说服唐太宗不要这么做。后来，唐太宗了解魏征为国的立场，还称赞魏征是自己的明镜，可以看出自己的缺点。

而美国总统有权任命所有的内阁阁员。虽然要经过国会同意，可是如果执政党占多数，那么总统提出的人选一定会通过。实质上，他可以也只任命同意他政策的人。反对者要不是不被任命，或很快辞职或被辞退。换句话说，在他四周围的人都是阿谀者，即苍蝇族成员。事实上，有的阁员的任命是循私或偿还选举债，因此许多阁员的资格都有问题。最近在路易西安那州发生台风所引起的水灾，管理联邦救灾局的局长的资格是一位在选举总统时出力很大的养阿拉伯赛马专家，因此把救灾事搞得一塌糊涂。里根任上，任命反对环保的宗教极端分子主管环保局。幸运的是，任期最多两任，八年，因此损害也限于八年。可是不幸的也是任期最多只有八年。美国换总统有如中国换皇帝 － 一朝天子一朝臣，一套新政策。可是在中国，有些好皇帝做得久，把政策贯澈始终地执行。（中国盛世的天子 － 如唐太宗、清乾隆帝 － 的统治期都很长，三十年上下。唐太宗在位 23年，清乾隆在位 60 年），因此可以把政策贯彻始终的执行下去。）当然，美国的总统制度比中国的世袭帝位好得不知道多少。可是，换了总统，通常连政策都换了。就是说，国家的政策几乎没有连续性。美国的政策因而每隔数年，就从一个方向转到另一个方向，好像方向不定的船。而八年的时间往往不够让有些政策可以贯彻执行。平衡国家预算的问题就是其一。柯林顿总统把预算平衡了，是美国史上极少有的事。如果他再做四年或八年，美国最大的危机－像脱缰之马一样，不停超过预算的赤字财政－就能解决了。事实上，在 20 世纪中可以论证为最好的美国总统，把美国从经济不景气救回的罗斯福（Franklin D. Roosvelt），任期有十五年之久（连任三次，最后一任死在任上）。如果他不做这么久，是否能贯彻执行他的新经济政策，则很有疑问。这项新经济政策非但让美国的经济复苏，还将美国带到现在我们所看到的，世界超级强国的地位。

中国人民对政府的满意程度

接着要来谈谈中国目前的政治制度了。自毛泽东去世，邓小平上台后，中国的政治制度在实质上改变不少。可是现在的西方，一提到中国的政治制度，就只听到「极权、压抑自由、应加以谴责、不民主……」等字眼。许多反中国的口号中包括了「中国人渴望自由……」等字眼，我们不禁要问：中国现在的情形是否真的像这些口号所说的？

在我尝试回答这问题之前，我要首先指出，1980 年之前，中国共产政府加诸于人民的控制的有效程度远低于前苏联。冷战期间，前苏联的绰号是铁幕国家，而中国的绰号是竹幕国家。不去管这绰号的讽刺意味，它指出的是，中国的控制并没有前苏联的那么严厉。要公平的回答以上提出的中国现况的问题，就要找一些客观的数据。当然，中国政府的资料靠不大住，可是自从 80 年代中国开放以后，有不少的西方团体研究和调查了中国的情形。

其中有两个值得一看的调查：一个是《经济学人》半学术期刊的情报部门所做的。这期刊的情报部门发展出一种方法理论，能将各国人民主观对于生活满意程度和客观的决定生活品质的因素联系起来。用的是客观的数据。经济学家发现国家国民总收入（GDP）往往不能代表人民的满意程度，因为有许多非市场活动及社会病态。这项调查于 2005 年进行。共享了九个因素，如下：(1) 物质上的生活，以 (GDP) 来量度。(2) 健康状态，如出生时的预期寿命的长短。(3) 政治的稳定度及安全感。(4) 家庭生活，包括离婚率。(5) 社区生活，是否去教堂或参加工会。(6) 气候和地理环境。(7) 职业的安全感，如失业率。(8) 政治自由，及 (9) 性别自由（男女的薪金比例）。这个调查把意见以 1 到 10 的指数来表示，1 最差，10 最好。按这个调查，在总分数上，爱尔兰占首席，指数为 8.33。美国第 13，指数为 7.62。日本第 17，指数为 7.39。台湾第 21，指数为 7.26。法国、德国分别为第 25、26，指数为 7.08 和 7.05。中国第 60，指数为 6.08。而俄罗斯第 105，倒数第 6 名，指数为 4.8。最后一名是津巴布韦(Zimbabwe)，指数为 3.892。值得注意的是，俄罗斯听从了西方的宣传，执行民主之后，在客观满意程度上，还沦为倒数第 6 名。最重要的低指数原因大约是经济。当然，这项调查有严重的西方偏差，因为第 5 项（去不去教堂或工会）已经设定了西方宗教传统（和工会组织）的重要性。而如上一章所说，这种以去不去教堂的标准不适用于中国。（中国民间有句成语：「无事不登三〔儒、佛、道〕宝殿」。即没有事就不去庙中拜神。因

此中国没有定期去教堂或庙的观念。）即使如此，中国的名次还夹在当中，比号称已经接受了西方民主的俄国要高许多。

华盛顿的皮尤研究中心（Pew Research Center）做了全球心态调查（Pew Global Study Project）。自 2002 年起，他们在中国就进行了不少调查。2005 年，这个中心在中国六大城市（北京、成都、广州、上海、沈阳及武汉）及其郊区进行调查；从地理上来说，从南到北到东及西（中国人口约有 50%集中在所有大城市及这些城市的郊区）。皮尤中心的 2005 年的报告中这么写，「……广泛的自由市场改革把中国经济改头换面，及创造出从来没有过的成长。尽管中国人民的政治自由受了限制，在这六座城市及其附近的郊区对他们的前途感到乐观，认为他们已经体验到了在不断成长中的机遇，而在未来这些机遇会继续的扩大中。」

这项调查的重点是看人民的乐观程度，用下列六项来测试：(1) 个人自认在社会上的阶梯地位。(2) 在过去五年中，个人的进展（生活及其它）。(3) 在未来五年后，个人在社会阶层的展望。(4) 个人的乐观程度。(5) 中国人按收入及教育对于生活的满意程度。(6) 中国人按教育、收入及年龄对未来的展望。这报告中列出六个国家的比较，其结果摘要如下：

第 1 项：个人自认在社会上的地位。美国第 1，有 59% 认为自己在社会的阶层很高。印度第 2，34%（2002 年的数字是 17%）。中国第 3，29%（2002 年：23%）。而俄国则为第 6，16%（2002 年：19%，1991 年：7%。前苏联在 1991 年开始垮台）。

令人惊奇的是第 2 项：过去五年中个人的进展。中国被列为第 1，有 50%的人民认为比过去五年个人的生活及其它都要更进步（2002 年：42%）。美国屈居第 2，47%（2002 年：51%）。俄国第 4，38%（2002 年：36%）。

在第 3 项对未来五年后在社会阶层的展望上，印度占首席，75%。美国第 2，70%。中国第 3，69%（2002 年：55%）。在第 4 项（个人的乐观程度），中国又占首席，76%（2002 年：65%）。美国第 3，48%（2002 年：61%）。

第 5、6 项只在中国进行调查。发现高收入的人对目前生活满意的人最多，占 36%，低收入的只有 21%，按教育程度的调查的结果差不多。而第 6 项（年轻人对未来的展望）中，最高收入的满意程度占 77%，可是最低收入者还有 61%感到满意。按教育程度及年龄的满意程度都差不多，都在 61%以上。总体说来，对国家的满意程度最高的是中国，为 72%，最低

的是波兰，为 13%。美国（39%）居中，在印度（41%）之下，俄国为 23%，法国及德国各为 28%及 25%。

2009 年，皮尤基金会又做了一次调查，发现满意的程度高达 87%。

皮尤的研究的报告中提出的结论中有以下这一项。「最惊人的是，这调查发现在所有一般说来，对现状满意的国家中，中国占了首席的地位。十个人中，不止有七个人（72%）对他们的国家的现状感到满意[101]，而少于五分之一（19%）感到不满意。这些数字代表，自 2002 年的调查后，有明显的增加：那一年，有 48%的人满意，有 33%的不满意。」可是中国的确是一党专政国家，只有一个政党。怎样回答那些在西方喊得响亮的口号：「极权、压抑自由、应加以谴责、不民主……」以及「中国人渴望自由……」呢？最合理的解释是，人民重视生活的品质程度要远超过那些抽象的西式民主。

对中国目前政治制度的评论

从皮尤的民意调查来看，中国人民对国家状况的满意程度，比其它国家对自己国家状况的满意程度高。可以下断语，即和其它国家人民一样，中国人民对于自己生活状况的重要性比政治更重要。即使在美国，总统大选时的选举率（有资格选举而真正参加选举的比率）已逐渐降低到 50%。古希腊的雅典，人民有直接参政的权利，而在参政大会中的参加率也只有数千人（有资格的人数达 3 万人）。在中国悠长的历史里，人民大都只想过丰衣足食的富裕日子，对政治不感兴趣。对于政治有兴趣的人，也有参政的机会，不过这些参政的机会是基于能力，不是大都和能力无关的众望（即受不受人欢迎）。这是一种菁英主义（elitism），参政的机会建立在科举制度上。

目前中国的政治是一党制，没有我们所知的西方选举制度。可是中国的政治不是所谓的寡头政治（oligarchy，前苏联或德国的希特勒掌权的第三帝国〔Third Reich〕），或少数统治的元老政治（patriarchal rule）。历史告诉我们，真正的寡头政治或元老政治都不能持久，最多几个世代。而中国的君主专制制度却相当持久，许多朝代都能维持数百年，甚至比美国的历史要长。君主专制制度持续了两千年，比现在的欧美民主制度要长许多

---

[101] 这调查不包括生活水平低的乡区，按中国政府本身的统计，在乡区有两亿人口还生活在贫穷中。皮尤的网站是 http://pewresearch.org。

倍，为什么？我想其中一个原因是，即使在名义上，所有的大权都集中在皇帝一人手中，可是有许多限制皇权的约束，也有能让平民参政的管道。

首先要说，中国很早就有一种的民主方式。民主的定义应当是，每个人都有参政的权利。（民选只是其中一种。）按这样的定义，从第 7 世纪起，人民都有参政的机会。（直到 20 世纪之前，只有男性才有参政的权利。即使是自称最先进的民主国家，如欧美，也是到了 20 世纪以后，女性才有参政的权利。最迟的是瑞士，20 世纪末，女性才有选举权。）

在欧美，这种参政的权利来自人民的普选。在这种制度下，最受欢迎的人物（按现在的说法，经常出现在媒体上的人物）当选。在中国，这种的权利和候选者的菁英程度有关。这种参政权利来自三级的公平科举考试（本书第十章讨论到这制度），因此只有高度的智识分子才能参政，只有最有能力的人才有资格参政。从最低的县级官员到宰相，大都从这个制度选出。因此，中国很早就有让平民参政的权利；人民不觉得被排斥在统治阶级之外。当然，中国和欧美的制度都有其利弊。

从统治管理国事方面来说，所有皇帝的决策都在朝廷的会议中讨论过。重要的官员（大臣）都能表达赞成或反对的意见。皇帝衡量所有的意见后，再作决定。（不顾大臣意见的皇帝往往就是末代皇帝。）因此，从这方面说来，中国古代的政治不是寡头政治或元老政治。再者，欧美的帝王政治的接位人要按出生的顺序来安排。在中国，继承皇位的太子往往不是长子，往往都由大臣仔细观察后，向皇帝推荐。例如，威望最高的汉武帝选的接位太子是他的第九子。

还有一点为什么中国朝代能持续很久的原因，这就是中国对历史的重视；这种的重视是几乎在世界各国中是独一无二的。（欧洲记载历史传统到了 18、19 世纪才建立起来；古代罗马及希腊的历史都要从断简残编中编出。）中国对历史的研究偏重于各朝代失败的原因。自从「君权神授」的观念在周朝以前被否定之后，所有带领革命者都以《尚书·康诰》（推翻纣王的军令）的最后一段「惟命不于常」（天命不只帮助一家）为口号；周公强调「天命靡常，唯德是依」（天命无常，唯一可以依赖的是品德），及皇位「有德者居之」的口号。即使在唐朝最盛的唐太宗时代，他常常引用老子「水能载舟，亦能覆舟」来警惕自己。许多皇帝都微服出巡，视察民隐。朝廷中设有御史一职，以报告皇帝不当之处。每位皇帝在接位之前，都要熟读历史，因为随时都可能被推翻。因此可以说，中国一

向都有民主精神，只是不很明显而已。把皇帝去除之后，这种政治可以称为菁英政治。

自 1950 年人民国建国以来，历经三十年的混乱时期，以文化大革命作结束。目前的中国政治逐渐移转到中国专制时代盛世时的制度，即有一个强有力的中央政府，其官员选自人民（可是要先成为共产党党员，这和美国要成为共和党员或民主党党员类似），以能力（菁英制度）为主，没有民选。根本上和专制时代不同之处是，没有皇帝了。

在不久的过去，想要参政（即中国人所谓的作官）唯一的管道似乎是党的推荐。最近开始了类似科举的考试制度。此一制度是孙中山原计划中的一部分，在台湾已实行多年。最近举行的考试，有 100 万人应考，录取1 万 5,000 千名，竞争相当激烈。过去对中国官员的批评是知识水平不足，希望藉由这样的考试，可以增加官员的水平。但这仅是参政的入门而已。君主时代，即使通过了科举考试，选拔官员时，往往会牵涉到一种甄选。当指派官员到某一重要空缺任职时，皇帝会询问其它朝廷官员对此人的意见。这位候选官员便会去游说同僚，即「选民」，希望得到他们的支持。换句话说，选择官员到某职位时，牵涉到同僚的推荐和多数的同意。这种非正式的甄选制度看起来很不民主，依赖个人的关系。可是，即使在最现代的民主（民选）国家中，仍旧不可能避免同侪们非正式的甄选。英国国会政治中类似的甄选制度（selectorate）有很大的作用；美国国会政治中，也牵涉到甄选。可是在美国，即使在今日，个人的财富及出生背景特权[102]仍旧有重要的影响。（中古欧洲就不然，一定要出身贵族，即使在现代美国，许多政治人物都来自或富或贵的大家族。）

现代的中国和专制时代还有一点不同的地方。虽然古代中国，自公元前第 5 世纪，知识就已经普及到民间。从前，政府的官职几乎是唯一最好的职业选择。科举考试能选出的人才数量也有限（三年一考，所选最高等级的进士人数也不过数百人）。就知识分子的职业而言，唯一的出路几乎就是在政府机关（朝廷）任职。现在西方及许多第三世界国家都推广教育，中国当然也不例外。在现代中国，一直到高中都是义务或者甚至是强迫教育，连大学－相当于训练进士级人才的学校－都很普遍。而学成以后，职业选择很多，不一定要进政府机关任职。要进政府机关任职且想在政界升迁，大都必须透过非正式的甄选，而主管这这种非正式甄选的机关

---

[102] 出生背景特权（birthright based on heritage）不是人权，是人为的「特权」，即和出生背景（家世，种族，宗教等）有关的人为所赋与的与生而来的特别权利，类似中国的门阀制度（唐朝武则天以後才逐渐废除）。

就是共产党。每一个要想参政的人先要经过小学→中学→大学，甚至研究所这一段学习的阶段（相当于「现代化的科举考试」），然后要加入共产党，依赖党里的甄选制度再向上升迁：从地方级升到省级，然后最优秀的就送到中央，最成功的可以做到总理的职位。因此，虽然现在的中国没有像美国的普选，可是管理人才仍旧是从人民中甄选出的。这种甄选，不依赖口才，不依赖对选民的允诺，不依赖家财的富有，不依赖对工商界的承诺，而依赖同侪的甄选评估和在党里的工作的表现[103]。这种的升迁制度，类似中国古代君主专制政治体系中的制度。透过这样的制度，平民也能获得参政的机会。

中国政治和商业公司的比较

以上说的这种制度看起来很独裁，可是类似的制度在美国已经实行多年，颇见成效。虽有弊病，可是一般来说，成果还不错，而且没有人批评，说这制度不民主。实行这制度的当然不是政界，而是工商界。

美国的大公司清一色几乎都是私有的。其形成的过程如下：有某人非常聪明能干，想出一门新企业，如药厂、汽车厂。成立后，大部分的厂商都需要资金来扩充，而最普通筹资金的管道是卖股票。到公司极大的时候，如通用汽车公司，最大的股东的股份也只有 9%，而股东的数目可达上千万，财富和股东人数能和一个相当大的国家相比。理论上说来，一卖出股票，这公司就变成公众的产业，理论上每一股东都有选举权，其份量看持多少股份而定。可是在执行上却不是这么一回事。每一个公司都设有一个董事会（Board of Directors）。最初的董事会是在卖股票成为公众公司之前，由创办人组成的，因此不是选出来的。一旦卖出股票，成为公众的财产之后，不会由股东另选出新的董事会，而是由最原始的董事会连任。理论上股东可以选出董事，可是很少有大公司这么做。公司每年开董事会之前，候选董事会的人选早已内定，然后把选票寄给股东，选票上有一项可以让股东填上要选的人。然而股东分散四处，又没有选举的组织，因此几乎可以保证，股东填上的候选人等于白填[104]。要选出的董事早已内定

---

[103] 不幸的是，在中国现在的政府中，高级官员的子弟仍享有这类影响升迁的出生背景特权。

[104] 因为大部分股东的股票都交给股票经纪人，经纪人就寄选票委托书（proxy vote）给股东，由股东委托经纪人去选。可是通常候选人的数目和职位一样多（即可以投票选某人，或不投，没有其他选择），而在决策方面只能选赞成或反对，这等於霍伯孙的选择。在极稀有的情形下，有财团想要想争夺公司管理权，因为这就要花大

了。只要公司存在，董事会就一直存在：它自己（即现任的董事）选出以后要继承的董事。因此董事会等于是一个自我推进的永久管理机构。董事会可以决定公司的商业战略，选出总裁，可是总裁没有一定的任期，而是由董事会决定。

因为在实质上股东无法选出新董事，因此股东几乎没有过问或参与公司决策的权利，更不能直接选出总裁，可以说，连说话的余地都没有。公司每年开股东大会，参加的股东人数往往不少，大都只是捧场而已，因为所有的公司决策早已由董事会决定好。股东只有霍伯孙式的选择：点头或者把股票卖掉。这制度能实行的原因是，绝大多数的股东对参与公司的业务没有兴趣，最有兴趣的就是股票的市场价格或股息的多少。而公司最重要的目的乃是赚钱。如果赚钱，总裁就可以一直做下去。如果亏本，就要辞职或被免职。普通的人也可以参与公司的行政，可是必须先在公司里任职，然后一步一步升迁。如果真的有能力，如以前在福特汽车公司做过总裁的爱欧柯卡（Lee A. Iocacca），也能从绘图的小职员晋升成为总裁。

如果将以上描述中的公司改成中国，公司组织改成共产党指派任职的政府，董事会改成共产党的最高组织－中央政治局，总裁变成主席，股东变成人民，人民代表大会变成每年召开的股东会议，就大致说对了中国的政治体系。人民代表的确是由人民按所住的区域直接选出的，共有三千余代表，只有在开人民大会时才会真正聚会。不像美国的下议院议员（有四百位左右），选上后要经常驻在华盛顿，几乎天天开会。当然四百人一起参加讨论，非但不易维持秩序，而且还不易讨论出一个具体的结果。因此这四百余位议员都分成小组，每一小组有专门讨论的问题。讨论后，提出结论，交给大会选举。当然这种制度有弊病，因为有些小组的权限很大，往往为了党的利益式商业竞选献金的影响，不肯把某些提案放在议程中，这些提案就永远不会在大会中讨论。这是最大的弊端。

而在中国呢？中国的三千余名人民代表平时大都不见面，只在人民代表大会中才一起讨论。从实际观点来看，人民代表大会像是股东会议，人民代表就是股东的代表。理论上人民大会有权可以决定一切，可是政策及人选早已由「董事会」（中央政治局）拟定好，几乎只有拍手通过的选择。因此在执行方面，就如以前所说过的，「党（中央政治局）『挥

本钱，去找有足够票数的财团来合作，重选董事会，称为委托权之战（proxy war）。在美国公司历史中，只有很稀少的几次，闹到要做到委托战的阶段。

手』，政府『动手』，人民代表的常务委员会『举手』，人民代表大会『拍手』。」

说中国的这个政治体系不民主，的确不民主。可是要说民主，也民主，因为管理人才都来自人民，而且是一步一步甄选出的人才。如前所说，事实上这也是在君主时代实行了数千年的政治体系。这体系非但把中国文化一直持续下去，而且在历史上有好几个时期，中国成为世界上最强有力的超级强权。这制度之能顺利执行的原因是，大多数的人民（股东）对国家的行政（公司组织）都没有兴趣，只要日子过得好，有前途就行了（即股票上涨，股息多）。在这种制度下，人民还是有参政的权利，可是对行政有兴趣的必须加入共产党（公司组织），然后一步一步升迁，江泽民就是这么升迁上去的，胡锦涛亦然。

还有一个能维持中国兴旺和稳定的因素。就是现代工商业活动的激增。以前，一个朝代建立以后，除了恢复秩序，让人民安居乐业之后，也许最重要的，也最受人民支持的政策就是恢复科举考试。此一考试制度提供有才能的人进入政治舞台的机会。用当时的观点来看，还有比用公平的考试来选拔人才更公平的方法吗？除了对于职业有所限制外，这考试不歧视种族、宗教或身世。在许多朝代中，造反的都是那些考不取的而有才能的人。本书第十三章提到的洪秀全是其中之一。另一位是唐朝末年的黄巢。他屡试不中，因为他的反叛，使得唐朝的国力大为减弱。虽然这叛乱被平定了，可是过了二十年后，唐朝就灭亡了。在目前的中国，要感谢现代的科技，在工商业中，有无限的黄金机会，不一定要在政府中任职才有前途。

在这样的分析之下，不难看出，为什么中国能在不到一个世代（三十年）的时间，从世界平均每人年收入为倒数第三名的地位，晋升到目前的繁荣，以及为什么皮尤的调查认为大多数的中国人都满意现状。在 1950－1980 年间的中国，很像 1789 年大革命后的法国。大革命后，不问良莠，否定了许多旧的价值观，造成混乱。革命后有很长一段时间，法国在许多方面都失败了。直到现在，还可以感觉到大革命的余波。1980 年后，中国执行了人民共和国建国时的方针，把所有的意识形态都从国家政策中赶出。中国所做的就是保留两千年以来所用的（类似美国的公司）政治体系，加以现代化，以集体的方式领导。这种方式使中国人民能发展出潜能，重蹈历史上大动乱后，社会秩序恢复，就能很快变成繁荣的旧辙。

中国政府对谁负责？

中国和西方政治制度还有一点不同的地方，就是执政者该对谁负责？在中国，因为没有普选，（共产）党无需直接对人民负责任。虽然党声称它的政策代表人民的意愿，可是没有一个民选出来的机构以法律的方式进形评论和监督党的作为。反之，在西方民主国家，人民可以在下一次普选时把不满意的执政者换掉。

在中国，也有类似国会的机构－人民代表大会，然而并未产生什么作用；只有开会时候才集会，其的功能也被党所控制，所做的事只停留在「拍手」的程度。

即使如此，党还是不时审视自己的作为。一般领导都了解「水能载舟，亦能覆舟」的历史格言。但这仅是自制而已，不能保证有效。有另外一种的权力制衡，无形，却有相当大的作用。

在中国政府中，即使在最高层，和其它各国政府一样，也有许多权力斗争，但中国的情况不同。中国最高官员－例如政治局的委员们，没有一定的任期，因此理论上随时可以被免职。即使是最高领导－如胡锦涛，也受到不时可能被免除职务的威胁。因此，主席一定要能尽职，其它高官，如政治局的成员，也要有好的表现，好的表现是以后升迁的本钱。（在西方的公司中，同样的竞争一样存在。）当然，地位愈高，竞争愈激烈。特别情形是，如果主席软弱（如毛泽东指派的继承人华国锋），或老化（如年迈的晚年邓小平），竞争会变成非常剧烈。

中国的高层政治制度类似已垮台的前苏联，党的最高权力机构是中央政治局，有 22 位委员。理论上所有决策都在会议中决定，不过许多决策其实都在幕后先决定好，再在会议中讨论。这和美国国会，总统和国会的幕后讨论类似。当在幕后决定时，一些声望高的成员的意见总会受到重视，虽然主席对决策有很大的影响力，但往往主席也要尊重这些声望高的成员的意见，因此不能保证主席一定可以做最后的决定。例如，以邓小平的声望，也无法说服委员把朱镕基提升为中央委员。

由于这种现实，最高领导－主席－经常要注意自己的作为及成就，否则就有被除职的可能。（很明显，毛泽东及斯大林时代的整肃斗争已经成为历史。）因此，在最高的统治阶层，很少有贪污及腐化现象。（在下文讨论到中国及美国贪污的现象时会再讨论。）一旦被发现，除了极重的处罚之外，过去多年在政治上的努力都将付诸流水。

当然，中国有许多不公平的地方，可是在过去三十年里，已经改革了不少，当然还有许多要改革的地方。最重要的一点是，虽然大部分的中国已经在享受繁荣的果实，却仍有一部分的人民（二到三亿，人口的五分之一到四分之一）仍旧生活在一穷二白中。中国有不少因极穷的农民不满所发动的暴动（中国称为闹事），有人估计每年约有二、三万起。除非中国的繁荣能渗透到这些穷苦的人民，否则这些暴动或闹事将会持续下去。古代中国君主专制，如果「公司」的管理无能，使人民受苦，就进行革命，把公司（朝代）「解散」，再重新组织一个公司及「董事会」（即换一个朝代）。因为这种「解散」（革命）的可能，政府（公司）在管理方面一定要让人民（股东）满意；古代英明君主和大臣都深知此理。现在的中国的「董事会」（政治局）也很了解这一点。最近地方政府贪污，受了贿赂，强硬征收农民的土地，农民暴动闹事。人民政府一方面镇压，一方面修改法律，把地方政府的征用土地权力大加削减，尽量减少人民的不满。把这个道理说得最露骨的是胡锦涛在 2006 年 6 月 30 日，于中国共产党建党 85 周年纪念日发表的演说。他针对当时广东的闹事，那次闹得很厉害。他的演讲词不长，和这问题有关的一段如下：

> 「民心向背，是检验一个政党是否具有先进性的试金石。一个政党，如果不能保持同人民群众的血肉联系，如果得不到人民群众的支持和拥护，就会失去生命力，更谈不上先进性。我们党的根基在人民、血脉在人民、力量在人民。保持党同人民群众的血肉联系，是我们党无往而不胜的法宝，也是我们党始终保持先进性的法宝。」

如果把这几句话中的「政党」改成「董事会」，「人民」改成「股东」，这些话也可以放在任何大公司总裁的演讲中。这几句话的真正意思和古代英明君主的左右铭：「水能载舟，亦能覆舟」几乎一模一样。现在已经没有君主了，可是道理没有变。中国现在似乎处于一个紧锣密鼓的竞赛中：把繁荣推到穷苦的人民去和闹事的扩大之间的竞赛。这是一个只许成功不许失败的竞赛。

中国和西方民主的比较

现在做一个也许有许多人不喜欢的结论：中国的民主方式和西方的大不相同，没有西方的普选。可是不能因为没有普选，就断言中国没有民主。在现代的一党专政和中国君主专制时代，人民一直都有参政权，只是管道和民主国家的不同。

在民主国家，想要参政，必须有充足的经济力量作为开始（自己有钱或者有人在经济方面的支持），有党（共和或民主）的支持，有能力找到愿意献金的工商业界，有天花乱坠的口才本领说服选民。因此，几乎清一色的，所有西方政治人物（总统及国会）议员的家境都很好，都有地方连系，大都出身商科或法律，很少有理工出身。出身商科及法律的好处是懂得法律，坏处是知道如何钻法律之间的漏洞；更坏的是，能在「一时」（some of the times）（以口才）欺骗所有或大多数的选民（改述林肯总统语）。（如果竞选总统，所谓的「一时」就是四年。能圆满「欺骗」选民四年，就能选上第二任。）

现代的中国，要做重要的政治人物，在通过「新科举考试」（即有适当教育程度及共产党的党籍）之外，还要依赖同侪的甄选，这就要看个人的能力、工作上的表现了。（当然，不能说没有人事关系；现在的不正常现象是，除了有能力之外，一定要有「太子党」的「出生背景权」，才能进入最高政治阶层，见注 102）。按才能甄选，「候选人」不一定要出生于富裕的家庭，不需要工商界或个人经济的支持，而不必以花言巧语说服人民，也不必学法律或商科。最近的两位中国总理，江泽民和胡锦涛，都是工程出身。至于选民有没有选择的问题，端看你的观点，都是霍伯孙式选择。一个是只有接受「董事会」指定的马的选择，另一个是从两匹极相似的马–都受了工商业界献金影响的「马」中选出一个，也等于没有选择。原因是，两个党的候选人的相同之处比不相同之处要多得多。事实上，想要吸引那些举棋不定的选民（swing votes），两党政治给候选人要尽量和对方相似。因此，现在的竞选已经演变成尽量曝光及攻击对方的缺点（称为负形象竞选〔negative campaigning〕）。因此，有些偏激的美国人说，美国的选举，连霍伯孙式选择都谈不上。霍伯孙式选择是在「有」和「无」之间作一个选择，而美国选举的选择是在两个「无」之中选一个。唯一的选择似乎和政治、经济无关的，个人的意识形态方面的喜恶（如接不接受宗教在政治方面的影响）。民主政府，特别是经常需要竞选的议会，容易出现由多数者决定的暴政（tyranny of the majority）的怪招。「多数」的想法不见得都是最好的，也不是最公平的。

还有一点不同的地方，政治学上有一个称为甄选的理论（The Selectorate Theory）。以前提过，现在加以说明。（这理论在本章结尾所列的参考书有详细的讨论。）政治学牵涉到似乎无限数目的不同政府体制。即使这些名词，如民主、君主政治、独裁政治（autocracy）、执政团（junta）、寡头政治（oligarchy）、神权政治（theocracy）、暴民政治

（Ochlocracy，又称为 mobocracy，或 majoritarianism）等等，也不足以描述所有可能发生或能想象到的政治体系，因为没有两个政府体系是一模一样的。政治学家因此把这些体系发展成两维体系，其中一维体是甄选团（The Selectorate），另一维体是赢者同盟（The Winning Coalition）。甄选团是能参加选举的人，为人民总体的一个次团体（subset，即总体的一部分）。赢者同盟是甄选团的一个次团体，有权指派及支持在政府执政的同盟成员。在美国，甄选团是有资格选举的选民（资格是年龄超过 18 岁），赢者同盟由甄选团的子集所组成（如共和或民主党），顾名思义，赢者同盟是在选举中获胜的那一党。（美国总统大选时的「选举人团」类似「甄选团」，可是选举只是代表人民投票，不是真正的甄选。）

可以将甄选团的观念应用到公司体系里，可是在公司组织中有多层的甄选团，上一层有权管理下一层等等。最高的甄选团就是董事会，而成功的选出总裁的那些董事就是赢者同盟，董事会这个甄选团只是人民（股东）中的一个极小次级团体。公司管理阶层形成的次级团体又是一个甄选团。（在任何阶层中，只有少数的人员能决策这阶层的事务，他们就是这一阶层的甄选团。）这甄选团可以在自己阶层中选举，能选出所要的领导阶级，赢的哪一个派系就是赢者同盟。（只要有组织，就会有类似党的派系。）可是每一阶层的甄选团都要听命于上一层的甄选团，即上一层的管理阶层，当然，每一阶层的甄选团也要兼任公司各种职务。

中国的政治结构也有一个多层甄选团的组织。几乎每一政府的阶层都可以看成一个甄选团。中央政治局是最高的甄选团，赢者同盟就是能成功的合作选出总理的那些政治局委员。在过去君主时代，最基层的甄选团的资格是教育程度和共产党员。（现在党员在党中地位的重要性也包括教育程度。）这些最基本的甄选团成员（所谓的草根甄选团员，即普通党员）选出最基层的领导阶级，这些最基层的领导阶级再被选拔为上一层的甄选团，然后一级一级的甄选上去，一直选拔到中央政治局的委员。虽然上一层的甄选团的成员来自下面的甄选团，可是下一层的甄选团要听命于上一层的甄选团，赢者同盟选出的执行领导级（最可能上一层的甄选团成员的候选人）的条件大都基于做事的能力兼人事关系。中国的甄选团和公司组织不同的地方是，公司一开始时，组织很小。公司成功后，开始有下层的组织，由董事会甄选出下层甄选团的人选及组织等等。而在中国，草根甄选团甄选出上一层，一直甄选上去。

因此可以说，中国政治体系和美国不同的地方是，理论上来说，美国的甄选团只有一层，团员的资格是年龄超过 18 岁。中国却是多层的，而

且分布到各区，而这些区分部于全国。在美国，甄选团的成员是选民，可是在这团之上有非正式的甄选团。在中国，情形较复杂，可是要成为甄选团成员，必须先加入共产党。另一个不同的地方是，中国共产党的党员人数是人口的极小部分。目前中国的甄选制度之所以能实行的原因是，对政治真正有兴趣的人究竟属于极少数。即使在美国，有资格选举的选民的投票率经常少于 50%，在政党中热心工作的人数更少。大部分的人民只要日子过得好就行了。这又回到「水能载舟，亦能覆舟」话题了。

*

中国的公司董事模式的政治里，存在着一个最大的隐忧或缺点。在西方式的民主政治，有一个内存的审核机构－如果选出的政府不好，下回就可以不选这政府。中国的政治模式中就没有这么一个类似的机构。事实上，连美国的公司都没有。在刚刚建立的时候，朝气蓬勃，发展很快。可是这种制度最大的弱点是「董事会」的成员的老化，而且老化的过程可以传给下一任的董事，因为每次换新的时候，只进来少数的一批人。因此，许多很大的公司到最后必须采取革命性的决策，把所有的成员（或大部分的董事）都换掉，否则公司就会因老化而萎缩。这现象在中国的朝代都可以看出。一个朝代大都只有兴旺一、两百年，就开始衰微下去。唐朝之所以能有很长一段兴旺的时期，要归功于武则天能继承唐太宗的政策；她使得唐太宗的传统能延续百多年，继续成为世界上的超级强权。其它朝代的兴旺时期都没有这么长。一两百年后，政治体系老化，政治人物的心态也跟着老化，然后就走上衰亡的道路。现在的中国的「董事」都相当年轻，而且都在政府中做过事，升迁都以能力为准绳。现在政府的蓬勃现象，来自 1980 年代的改革，时间还太短，不知道现在这种的朝气的气魄是否能继续绵延下去。

三十年内，在「公司董事会模式」的政治体系下，中国从极度的穷困（平均年收入为世界 232 个国家中倒数第三）到现在的繁荣（现在是第118 位），而且年成长在 10% 上下，是否要其它的第三世界国家来学习呢？

中国的「独裁公司」制度能成功，有另一个很重要的因素。如前所说，这制度已经实行了两千多年，但这不是真正的原因。真正的原因是，传统上中国对参政的人才的选拔的标准，在于他们的学识、对书本知识了

解的程度[106]及在工作上的表现。在他们的学识中，对中国历史的认识和了解是很重要的一部分。因此每位参政者都熟读历史，深知中国以往各朝代兴亡之道。连皇帝和皇后都受到严格的历史教育。事实上，几乎所有的皇帝都是学识非常高的学者。优秀的参政者如履薄冰，小心行政。最有名的良相之一，宋朝的范仲淹的左右铭是「先天下之忧而忧，后天下之乐而乐。」因此，许多中国的朝代都很长，有些甚至比美国的历史还长。即使是清朝，以人口占少数的异族统治中国，但清朝开国的行政者都相当彻底的研究了中国的历史，接受历史的教训，因此在最初两百年，把中国统治得好好的。（后来失败的主要原因之一是在于制度的过时及老化。）在其它国家中，还没有看到这类的传统。

民主国家也有同样老化的问题，任何制度都有漏洞。政客（从事政治的大都是政客）以后就会找出制度的漏洞，加以利用。现在美国民主政治的一个大问题是，理论上很民主的民选制度，已经被游说客（lobbyists）以选举献金制度所控制。可以把阿罗原则－没有一个绝对公平的选举－稍改一下，变成「没有一个十全十美的政治体系」。几乎所有的政治体系都有不公平的地方。事实上，可能这种理想的体制根本就不存在。每一个政治体制都有其怪诞的特性及不公平的地方。这问题在下文还会再讨论。

代议制度的民主政治中，如果一个人能以选举去控制多数，把自己所想要的代议代表选为立法的议员来控制议会，他就能控制所有的人，因为一旦以「民主方式」选出他属意的议员，他就能叫这议会通过所有他想要的法律。这就是 1930 年代德国的希特勒的手法。现在，美国有一个基本教义派的运动，想要以选举方式把宗教－特别是基督教某些支派－的教义以种种方式（包括伪装）放在政策中。这种运动代表的也是「多数统治的暴政」精神。令人不解的是，中国在 1980 年代之后花了全国的力量，竭力将马克思的意识形态从国家政策中赶出去；而现在美国却以民主之名，走反方向，要把宗教的意识形态加诸于人民。

如前所说，没有两个国家有一模一样的政治体系；不同的地方要比相同的地方要多。把一个国家的政治体系移植到另一个国家去，就和把一个宗教移植到另一个国家去一样；如果土壤不对，就会结出恶果。在过去两千年中，中国的政治体系历经摸索（trial and error），才建立出公司模式的体制。在现在的中国，这个体制还在不断变更中。这个体制可能不合西方

---

[106] 当然，所有的君王也都熟读历史，可是君王的权力太大了，所遭遇的诱惑也非常大，因此很易入歧途。即使如此，令人惊奇的是，还是有不少的贤明君王。

的民主观念，可是在中国目前还行得通。引用一句美国佬关于能运转机器的土话，「如果没坏，就不要去修。」(If it is not broken，do not fix it.) 因此，要认为中国的体制或西方的体制一定可以应用在任何一个国家，头脑似乎太简单。

自由（言论及其它）的幅度

先讨论西方文化最自傲的和珍惜的观念－自由。事实上，自由是极不可捉摸的观念。让我提出两个言论自由的极端。第一个极端是汉武帝时代，在两位大臣颜异和张汤的权术斗争时，定出「腹诽」（表面上不说，内心中反对）的罪名，可以处死刑，即言论不自由到连心中反抗的思想都要禁止。而另一个极端是美国宪法修正案第 1 条，对于言论自由几乎有绝对的保障。这条修正案关于言论自由的一段如下：

> **「国会不得立法……缩减人民言论的自由。」**

这种的宪法的措辞，等于是一张已签了名，可以自由填写的空白支票。当然，「腹诽」绝对行不通，在君主时代已经将这罪名视为独裁到不合理的暴政。但极端言论自由也行不通。例如，在挤得满满的戏院中，突然有人谎报，大叫「戏院着火了」，造成秩序大乱，大家急忙逃命，有人被践踏而死。理论上说来，这谎报的人可以声称他有美国宪法规定言论的自由，可是这种的「自由」已被美国最高法院裁定为非法。如果宣扬有刺杀总统的自由，也会被判刑。因此，理论上说来，最高法院的裁定已经把宪法中的言论自由缩减了。美国已经把这类的放荡的「言论自由」再三缩减到可以称为「压抑」的程度。可以认为这种的缩减是违宪，可是为了公众安全，这种裁减是必需的[107]。随着时代变迁，这种缩减一而再，再而三，即使有「基本自由主义」派[108]（同基本教义派）在意识形态上的反对，也不能减少这种的缩减。现在，在美国机场安全检查的地方，连开安

---

[107] 最近一位评论家说，美国的宪法是在 18 世纪写的，当时的社会比现在的要简单得多，因此这套宪法早已过时，现在只好以最高法院的九位大法官的裁定来符合 21 世纪的环境。可是每位大法官都是在民主或共和党当政时指派的，因此在裁定时就有党派的因素在内。再者，言论自由及第二条款，允许人民可以拥有枪支，已经有很大的後遗症；言论自由已经变成保障不合理的言论，如公司的广告几乎可以随意用来推销产品，包括有害於健康的菸草（香烟），而枪支的泛滥，使得美国成为世界上犯罪及谋杀率最高的国家。

[108] 美国有一政派，自称为自由意志派（liberatarian），认为政府不能立法限制人民的自由，任何自由，包括种族岐视的自由。这派中有不少极端分子，认为政府没有权去抽税等。

全检查的玩笑都被严格的禁止。还有，在反恐的前提下，有不许搭乘飞机的黑名单。因为在国际旅行上，飞机几乎是唯一可用的交通工具，因此将宪法里保障的人民行动自由也限制了。

因此，言论自由是不可捉摸的东西，不能以一两句话就下笼统、一概而论的定义，这类一概而论的广义定义行不通。所有国家里，言论自由都有某种的限制，可是限制要放在哪里，是一个极有争论性及无法下一般定义的地方。对于民主亦然。

还有一点，民主和平等不能一概而论。以美国为例，理论上一切法令都由人民或人民选出的代表决定。这句话没有人能提出异议，可是在「人民」的定义上就有很大的争论了。1776 年美国独立时，黑人大都是奴隶，连身体自由、恋爱自由都没有[109]，更不必谈选举权或社会地位了。甚至连最开通的美国革命元勋都声称，「黑人只能算 3/5 个人。」非但黑人如此，连女人都没有许多权利。美国的《独立宣言》的开场白，声称「所有的人一生出来都平等」为立国之本。可是，这些高尚的话说了以后的 144 年中，女人的权利还受到极大的限制，如财产权、选举权，甚至连大学都不能上。直到 19 世纪末，甚至到了 20 世纪初，女人才能进大学。要到 20 世纪初，女人才有选举权。对于黑人及其它少数民族，要等到 20 世纪中叶以后，自 70 年代起，他们才争到和白人相等的民权。在这些时代以前，非但认为在民权方面对性别及种族的歧视没有不对，而且参院及议会还立法来支持。这就是多数统治的暴政。一位 19 世纪的法国政治思想家及历史学家托克维尔（全名甚长，Alexis-Charles-Henri Clérel de Tocqueville, 1805 – 1859）这么写[110]：

> **在伦理上多数人的权威基于这个观念，认为许多人集体的智慧要比一个单一的人的智慧更有知性，而议员的数量要比他们的质量更为重要。**

这句话的意思是，「多数人的利益可以比少数人的要更优先。」这种的思想很容易产生多数暴政，即多数的人可以立法剥夺少数人的权利。从西方的历史来看，到处都是例子。这句话中的「少数人」就是「低等」的

---

[109] 黑奴时代，黑人不许结婚，只能杂交，甚至奴主还把相爱的黑人男女拆开，卖到不同的地方。这种的强制杂交的行为渗透到他们的风俗里。到现在，黑人男女不结婚生子女的很多，甚至於父亲不负担儿女的生活，造成许多社会问题。这是黑奴制度的後遗症。

[110] 本段的引用语句来自他最有名的着作《民主在美国》(Democracy in America)。

人，即没有白人「出生背景权(birthright)」的人[111]。所谓「低等」的特征包括种族、肤色、原国裔、宗教、性别及其它。这些问题在后记中会再讨论到。

即时民主是否可行？

所谓的即时民主就是，在隔夜之内实行西方式的选举制度。西方大致说来，都一致同意自由选举是所有民主的基础。可是在实行方面，并没有立刻做。再以美国为例。美国的选举权是累进的。在开国两个世纪以后，才把选举权开放到所有年龄超过 18 岁的人。一方面可以控诉美国以多数者的暴政来欺压少数及女性，可是从一方面说来，可以把这个累进或渐进性的民主的实施，看成是将选举权开放给所有的人的学习曲线。我们现在不去质问这问题，是否这段的学习曲线有必要。真相是，在许多国家中，以自由选举来建立民主的效果实在远不能让人满意。1950 年代，当西方的殖民主义国家从非洲退出时，所有以前的属地都纷纷独立，都在联合国和退出的国家的监督之下，成立共和国，实行民主普选，由人民选出他们的政府。没有多久时间，这些国家都沦为独裁国家，分裂为部落政治，军阀横行，把非洲卷入无法解决的混乱局面。因此，至少在第三世界国家中，西方普选的民主制度的成功率几乎为零。自由选举不是真正的万灵丹。它像是江湖郎中卖的，号称能治百病的仙丹。

有一个从民主到暴政的例子，就是二次大战前的德国。一次大战后，1918 年 11 月，威廉大帝二世（Wilhelm II）逊位，成立了只有脆弱基础的共和国。不久这共和国的政权就在普选中被希特勒以三寸不烂之舌在选举中夺去，代之以纳粹独裁政府。二次大战后，历经美国等战胜国的努力和支持，重写德国宪法，才变成我们现在所知的德国。而德国从 19 世纪起，还是世界上教育程度最高的国家中的佼佼者。想一下，在部落文化习俗还在盛行的非洲，又如何呢？那些急于在隔夜，就以自由普选来建立民主政治的好心人的幼稚程度，有如那些在 1920 年代，急于要在隔夜把中国改革的先进分子一样。目前西方的一般思维是，非要有普选，就不能谈民主。可是有一位评论家这么说过，美国比其它国家有普选，因为一般人的心态是，普选出来的政府一定会走美国路线，这是一厢情愿的想法。普选会有想象不到的后果。美国要巴勒斯坦以普选选出的政府来替代阿拉法(Arafat) 的「专制」政府。可是没有想到的是，选出的政府不是美国想要

---

[111] 在早期，这些有白人出生背景特权的人指所谓〔WASP〕族的白人，即 White Anglo － Saxon Protestants，白种盎格罗- 撒克逊〔英国民族〕新教徒。

的，而是美国列为恐怖分子，和以色列誓不两立的哈马斯（Hamas）。这并不是说自由普选不对，而是说选举制度并不是万灵丹，甚至连民主的第一步都可能不是。要谈民主，必须具有先天及后天的条件，不能只依赖自由选举。至于什么是先天和后天的条件，至今提出的政治学家还没有看到几个。

第十五章 中国对西方所加压力的反应

楔子

祖父，孙儿及驴子

一个祖父带了孙儿到市场去卖一头驴子。祖父左手拿了拐杖，右手牵了孙儿及牵了驴子，一路有说有笑·一位行人看到了，就大声批评，说：「瞧，这两个人真笨。有驴子不骑，走路去市场。」于是祖父骑上驴子，孙儿拿了拐杖，跟在后面，驴子走得快些，孙儿要半跑的跟着，学祖父的样用拐杖走。另一位行人来，看到了，就批评说：「你们看这残忍的人，自己骑着驴子，让孙儿走得上气不接下气。」于是祖父下驴，让孙儿去骑。不久，另一个行人来了，批评：「你看这小孩真不懂事，年轻力壮，自己骑驴，叫老祖父用拐杖一拐一拐的走。」于是祖父和孙儿一起骑在驴子上。不久，这驴子吃不消，倒地而死。祖父就没有驴子可卖。

寓意：不要轻听每个人的意见（阿拉伯寓言）

《哈姆雷特》警语

听每个人的意见，可是要做自己的判断。

－莎士比亚着的《哈姆雷特》中波隆尼而领主警言－

你们想要从我们得到什么？

当我们是东亚病夫时，
我们被称为黄祸。
当我们被标明为下一个超级强权时，我们被称为威胁。
当我们闭关自守时，你们发动鸦片战争来打开我们的市场。
当我们拥护自由贸易之际，
你们归咎于我们，说我们偷走你们的工作。
当我们四分五裂时，
你们送军队过来，要抢走你们认为应得的一份。
当我们把我们四分五裂的局面统一之际，
你们大声呼叫：让西藏独立！侵略者。
我们尝试共产主义时，你们恨我们因为我们是共产党。
我们拥护资本主义时，你们恨我们，因为我们是资本主义者。

当我们有十亿人口之际，你们抨击我们在毁灭世界。

当我们限制我们的人口时，你们谴责我们违反人权。

当我们贫穷时，你们骂我们是狗。

当我们借钱给你们时，你们把你们的国债归咎于我们。

我们在建设我们的工业时，你谴责我们在污染世界。

当我们把货物卖给你们时，你把全球变暖归罪于我们。

当我们去买石油时，你们说我们在剥削及灭绝其它种族。

当你们发动战争去抢石油时，你们称自己去解放人民。

当我们失落于无法无天之际，你们要求我们有法治。

当我们开始以法治国来消除暴力行为时，你们说我们违反人权。

当我们不声不响时，你们要我们有言论自由。

当我们不再沉默之际，你说我们是被洗脑后的排外主义者。

你们为什么这么恨我们？我们问。

「没有，」你们回答。「我们不恨你们。」

我们也不恨你们。

可是你了不了解我们？

「当然，我们了解。」你们说。

「我们有 AFP，CNN，还有 BBC。」[112]

你们倒底要从我们身上得到些什么？

仔仔细细想一下，用些脑筋，再回答……

因为你们只有不多的机会。

适可而止。在这个世界中已经有太多的虚伪，假仁假义了。

我们要一个和谐的世界，同一的梦想，世界和平。

这个蓝色的大地球，足够容纳所有的我们。

（这首诗以英文出现于 2008 年 5 月 18 日的《华盛顿邮报》，作者佚名。）

人权是不可捉摸的议题

自从中国复兴以来，中国遭遇到许多非难，大都集中在（西方式的）人权方面。中国对这些的非难一直保持沉默，最近中国在这方面做了一些的澄清。本章要讨论这些西方来的压力的背景及中国的反应。

---

[112] 这些都是新闻网。这句诗表示一般美国人对中国根本不了解，只依赖媒体的报导，而媒体往往有立场。

　　和上一章所提到的言论自由一样，人权也是不可捉摸的议题。一个文化认可的基本人权，在另一个文化中，可能被认为是很严重的罪行。例如，在多数的伊斯兰国家中，伊斯兰教徒不能改信另一种宗教，教徒也不能变成无神论者。违反者可处以死刑。这个限制是这个宗教本身的一部分。如果要谈到自由，那么这个原则 － 西方认为绝对违反自由的原则 － 本身也是一种的自由：任何文化都可以自由制定它所谓的自由的内容及原则，包括这文化对于人权的定义。

　　设立诺贝尔和平奖的原意是很高尚的 － 促进和平和繁荣。二次大战后，乔治·马歇尔（George Marshall）在国务卿任内，提出使战后的欧洲复兴的大计划，（马歇尔计划）。这计划并不歧视挑衅造成二战的两个国家 － 德国和意大利，使遭受战火毁成废墟的欧洲的经济很快复原。乔治·马歇尔当之无愧获得 1953 年和平奖。

　　近年来，诺贝尔和平奖变了质。不可思议的是，有些奖颁发给挑衅战争的人。达赖喇嘛应用了古老的西藏神权政治体系，组织了一场为神权而战的暴力战争，最后惨败，数千人因而送命，而他却获得了诺贝尔和平奖。最近，和平奖颁给了中国的刘晓波。他参加了 1989 年 6 月 4 日的天安门事件，自此和中国人民政府誓不两立，坚决反对中国政府及中国政府的制度及体系。他对和平这两字毫无贡献，而 2010 年和平奖却颁给了他，原因是他坚决反对中国政府，要把现在的体制用他理想的体制来改变。从西方观点来看，他可以算是一位鼓吹革命者，一位革命家。他已被中国政府囚禁数次，最近被判刑的原因是，中国认为他是扰乱社会安宁的罪犯，扰乱现在中国政府所建立的社会体制。我对这事不作任何评论，我要讨论的是诺贝尔和平奖的现况。

　　现在颁奖的原则和逻辑相当模糊不清。诺贝尔和平奖的颁奖委员会是否对某些「革命者」偏爱？是否可以不顾和平这二字？是否可以忽略对全民经济改善的功绩？邓小平是否有资格获奖？他领导的改革，让十多亿的中国人的生活获得大幅改善，这十多亿的人口要比从马歇尔计划获益的欧洲人口要多上好几倍。颁奖委员会从来没有考虑过他，大约因为他和委员会的政治思路相悖。

　　看来，诺贝尔和平奖似乎已经变成对中国及其它欧美不认可的国家施加压力，成为要这些国家接受西方价值观可的工具之一。在这里，我不讨论这些问题，或者西方的价值观。我要讨论的是，这些相当强烈的做法对中国政府的反应是否有效，或者是否能有实际的成果。

时间和忍耐：社会改革的重要因素

不久以前，我遇见一个坚决反对中国政府的人，特别反对的是中国在人权方面的立场及政治的体系。他提出不少的方针来宣扬他对中国人权问题的改革，大都基于西方的意识形态。我一看之下，就立刻可以断言，他所提出的方针既不实际，也不可能在他有生之年做到（他比我年轻许多）。我问他这个问题：假如他有权使用核子弹，他是否会用来威迫中国政府以执行他的理想？他愣了一下，开始了解我的观点 – 不可能用威胁或压力来强制执行急促的改革。他承认，自从毛泽东时期到现在，中国已经向前走了许多步，虽然还有许多步要走。这就是我以前强调过，现在还要再强调的一点：时间的因素。社会的问题或改革不可能隔夜就做好，连一两世代可能都不够。在某些情形，甚至一两个世纪都不够。

我在以前几章里写了，从历史观点来看，要好几个世代才能促成社会上的改革。在第十章中，我提到在第 5 世纪时，魏孝文帝要把胡人说的胡语废掉。他的大臣咸阳王禧说不可能立即废掉，他建议先在朝廷里规定不许说胡语，这个法令就会逐渐影响民间。果然，几世代之后，就没有人说胡语。以操生死大权的皇帝，也不能立即做到这么简单的社会改革。而把胡姓改成汉姓，也花了近百年的时间，经过好几位皇帝的提倡才做到。

最近，人权问题又扯进了其它的议题，如中国的汇率及货币政策与美国的工作机会外流的问题。可是，汇率及货币政策仅是一条红鲱鱼 – 用来引开注意的论点。美国工作机会外流的问题牵涉甚广，岂止于汇率的问题！

中国和美国地位平等，并非附庸国

许多经济学家认为美国工作机会外流，造成大量失业的问题，和汇率没有密切的关系。日本的日元 ¥ 就是一个典型的案例。1970 年代早期，日元的汇率仍和刚刚战后一样，360¥ 对 1 元美金，而日本的工业已经起步到开始大量出口的地步。在美国压力下，日元先升值到 300¥ 对 1 元美金，然后到 220¥ 对 1 元美金。1985 年，美国、法国、西德、英国及日本在纽约广场旅馆(Plaza Hotel)开会，决定让美元贬值。（称为广场 Plaza 协议。）日元升到 128¥ 对 1 元美金。可是，由于日本的工业政策，一时日本向美国的出口有增无减，而美国的工业仍旧开始萎缩，关门的关门，或者把工厂搬到国外去。到了东亚四小龙开始出口时，日元才真正受到威胁。可是日元仍旧不断升值，轻重工业如电子及汽车都自日本朝外迁出，

甚至还在美国开厂造车；目前，在美国出售的日本汽车大都在美国制造。而在其它方面，美国的工作机会不断的外移到以往认为第三世界的国家，最大的外移地是中国。大多数经济学家认为这些已经外移的工作不可能再回到美国了。这是很可悲的现实。

大部分经济学家认为中国的汇率要比真值小 20－30%，即 1 元美元约值 4 元人民币（现在的汇率是 6.6 比 1）。中国一直受到国际（西方，尤其是美国）的压力升值。人民币已经升值过，西方却认为还不够。中国认为升值对中国没有任何好处[113]，即使压力很大，中国似乎不想让人民币做霹雳式的升值。让我们看一下原因。

中国和南韩及日本不同。二次大战后，从某种意识来看，日本已沦为美国的附庸国了。首先，被占领了五年，现在还在美国的核保护伞下生存，美国在日本驻了大量的军队。从实际观点来看，日本没有太多的独立的声音。南韩也在同一地位。1950 年代，如果没有美国的干预，它早已不存在了。在它的北部和北韩的边界上，还驻了不少美军。可是，南韩的人民到底还有些反抗的勇气，他们用了一些微妙而强硬的方法来抗拒美国的主导地位。举例：以狂牛症为藉口，到现在南韩还禁止进口美国牛肉，虽然至少有四年多美国没有这种病例了。（按：牛从出生养到屠宰，只要四年。）

中国的情形完全不同。自从人民政府成立之后，有很长一段时间美国对这个共产国家采取敌对态度。中国同美国打了两个间接的战争，第一个是 1950 年代的韩战，另一个是 60 年代末的越战。1972 年尼克松总统采取了容忍的态度，主动拜访中国，打破了僵局。自 1978 年就建立了正常的外交关系。可是无论当时这两个国家在经济及军力上有多大的不同，这个关系正常化的举动只把中国放在和美国同等的地位。中国不觉得有必要听从美国的话，而美国更不会听从中国的话，亦即这两个国家是以平等地位交往。

在这个平等交往的框架里，有一个错综复杂，交织在一起的相互依存关系，这关系不断在演变中。现在的情形是：美国需要从中国进口价廉的商品以压抑通货膨胀，而中国需要这样的出口来发展经济。美国需要向中国借钱来维持财政赤字缠身的预算，而中国也需要一个地方来存放这宗外汇存底。这张相互依存关系的单子长而又长，而相互指责也不断的在进

---

[113] 大多数采取浮动汇率的国家，如南韩、日本及巴西，其浮动汇率都超过货币真值。

行。美国每年发表文件控诉中国的人权问题，中国也还报（从中国观点的）类似的控诉美国违反人权的行为。如可以随意拥有枪枝，因而产生许多暴力行为，种族歧视，世界上以人口计最高的在监牢内服刑的囚犯百分比，安全机关的不公开及违反宪法的对人民的监视，妇女及儿童受到的暴力行为，食物不够糊口的饥饿人口的高比例等等。美国骂中国不民主，中国则讽刺美国的民主为金钱政治，而不是真正的民主。每一方都基于不同的观点而提出批评。这种互相指责，已经到了胜负难分的局面，或者可以说是每年的例行仪式。

黄皮书－中国对外面来的干预的反应

在过去，只能猜测中国政府对于外方界批评的官方态度。2010 年 3 月 1 日，中国社会科学院世界社会主义研究中心、社会科学文献出版社在北京联合举办「《居安思危－苏共亡党二十年的思考》、《2010 － 2011 世界社会主义黄皮书》发布暨世界格局的演进与世界思潮的变化学术研讨会」，参加的都是高级官员、知名社会学者、其它专家等等。因为社会科学院是中国的智囊团，可以说，这份黄皮书的意见代表了中国官方的意见。

这次会议当然强调马克思主义的重要性。开场白中指出最终垮台的苏共，并不是原本意义上的马克思主义无产阶级先锋队的苏共垮台，而是逐渐脱离、背离乃至最终背叛马克思主义、社会主义和人民群众根本利益的苏共垮台，或者说是已经逐渐蜕变为社会民主党性质，亦即资产阶级性质政党的垮台。可是这些都是例行的官样文章，不是最重要的内容。最重要的乃是声明中国对西方压力的立场。下面是这本黄皮书所述的主要的大致内容。

在《世界社会主义黄皮书》中，作者明确的指出，中国拒绝外来干预，中国也不会向外输出自己的发展模式，也不会把自己的价值强加于人。中国相信，具有同等智慧的世界人民都能找到适合自己的发展道路。（这几句话针对美国对中国及其它许多国家的干预，美国坚持把自己的民主意识形态输出给其它国家，把西方基于基督教的价值观认为是天下第一真理。）

作者们更指出，中华人民共和国成立六十多年后，特别是改革开放三十多年后所取得的成就，已超过了工业革命时期的英国和 19 世纪美国的崛起。2010 年中国的经济总量已超越日本，居世界第 2 位，综合国力、国

际地位和影响力空前提高。黄皮书认为，这得益于自己发展出的「中国模式」。

黄皮书引用一位美国学者的话说，「二战后崛起的大国包括苏联和日本，但这两个国家都是单一强国，苏联是一个军事强国，而日本只是在经济上称雄。但中国不仅仅是在军事和经济领域突飞猛进，而且在国际舞台上的软实力[114]也大大增强」。

黄皮书说，中国道路的成功在于中国自己选择出的发展道路：一边坚决拒绝外来干预，一边主动学习世界上所有的先进经验；根据本国国情，提出自己的经济体制改革乃至政治体制改革的方案，坚持根据自己的特点决定自己的制度，从而使世界上出现了非西方的发展成功经验。

中国模式的比较优势得到了国际社会越来越多的政治家和学者的共识，但不见得可以在世界各国普遍适用。黄皮书说，中国既不搞西方的完全的私有化，也不搞纯粹的公有制[115]；及以争取和平的国际环境来发展自己，又以自己的发展促进世界和平，中国不走「国强必霸」的路线。

似乎这就是中国对西方压力的明确回答。

阿拉伯国家的动荡和中国蜉蝣式的茉莉花运动

最近人民对政府的不满，横扫了阿拉伯国家，如埃及、突尼西亚、叙利亚等。一位不知名的煽动者或团体借这个机会在网络上发动一个称为茉莉花的运动（大约想用茉莉花作为代号来避免中国的审查），希望可以煽动对西方式民主憧憬的人们奋起示威，造成类似阿拉伯国家的动荡。很快的，这运动在网络上传播很广，似乎产生出对这个运动的某些热情。中国政府大为紧张，西方媒体雀跃的等待动荡的出现，而西方国家热诚的等待这种动荡（也许认为这种动荡造成的混乱局面可以让中国的急速发展停步）。发动这运动的人疾呼，2011 年 2 月 20 及 27 日在十三个大城市中的人民一起出来示威。结果是，在这两天，中国的安全人员及准备看热闹的西方媒体的人数要比出来示威的人多很多。这个茉莉花运动就像蜉蝣一样的，昙花一现，无疾而终。

---

[114] 所谓的「软实力」，就是用有吸引力的条件及增加相互认可的选择来吸引其他国家追随；而「硬实力」则是用武力威迫或金钱，要求其他国家就范。

[115] 这几句话实际上代表的就是孔子的中庸的原则。完全私有化是资本主义的构想；政府要让人民得到百分之一百的利益（造成唯利是图的美国式资本主义），而完全公有化是失败了的共产主义的政策及制度。中国采取二者兼容的中间路线，造成了中国现在的繁荣。

阿拉伯动荡的实际情况,与想要发起茉莉花运动所声称的动机完全不同。在突尼西亚、埃及、叙利亚等地,失业率在 20%以上;在上位者盗用公款,作为私用,生活奢侈;修改法律,让他们的政权可以永久持续下去,不顾人民的福利。到最后,一个小火花就能激起一大批群众示威;这批人没有工作,没有前途,没有财产,就是中国以前走头无路的人所说的:「要钱没有,有命一条。」即使在枪林弹雨之下,也毫不恐惧。这些大规模的群众暴动,和在 1989 年推翻罗马尼亚的共产党独裁者尼古拉·齐奥塞斯库(Nicolae Ceausescu)的情形几乎一式一样;当时罗马尼亚食物奇缺,群众暴动的时机已经成熟。二千多年前,中国的周厉王也被不满的人民所推翻(见本书第一章)。推动这类大规模群众暴动的动机就是人民生活品质很差,民不聊生,而不是茉莉花运动煽动者所想象的:对西方式民主的意识形态的憧憬。

这个观点为一些民意调查所支持。有一个非常右派,接受美国政府AID(国际发展机构)的经济支持,拥护西方民主的美国民间组织「国际共和党学院」。人民把美国支持的埃及独裁者穆巴拉克推翻之后,这机构到埃及调查民意。《华盛顿邮报》对这项调查作以下的报告:「三分之二的人民支持这些暴动的原因是,生活条件差或缺少工作机会,只有 19% 的人认为缺乏民主。」换句话说,暴动的原因不是如西方的理想主义者所认为的 – 对西方民主的憧憬,而是为了对于差劲的生活情况的不满。《华盛顿邮报》继续作以下的报导:「这个调查发现,三分之二的民众想要向美国靠拢,可是这个民意测验结果并未反应出人民对美国的既喜又恨的心理,因为在一方面美国能协助埃及,可是在另一方面又大力支持独裁者穆巴拉克。在早一些时候,皮尤研究中心做了全球心态调查,关于埃及的部分,发现只有 20%的埃及人对美国有好感。」由此可看出美国在政策上的自相矛盾:一方面要在全球提倡西方民主,另一方面,又支持可怕的独裁者。

在中国,呐喊举行茉莉花群众示威运动的人,其动机几乎单纯是为了鼓吹西方式民主意识形态,而不是普遍性的低生活水准和大量失业。这些鼓吹者有动机,可是没有详细的蓝图,只有许多虚无缥缈的梦想。(其实主要的目的大约是要推翻目前的政府,由他们来接收。)可是如前所说,中国没有群众大量示威的条件(生活条件差、大量失业):第一,大部分的中国人民生活都很不错,每年都看到些进步;第二,中国的人民和全世界的人民一样,90%对政治没有兴趣,因此不会为了意识形态,而肯牺牲已经拥有的财产、家庭及事业的意愿。

　　当然，中国有不少穷人：世界组织和中国自己的估计几乎一样：15%的人民生活在贫穷中，即平均收入在贫穷线之下。可是这个比例和美国生活在贫穷线之下的人所差无几：最近美国做的调查结果是，按全美国人口计，每七人之中有一个人依赖政府发的粮票过日子，（在贫穷线下的人可以领政府补助款。这补助款只能买生活必需的食物，称为粮票。）比例为14.3%，在许多州，比例高达 20%。中国也有反贫穷政策，将贫穷线定在全国平均收入的一半，这和美国的定义类似。（当然，从绝对数字来看，有很大的差距，可是要拿当地的收支来比较，不能以绝对数字来看。）

　　换句话说，要群众以意识形态为原动力来做国家性的示威的条件，在中国根本不存在。（为了宗教信仰及其它民族问题的不满等，在西藏及新疆西部存在着小型的示威。）大多数中国人民所关心的是自己的生活－家庭、工作、在社会阶层上的升级、财产的累积等等，他们对于意识形态形态的关怀的优先程度要低许多，或者根本没有。从实际观点来看，绝大部分要推动西方民主意识的理想主义者，都是生活在上层的阶级。这些理想主义者的群众基础相当狭窄和有限。

　　对于这些理想主义者，中国采取的对策和以前朝代对付宗教组织的一样：在他们变成恫吓之前，就把他们制服或消灭。过去的因宗教所引起的起义，主要目的是夺取政权。毕竟，这些理想主义者认为，把目前的政府推翻（或体制改变）之后，他们可以接收政权，创造一个「更好」的中国；这种动机和以前以宗教之名起义的动机并无不同，这也就是 1950 年所发生的事。那时中国共产党（目前的中国政府）以理想出发，基于当时贫穷和不稳的社会状况，推翻当时的国民政府而获得政权，获得政权后做了三十年的共产主义社会实验，在这期间人民受苦受难。如果这批理想主义者真的来执政，又要进行一个新的社会实验，倒霉的是人民。美国人有句经验话，如果东西能运行，就不要去碰它。

第七部　后记

中西文化不能妥协的地方

本书讨论到不少关于中西文化差异的命题，可是大部分都和中西文化的发展、内容和发展有关。这些差异产生了不同的文化特质、展望及观点，而这些不同往往产生矛盾。在正文中找不到适当的地方讨论，因此在这里阐述。

西方宗教及传统导出的歧视及自大行为

每种文化都有自己的中心思想。例如，中国文化的中心思想是孔学，而西方的是基督教的教义。实际上，除了中国以外，其它文化的中心思想都建立在宗教的教义上。如前所说，中国文化似乎倾向属于理性的不可知论者(agnosticism)，孔子是以清淅的语气提出这论调的第一人。即使在今日，中国也只有 25-30%的人口认为宗教重要，而有确实宗教信仰的只有14% 的人口（2009 年美国皮尤民意调查中心数据〔Pew Research Center〕），其它的人都认为宗教是可有可无（irrelevant），即一种的不可知论的论调。采取不可知论立场的原因之一如下：世界上有许多宗教，而有些宗教声称，如果不信它的教义，就会进它的地狱。因为有许多不同采取这种立场的宗教，这些宗教又摒除了同时皈依其它不同宗教的可能，因此可以推论出这个结论，无论信不信教，所有的人都会进地狱（不进这个宗教的地狱，就进另一个的）。唯一公平处理这个吊诡问题（paradox）的态度，就是将这问题归于不可知，即采取不可知论的立场。

几乎所有的宗教一听见不可知论就起反感，其实大可不必。许多人信教不是为了一些超自然的许诺－如死后的归宿，而是心灵上的需要。可是宗教的力量大到可以影响到文化及左右政治上的决策，甚至引起战争。在历史上这类的战争，尤其在中东及欧洲，自第 3 世纪起，几乎司空见惯。最后一次在欧洲发生的是三十年战争（1618-1648），最近中东的问题也是一种宗教战争。这些战争大都发生在各宗教派别区域的分界线，可称为断层线(fault line)[116]（见最近去世的哈佛大学政治学家杭廷顿〔Samuel P. Huntington〕在他的畅销书《文化间的冲突及世界秩序的重整》〔*The Clash of Civilizations and the Remaking of World Order*〕的讨论。）

---

[116] 这是地质上的名词。地球表面由许多平板（plate）组成，平板之间以断层线（fault line）来分界。地震的原因是地球表面的地质平板在断层上的移动，产生地震。这里用来比喻文化的冲突分界线。

在这里，我的讨论只限于中国和西方之间文化的断层，因为这是本书的主要题材。有两个命题：出生背景权及全球性的广义传教运动。「广义传教」(global evangelism)不仅涵包传播宗教的意识，还包括其它的意识形态。

要再度提起宗教问题的原因是，中西文化有两种原则上完全相反的习俗，这两种习俗大致直接或间接来自宗教。第一种西方的习俗是，西方往往强迫其它不同文化的民族接受他们的意识形态。这种习俗可以认为是广义传教主义。第二种是西方对与生具来特性或权利（出生背景特权，或生继特权〔preperogative, birthright, heritage from birth〕，如所属的种族、宗教、民族等等）的重视及歧视。前者在早期引起宗教战争，现在演变成以民主之名发动不必要的战争；后者造成西方特有的对于种族、宗教、语言等的歧视，及对于基于身世的特权的重视。

由于生继特权所引的歧视行为

西方有一种文化上的包袱，就是出生背景特权，或生继特权，即生下来就有从家庭及其它背景带来的特权遗产 (heritage from birth)，这是生具权 (birthright) 的延伸。生具权是生来具有的权利，如人权等。而生继特权是与生具来的种族及文化等特性。（我造了一个简称的新英文字〔birthtage〕，中文暂译为「生继特权」。）生继特权可以分成两类：先天和后天。先天的生继特权是生来就有，不可更改的，包括性别、种族、民族、家世（包括西方残存的爵位）、实际财产的继承权等。后天的生继特权来自生长的环境；理论上可以更改，可是实际上很困难。后天的生继特权中有：宗教信仰、文字、语言、教育、风俗、习性等。而西方文化中最大的一个特性，就是用生继特权来决定一个人在社会上的地位。所有西方特别突显的对于种族、宗教及性别的歧视，都来自对生继特权的重视。也许这是一个很敏感的问题，因此没有听到对于生继特权的研究。

也许美国在开国前就有了黑奴制度，美国对种族歧视一直很重视，尤其是基于肤色的歧视。其次是基于宗教的歧视（排斥非基督教的宗教甚至于天主教）。还制定了特别法令来维持这些基于种族及肤色的歧视。1882年还特别制定了「排华法案」，不许中国人移民到美国。（二战期间，1943 年宋美龄代表中国到美国演讲后，才正式取消。）现在民权抬头，认为这类的法令错误，和现代的政治思路相悖 (politically incorrect)。虽然不能明目张胆，可是依稀还可以看到许多人有这些基于生继权的歧视。

汉武帝起，用「推恩令」把遗产法改了（见本书第二章）。自那个时

代起，一个家族的财产不断的分割，实际上等于废除了封建制度的封土制度。而自唐朝以来，又把门阀主义大加减缩。因此中国传统文化对于种族、民族及宗教等，并不重视西方所认为在社会地位上很重要的生继特权（因而造成西方歧视的基础理由）。因此，除了财产之外，对其他的生继特权较为陌生。中国古代－唐朝以前，有过基于出生的家世的歧视，而且非常流行，称为「门阀」。第 4、5 世纪的晋朝，如果不是出生「名门」的家族，就无法做高官。大力去除这种陋习的是武则天，她重新编过家谱，大为减低了门阀的影响。（她也不免随俗，将武姓成为家谱中的第一姓。）到了宋朝以后，由于广开科举及「富不过三代」的实际社会情况，门阀更无意义。实际上，中国人最钦佩的不是出生名门望族的人，而是「十载寒窗无人知，一朝成名天下闻」，靠自己努力成功的穷书生（或穷小子）。非但如此，对于一个成功的人的称赞往往是「光宗耀祖」。扛了成功的祖先的招牌来做幌子，自己却一无成就的人，往往被称为「破落户」。

一直到现在，传统的西方文化对生继特权仍旧看得很重。（由于妇女运动，生继特权中最重要的一项－性别，已逐渐被迫废除。）这种基于生继特权的歧视，和西方民主的和基督教的博爱精神相悖。西方的民族性在这一方呈极度的矛盾性。一方面宣扬民主及基督教的博爱，另一方面又以基于生继特权的理由来而歧视。虽然现在的工业国家都制定了反歧视的法律，可是在许多人的心中仍旧保持了深深的歧视意识，在不注意的时候会露出马脚，有些则抱着阳奉阴违的心态，以种种的借口继续他们的歧视。这种的传统有很长的历史背景。我在这里要做一些推测，为什么在一方面声称博爱等，另一方面却又继续实行和博爱相悖的歧视。

所有的人类文明中都有过奴隶制度，很可能是人类社会发展过程中必要的一环，在这里不加以讨论。（中国的正式奴隶制度于周朝后开始衰微，可是人口的贩卖持续到 20 世纪中叶。）古希腊的奴隶制度延伸到基督教开始兴起后才废止，时当第 5 世纪末。这时西方基于等级的社会阶级的结构已经相当完整，其分等的程度远超过中国的晋朝。最低等级的是奴隶。一旦为奴，世代子孙终身为奴（除非被除掉奴籍）。古希腊的大哲学家如亚里士多德、柏拉图等，都认为奴隶制度及社会分等阶级结构是他们心目中的理想政治体系所必需。在柏拉图的《法律》(Law)一书里的所描述的理想社会中有四分之一的人口为奴隶。我们不去质问在当时社会里，阶级结构及奴隶制度是否有存在的必要，而是要指出这些结构及后来演变出的家世等级这一类生继特权在以后西方社会中的重要性。西方在查里曼

大帝去世后建立的贵族体系，更把基于家世的生继特权的重要性更为加强。而西方的主要宗教基督教的主要盘石之一－「原罪」，就建立在生继特权的观念上。原罪（一生下来就继承了祖先冒犯了上帝所犯的罪）的观念在《旧约·创世记》第三章中就已阐明。西方认为的人类始祖，亚当和夏娃，犯了天条偷吃禁果，因此被逐出天堂。之后，所有后代子孙都要「汗流满面才得糊口」。而在保罗的《新约·罗马书》（第五章，第 12－19 节）中，再次提到及强调原罪的观念。这种原罪的观念被早期基督教中最有影响的神学家奥古斯丁（Augustine of Hippo, 354－430）加以扩充，变成基督教的中心思想，即人一生下来就有罪，非要信耶稣基督才能「得救」。

可是在中国，对于种族特征的生继权的看法和西方的完全不同。中国文化一直都基于《诗经》里的「溥天之下，莫非王土，率土之滨，莫非王民」的世界观：国家里的人民，不论种族及肤色，都是「王民」，只要服从效忠君主，就一概平等对待。对于不同的「夷族」的观念及处理方法，就是班固在《汉书》中写的，「圣王（好君主）能制住外族，入侵者就以军力惩罚，如果退了以后，就充分准备防御，如果慕仰中国文化而有所贡献者，就以礼相接，这样不停的拢络控制下去。」因此，中国传统对待夷人的态度，一向都采用利诱及拢络，不加歧视。明朝把蒙古王朝击败赶走，把蒙古的土地（现在的内蒙古）变成中国的一部分以后，并不歧视蒙古人。在科举考试上给留下的蒙古人优待，有保障名额。对以前蒙古人将近百年的恶行，在《元史》中一字不提（原因大约是不要激起种族仇恨）。一般说来，各朝代都以利来诱使异族人（如蒙古人）同化为中国人（美其名为「以德服人」）。自古代以来，中国受了不少外族的侵略，可是对归顺为中国人的异族人（即使容貌和肤色都不同）没有加以歧视。对于宗教，更采取容忍的态度。清朝尚喇嘛教（佛教的一支），可是每当新年祭祀之际，皇帝到所有宗教的庙宇祭拜这些宗教的神祇，一点不歧视。

西方却不然。社会的阶层组织中，把门第、种族、宗教，甚至语言和文字这一类及其它有关的生继特权看得非常重要。（因此有千年以上的歧视犹太人及反犹太人的行为。）过去，贵族只同贵族通婚；偶而和平民通婚，就是大新闻（现在开通一些）。当然，这种在狭窄圈子里的通婚，会造成许多遗传上的问题（例如英国皇家里有许多和遗传有关的病态问题）。而西方人民对贵族的崇拜，甚至到了迷信的程度。例如，英国的旅游业中，最吸引人的景点之一，是每日在白金汉宫前穿戴鲜红制服，头戴大黑毡帽的守卫换班时的行列。在大革命时代，法国杀了不少贵族，没有

被杀的逃亡到国外。可是现在还有一个非官方的组织，仍旧保持了贵族的封号，不时还封一个名义上的贵族。几乎所有留下的铜像，或博物馆中的展示物，都和贵族有关。当然，这些贵族当年支持文艺，因此几乎所有值得留下的古物都和贵族有关，不过仍然可以看出欧洲人对贵族的崇拜。

这种对生继特权的重视，最明显的后果就是基于种族（包括肤色）及宗教上的歧视。一直到 20 世纪末，甚至现在，欧洲社会仍旧非常阶级化。主要以家世及种族、祖籍等来区别，在这些阶级的最低层的就是所谓的有色人种。美国的黑人民权成功后，欧洲也跟进，然而一直到现在 – 21 世纪，也只是名义或表面上的跟进。欧洲开放移民给有色人种，或宗教不同的人种，可是他们大都住在和其它居民隔离的居住区（ghetto）中，和欧洲本土的原居民很少有社交上的来往，因此也很难融入欧洲社会。这种隔离，已经造成不少的动乱和恐怖事件。要改革，必须要能在社交（包括通婚）和社会其它方面接受这些不同的人种。可是欧洲的社会阶层组织和种族歧视已执行多年，更改不易。如前所说，连基督教的盘石都和生继特权有着不可分的关系。因此，要能真正达到所谓「色盲」（不论肤色，一律平等）的理想社会，恐怕要再等好几个世代。

美国自开国以来就否定了贵族阶级。可是这并不是说美国没有以贵族式的家世为阶层性质的社会组织。革命成功以后，发明出一种新贵族家世制度。一直到二、三十年前，最嚣张的这类组织是「美国革命家女儿协会」(Daughter of American Revolution)。当然，美国革命时已经有奴隶制度，因此一定也有黑人参加（或被迫参加）革命，也一定有不少黑人为了美国革命牺牲。可是这个协会一直不接受黑人的会员。这个组织的成员大都是以前所说过的 WASP，即 White Anglo-Saxon Protestants，白种盎格罗 - 撒克逊〔英国民族〕新教徒，非常保守（即反动分子〔reactionary〕）。以前大力反对有色人种的移民，原因大约是「江山是我们的祖先打出来的，因此属于我们」的这种想法[117]。在选举政策上竭力反对黑人民权。最著名的反黑人的事件是，这协会拥有一个处于华盛顿的公众集合厅，称为「宪法厅」(Constitution Hall)。有一位天份及造诣极高的黑人女高音，玛莉安·安德生 (Marian Anderson, 1897 – 1993)。20 世纪里，几乎公认为当代最伟大的交响乐指挥托斯卡尼尼 (Arturo Toscanini, 1867 – 1957) 曾经誉她为，一世纪只出一个的最美丽的歌喉。于 1939 年她在华盛顿开音乐会。基于种族歧视原则，这协会不肯出租这厅给她。这

---

117 近年来一些主持正义的人认为，真正的「美国」人是所称的印第安人原居民，因此其他的美国人都是後来移民来的，不能说美国是他们祖先打出来的江山。

时引起了公愤，于是玛莉安就在纪念解放黑奴的林肯的纪念堂台阶上开音乐会。所有华盛顿的高官和总统全来捧场。罗斯福总统夫人亲自主持。之后，媒体不断攻击这协会。到了 1952 年以后，这个协会才把宪法厅开放给所有的表演者，不论肤色。

中国人对祖先表示尊敬的方法是做出一些能光祖耀宗的事。西方似乎拿了祖宗的成就来做幌子，表示自己在社会地位比其它的人高一级。如果中国人自称祖先多显赫，边上的人就会讥讽一句，「有没有做过任何『光祖耀宗』的事？」现代中国相当于「革命家女儿」身分的妇女，大概是「二万五千里长征」参与者的女性后代。可是从来没有听到过有中国妇女出面组织「长征女儿协会」。（如果有，也许会让中国人笑掉大牙。）还不止于此。连美国内战时被打败的南部联邦 (Confederate States) 的军队的男性后裔们也不干示弱，组织了「南部联邦儿孙协会」(Sons of Confederates)，性质也和革命家女儿协会差不多，也是极端保守（即「反动」）的协会。相应的中国现代组织大约应当是「国民党儿孙协会」，可是也没有听说有人出来组织过。当然，中国人不流行这一类倚靠老祖宗的功绩来向其它人神气的组织。如果要，中国可以有的多的是，如「开国皇帝后裔协会」（赵、李、刘……），或「末代皇帝后裔协会」（也是赵、李、刘……）。（如果有这类的协会，大约是谐星的发明。）

美国特有的歧视及窠臼（套模）

除了 1860－1865 年的内战，以及偶而发生的暴动之外，美国本土内没有再次爆发战争，却有不少其它类似断层线的现象，这就是歧视及窠臼（套模，stereotyping），这两者之间往往没有太大的区别。窠臼就是把所有一族人套在一个通常带有歧视的模子里。例如，在美国，看见打扮成伊斯兰教徒（或称穆斯林）的男人－长胡，中东面孔，下意识立刻就把他归属为恐怖分子。（当然，不必多说，在美国绝大多数的伊斯兰教徒〔或称穆斯林〕都守法，与邻居和平相处。）看见年轻黑人，就把他归类于犯罪抢犯。（也不必多说，绝大多数的黑人非但守法，而有许多在社会上的贡献极大。）可是歧视及套模的窠臼心态仍然存在一般人的脑海中。多年前，我和一位白人女律师提及这问题。她用一个法文名词来解释，如何把这种的歧视及窠臼心态去除：*café au lait*，即咖啡加奶。咖啡是近黑的深褐色，牛奶是白色的，两者一混就变成浅棕色。她的意见，只有黑白通婚才能解决这问题。说这话的时候，连黑白通婚都是不能提的话题。可是现在黑白通婚已经不少了。同样的，不同宗教信仰之间的通婚也开始增加。

希望这种咖啡加奶的情形，最后可以将种族歧视和宗教之间的敌意，及其它和文化种族有关的憎恨、仇恨去除。

美国有一种把现在中国套模的心态，即每一位中国人都在暴权下痛苦的生活着。然而本书提及的皮尤民意测验（Pew Studies，第十二章）证明这种想法的荒谬。这测验发现，中国人一般对未来的期望都很高，甚至高过美国，而不是如西方从事民主运动人士所说的，「中国人渴望自由。」中国的确是一党政治，可是所有中国各阶层的官员，是不断从广大的民众中选出来的，选择的方式与美国及西方的不同。中国选择的方式是注重这些候选者的管理能力，如何去做他们应当做的事。实际上，自 18 世纪中叶到 20 世纪后期，中国人在世界上的地位很低。现在中国强盛了，中国人可以在世界上抬头高昂阔步走路，因此大部分中国人民都拥护现在的政府。举例来说，北京举办奥运期间，许多人民志愿组织纠察队来应付他们所说的「坏人」，即大多来自国外，他们认为是来兴风作浪，破坏秩序的人。西方对从事（西方式）民主运动的中国人大捧特捧，可是他们在中国并未受到一般人民的支持[118]。许多在美国居住的华人也认为他们是捣乱分子。

广义传教主义－是否成功？

自第 3 世纪天主教会成立后，西方（包括第 6 世纪成立的伊斯兰教）经常用强制的方法来传教，用武力逼迫其它民族接受他们主观的意识形态。一开始，仅限于宗教意识，后来逐渐推广到其它的意识形态。这种心态和习性渊源长久，无法推溯其起源，我只能做一些揣摩和臆测。西方和中国有两条很相似的「金律」。中国的金律来自孔子：「己所不欲，勿施于人。」在《论语》中提过三次。西方相对应的金律来自基督教《新约圣经》记载的耶稣的话：「所以无论何事，你们愿意人怎样对待你们，你们也要怎样待人。」（〈马太福音〉7 章 12，〈路加福音〉6 章 31 节）若将这金律重写成类似孔子所说的，以资比较：「己所欲，施于人。」这样的写法，在文法上说来，这两条金律几乎完全一样；西方使用肯定语气，而孔子用的是否定口气。两种语法却产生了完全不同的后果。

先说西方。如果只有「己所欲，施于人」，也就罢了。可是在另一章中耶稣以传教的口吻说，「跟随我。」（〈马太〉8 章 22 节，9 章 9 节）

---

[118] 这些中国的民主运动人士大多数想把西方的民主方式，不加以本土化，就立刻原封不动的输入中国。听起来这种运动很高尚，可是不适用的程度和 20 世纪初的中国积极分子，想要「全盘西化」及废除中文，代之以西方语言一样的不切实际。

许多基督徒因此认为非要传教说服他人信基督教，才能做到一个好的基督徒。因此，在 19 到 20 世纪中，有许多教徒到别的文化，以西方的优越军事及经济能力去传教，形成军事之外的文化侵略。非但如此，许多人还认为，用这种优势去强迫或利诱其它文化接受自己的宗教和其它的意识，乃上帝赋予他们的神圣任务。在这一段时期，西方在军事、商业、工技方面的优越，造成了自大的心态，将这种「己所欲，施于人」的观念，从宗教的传播扩大到其它的领域。西方往往用一种类似传教的心态，把自己认为好的主见（主观意识）强制传播到其它文化，即有这样的心态：如果我认为对我是好的，对你也一定好，因此你非接受不可。因此，往往施加压力强迫其它国家、民族、文化接受他们的观点。诸凡普选式民主、男女平等、西方式的宗教自由到人工流产，甚至对死刑的不分青红皂白的废除，莫不带有主观的西方意识。当然，其中有许多是没有争论性的，如男女平等。可是在其它方面，如完全不考虑历史背景和文化因素，就要其它文化无条件接受历经演变而形成的西方形式的普选民主、死刑的完全废除、妇女人工流产的权利，甚至动物的「物权」(animal rights) 等，许多这一类的主观意识有争执性，本书第十四章已经提到许多单纯化的普选民主制度失败的例子。在宗教自由意识上，西方自以为是，根本没有考虑到其它国家的历史及其文化背景的因素。

中国则按孔子说法的字面意义来执行，因此中国很少把自己的意识形态加诸于其它文明或民族。中国在最强盛时（如唐朝），也没有派兵攻打其它国家，强迫他们接受儒家思想。相反的，是这些附近的「蛮族」国家看见中国强盛，觉得儒家思想对治国有助，因此纷纷学习。甚至入侵中国的五胡统治者，觉得中国文化好，便接受了，以后被中国人同化。现在中国派出不少人到非洲尚在发展中的国家协助他们发展，但并未以传教的精神，威迫利诱这些国家追随中国文化。

世界的新潮流：输入文化的本土化—中学为体，西学为用

我的书强调中国近年的复兴及中西文化间基础性的的冲突，之前提到的书《文化间的冲突及世界秩序的重整》(*The Clash of Civilizations and the Remaking of World Order*)，著者则讨论到一个更为广泛的命题：世界各文化之间的冲突。杭亭顿的一个命题和我的共鸣：输入文化的本土化。他举了一个现代的例子：土耳其。30 年代，将土耳其于亡国前夕拯救出来，使土耳其现代化，被封为土耳其之父的凯末尔（Mustafa Kemal Atatürk， Atatürk 的意思是国父），曾经想要把土耳其的文字废除，代之

以欧洲文字的一种（如德文、法文或英文）。这种尝试类似 20 世纪初叶要废除中国文字的建议。不必多说，这两种尝试都一败涂地。

当然，不可否认，许多欧美文化都深深的铭刻于其它文化里，包括那些和西方（特别是美国）成为死敌的国家。被接受的西方文化其实都是表面的，可以实用的，甚至有娱乐性的。杭亭顿很灵巧的举出下面的例子。

> 「在中东某处，有六、七位年轻人聚在一起，身穿牛仔裤，西方名牌 T 恤，喝可乐，听饶舌（rap）或摇滚（rock and roll）音乐，可是向麦加跪拜祈祷之间，热烈讨论如何在美国民航机上放一枚炸弹。」（我要加一句，连炸弹的工技都很可能来自美国。）

在这些地方的城市，人民的服装、建筑及街道，从每一个角度来看，都和欧美的几乎相同，然而没有改变的是这些人民的想法、信仰、信念，及其它固有的文化等等。换句话说，这些国家或民族已经把有实用价值的西方物质文明本土化了，却没有接受其它精神文明。（我想在中国亦然。）19 世纪末，20 世纪初，喊「全盘西化」口号之际，一位有远见的前清总督张之洞提出一个政治理论：「中学为体，西学为用。」认为不要过分强调西方文化的优点，当时受到不少攻击。21 世纪初，中国现代化之际，仔细审视一下，可以看出，所有接受的文化都是有实用价值的，如科学（包括经济学等）及工技，而所有输入的西方文化都已经适度的中国化了。实际上中国官方和民间执行的现代化工作都按这个理论的原则。如果这理论的「中」字改为其它文化的代名（如伊斯兰、土耳其等等），把「中国」这两个字改成其它国家，如伊斯兰国家，这个「只接受西学的实用部份」的政治理论可以几乎普遍的应用在世界其它文化里。每一个国家都有自己的传统，都想要坚持自己的传统，除非有能令他们信服的理由去更改。只有在需要的时候，才会改变，而且改变起来非常慢。无论这些广义传教主义者多么努力，施加多少压力，要想将西方文化移植到其它文化的土壤里，他们得到的只是反感。这个议论，可以应用在西方形式的人权、人口政策、民主及其它一切违背这些民族的传统或需要的国家。事实上可以公的说，除了表面上的西化，如肯德基炸鸡、麦当劳汉堡、牛仔裤、饶舌（rap）或摇滚（rock and roll）音乐等之外，简直可以说自从广义传教主义兴起之后，输出的西方文化没有任何的实质。

这些广义传教主义者所冀望的是有一个霹雳式西化，立即要执行，就算不能立即，也要在他们有生之年内能做到；当然会有改变的，可是最可能的是，需要数个世代甚至数个世纪的时间，而改变后的情况也许不是他

们所设想的。从另一个以前提过的角度来看，自美国于两百余年前开国以来，才把「平等」这个开国时「独立宣言」提到过的，宪法上明文规定的人权，扩展到少数族裔和女性。直到现在，实施过程中仍然不太完整。因此，急什么？

有些人建议，外加的压力，如禁运经济制裁等，可以用来促使其它国家接受西方的价值观；可是，很少成功，而且可能造成反效果。现在的世界已经纠缠在一个巨大而复杂的经济网络中，经济对财富之外的事物都盲目。在这样的复杂的经济网络中，经济制裁不能有效的运行。军事的干涉，有其危险性。毫无疑问的，核子武器会扩散到许多国家去；从技术观点来看，没什么了不起。而且一只具广义传教信念的大狮，可能遇到一只能在怒吼中喷出带有核子气息的小鼠。

这等于说，几乎没有可能，在未来所有的文化都会融合在一起；世界级的文化大熔炉的理想大约就和乌托邦一样的虚幻。非但如此，依据杭亭顿的意见，以后的冲突只会加剧。他提及，各文化可以所笃信的宗教（如犹太教、天主教、新教、东正教、伊斯兰教 – 这教中又有分支）来分类；按这种分类，各文化之间有断层线，而这些断层线大都发生在不同的宗教信仰的地区的分界线上。（因为中国没有主要的宗教，他将中国归属于孔学或儒学。这种分类法不太理想，可是我想不出一个不需要长篇大论解释的更好名词。）战争通常爆发于这类的断层在线。

能不能把西方民主在隔夜之间移植到中国？

在中国和美国之间有一个断层线。许多美国人和西方人，包括对时局应该更清楚的知识分子，认为中国人生活在令他们恐惧下的极权制度之下，并没有政治自由，因此，中国人一定要接受美式民主。可是最近的皮尤研究中心（美国最大也是最公正的民意调查机构）在中国所做的调查，发现的却是完全相反的结论。中国人对中国政府的拥护及赞同的程度远超过美国。例如，2008 年奥运在中国举行之前，北京的街坊志愿组织纠察队，目的是要找到那些来「捣乱」的人（实际上指明的是来自西方国家的「唯恐天下不乱」的西方活动分子）。那些自命要推广民主的中国人，想把西方的民主，几乎一字不改的「霹雳」式的应用到中国。这是一种理想主义的运动，看起来天真高贵，却不切实际。其不切实际的程度，有如在第十二章中提到的，五四运动时的理想主义者，甚至提出更换中国语言，代之以英语或其它西方语言！

现在举一个实例来看为什么要以「霹雳」式（即时，现在就要做到）

的社会改革的不可能，再次讨论美国的平等问题。「独立宣言」中声称人人平等。原则上，很容易做到：只要每一个人都能改变主观的意识，不顾肤色，宗教信仰，种族或其它文化上的不同，只要敲一下「急板」（或念一声咒「太上老君急急如律令」），不就能做到了吗？也不必去改变社会结构，唯一要做的事是，要求人民立刻改变他们的意识及心态。还有比这个更简单的事吗？可是，美国要花上两百余年才把平等推广到所有民族，不分宗教、肤色或种族等等，非但花了不少金钱，还牺牲了不少人民，而且到现在，这个平等的实施尚未完成！

将西方民主移植到中国是一件更为复杂错综的工作。牵涉到在政府制度、社会体系及人民心态（中国的民族性有很多毛病，在此不能一一指出）的改变。真的能冀望隔夜就做到？一年做不到，十年也做不到，甚至在一两个世代内也做不到。再者，现在的中国政治体系运行相当好；在一世代内把一贫如洗的中国提升到能借大量的钱给最富有的美国。在这个体系内，人人都能参政，但必须证明有能力（民主国家的选举靠能说出天花乱坠的选举诺言的三寸不烂之舌，在中国这种能力不算），而且要从最低层做起，证明有能力。是否应当把已经可以运行的体系换到一个成果不确定的不同体系，蹈俄罗斯的覆辙呢？

中国自己走向民主的步骤

虽然中国明显的拒绝西方现在的民主型式，特别是霹雳式的即时民主，但中国相当清楚民主的需要。（孙中山在 1920 年代的总体计划中也包括了民主。） 1987 年，邓小平说过，五十年后中国会有国家级的选举。这当然不能满足那些想要即时民主的人士，可是长时期的演变可以保证有一个平稳的过渡时期。

最近一个加拿大的报纸的记者司蒂芬·希尔（Steven Hill）在 2010 年 9 月报导了中国走向民主的步骤。他认为，中国的领导如胡锦涛、温家宝都清醒的认识到民主的现代趋势，但他们要用中国传统的小心翼翼的步子去找下一个牢靠的落脚石。2010 年 9 月，胡锦涛在香港发表了讲话，他说：「中国有必要实行基于 （中国）法律的民主选举……按民主方式来做决策，用民主式的管理及监督，要维护人民的知情权，参与权，表达权和监督权。」在此之前，温家宝在广东的深圳也发表了类似的讲话。深圳是二十年前建立的经济特区，成为中国当前的经济繁荣的先锋。成功以后，深圳模式蔓延到中国其它地方。他说，政治改革，包括公民批评和监督政府的机会，为维持中国的经济高速增长所必需，否则以后这些经济高速增长

将会失落。事实上，这些言论使得深圳成为一个「政治特区」。下一步就是要扩大深圳附近直接选举的地区。

按中国的乡村管理委员会的组织法（中国有一百万乡村，共有六亿人口，其中大部分都有参加选举的资格），乡村中每三年举行一次选举。开始的时候，人民不相信。随着时间的过去，竞选的人愈来愈多，竞选也愈来愈激烈，逐渐采取秘密投票的方式。而人民参政已在某些地区执行。浙江温岭市泽国镇召开民主恳谈会，对成为浙江省首批小城市试点镇后的三年行动计划以及 2011 年度公共财政预算的重点项目进行初审。泽国镇 200 多名普通群众受邀作为民意代表参加，他们的评议结果将提交到镇人大，作为人大审议镇财政预算的重要参考。

有一位学者花了十六年的时间去调查四十个乡村实行选举后的成果。他发现自从有了选举后，花在公共措施的经费增加了 20%，而「管理费用」（往往涉管理员的福利及津贴，本质上是一种贪污）减少了 18%．

事实上，中国官员甚至聘请了美国史丹佛大学教授詹姆斯·菲许金（James Fishkin），起草一个计划，从泽国城选出代表性公民，形成一个集团，使用键盘轮询设备和手持式计算机，来决定 600 万美元的预算，如何花在公共措施和工程上。这个实验被认为非常成功，并已在其它地方依样执行。

毫无疑问，中国在可预见的未来仍将是一党制国家。但是，中国共产党也有 7 千 3 百万党员（6%的人口）。正如史蒂芬·希尔所报导，如果共产党内部选举会变成普选，可能更清晰的把党内精英人士的思想分歧暴露出来，这可能会进一步刺激要求去设立代表的体制及结构。

似乎中国要把西方民主先中国化，以资应用于中国的环境。中国要选择自己的时间表，笃信的遵守「小心翼翼的找一个牢靠的落脚石」的原则，不会贸贸然的受了西方的压力去照抄西方式的民主，而不先把这些民主原则中国化。

其它的差异：对政府的信任程度，恐税感及债务

再者，西方文化（特别是美国文化）和中国文化之间还有一个很大的区别。中国人一般说来都对政府相当信任（如果政府做到不能让人民置信的地步，这政府就不会持久），而占相当可观百分比的美国人却不信任他们的政府，有些极端分子甚至用恐怖手段来做抗议（例如二十余年前俄克拉何马州的爆炸案，死了百余政府工作人员）。还有一个影响力相当大的

党，称为自由意志党（Libertarian），主张将政府权力削减到极少，人民可以自由做任何事（包括歧视）。传统上，在中国人心目中，就希望有一个强而有力的政府抵挡外敌，保护他们，同时又能让他们安居乐业。南宋时，北方已被金人所占，人民不堪忍受（当时的）异族统治之苦。爱国诗人陆游的诗句「遗民泪尽胡尘里，南望王师又一年」，充分表达了人民盼望政府保护他们的心态。如前所述，目前的中国政府似乎类似这种人民心目中的政府，只是没有皇帝。目前统治中国仍旧是一批从人民中，按能力铨选出的「朝臣」，和以前几乎一样。当人民看到自己的生活品质每天都向上提升，通常就会不埋怨了。实际上，目前的政府经常灵巧的用补贴的方式来讨好人民。以大众交通为例：在中国，大众交通－公车及捷运－的费用少到荒谬的地步，每次乘车的车资只有几元人民币，对老年人和学生有很好的优待，且交通网密布。然以美国国都为例，每日捷运车资加上停车费、汽油、汽车的折旧等，高达二十元（平均除税后的月薪约二、三千元）。再者，所有各级政府－从联邦到州级到县或市级－都设法避免补贴大众交通的问题。而在其它地方，尤其军费，则一掷亿金，毫不吝惜。

还有一个不同。美国人一听见税就头痛，怕到似乎有一种的「恐税病」的程度。如果要我去臆测原因，大约可以推溯到美国的革命历史。当时美国是英国的殖民地，英国要抽千分之一不到的茶税，引起公愤。当然还有其它独立的原因，然而抽茶税是美国独立运动的导火线。美国的两大党之一，共和党，就以减税来做标榜（如第十四章所说，减税后占便宜的是有钱人）。当然，减税是讨好大众的战术。可是人民在一方面不肯多付税，在另一方面又要政府多做些事，多给他们一些福利。这等于中国的谚语：又要马儿好，又要马儿不吃草。

和恐税症一起的又有一种奇特的怪现象：许多美国人 － 占的百分比相当可观，包括了许多高薪的人－没有储蓄，称为「从一张薪金资票活到下一张的人」（「月光」族）。当然其中有许多社会及经济的原因，可是对一位普通的中国人来说，这是不可思议的。在一个最富有的国家里，居然有这么多没有储蓄的家庭，而且负债累累（大都是信用卡债，可以称为卡奴）。当然，美国政府带头负债－如在第十四章中所述，负债额相当于一年国民所得的 60%。因此，可以借用孟子的口气说，「上下交争『负债』，其国『穷』矣」。相比之下，在中国，储蓄的习惯相当普遍。除了两亿生活在贫穷边缘的贫户以外，大多数人都有相当的储蓄－估计的储蓄率在收入的 20%、30%上下。当然，中国的经济、社会特性和美国的不同。从表面来看，中国人民直接看不到付了多少税。这和欧洲类似－欧洲

的货物税大都是增值税，出厂时已经收了，因此看不到。西方有一句谚语：看不到的就不会感受到。只要拿回家的钱不再交税，普通中国人就高高兴兴的把其中一部分存在银行里或做投资。

实际上，非但中国人储蓄，大多数的亚洲国家或行政单位 － 如日本、台湾、新加坡、印度尼西亚、马来西亚等国家都有同样的习性。

人权问题

这是一个西方文化和其它文化（包括中国）对峙的问题。虽然这问题的严重性已经减轻，毕竟还是存在。在前苏联垮台之后，一种错误而天真的想法弥漫了整个西方，特别在美国，认为西方式的民主不久将会横扫全球。这种的天真的想法大约在 90 年代中期达到最高峰。杭亭顿很灵巧的把这种尝试做了一个简报。以下的材料大都出自他的书。1993 年 6 月，在维也纳召开了联合国主办的世界人权会议。然而在这会议之前两个月，亚洲及伊斯兰国家在曼谷也召开会议，针对维也纳会议即将讨论的议程。曼谷会议结束时，发表了一份论述，强调这些命题：人权问题必须考虑每个国家民族的个别及特别的社会环境，要把这些背景合并一起来讨论；贸然监视其它国家的人权问题，会牵涉到触犯其它国家的主权的问题；利用人权问题来决定经援的政策，违反了每个国家可以自由发展的原则。不必多说，维也纳会议大为失败，几乎没有通过任何有实质的提案。最有实质的决定是女性平等。这会议的断层线把两个阵营分界：一个阵营是欧美国家，另一个阵营是将近五十几个的非西方国家，包括古巴、缅甸、新加坡、北韩、中国、及几乎所有的伊斯兰国家，带头的是中国、叙利亚及伊朗。事实上，一个对西方在人权方面的立场的评语是：「1945 年定出的国际人权标准已经不存在了。美国的霸权已经遭到侵蚀。欧洲……比一个半岛大不了多少。」另一位亚洲评论家甚至露骨的指出：「自 1948 年提出普遍性的人权宣言后，这是第一次，那些不属于根深蒂固的犹太 － 基督教及认为有必然性的自然律法传统体系的文化背景的国家，已经晋升为第一流。这种从来没有过的局面将会决定新的国际人权问题的政局。这种局面将会增加未来冲突的可能性。」

回顾一下，美国前总统尼克松 (Richard Nixon) 纵然因水门事件而遭批评指责，可是他仍旧是一位伟大的政治家，有许多高明的远见和洞察。许多美国人及海外的中国人认为，在他的时代，只有他才能打破二十余年来，美国和中国之间的对敌僵局。1994 年，在无实际成就的维也纳人权会议之后，他作了以下的评语：「今日的中国的经济威力，使得美国不断对

中国人权问题作训令，成为不慎重的行为。在十年内，这种的训令会变成不切题，而在另一个十年后，会觉得这种的训令非常可笑。」果然，2008年 3 月，在奥运前五个月，美国的国务院已经将中国从他们定出的最违反人权的国家的名单中除名；从某方面说来，这正呼应了尼克松当年说的，对中国作人权问题的训令是不切题的预言。

每年中国和美国都做违反人权的互相指责。美国指责中国惩罚那些自命民主人士和要把西方式民主及宗教自由带到中国的人士，中国则指责美国在世界和美国国土上违反人权的实例（在第十五章也讨论过），可是指责的「明星」事件是被拘留在美国古巴岛上的广塌那姆（Guantanamo）军事基地的集中营的俘虏，大都是在阿富汗被俘的。其中有不少是恐怖分子疑犯，美国将他们加以严刑审讯，包括公认违反人权的水刑、其它肉刑及利用宗教上的禁忌等。事实上，当国家安全受到威胁时，自称为世界上维护人权至上的冠军 － 美国，也会使用违反基本人权的刑讯来获得信息。如果美国认为这些刑讯是维护本国安全所需，其它面临更大威胁的国家当然认为违反人权是必需的，甚至这认为和自己国家的生存有关。

西方的衰落及展望

现在还不知道尼克松的预言，美国对中国人权的训令，会不会到「可笑」的地步。可是到了那时候，也许这个预言本身也会变成没有必要。这里我要再次强调我以前提过的命题：在言论自由的两个极端之间，从腹诽到允许任何言论的美国宪法第一条修正案之间，有很大的幅度，可以让每个文化选择把言论自由放在哪里。这种看法，可以推广到其它的「人权」上，如参政权、宗教自由、宗教组织自由等等。从某种意义来说，将这些「人权」再次定出规范也是重整世界制度及秩序的一部分工作。现在的世界局面已经和上两个世纪的不同，而在未来将会更为不同。西方也许不是真正的在衰落中，可是其它文化已经兴起，从相对角度来看，这些其它文化的兴起，使得西方文化的习俗不再像以前那么有威力，影响力也没有那么大，甚至没有那么切题。总结就是西方文化看起来在衰落中。除非西方能对自己的自大悬崖勒马，若是继续目空一切，自以为是的心态（以往由于他们的优势，可以不受牵制），则与其它文化在未来的冲突只会有增无减。现在美国及其它西方国家在大力推行对种族、宗教等不同文化的容忍。我的意见是，我们应当把这类的容忍扩大到能容忍其它文化做事的方式。只有了解其它文化，才能培养出这种容忍。

世界是不断往前走的，在我来到美国之后的五十年之中，世界局势已

经变了不少。1950 年代是关键性的一个年代，世界局势大变。首先英法联军进军占领苏伊士（Suez）运河，被迫退军；法国在越南的滇边府大败，及 1962 年被迫从前殖民地阿尔及利亚退出等。这些事件后，欧洲的「列强」变成普通的国家，而西方世界实际的领导转到美国。其它国家如日本开始兴起，而前苏联被经济及其它因素所迫而解体。中国自放弃马列史毛的意识形态之后，突然如旭日东升。最近《时代杂志》（*Time Magazine*）讨论到中国强盛的问题。编者们认为中国替代美国成为世界超级强权的时代指日可待。可是中国作风和美国不同。中国仍旧沿用自古以来的政策：「尊王攘夷」。当然，这句话的语气带有自大的意味。可是真正意义是保卫国家主权的完整。如果把国家主权替代「王」，「外国」替代带了贬意的「夷」，基本上这句话所提出的政策仍旧正确，即维护中国的主权，阻挡侵略中国的外国。美国则不然。2006 年白宫的科学技术处发表的白皮书「国家太空政策」中明显提出，「对美国而言，在太空能随意出入的自由的重要性就如制空权和制海权一样的重要。」接着说，美国可以阻止「其它有敌意的国家有类似的自由。」（就差没有说要把其它有这种能力的国家毁灭。）这两句话近于中国描述侵略者的「穷兵黩武」政策。2007 年初中国成功以导弹击毁落中国于五年前放出的一枚已经达退役年限的人造卫星。美国现在的军事依赖卫星的成分很大，因此觉得受了很大的威胁。可是中国已经承认，没有花巨资参加不切实际的武器竞赛的经济能力及必要。中国现在的政策和战后的日本政策一样，认为只在商业上面下功夫，保持和其它国家的良好关系，就可以达到国家富强的目的（这就是在第十五章中提到的中国软实力）。非但如此，中国还利用了美国到处树敌的局势，从中取利。现在伊朗和美国已经到了水火不兼容的地步，可是美国无力开辟另一个战场。中国则乘机和伊朗建立良好的关系，因而可以获得未来愈来愈稀少的资源 – 石油。在这种竞争上，再好的武器也英雄无用武之地。如果将来美国退为世界第二超级强权，失败的因素不在军事，而在商业上的竞争。

参考资料

一般参考资料

大部分资料都取自中国的文献。许多资料来自《二十四史》（后来又加入《新元史》及《清史稿》，成为《二十六史》）。整套历史有四千万字，所包涵的从传说时代（公元前 2700 年黄帝开国）到 1911 清朝灭亡为止。这部历史在数年前全部译成白话文，美国国会图书馆有一套。

其它参考资料：

《中华两千年史》，邓之诚着，约于 1930。
《中国通史》，范文澜等着，人民出版社，1954。
《近代中国史纲》，郭廷以着，台北：晓园出版社，
ISBN 957 - 12 - 0484 - 6，1994。

邓之诚的书只写到 1920 年，范文澜等的十大册到 1950 年为止，可是染上马列史的意识形态，有时加入不必要的政治评语。郭廷以的书则按中国传统，不偏不倚按实事写出。这几位作者都是中国史学名家。

西方关于中国历史及其它资料的书中，对中国最了解的是李约瑟（Joseph Needham）的七大巨册《中国之科学及文明》(*Science and Civilization of China*)，已译成中文，陈立夫主编，台北：台湾商务印书馆，1976 初版，1985 四版。

第一章

(1) 老子是中国第一位真正的哲学家，说他和古希腊最早的科学家并立，并有类似的科学构思，一点不为过。可是一般研究老子的学者（大都没有科学背景）没有了解他的「无」的观念及对宇宙起源的构思。本文尽量以现代物理的立场来审视老子在科学方面的贡献，如数学上「零」，物理上「真空」，及「宇宙创于无」的科学观念。他在宇宙起源的构思和现化宇宙学的理论不相悖。关于老子的生平，记载极少。本文有关他的哲学就他出函谷关的传说编出关令尹喜的讨论中。

(2) 周初农人都在诸侯封地里生活，除了从正史（即《史记》）的片断记载之外，材料大都取自《诗经》里一篇相当长的诗〈豳（音「宾」风·七月）。叙述农人一年辛劳的工作，在年终应邀到皇宫参加宴会，饮酒吃肉。

(3)　《易经》是中国最古老的经书之一，其思想深深影响了老子和孔子，以及中国人的思路。《易经》在〈大壮〉卦中阐明了无为的思想，为老子「无为」思想的先驱。关于《易经》的来源，有许多神话及传说。这里所引用的是《十三经今注今译》的《周易》编的前言（宋祚胤写）中的推论。（长沙：岳麓书社，1994，ISBN 7 - 80520 - 459 - 4。）前言中给了许多引证，阐明该书写于西周末年，在昭王之后（《左传·僖公二年》〔约公元前 630 年〕，昭王南征而不复），宣王〔约公元前 830 年〕之前。一个论证是，《易经》中充满了阴阳的观念，可是没有明白说出「阴阳」这二字。一直到宣王时代，大臣虢文公才说：「阴阳分布，震雷出滞。」（《国书·周语》）因此最可能的是，《易经》的写作在宣王之前。而《易经》的语言和春秋时代的书写语言接近。文字中有许多希望厉王复位和建议改革政治的地方，因此最可能的是跟了厉王出走的学者所写出（公元前 841 到前 827 年）。这是比较可靠的说法。

(4)　关于现代的宇宙诞生理论，坊间有不少这类的科普书籍，如《宇宙的六个神奇数字》(*Just Six Numbers*)，芮斯 (Martin Rees) 着，台北：天下文化公司。

(5)　关于零的故事，《抓时间的人》(*The Calendar*) 第四章有较通俗的叙述。邓肯 (David Duncan) 着，双月书屋，ISBN 957 - 98034 - 8 - x。

第二章

(1)　对叔孙通制定汉代礼仪，《史记》第 99 卷〈列传第三十九〉记载甚详。这是本书故事的根据。

(2)　关于君士坦丁一世尼西亚召开的第一次大公会议，有不少西方的文献，只能举出一两个作为例子。《最后的异教徒列传》(*A Chronicle of the Last Pagans*)，Pierre Chuvin 着，（B. A. Archer 译成英文）Harvard，1990，ISBN 0 - 674 - 12970 - 9。《君士坦丁及欧洲的改宗》(*Constantine and the Conversion of Europe*)，Jones A.H.M 着，Macmillan，1949。《抓时间的人》(*The Calendar*) 第四章有较通俗的叙述。

(3)　关于新发现的基督教《圣经》章次，见《诺斯底福音》(*Gnostic Gospels*)，Elaine Pagel，Random House，2003，**ISBN - 10** 0394502787，**ISBN - 13** 978 - 0394502786。

(4)　本文中引用的《论语》，来自多种版本的白话语译。有一本最近出版的是《论语》，傅佩荣解读，台北：立绪出版社，ISBN 957 - 8453 - 58 - 2(121)。

(5) 关于古希腊的文化，在沙根着的《宇宙，宇宙》(*The Cosmos*) 中有相当详细的叙述。台北：联经出版公司，ISBN 957 – 32 – 5253 – 8。

(6) 对于中国古代史，当然可以查二十四史的原始数据。但有两套以西方史观来审视中国历史的名著，一部是《中华两千年史》，另一部是《中国通史》。本文引用了不少这两部巨着内容。

第三章

(1) 关于中国洪水的故事大都来自《尚书》的〈尧典〉。其它数据来自〈舜典〉、〈大禹漠〉及《史记》。许多解释来自《中华两千年史》和《中国通史》。

(2) 关于「五星聚」及仲康日蚀的日期，来自中国夏商周断代工程的研究结果，这工程已经发表了数百份论文。有一本简本报导最重要的结果，《夏商周断代工程 1996 – 2000 年阶段成果报告》，夏商周断代工程专家组发表，世界图书出版公司，ISBN 7 – 5062 – 4138 – 2。

(3) 关于诺亚洪水的地质报告和对此洪水神话来源的推测，请见 *Noah's Flood*，William Ryan 及 Walter Pitman 着，Touchstone，1998，ISBN 0 – 684 – 85920 – 3。

第四章

(1) 关于盘古的神话，《前汉书》中有一章关于中国不同民族创世的神话。本书用的故事来自第 4 世纪徐整着的《三五行记》。

(2) 关于五行的理论，首先提到的是《尚书》里的〈甘誓〉（大禹的儿子启和同父异母兄弟有扈氏争夺王位时所下的军令。

(3) 《诗经》（实际是人民的歌声）里有许多对「天」既敬又恨的诗，表达出中国人对「天」的矛盾心理。

第五章

(1) 关于佛教史，坊间有不少。我参照的是：《简明中国佛教史》，镰田茂雄着，郑彭年译，上海：译文出版社，ISBN 7 – 5327 – 0986 – 8/B – 060。

(2) 利玛窦在中国，人人皆知，在西方则鲜有人知。以下是关于利玛窦的网站：

http://www.faculty.fairfield.edu/jmac/sj/scientists/ricci.htm

http://www.newadvent.org/cathen/13034a.htm

(3) 西方对欧美各国在 19 世纪中叶到 20 世纪初，利用宗教欺凌侵略中国的历史几乎一字不提。郭延以所著的《近代中国史纲》叙述甚详。

(4) 关于近百年中国的宗教，请参照《中国宗教的百年回顾与前瞻》，叶小文着，2002 年。网址：

http://www.china.org.cn/chinese/2002/Sep/211815.htm

(5) 关于现在中国的宗教概况，请参照《论 1958 － 1960 年中国宗教制度的民主改革》，陈金龙着，原载《世界宗教研究》，2002 年第 3 期。网址：http://www.usc.cuhk.edu.hk/wk_wzdetails.asp?id=1942

第六章

(1) 关于北京人的事迹，传播甚广，可到上网搜寻：

http://baike.baidu.com/view/13974.htm

(2) 关于山顶洞人，可查网站：

http://zh.wikipedia.org/wiki/%E5%B1%B1%E9%A1%B6%E6%B4%9E%E4%BA%BA

第七章

仰韶文化的代表遗址是西安附近的半坡村的博物馆，参照以下网址：

http://zh.wikipedia.org/wiki/%E4%BB%B0%E9%9F%B6%E6%96%87%E5%8C%96

第八章

(1) 关于黄帝建国的历史，取自《史记》。司马迁按当时的传说把这段历史写出，尽量避免神话。《尚书》中有关于黄帝的叙述，因为原书可能有上百章，然而在秦末项羽一把火烧了皇家图书馆，波及《尚书》。现存的二十八章是在秦朝禁书后，偷偷藏起来的残本。最早的是尧帝。

第九章

(1) 二十四史的《前汉史》的〈艺文篇〉关于中国的哲学发展所叙颇详，包括商鞅的南门立木。

(2) 商鞅的改革使中国的政治结构成为世界独一无二的中央集权，非但统

一了中国，也使得中国的文化能随着中国在政治上的完整而能绵延至今。

(3) 关于韩非子的理论，有许多的版本，我参照《韩非子全译》，张觉译注，贵州：人民出版社，ISBN 7 – 221 – 02652 – 1。

第十章

(1) 关于北魏孝文帝下令废除胡语，在二十四史中《魏书》有两处提到，其一在卷七〈高祖孝文帝纪下〉，其二在卷二十一〈咸阳王禧传〉。改姓在〈官氏志〉中叙述甚详，并列了一个把胡族赐姓的对照表。

(2) 科举制度有不少缺点，可是功大于过。中国之能把异族融入，及保持语言的完整性，其功不可没。有不少书，我参照的是《中国科举制度史》，李新达着，台北：文津出版社，1995，ISBN 957 – 668 – 319 – X。

(3) 政治上的甄选制度 (Selectorate system) 首先在这本书《政治上能继续生存的逻辑》(The Logic of Political Survival)中讨论，Bruce Bueno de Mesquita，Alastair Smith，Randolph Silverson 及 James D. Morrow 着，MIT Press，2005，ISBN – 10 0262524406，ISBN – 13: 978 – 0262524407。这观念已在政治学中广用。

第十一章

(1) 对于中国和苏联解体后的俄国的强烈对比及其它中国改革的经过，在 Susan Shirk 的书《中国经济改革的政治逻辑》(The Political Logic of Economic Reform in China) 讨论到，University of California Press 1993，ISBN 0 – 520 – 07706 – 7，0 – 520 – 07707 – 5。

(2) 关于本书中提到的中国近代史，最好的参考书是郭廷以所著的《近代中国史纲》。

(3) 关于对五四运动的批判，请见《五四新论－既非文艺复兴，亦非启蒙运动》，多人执笔。台北联经出版公司，1999，ISBN 957－08－1955－3。一般评论认为最有价值的是白话文运动。

第十二章

(1) 一本重要的参考书是第十一章中提到的 Susan Shirk 的书《中国经济改革的政治逻辑》。

(2) 关于财产完全平等的不可行性（佩尔土原则）于 1906 年提出，原始

资料是佩尔土在该年写出的书，《政治经济学手册》(*Manual of Political Economy*)，1906，Vilfredo Pareto 着，Augustus M. Kelley，ISBN － 10 0678008817，ISBN13 978 － 0678008812。

(3) 久兰 (Joseph Juran) 在二次大战后应邀去日本改进日本产品的品质问题，发现佩尔土原则也可以应用在品质管理上。日本工业界自采纳久兰的建议后，产品的品质大增，现在日本产品以品质优良为名。他所著一书《品质管理控制手册》(*Quality Control Handbook*)，1951，已经成为品质管理学的经典作品。请参照 *Manual of Political Economy*。

(4) 关于中国的经济复苏，请参照《中国奇迹：发展的战略及经济改革》(The China Miracle: Development Strategy and Economic Reform)（英文写），Justin Yifu Lin（林毅夫），Fang Cai（蔡昉），and Zhou Li（李周）着，香港中文大学出版社，1996，**ISBN － 10:** 962 － 2019854。林毅夫参与中国的复兴计划，现任世界银行副总裁。

(5) 中国经济发展的统计数字：《中国统计年表》(China Statistics Year Book)，网站：http://www.stats.gov.cn/tjsj/ndsj/。

(6) 美国中央情报局所列出的世界平均个人年收入的网络为：

https://www.cia.gov/cia/publications/factbook/rankorder/2004rank.html。

第十三章

(1) 《论 1958 － 1960 年中国宗教制度的民主改革》，陈金龙着，原载《世界宗教研究》，2002 年第 3 期，网址：

http://www.usc.cuhk.edu.hk/wk_wzdetails.asp?id=1942

(2) 《中国宗教的百年回顾与前瞻》，叶小文着，2002。网址：

http://www.china.org.cn/chinese/2002/Sep/211815.htm

(3) 《家产官僚制国家及其宗教－马克斯·韦伯 (Max Weber) 论中国乡村的社会学》，欧阳旻着，2006。网址：

http://www.snzg.net/shownews.asp?newsid=9981

(4) 关于西藏的历史，西方大都只引用达赖喇嘛的顾问范普拉赫 (Michael C. van Walt van Praag) 和一位西藏贵族夏格巴汪秋德丹 (Xagabba Wangqug Dedain) 所著的《西藏之地位，历史，权利及国际法的展望》(*The Status of Tibet: History, Rights, and Prospects in International Law*)，（出版公司：Westview Pr，1990，**ISBN** 081330394X）一书片面之辞。

这书中把历史歪曲，并有许多不实的报导。中国的反应是一本书《中国西藏》(China's Tibet)，1998。可在网络下载，网址：http://www.tibet-china.org/indexE.html。有中英文版。

(5) 关于洪秀全的太平天国，中国出版的书籍甚多。网络上有一篇较短的报导：〈洪秀全〉，网址：

http://www.hubce.edu.cn/mrwc/show.php?lm=article&id=1140150645。另外《近代中国史纲》中对洪秀全极权宗教统治报导甚详（第三章），郭廷以着，台北晓园出版，ISBN 957-12-0483-8(627)。

(6) 法国反邪教法 (Anti-Cult Law) 可在网络上看到。网址：

http://www.cesnur.org/2001/fr_law_en.htm。

(7) 皮尤研究中心对宗教意识的调查可在网络上找到。网址：http://people-press.org/reports/display.php3?ReportID=167

(8) 「沙门不敬王者论」是佛教史上很重要的一篇有系统的论文。到现在还有不少人在研究。台大周伯戡教授论文，说这篇文章论证，把在家的居士与出家的僧侣分开。根据佛教对居士的看法，慧远同意桓玄的说法，在家居士应向君王敬拜。但他认为出家的沙门不是属世之人，不应该向君王敬拜，从第三节至第五节，慧远从理论上分析他这个观点。整篇论文的主旨是在尊重王权消弭桓玄对佛教的猜忌之下，同时保存了僧伽的自主性。周伯戡，〈慧远「沙门不敬王者论」的理论基础〉，《国立台湾大学历史学系学报》第 9 期，1982 年 12 月出版，页 67-92。关于《沙门不敬王者论》的原文，可在网络上找到。网络：

http://www.heshang.com/archive/index.php?t-14811.html。对这文章的讨论甚多，一篇中国大陆上的典型的讨论是〈神圣与世俗之间"：「沙门不敬王者」的再考察〉，武正强着。网络：

http://www.51zhishi.com/SoftView107054_2.htm。关于在 2007，上海华东师范大学的童世骏及刘仲宇两位教授所做的中国宗教信仰调查，请见：http://www.chinadaily.com.cn/china/2007-02/07/content_802994.htm

第十四章

(1) 关于青蛙和朱比特的伊索寓言故事，可以在网络上找到 http://www.pacificnet.net/~johnr/cgi/aesop1.cgi?2&TheFrogsAskingforKing。

(2) 关于泰勒民主评语及可疑之处，见

http://www.snopes.com/politics/quotes/tyler.asp。

(3) 关于庄子在〈齐物论〉所说的朝三暮四、朝四暮三的寓言，现在已被误解为成语。指变化多端，反复无常，特别是男人不钟情。可是这寓言的原意指的是，实质不变，改用另一种名目，诱人上当。

(4) 关于霍伯孙的典故，请见

http://en.wikipedia.org/wiki/Hobson's_choice。

(5) 关于哲斐逊和梅迪孙所说的话的来源，请见

http://mwhodges.home.att.net/quotes.htm。

(6) 关于美国宪法修正案及历史，请见

http://www.usconstitution.net/constam.html。

(7) 关于美国赤字财政，请见 http://www.brillig.com/debt_clock/。

(8) 关于美国预算，请见

http://www.gpoaccess.gov/usbudget/fy07/browse.html。

(9) 关于《经济学家》(The Economist) 对于全球各国家生活品质的报告，请见：

http://www.economist.com/theworldin/international/displayStory.cfm?story_id=3372495&d=2005。

(10) 关于皮尤研究中心 (Pew Research Center) 做的全球心态报告中的中国及其它国家的乐观程度，请见

http://pewglobal.org/reports/display.php?ReportID=249。

(11) 有一本关于美国及西方民主的未来的书：《自由的未来》(The Future of Freedom)，Fareed Zakaria 着，W. W. Norton 出版，2004，ISBN：0 - 393 - 04764 - 4。它讨论了许多本书讨论到的命题，见解也大略相同。

(12) 邓小平最具关键性的演讲是在 1980 年 8 月 18 日提出，标题为《党和国家领导制度的改革》。网络：

http://www.ccyl.org.cn/theory/dspws/page2.htm。

(13) 胡锦涛在中国共产党建党 85 周年的演讲可以在下面的网络找到：
http://news.xinhuanet.com/newscenter/2006   一
06/30/content_4772463.htm。

(14) 关于甄选的理论请参见《政治上能继续生存的逻辑》。

(15) 「腹诽」的来源请见《史记·平准书》。

(16) 托克维尔 (Alexis – Charles – Henri Clérel de Tocqueville, 1805 – 1859) 写的《民主在美国》(Democracy in America) 是民主政治的经典名作。他虽然提倡民权，可是仍旧脱离不了白人生得权 (birthright) 的思想，主张把所有美国的黑人及原居民印第安人逐出美国。

(17) 世界银行收集的 2008 年各国个人收入可在下面网站找到：

http://web.worldbank.org/WBSITE/EXTERNAL/DATASTATISTICS/0,,content
MDK:20399244~menuPK:1504474~pagePK:64133150~piPK:64133175~theSite
PK:239419,00.htmlii 。

第十五章

(1) 黄皮书可以在下面的网站找到：

http://www.ssap.com.cn/WebSites/ChinaInternet/ChannelManager/ShouYe/Xin
WenZhongXin/ZuiXinDongTai/vTIL3O+T52nkVNqLxmjxz0vG70i6RRpU7VL
b%20wbhcmsbhcms.htm 。

(2)华盛顿邮报关于「国际共和党学院」的埃及民意调查，请见
http://media.washingtonpost.com/wp –
srv/world/documents/IRI_Egypt_Index_April_14 – 27_2011.pdf 。

后记 – 中西文化不能妥协的地方

(1) 关于世界上不同文化的冲突及问题，请见《不同文化之间的冲突及世界秩序的重塑》(*The Clash of Civilizations and the Remaking of World Order*)，Samuel P. Huntington 着，Simon and Schuster 出版，1998，**ISBN – 10** 0684844419，**ISBN – 13** 978 – 0684844411.

(2) 强国不一定能战胜弱国。请见《弱国如何打赢强国》(*How the Weak Win Wars: A Theory of Asymmetric Conflict*)，剑桥国际关系研究 (Cambridge Studies in International Relations)，Ivan Arreguín – Toft 着，Cambridge University Press，2006，**ISBN – 10** 0521839769，**ISBN – 13** 978 – 0521839761 。

(3) 中国在民主方面的进展，请见 Steven Hill 写的《中国走向民主的一小步》(*China's Democratic Baby Steps*)，《多伦多星报》(*Toronto Star*)，Monday，January 31, 2011，Toronto，Canada 。

(4) 关于 "Zeguo" pilot program can be found in the following Chinese site：http://www.cnr.cn/allnews/201101/t20110125_507618951.html 。

和本书相关重要事件及朝代表

重要事件时间表

时间以年计算。M = 1 百万年，公元前＝BCE（BC），公元＝CE（AD）。注意：没有 0 公元（ 0 AD）。理由见第一章。

时间	事件	特性
公元前		
1.8 M	元谋人	在云南元谋发现史前原人·会用火。
200,000	北京人	在北京南面周口店发现史前原人，用火，渔猎，团居生活，新石器时代。
18,000	山顶洞人	北京附近，最可能中国人的祖先·埋葬制度，有美感及宗教信仰迹象。
5650	黑海的泛滥 – 可能演变出诺亚洪水神话。	冰河时代结束，海平面上升。把博斯普鲁斯海峡淤塞的天然土坝冲走，地中海的海水直灌入入黑海，造成史前黑海的泛滥。黑海外围的居民只好逃走，他们分散世界各处，把洪水的故事带到各处，逐渐演变成洪水神话，其中之一很可能变成犹太教及基督教的诺亚洪水神话。
5,500	仰韶文化	广布全中国，渔猎，采集，农业社会。团居生活，建立婚姻制度，有最早文字及天文的记录及相当先进的彩陶技术。
2,700	中国建国	黄帝征服其它小族，统一中国建立疏松的联邦制度，建立「史」（记录人事及自然现象）的传统，代替宗教·把宗教推到文化的后座。
2,300- 2200	洪水时代的尧帝和舜帝	这是和西方诺亚洪水相应的中国洪水。可是中国对这些洪水并没有加以宗教的意味。反之，大禹统率中国人民把洪水治好。这时期中国自渔猎社会转型为农业及畜牧社会。进入商业社会。

2,071	第一个朝代：夏	舜帝禅让王位给大禹。经济状况进步，私人财产制度取代原始共产主义的公社制度。大禹的儿子启继承王位，建立了中国的第一个朝代。天象记录开始发展。建立第一个太阴历（夏历），现在仍旧采用。继续把其它小族合并，中央权力增加，中国从疏松的联邦渐成为一个真正的国家。青铜时代开始。
1,600	夏被周灭	夏朝末代王桀不仁，被推翻，商朝成立。商的特征是贵族（诸侯）及奴隶制度，盛行以巫卜为主的迷信，以龟壳及牛骨来卜卦。记载禁酒令。建立社会阶梯制度。
1,046	商被周灭	商末代王纣不仁，被诸侯中的武王推翻。取消奴隶制度，代之以农奴制度。建立以封地为中心的封土制。恢复史的统。在革命时推翻了「君权神授」的思想。设了教育贵族的「官学」。
814	周厉王逃亡，途中随着逃亡的学者随员著作《易经》	第一次的群众自发革命。把暴君厉王从宫中逐出，匆匆逃亡。途中随从逃亡的学者着《易经》，以卜卦的方式暗藏希望厉王复位的希望。为影响中国后人如老子及孔子思路的一本伟大著作。
770	周朝开始衰弱。	幽王为女色废皇后，皇后的父亲和犬戎族结盟，攻打幽王，因失信于诸侯，诸侯不发兵来救。幽王战死，周朝迁都，自此中央政府失去威信，分封的诸侯变成形式上独立的国家，中国失去统一局面，进入春秋战国时代。
770-221	春秋战国时代	诸侯之间不断争战，在公元前 770 – 到 443 年间，130 封土国家互相吞并，最后剩下七大国，称战国时代。战败的诸侯及贵族只好在民间求生，把官府垄断的「官学」的知识散播到民间去，成为中国学术的黄金时代，百花齐放。大部份的哲学都是要解决政治及社会问题的。第一次为了要维护历史真情而

牺牲生命的例子，建立了中国历史求真的传统。自铜器时代转成铁器时代。

565-486	释迦牟尼创佛教	印度王子释迦 Siddhartha Gautama 在菩提树下悟道，放弃世界荣华，创佛教。
约 575	老子	中国最早留名的哲学家。深受《易经》影响。把人类的福祉放在鬼神之上（人本主义，无神论）。他深深地影响了后人如孔子等的哲学思路。认为世界由「无」中造出，「无」即数学上的「零」或「零集」。从「无」中创世的理论和现代宇宙学不抵触。创「无为」哲学思想。
551-479	孔子	对中国最具影响力的哲学家。主张人本主义，以人的福祉为本，对宗教采取怀疑论。创「有教无类」的教育平等思想。后代尊为万世师表。于公元前 134 年他的思想被采用为中国官方思想的典范。他的人本主义思想主宰中国至今。
361	商鞅被任命为秦国宰相	自周朝衰弱起，列国的社会组织开始破损，政府无信无义。商鞅变法，重整秦国社会秩序，以法治国，建立一个中央集权的政府阶梯组织。这中央集权的模式沿用至今。自变法后，秦国渐强，为以后秦国统一中国的大业铺路。
221	秦国统一中国，建立秦朝。	秦始皇帝统一中国，把已分岐的书写语言，度量衡及其它制度也统一（书同文，车同轨）。除此之外，为一暴君。把全国的书籍集中在他宫中的图书馆，其它下令焚毁（实用如医学及卜卦者除外）。把以前列国造的长城连给起来。
207	秦朝被推翻。中华文化频临灭亡	秦始皇帝死后二年，革命军兴起。其中一位，无知的项羽把秦宫烧了，波及图书馆，中华文化频临灭亡。中国陷于混乱中数年。
206	刘邦建立汉朝	刘邦统一中国。孔学家叔孙通把宫廷制度恢复，深得刘邦信任。大臣萧何以法家精神治

		国，用老子「无为」的政策，国家经济逐渐恢复。在这期间中国发明炼钢术。
193	刘邦死，惠帝立，恢复中华文化	接受叔孙通建议，悬赏把民间私藏的书交出。大部份被禁的书都收复。下70年中，继续老子的「无为」政策，经济繁荣，为汉武帝的大业铺路。
134	武帝罢黜 百家，尊孔	为了便利治国，武帝召开全国会议，选择治国的方向。选定孔子之后各学者改进的孔学（儒学），选择官员的准绳以此学为主（「罢黜」百家）。更改遗产法，使基于封土的封建制度逐渐衰微。
8 BCE – 24 CE	短期叛汉	汉朝日渐腐败，王莽推翻汉朝，引入改革，因为改革过猛，太严，不久被另一位汉室宗亲推翻，重建汉朝，史称东汉或后汉。
公元	申称耶稣出生	实际上，耶稣在四年前或更早出生。
67	（后）汉明帝正式引入佛教·	汉明帝在梦中看见金色神人。大臣告知可能是创立佛教的释迦牟尼。明帝派遣使节去大月氏国(India-scythia，今 乌兹别克斯坦 Uzbekistan)，带回两位佛教传教士他们的名字是迦叶摩腾和竺法兰，在都城造白马寺，认为是第一次把佛教引入中国。其实在前数百年，佛教已非正式地传入中国。
100?	中国学者把老子和黄帝联系一起，抗拒佛教日增的流行	拥护老子的学者把传说白日升天的黄帝和老子联系一起，成为黄老派（能长生不死）。后来这派演变成中国土生土长的道教。
140	道教的前驱	儒学学者襄楷开始传播一个谣言，说「老子入胡化为佛，替黄老学造势。
130-215	张陵在四川创道教	张陵创五斗米教，是在乱世中自救的组织。以道教的太平经为教义，后称为道教。建政教一的政权。军阀曹操入四川，张陵之孙张鲁出降，曹操把张鲁封侯，在政府中设一职

328

位，掌管道教。曹操此举开历代政府设宗教职位之先例。宗教进入政府，可是居后座。

184	黄巾党以宗教为名组织农民叛汉，开利用宗教反叛政府的先例	公元 184 年三兄弟张角、张宝、以神秘主义广收教徒，以符水治病，以谶语「苍天当死，黄天当立」带领农民革命。事未成，可是汉朝变成地方军阀割据的局面，汉亡于公元 221 年，可是割据的局面到 265 年晋朝成立才结束
304 – 435	北方胡人入侵	五胡族入侵，史称「五胡乱华」。晋朝于 316 年被迫南迁长江之南。中国分裂为南北对峙局面。北方到 386 年才由北魏开始统一。在五胡乱华期间，北方成为人间地狱，佛教大盛。
325	欧洲第一次宗教大公会	在欧洲，基督教日盛。罗马皇帝君士坦丁召开第一次大公会，统一基督教为天主教。其它基督教支派被列为异端。
约 350	佛教中国化	中国佛教徒放弃印度宗教至上传统，遵守中国法度。佛教中国化后，被中国官民接受。
386 – 534	北魏	胡族鲜卑开始统一中国，逐渐吞并其它胡族建立的小国，把北魏建立为一个强盛的大国。佛教盛行，造佛教神像石窟。
386 – 534	北魏强迫胡人汉化	约于 480 年北魏孝文帝在朝廷中禁说胡语。不久这禁令为全国接受。在孝文帝之前的皇帝鼓励用汉姓，而后来则下令所有胡姓改成汉姓。此后胡汉一家不分
464 – 534	经济原因，压抑佛教。政策不连贯，同时大造宣扬佛教的石窟	佛教寺庙过多，僧侣过多，耗费国家资源，北魏皇帝下令整肃，把不虔诚的寺庙关闭，庙产充公，年轻的男僧征募为兵·佛教势力大减。可是一面「灭佛」，一面大造可以和西方大教堂媲美的，宣扬佛教的石窟。
ca. 530	南梁武帝萧衍笃信佛教，创佛教清规	梁武帝创类似西方基督教「本笃会会宪」的清规律。

589 – 618	杨坚统一中国建立隋朝	杨坚把中国的政治体系大加改革，可是仍旧以商鞅的中央集权为蓝图。继承的杨广为花花公子，把隋朝国库荡空，于 618 年隋亡。
618	李渊建立唐朝	隋朝末年，群雄崛起，最后李渊称霸，建立唐朝。李渊最小儿子李世民在革命中建功最大，和其兄等争权，杀其兄而继承皇位。
618 – 626	伊斯兰教第一次遣使到中国	约于 1300 年，四位伊斯兰教的阿訇（相当于基督教的牧师）来到中国。这传统一直延续下去。在中国伊斯兰教仍是主要宗教之一，虽然只占次要地位。其它宗教如波斯的祆教（又称拜火教），景教（早期基督教的一支），甚至于犹太教都来过中国。虽然中国不排斥，由于其它原因都衰微了。
626	大幅扩充隋朝创立的科举考试制度	几乎大多数官员，自地方官到宰相，都由一个三梯次的考试制度中选出。对人民普遍开放（只有少数职业被摒弃在外）。这是一种民主的选贤与能的方式，虽然有流弊，一般来说，相当公平。最后制度老化，于 1905 年被西方学校制度替代。
845	最大的灭佛，称为惠昌灭佛	由于经济原因（佛教寺庙过多，大量耗了国家人力物力资源），唐高宗下令灭佛，全国四万寺庙被拆毁，僧侣尼姑被迫还俗，留下寺庙尚有四千余座。虔诚的僧尼可以留下继续修行。
907	最后一次灭佛在唐亡后五代十国的周	
约 1300	天主教和中国第一次接触	乔瓦尼·达维诺 Giovannida Montecovino（1247 – 1348）（圣芳济 Franciscan）来到中国为第一任主教。
约 1200-1300	伊斯兰教徒迁居中国	因成吉思汗的侵略，大批伊斯兰教徒移居中国避难，变成中国居民，被政府安置为屯兵，平时务农，战时征召入伍，为「探马赤军」。
约 1370	明朝指定狭义的孔学为国学	明朝开国皇帝朱元璋认为宋朝朱熹等宗派对孔学已经阐明，不烦后人再续绍。因此科举考试题目限于朱派的解释，因而把孔学演变

成类似欧洲中古时代不切实际的烦琐学派的学术。这种态度一直延续到二十世纪初，使中国学术衰微。

1410	「海军上将」郑和远征大洋	明成祖派郑和率领数百艘千吨级的船队远征向西方海洋，凡七次之多。远达非洲东岸，此壮举比西方哥伦布早将近一百年。
1577	天主教再次进入中国	意大利神父利玛窦和罗明坚进入中国，受到欢迎。他们把科学带到中国。
约 1700	梵谛冈挑衅，演变成礼仪之争	梵谛冈内部争执，造成在中国神职人员禁止中国信徒祀祖及祀孔，并把康熙亲题的「敬天」篇拿下，康熙帝的反应是把不遵守中国传统的神职人员，以干涉中国主权的理由，逐出中国。
1842	英国挑衅，鸦片战争，中国大败，	英国把鸦片输入中国，中国禁烟，英国派军舰去中国，中国大败，订不平等条约，割让香港，允许输入鸦片，基督教再次进入中国，变成侵略中国的武器。
1850 – 1864	拜上帝教洪秀全乱	洪秀全假借基督教名义，自创拜上帝教，作乱十四年，终告平定，可是清朝元气大伤。
1898	义和拳之乱	由于传教人士包庇犯罪的中国罪犯，及传教士无理侵占土地，以宗教为名，肆意侮蔑中国文化，一个民间武术组织义和团，在忍无可忍的情形下，又在慈禧太后支持怂恿之下，奋起杀擊外国传教人士。欧洲及日本共八国联军攻擊中国，中国大败。签定更多不平等条约。
1905	废除科举，代之以西方学校制度	千余年的科举制度已经落伍，被取消，代之以西方的教育及选贤与能的方法。
1911	推翻满清政权	孙中山领导的革命军，以少敌众，十次失败后于 10 月 10 日占领战略要地武汉。清朝有如被白蚁蛀空的房屋，轻轻一碰就立即垮台·各省纷纷宣布「独立」，脱离清朝的管

辖。孙中山在 1912 年正月成立中华民国。

1912	隆裕太后代宣统帝发退位诏，清亡	在 2 月 12 日隆裕太后代六岁的宣统帝颁发退位诏，清亡，可是政权不久被在北京的军阀执政团夺去。
1914 - 1918	一战及其后果	一战于 1918 年结束。中国是战胜国的盟国，可是欧洲列强要把战败国德国在 19 世纪逼中国给德国在山东的权益交给日本。日本和中国军阀执政团政府秘密协商，以中国的权益交换日本的贷款。
1919	五四运动	执政团答应这些丧权辱国的条款，又准备和日本订二十一条卖国条约。在北京的学生知道后，于 5 月 4 日在北京大闹，全国支持。执政团政府只好不在巴黎和约上签字，可是学生运动不止于此，开始一系列自我检讨中国未来何向何从的运动。这运动唤醒中国人的意志，开始一系列的自觉运动。
1928	北伐统一中国	在蒋介石领导下，，国民党兴军北伐，铲除军阀势力，统一中国。虽然这统一不能算完整。
1937	日本侵略中国	日本入侵中国，在蒋介石领导之下，中国展开全面抗战。战争变成胶着状况，日本进入泥沼，各国对日本禁运战略物品，日本只好进军东南亚，因而向英美开战，于 1941 年 12 月 7 日偷袭珍珠港美国海军基地，美国向日本宣战。
1938-45	二战	在欧洲及亚!洲全面战争展开。德国首先战败，日本于美国投二枚核子弹后投降。所有日本侵占中国的领土全部归还中国。其它不平等条约在 1943 年由英美法全部自动废除。
1950	共产党夺得政权，成立中华人民共和国。国民政府撤退	中华民国无法处理战后庞大经济问题，被毛泽东领导的共产党推翻，撤退台湾。可是自此后台湾进行改革，兴兴向荣至今。

台湾至今。

1957 – 1978	毛泽东兴起各种运动，使中国处于混乱中，到毛死后中国才得安定。	所有西方传教士都被迫离开中国，结束传教士的嚣张时代。 毛泽东要总揽大权，利用种种「运动」打击其它革命份子，以摧残中国文化的「文化大革命」结束。毛死于这「革命」的末期（1976 年）。此时，中国为世界最贫穷的国家，于 1977 年人均年所得为世界倒数第三位。
1978	1978 年邓小平接任，大肆改革	实质上放弃共产主义，实行市场经济。中国开始复兴重建。
1978 – 2011 –	中国一跃为世界第二经济大国	每年成长 10%。成为世界第二经济大国·和西方仍有种种异议，国内仍有种种问题，中国的未来要看如何能解决这些国内的问题。

中国朝代表

(有些朝代时间重迭，有些不重要小朝代不列)

时间	传说中的朝化
约公元前 2700?	黄帝统一中国，第一位中国帝皇
约公元前 2597-2300?	传说中有六，七位帝皇，无法确实
约公元前 2356?	尧帝 – 洪水问题
约公元前 2255?	舜帝 – 洪水问题
	确实的朝代
公元前 2071 →1600	夏朝 – 大禹治洪水
1600 → 1046	殷商
1046 → 770	周 (到公元前 256 年才正式灭亡)
770 → 221	春秋战国时代
221 → 207	秦
206 → 公元 8	前汉（西汉）
公元 8 → 24	新莽
25 → 221	后汉（东汉）
221 → 265	三国
265 → 316	西晋

317 → 420	东晋 (汉族朝代，大致长江以南)
386 → 534	北魏 (鲜卑朝代，大致长江以北)
317 → 589	五胡十六国，国名不列
589 → 618	隋
618 → 907	唐
907 → 960	五代十国（不列）
960 → 1127	北宋
1127 → 1279	长江以北：辽，金；长江以南：南宋
1279 → 1368	元(蒙古族)
1368 → 1644	明
1644 → 1912	清 (满州族)
1911 →1950→现在	中华民国，1950 年撤往台湾至今
1950 →现在	中华人民共和国 (中国大陆)

專業的多國語言網路出版商

您有學術論文要出版嗎？

您有家譜歷史要發表嗎？

您有個人的研究願與天下人分享嗎？

EHGBooks 網路出版社可讓您的智慧財產於

Amazon 網路書店生產、發行、銷售

實踐您的理想

http://www.EHGBooks.com